丛书出版前言

作为一家综合性的大学出版社，北京大学出版社始终坚持为教学科研服务，为人才培养服务。呈现在您面前的这套“21世纪经济与管理规划教材”是由我国经济与管理领域颇具影响力和潜力的专家学者编写而成，力求结合中国实际，反映当前学科发展的前沿水平。

“21世纪经济与管理规划教材”面向各高等院校经济与管理专业的本科生，不仅涵盖了经济与管理类传统课程的教材，还包括根据学科发展不断开发的新兴课程教材；在注重系统性和综合性的同时，注重与研究生教育接轨、与国际接轨，培养学生的综合素质，帮助学生打下扎实的专业基础和掌握最新的学科前沿知识，以满足高等院校培养精英人才的需要。

针对目前国内本科层次教材质量参差不齐、国外教材适用性不强的问题，本系列教材在保持相对一致的风格和体例的基础上，力求吸收国内外同类教材的优点，增加支持先进教学手段和多元化教学方法的内容，如增加课堂讨论素材以适应启发式教学，增加本土化案例及相关知识链接，在增强教材可读性的同时给学生进一步学习提供指引。

为帮助教师取得更好的教学效果，本系列教材以精品课程建设标准严格要求各教材的编写，努力配备丰富、多元的教辅材料，如电子课件、习题答案、案例分析要点等。

为了使本系列教材具有持续的生命力，我们将积极与作者沟通，争取三年左右对教材不断进行修订。无论您是教师还是学生，您在使用本系列教材的过程中，如果发现任何问题或者有任何意见或建议，欢迎及时与我们联系（发送邮件至 em@pup.cn）。我们会将您的宝贵意见或建议及时反馈给作者，以便修订再版时进一步完善教材内容，更好地满足教师教学和学生学习的需要。

最后，感谢所有参与编写和为我们出谋划策提供帮助的专家学者，以及广大使用本系列教材的师生，希望本系列教材能够为我国高等院校经管专业教育贡献绵薄之力。

北京大学出版社

经济与管理图书事业部

国际贸易惯例规则教程

理论与实务（第二版）

Course of International Trade Customs and Rules: Theory and Practice

袁其刚 张照玉 张 伟 编著

北京大学出版社
PEKING UNIVERSITY PRESS

图书在版编目(CIP)数据

国际贸易惯例规则教程:理论与实务/袁其刚,张照玉,张伟编著.—2版.—北京:北京大学出版社,2017.2

(21世纪经济与管理规划教材·国际经济与贸易系列)

ISBN 978-7-301-27938-0

Ⅰ.①国… Ⅱ.①袁… ②张… ③张… Ⅲ.①国际贸易—贸易惯例—高等学校—教材 Ⅳ.①F744

中国版本图书馆CIP数据核字(2017)第012632号

书　　名　国际贸易惯例规则教程——理论与实务(第二版)
GUOJI MAOYI GUANLI GUIZE JIAOCHENG

著作责任者　袁其刚　张照玉　张　伟　编著

责任编辑　杨潇宇　郝小楠

标准书号　ISBN 978-7-301-27938-0

出版发行　北京大学出版社

地　　址　北京市海淀区成府路205号　100871

网　　址　http://www.pup.cn　新浪微博:@北京大学出版社

电子信箱　em@pup.cn

电　　话　邮购部62752015　发行部62750672　编辑部62752926

印 刷 者　北京大学印刷厂

经 销 者　新华书店

787毫米×1092毫米　16开本　19.75印张　482千字

2012年8月第1版

2017年2月第2版　2019年5月第3次印刷

印　　数　7001—11000册

定　　价　39.00元

第二版前言

国际贸易惯例是在长期国际经贸实践中总结出来的，并经有关权威组织编纂而成的成文规则。进入21世纪，我国从政策性开放转向制度性开放的进程不断深化。从事国际经贸实践活动要受法律、惯例与规则等的约束；与法律相比，惯例与规则是长期贸易习惯做法的总结，并在世界范围内得到普遍接受，所以对贸易实践有较强的指导作用。参与国际经贸实践，要熟悉国际贸易惯例，按规则办事。

笔者长期从事国际经贸教学实践，深感一本好的教材对教学辅助作用之大。本书有以下特点：第一，内容全面新颖。本书涉及国际贸易术语、国际货物运输、国际货物运输保险、国际结算、国际商事仲裁以及国际货物买卖合同订立和履行等方面的最新国际贸易惯例规则。例如，由联合国国际贸易法委员会制定并于2009年签署的《联合国全程或部分海上国际货物运输合同公约》（又称《鹿特丹规则》），由联合货物保险委员会修订的2009年版《协会货物保险条款》，由国际海事委员会于2016年5月在美国纽约第42届大会上通过关于共同海损理算的2016年《约克－安特卫普规则》等，在本书中均有详细讲解。第二，采用案例分析方法。本书在各章配置了丰富的案例，通过案例解析，加深读者对有关贸易惯例规则制定原则、精神的认识和理解。这也是本书作为国家级“国际经济与贸易”特色专业建设和山东省学位办研究生创新计划项目“基于创业型人才培养的山东MIB教师胜任力研究（sdyy11163）”、2015年山东省级教研项目“以就业为导向的分层递进式国际贸易实训教学体系研究”（2015M109）和“基于微课的翻转课堂教学模式创新与应用研究”（2015M177）的改革宗旨和阶段性成果的体现。第三，结构严谨，系统完整，针对性强。本书重视理论知识讲解与实践技能培养的结合，力求准确反映国际贸易惯例规则的产生背景和变化原因；按照一般贸易合同条款的签订内容，对惯例规则进行分析，保持了系统性；针对贸易实践，提出了防范各种风险的策略，力求学以致用。本书可作为国际经济与贸易和国际商务专业本科生教材，国际贸易学、国际商务专业硕士研究生主干课程教材，也可作为有关部门和企业单位在职人员的培训用书。通过本书学习，读者不仅可以全面了解各种最新的国际贸易惯例与规则,而且可以提高运用所学内容解决处理实际问题的能力。

本书在第一版基础上进行了编纂修订,主要修订内容如下:

(1) 中国人民保险公司船舶货运险部对1981年版《海运货物保险条款》进行修订形成了2009年版海运货物保险条款。此次修订对其内容进行了阐述。

(2) 国际商会于2009年11月通过的《2010年见索即付保函统一规则》(简称URDG758),已于2010年7月1日正式生效。我国作为贸易大国和对外劳务承包工程大国,近年来成为对外开立银行保函最多的国家之一。各类投标、预付款、履约保函常贯穿于货物交付、工程建设全过程,因此,有必要熟悉保函的规则。此次修订增加了URDG758的内容,对其条款进行了逐条解读。

(3) 国际统一私法协会理事会于2011年5月第90次会议上通过了2010年版《国际商事合同通则》。此次修订对其内容进行了阐述。

(4) 联合国国际贸易法委员会于2013年通过了修订后的《贸易法委员会仲裁规则》,该仲裁规则广泛适用于临时仲裁、投资仲裁、商事仲裁等多种纠纷类型的解决,被公认为国际仲裁领域最成功的契约性纠纷解决方式之一。此次修订逐条解读了新版的《贸易法委员会仲裁规则》。中国国际经济贸易仲裁委员会和中国海事仲裁委员会都有各自的仲裁规则,为适应仲裁实践的变化,2015年1月1日起施行了修订后的仲裁规则。

(5) 国际商会银行委员会于2013年4月在葡萄牙里斯本会议上通过了《审核跟单信用证项下单据的国际标准银行实务》(ISBP745),这是对UCP600所反映的信用证审单业务的最佳解释。此次修订对其内容进行了阐述。

(6) 国际海事委员会于2016年5月在美国纽约第42届大会上通过了关于共同海损理算的2016年《约克-安特卫普规则》。此次修订对其进行了阐述。

本着严谨治学和对读者负责的态度,此次修订对前版存在的错别字进行了更正。比如“告之义务”订正为“告知义务”,汇付和托收流程图中对个别标错的箭头方向进行了更正等。

在写作过程中,参阅了一些最新研究成果和文献资料,仅把重要的成果目录附于书后,并对其作者表示衷心感谢!

本书涉及面广,写作要求高,难度大,其中难免有不足之处,敬请读者批评指正。

袁其刚
2016年8月17日于山东财经大学燕山园

目　录

第一章

国际贸易惯例概述

【教学目的】

1. 理解国际贸易惯例的内涵、性质和作用。
2. 掌握国际贸易惯例种类。
3. 正确掌握国际贸易惯例在合同签订中的应用原则。

【重点难点】

国际贸易惯例的性质和应用

【关键术语】

international trade customs

【引导案例】

我国某公司按 CIF 条件出口一批货物，卖方交货后，货物在运输途中遭受意外风险损失并产生额外费用。我方公司业务人员认为 CIF 是“到岸价”，所以认为我方该承担这些风险和额外费用。问：这种理解正确吗？

第一节 国际贸易惯例的内涵、性质和作用

一、国际贸易惯例的内涵

要理解国际贸易惯例的内涵，首先要了解什么是“习惯”（usage）或“习惯做法”（practice）以及什么是“惯例”（customs）。“习惯”或“习惯做法”是一种重复性的行为；“惯例”则是在重复性行为基础上形成的固定行为规则，对使用者具有一定的约束力。

国际贸易惯例（international trade customs）又称为国际商业惯例，国际上对其内涵尚无统一定义。《美国统一商法典》将“贸易惯例”定义为：一项贸易惯例是在某一地方、某一行业或贸易中惯常奉行的某种做法或方法，并以之判定发生争议的交易中应予奉行的所期望的行为模式。英国国际贸易实务学者施米托夫教授在《国际贸易法律的渊源》中将国际商业惯例的内涵阐述为：“国际商业惯例由商业习惯性做法或标准构成，这些做法或标准应用很广泛，凡从事国际贸易的商人都期望他们的合同当事人能切实遵守，并经国际商会、联合国欧洲经济委员会或其他国际组织所制定；非由国际组织制定的商业惯例则被称为商业习惯或习惯做法。”

国际贸易惯例与习惯做法既有联系，又有区别。二者的联系表现为，国际贸易惯例是在国际贸易的某些习惯做法的基础上产生的；二者的区别表现为，并非任何一种贸易习惯做法都可以成为国际贸易惯例，习惯做法只有经过有关国际权威组织编撰成文，并在国际上被普遍接受和广泛使用，才可能成为国际贸易惯例。凡是尚未被人们普遍接受，甚至还遭到抵制和强烈反对的做法，就不能视为国际上通行的习惯做法，更不能视为国际贸易惯例。即使某些做法已形成惯常做法，且在某地区、某行业或某港口成为惯例，却未被各国普遍接受和广泛使用，由于其适用范围的局限性，也不能成为通行的国际贸易惯例。

综上，国际贸易惯例是指在长期的国际贸易实践中形成的一些习惯性做法，并经过有关国际组织编撰成文的、在国际上得到普遍接受和广泛使用的、具有一定确定性和指导意义的行为规范。

二、国际贸易惯例的特点

（一）非强制性

国际贸易惯例不是法律和国际公约，本身不具有强制性和约束力，当事人对贸易惯例的选择适用是在“当事人意思自治”和“契约自由”的原则下进行的。

（二）权威性

国际贸易惯例通常是由国际权威组织编撰的成文规则，具有权威性。如国际商会制定的《国际贸易术语解释通则》等。

（三）普遍适用性

国际贸易惯例是国际上普遍接受和广泛使用的规则,区域性或行业性的惯例不能被视为国际贸易惯例。

（四）确定性

国际贸易惯例是在长期国际贸易实践中形成的,并且随着形势的变化和发展不断完善,其内容已达到相当高度的统一;一经双方当事人协商选定,就成为当事人的行为规则。

三、国际贸易惯例的性质和作用

（一）国际贸易惯例的性质

国际贸易惯例的性质可从以下几方面来理解:

1. 国际贸易惯例本身不是法律,不具有强制约束力

国际贸易惯例建立在当事人意思自治原则的基础上,它本身不是法律,因而不具有法律效力,不能强制推行。

2. 国际贸易惯例在一定条件下可产生法律约束力,具有强制性

（1）通过合同或协议约定按某项国际惯例办事。在当事人之间,如果事先约定按某项国际惯例行事,且在双方合同或协议中明确规定,那么该项国际惯例将对当事人各方产生法律效力,具有强制性。例如,买卖双方约定采用信用证支付方式时受 UCP600 的约束。

（2）国内法、国际公约或条约中使用国际惯例。如果某项国际惯例已被吸收进当事人所在国家的法律或当事人所在国参加的国际公约或条约中,则此项国际贸易惯例对当事人产生约束力。中国立法均明确规定了国际惯例可以予以适用,如我国《民法通则》第一百四十二条第三款规定:“中华人民共和国法律和中华人民共和国缔结或者参加的国际条约没有规定的,可以适用国际惯例。”《联合国国际货物销售合同公约》第九条第一款规定:“双方当事人业已同意的任何惯例和他们之间确立的任何习惯做法,对双方当事人均有约束力。”

（3）司法或仲裁实践中引用国际贸易惯例。这是国际上比较普遍的做法,如果当事人对某一问题没有在合同中做出明确规定,也未注明适用某种法律或某项国际惯例,在合同执行发生争议时,受理该争议的司法机构或仲裁机构也往往会引用影响较大的国际贸易惯例进行判决或裁决。这种情况下惯例约束力来自于判决或裁决。

（4）默示适用国际贸易惯例。在国际贸易中,有时还可以推定当事人以默示方式选择适用某项国际贸易惯例,此时该惯例应被视为具有约束力。例如,《联合国国际货物销售合同公约》第九条第二款规定:“除非另有协议,双方当事人应视为已默示地同意对他们的合同或合同的订立适用双方当事人已知道或理应知道的惯例,而这种惯例,在国际贸易上已为有关特定贸易涉及同类合同的当事人所广泛知道并为他们所经常遵守。”

3. 国际贸易惯例可以予以修改或变更

即使贸易当事人在合同中明确约定采用某项国际贸易惯例,双方仍可以对惯例中的有关规定进行修改或变更,未来合同履行中就以修改或变更后的内容为准。

（二）国际贸易惯例的作用

1. 国际贸易惯例具有重要的法律地位，它有效地促进了国际贸易的发展

例如，国际商会制定的《国际贸易术语解释通则》和《跟单信用证统一惯例》已被贸易界、银行界和法律界普遍接受，并成为国际上公认的常规做法和行为模式，这有利于简化交易手续，加速成交进程，提高履约率，便于合同争议的处理。由此可见，国际贸易惯例对促进国际贸易正常有序地进行和确保其持续向前发展，起到了重要作用。

2. 国际贸易惯例弥补了国际贸易法律的不足，它是国际贸易法律的重要渊源之一

在推动国际贸易发展的历程中，国际贸易惯例与国际贸易法律起着相辅相成的作用。因此，人们不仅要严格遵守国际贸易法律，受有关法律的约束，还应尊重国际贸易惯例，按国际规范办事。只有这样，才能有效地维护正常的国际贸易秩序。

（三）国际贸易惯例的运用

合理运用国际贸易惯例，有利于发展对外贸易、维护进出口企业的合法权益和提高经济效益，因此，我们在运用国际贸易惯例时，需要注意下列事项：

1. 遵循当事人意思自治的原则

运用国际贸易惯例时，合同当事人完全可以根据自己的意愿，决定采用或排除某项国际贸易惯例，也可通过双方当事人的约定修改某项国际贸易惯例。例如，交易双方商定按信用证方式支付款项，并希望采用国际商会制定的 UCP600，则应在买卖合同中载明“受 UCP600 约束”。

2. 正确理解和合理运用国际贸易惯例

正确理解有关国际贸易惯例的含义，有利于合理运用国际贸易惯例。如果对惯例的基本含义弄不清楚，甚至产生误解，就不可能合理运用国际贸易惯例，甚至会给企业造成不该发生的经济损失。就本章引导案例来说，业务人员将 CIF 认为是“到岸价”是错误的。根据国际商会《国际贸易术语解释通则》，按 CIF 条件成交，卖方在约定装运港完成交货义务后，货物中途灭失或损坏的风险以及由于各种意外事件造成的任何额外费用，已由卖方转移给买方，卖方没有义务保证把货送到对方口岸。因此，将 CIF 称为“到岸价”显然是一种误解。

第二节　国际贸易惯例的种类和内容

一、国际贸易惯例的分类

（一）国际性贸易惯例

国际性贸易惯例通常是指有关国际组织制定的一些惯例或规则。此外，先由一国或一个组织颁布，然后列入多方签订的契约中而得到公认的规定，亦属国际性贸易惯例，如伦敦保险人协会制定的《协会货物保险条款》等。本书中所指的国际贸易惯例均指此类惯例。

（二）区域性、行业性的惯例

区域性、行业性的惯例是指为特定地区、特定行业、特定交易当事人所熟悉并广泛使

用的贸易惯例,其表现形式有:

(1)通过标准合同形成的行业惯例。例如,国际保险业有S.G.保险单格式,国际航运业有标准定期租船合同(BALTIME)格式等。

(2)长期通行于某些行业的国际惯例。例如,“纺织品一经开剪,即不予理赔”的原则就是纺织行业处理某种经济行为的规则。

(3)在特定贸易方式下形成的习惯做法。例如,各国拍卖行的传统做法、规章制度,即特种条件下的国际惯例。

(4)港口、码头惯常做法和规定。在世界主要贸易港口,当事人对各项费用、手续及责任的划分,应按港口、码头惯例办理。

二、主要国际贸易惯例规则及内容

(一)国际贸易术语惯例与规则

有关贸易术语的国际惯例有《国际贸易术语解释通则》《1932年华沙-牛津规则》《美国对外贸易定义修订本》。其中,《国际贸易术语解释通则》影响最大,使用最广,最新版本为2010年国际商会编撰的《国际贸易术语解释通则2010》。

(二)国际货物海上运输惯例与规则

有关货物运输的国际规则有《海牙规则》《维斯比规则》《汉堡规则》《鹿特丹规则》等。

(三)国际货物海上运输保险惯例与规则

有关货物海上运输保险的国际规则有《协会货物保险条款》《约克-安特卫普规则》等。

(四)国际贸易结算惯例与规则

有关货物贸易结算的国际惯例有《托收统一规则》(URC522)、《跟单信用证统一惯例》(UCP600)、《国际标准银行实务》(ISBP745)、《国际备用证惯例》(ISP98)、《见索即付保函统一规则》(URDG758)等。

(五)国际商事仲裁惯例与规则

有关国际商事仲裁的规则有:《联合国国际贸易法律委员会仲裁规则》《承认和执行外国仲裁裁决的公约》等。

(六)国际货物买卖合同惯例与规则

有关货物买卖合同的规则有:《联合国国际货物买卖合同公约》《国际商事合同通则》等。

思考题

1. 什么是国际贸易惯例?有哪些特点?
2. 比较习惯做法与国际贸易惯例的区别。
3. 如何理解国际贸易惯例的性质?

案例分析

某出口公司按CIF伦敦向英商出售一批核桃仁，由于该商品季节性较强，双方在合同中规定，买方须于9月底前将信用证开到，卖方保证货运船只不迟于12月2日驶抵目的港。如货轮迟于12月2日抵达目的港，买方有权取消合同，如货款已收，卖方必须将货款退还买方。如果货轮最终于12月6日抵达目的港，问：买方是否有权取消合同？

第二章

国际贸易术语惯例

【教学目的】

1. 了解 Incoterms® 2010 的产生背景。
2. 掌握每种贸易术语下买卖双方的责任、费用和风险的划分。
3. 正确掌握国际贸易术语在合同签订中的应用原则。

【重点难点】

有关贸易术语的国际贸易惯例，六种主要贸易术语，贸易术语的选用策略

【关键术语】

trade terms, Incoterms® 2010, symbolic delivery, shipment contract, arrival contract, FOBST, FOB, CFR, CIF, FCA, CPT, CIP

【引导案例】

我国某出口公司按CIF条件向欧洲某国进口商出口一批草编制品,向中国人民保险公司投保了一切险,并规定用信用证方式支付。出口公司在规定的期限内在我国某港口装船完毕,船公司签发了提单,然后去中国银行议付款项。第二天,出口公司接到客户来电,称装货的海轮在海上失火,草编制品全部烧毁,客户要求我国公司出面向中国人民保险公司提出索赔,否则要求我国公司退回全部货款。问:我国公司是否需要退回货款?货物灭失的风险该由出口公司承担吗?

第一节　贸易术语含义及有关国际贸易惯例

一、贸易术语的含义

贸易术语(trade terms)又称价格术语(price terms)、价格条件。它是用三个英文字母组成,表明买卖双方各自承担的责任、费用和风险及商品的价格构成的专门术语。例如,FOB (装运港船上交货)即是一种贸易术语。

国际贸易具有运输路途远、涉及面广、环节复杂、手续多、风险大的特点。货物自卖方所在地运往买方所在地往往要经过长途运输,多次装卸和存储,其间必然要涉及以下问题:①何时何地办理货物的交接?②由谁租船订舱和支付运费?③由谁办理货运保险及支付保险费?④由谁承担运输途中可能出现的货物灭失或损坏的风险?⑤由谁办理进出口许可证及通关的手续?⑥买卖双方应交接哪些有关的单据?这些都是买卖双方在磋商交易和订立合同时必须解决的问题。贸易术语就是在国际贸易的长期实践中为解决上述问题而逐渐产生和发展起来的。例如,中国使用FOB(QingDao)术语出口一批货物,则中方负责办理出口海关手续,负责把货物运到青岛港码头,承担货物装上船之前的风险损失;买方则负责租船订舱,自费办理保险,承担货物装上船之后的风险损失,负责办理进口海关手续,等等。

可见,贸易术语大大简化了交易磋商的内容,缩短了成交的过程,节省了业务费用,并有利于解决履约中的争议,对促进国际贸易的发展功不可没。

二、有关贸易术语的国际贸易惯例

贸易术语是一定贸易历史条件下的产物,其间经历了漫长的贸易实践的检验,最终为各国贸易界认可并得到广泛使用。然而,最初对各种贸易术语并无统一的解释;后来,有些国际组织和商业团体为了消除分歧、避免争议,试图统一对贸易术语的解释,经过解释并被国际贸易界所承认或采纳的就成为国际贸易惯例。目前,国际上影响较大的与贸易术语有关的国际贸易惯例主要有以下三种。

(一)《1932年华沙-牛津规则》

19世纪中叶,CIF贸易术语开始在国际贸易中被广泛采用,但由于各国对其解释不一,影响到CIF买卖合同的顺利履行。为了对CIF合同双方的权利和义务做出统一的规定和解释,国际法协会于1928年在波兰华沙制定了CIF买卖合同的统一规则,共包括二十二条,称为《1928年华沙规则》。此后,在1930年纽约会议、1931年巴黎会议和1932年牛津会议上,相继将此规则修订为二十一条,称之为《1932年华沙-牛津规则》(*Warsaw-Oxford Rules 1932*)。

《华沙-牛津规则》对CIF合同的性质、特点及买卖双方的权利和义务做了具体规定和说明,为按CIF贸易术语成交的买卖双方提供了一套可供CIF合同签署易于使用的统一规则,供双方自愿采用,在缺乏标准合同格式或共同交易条件的情况下,买卖双方可约定采用此项通则。凡在CIF合同中订明采用《华沙-牛津规则》者,则合同当事人的权利和义务应按此规则的规定办理。由于国际贸易惯例是建立在当事人“意思自治”的基础上,具有任意法的性质,因此,买卖双方在CIF合同中也可变更、修改规则中的任何条款或增添其他条款,当此规则的规定与CIF合同内容相抵触时,应以合同规定为准。

《华沙-牛津规则》自1932年公布后,一直沿用至今,并成为国际贸易中颇有影响的国际贸易惯例,其中对货物所有权转移问题进行了明确规定是其一大特点,按照该规则第六条和第二十条的有关规定:①卖方依据法律对所售货物享有留置权、保留权或中止交货权时,所有权不发生转移;②在其他情况下,货物所有权的转移时间是卖方将有关单据交给买方的时刻。《联合国国际货物销售合同公约》第四条声明:该公约不涉及买卖合同对所售货物所有权可能产生的影响。第三十条规定:“卖方必须按照合同和本公约的规定,交付货物、移交一切与货物有关的单据并转移货物所有权。”至于货物所有权何时及如何转移未做具体规定,其他国际贸易惯例也未对所有权转移问题做具体规定。《1932年华沙-牛津规则》对CIF贸易术语确定的性质被之后国际商会制定的《国际贸易术语解释通则》所采用。

《1932年华沙-牛津规则》对CIF条件下买卖双方的主要义务做了如下规定:

1. 卖方的主要义务

(1) 必须备妥合同规定的货物,并且依照装船港口的习惯方式,将货物装到港口的船上;承担货物灭失或损坏的风险,直到货物装上船时为止。

(2) 必须根据货物的性质和预定航线或特定行业通用条件,自费订立运输合同。

(3) 必须自费向信誉良好的保险商或保险公司投保,取得海运保险单,作为有效和确实存在的保险合同的证明。

(4) 必须在货物已装船时通知买方,内容包括船名、唛头和有关货物的详细细节,通知的费用由买方负担。如果买方未收到这种通知,或偶然漏发通知,买方不得因此而拒收卖方提交的单据。

(5) 应尽力发送各种单据,并有责任快速提交给买方。

2. 买方的主要义务

在正当的单据被提交时,买方有责任接受此种单据,并按买卖合同条款支付货款。买方有权享有检查单据的合理机会和进行检查的合理时间。在正当的单据被提交时,买方不应以没有机会检验货物为借口,拒绝接受这种单据,或者拒绝按买卖合同条款支付货款。

(二)《美国对外贸易定义修订本》

《美国对外贸易定义修订本》(*Revised American Foreign Trade Definition*)的前身是美国九大商业团体于1919年制定的《美国出口报价及缩写条例》(*The US Export Quotation and*

Abbreviation）。其后，因贸易习惯发生了变化，在1940年召开的美国第27届全国对外贸易会议上对其进行了修订，并于1941年经美国商会、美国进出口协会和美国对外贸易协会组成的联合委员会通过，称为《1941年美国对外贸易定义修订本》。为顺应贸易环境的变化，1990年该修订本又被修改，被称为《1990年美国对外贸易定义修订本》。这次修改细化了原有买卖双方的责任划分。美国惯例解释的贸易术语共有六种，分别为：

Ex(Point of Origin)，产地交货；

FOB(Free on Board)，在运输工具上交货；

FAS(Free Along Side)，在运输工具旁边交货；

C&F(Cost and Freight)，成本加运费；

CIF(Cost, Insurance and Freight)，成本、保险费加运费；

Ex Dock(Named Port of Importation)，目的港码头交货。

根据交货地点的不同，FOB术语又分为以下六种类型：

（1）FOB(named inland carrier at named inland point of departure)，即在指定内陆发货地点的指定内陆运输工具上交货。按照该术语，在内陆装运地点，由卖方安排并将货物装于火车、卡车、驳船、拖船、飞机或其他供运输用的运载工具上。

（2）FOB[(named inland carrier at named inland point of departure) freight prepaid to (named point of exportation)]，即在指定的内陆发货地点的指定内陆运输工具上交货，运费预付到指定的出口地点。按照该术语，卖方预付至出口地点的运费，并在指定内陆起运地点取得清洁提单或其他运输收据后，完成交货义务。

（3）FOB[(named inland carrier at named inland point of departure) freight allowed to (named point)]，即在指定的内陆发货地点的指定内陆运输工具上交货，减除至指定地点的运费。按照该术语，卖方所报价格包括货物至指定地点的运费，但注明运费到付，并由卖方在价款内扣减，卖方在指定内陆起运地点取得清洁提单或其他运输收据后，完成交货义务。

（4）FOB(named inland carrier at named point of exportation)，即在指定出口地点的指定内陆运输工具上交货。按照该术语，卖方所报价格包括将货物运至指定出口地点的运费，并承担直至上述地点的货物灭失及/或损坏的责任。

（5）FOB Vessel(named port of shipment)，即指定装运港船上交货。按照该术语，卖方必须在规定的日期或期限内，将货物实际装载于买方提供的或为买方提供的船上，负担货物装载于船上为止的一切费用和承担货物灭失或损坏的责任，并提供清洁装船收据或已装船提单。

（6）FOB (named inland point in country of importation)，即进口国指定内陆地点交货。按照该术语，卖方必须自费安排将货物运至指定进口国地点的全部运输事宜并承担运输途中货物灭失或损坏的责任，自费办理海运货物保险等。

由此可见，以上FOB的六种类型中，只有第五种，即指定的装运港船上交货(FOB Vessel)同国际贸易中一般通用的FOB的含义大体相同，其余五种FOB的含义则完全不同。

为了具体说明买卖双方在各种贸易术语下承担的权利和义务，在《美国对外贸易定义修订本》所列各种贸易术语之后，一般附有注释；这些注释，实际上是表明贸易术语定义不可分割的组成部分。因此，为充分了解在各种贸易术语下买卖双方承担的权利和义务，使用者不仅应考虑定义本身,还应明了附加的有关贸易术语的注释。序言中明确指出,本定义并无法律的约束力,除非有专门的立法规定或为法院判决所认可。为使其对有关当事人产生法律上的约束力,建议买卖双方接受此定义作为买卖合同的一个组成部分。

《美国对外贸易定义修订本》是国际贸易中具有一定影响的国际贸易惯例,它不仅在美国使用,而且也为加拿大和一些拉丁美洲国家所采用。由于它对 FAS 和 FOB 术语的解释与国际商会制定的《国际贸易术语解释通则》有明显的差异,在同以上国家进行交易时应加以注意。

(三)《国际贸易术语解释通则》

《国际贸易术语解释通则》(Incoterms® 2010)是国际商会为统一对各种贸易术语的解释而制定的。最新版本的通则——Incoterms® 2010 共解释了 11 种贸易术语,对于每种贸易术语的性质、买卖双方所承担的责任、费用和风险的划分等问题都做了详细的解释。

第二节　Incoterms® 2010 概述

一、Incoterms® 2010 的产生

国际商会(ICC)自 20 世纪 20 年代开始对重要贸易术语做统一解释的研究,1936 年提出了一套解释贸易术语的国际性的统一规则,定名为 International commercial terms(简称 Incoterms),其副标题为 International rules for the interpretation of trade terms(国际贸易术语解释通则)。它是国际上关于贸易术语解释的最权威、使用最广泛的规则。此后,ICC 分别于 1953 年、1967 年、1976 年、1980 年、1990 年和 2000 年对该规则进行了补充和修订。2007 年,ICC 发起了对 Incoterms 2000 进行修订的动议,并组建修订小组。历经三年的修订,在广泛征集全球商界意见和建议的基础上,ICC 在于 2010 年 10 月召开的巴黎会议上公布了最终版本的《国际贸易术语解释通则 2010》(以下简称 Incoterms® 2010),该规则于 2011 年 1 月 1 日正式生效。ICC 之所以对国际贸易术语解释通则进行多次修订,是为了适应国际贸易实践领域发生的变化。Incoterms 2000 实施十年来出现了一些新现象,如无关税区不断扩大,商业交易中电子信息使用增加,人们对货物运输中的安全问题不断关注等;另外,Incoterms 2000 的有些条款表述不够清晰以及贸易实践中普遍存在着误解、误用通则和贸易术语的现象。在此背景下,Incoterms® 2010 应运而生。

二、Incoterms® 2010 的结构和内容

Incoterms® 2010 与 Incoterms 2000 一样,由引言(introduction)和术语解释的正文构成。Incoterms 2000 的引言部分内容繁多,多达 22 个部分,很容易被阅读和使用者忽视。因此,Incoterms® 2010 尽量缩减引言内容,把某些重要内容调整到正文各术语的具体条款和条款前的使用指南(guidance note)中。现在的引言只包括以下五部分内容:如何正确使用通则、Incoterms® 2010 的主要特点、贸易术语的变形、引言的地位和对六个专用词含义的解释。引言只是对各术语的使用和解释做出总体介绍,并不构成术语解释的一部分。与 Incoterms 2000 相比,Incoterms® 2010 正文中各术语的解释部分既有文字措辞上的调整,也有

内容上实质性的修改,但总体改动不大,这也是 ICC 对该通则历次修订遵循的原则,以求在稳定中谋求变化,在发展中谋求连贯性。

在结构和内容方面,Incoterms 2000 将术语按照缩写首字母分成四组,即 E 组、F 组、C 组和 D 组,共解释了 13 种贸易术语。这种分类和排序反映了卖方对买方承担的责任由小到大的程度,在买卖双方选择贸易术语以确定自己承担的责任时显得很重要。Incoterms® 2010 则按照适合的运输方式将贸易术语分成了两类,共解释了 11 种贸易术语。这种分类方法是为了帮助使用者正确选择与运输方式对应的最适合的术语,清楚地告诉使用者什么样的运输方式应该选用什么样的贸易术语。现将贸易术语的分类情况列表如表 2-1 所示。

表 2-1　Incoterms® 2010 的术语分类情况

Rules for any mode or modes of transport	Rules for sea and inland waterway transport
EXW (Ex works)工厂交货 FCA (Free Carrier) 货交承运人 CPT (Carriage Paid To) 运费付至 CIP (Carriage and Insurance Paid To) 运费和保险费付至 DAT(Delivered At Terminal)运输终端交货 DAP(Delivered At Place)目的地交货 DDP (Delivered Duty Paid)完税后交货	FAS (Free Alongside Ship) 船边交货 FOB (Free On Board) 船上交货 CFR (Cost and Freight) 成本加运费 CIF (Cost, Insurance and Freight) 成本、保险费加运费

与 Incoterms 2000 相同,Incoterms® 2010 将各种贸易术语下卖方和买方各自应承担的义务相互对比地各列出 10 项,不过 A1/B1、A2/B2、A6/B6、A8/B8 和 A10/B10 五组标题的表述发生了变化。具体情况如表 2-2 所示。

表 2-2　买卖双方承担的各项义务

A　The seller's obligations(卖方义务)	B　The buyer's obligations(买方义务)
A1: general obligations of the seller(卖方一般义务)	B1: general obligations of the buyer(买方一般义务)
A2: Licences, authorizations, security clearance and otherformalities(许可证、授权、安检清关和其他手续)	B2: Licences, authorizations, security clearance and other formalities(许可证、授权、安检清关和其他手续)
A3: Contract of carriage and insurance(运输合同与保险合同)	B3: Contract of carriage and insurance(运输合同与保险合同)
A4: Delivery(交货)	B4: Taking delivery(收取货物)
A5: Transfer of risks(风险转移)	B5: Transfer of risks(风险转移)
A6: Allocation of costs(费用划分)	B6: Allocation of costs(费用划分)
A7: Notices to the buyer(通知买方)	B7: Notices to the seller(通知卖方)
A8: Delivery document (交货凭证)	B8: Proof of delivery(交货凭证)
A9: Checking-packing-marking(核查、包装及标记)	B9: Inspection of goods(货物检验)
A10: Assistance with information and related costs (协助提供信息及相关费用)	B10: Assistance with information and related costs(协助提供信息及相关费用)

三、Incoterms® 2010 的适用范围

首先，Incoterms® 2010 只适用于货物买卖合同，而不适用于运输合同、保险合同、结算合同等。其中的货物是指有形的货物，不包括无形的货物，如计算机软件等。

其次，Incoterms® 2010 只涉及与交货和交单有关的事项，如办理运输与保险、办理进出口清关手续、转移货运风险以及提供履行各项义务的凭证等；不涉及货物所有权和其他产权的转移，也不涉及违约、违约行为的后果以及某些情况的免责等。这说明贸易术语并不代表一套完整的买卖合同条款。对于 Incoterms® 2010 中未涉及的内容，可通过买卖合同中其他明示条款或适用的法律来解决。

最后，贸易术语在传统上被用于货物跨越国界的国际销售合同。然而，无关税区的扩大使得原本存在的边界通关手续已无实际意义。因此，Incoterms® 2010 的副标题正式确认贸易术语对国际和国内货物买卖合同都可适用。

四、Incoterms® 2010 的适用前提

国际贸易惯例本身不是法律，对当事人不产生必然的强制约束力。因此，买卖双方商定合同时，可以规定适用某些惯例，也可以变更、修改惯例中的任何条款或增加其他条款。由于惯例在适用的时间效力上不存在"新法取代旧法"的说法，所以 Incoterms® 2010 的生效并非意味着 Incoterms 2000 就自动作废。当事人在订立贸易合同时仍然可以选择使用 Incoterms 2000。另外，Incoterms 是 ICC 已在很多国家注册的驰名商标。因此，如果贸易当事人欲接受新通则的约束，应当在合同中的贸易术语和指定地点之后附加"Incoterms® 2010"，这一形式构成一个整体符号，是新版通则区别于旧版通则的标志。

第三节　六种主要贸易术语

一、FOB 贸易术语

（一）基本特征

FOB 的全称是 Free On Board（insert named port of shipment），即船上交货（插入指定装运港），习惯上称为"装运港船上交货"，它是国际贸易实践中最常用的贸易术语之一。按照 Incoterms® 2010 的解释，"'Free on board' means that the seller delivers the goods on board the vessel nominated by the buyer at the named port of shipment or procures the goods already so delivered."船上交货是指卖方以在指定装运港将货物装上买方指定的船上或通过取得已交付至船上货物的方式交货（"取得"一词适用于商品贸易中常见的交易链中的链式销售，以满足在大宗商品销售中，对已装船货物作转售交易的需要）。货物灭失或损坏的风险在货物交到船上时转移，同时买方承担自那时起的一切费用。FOB 术语仅适用于海运或内河运输。

FOB 术语后面应标明装运港，如 FOB Qingdao，指定的装运港就是交货地点。

（二）买卖双方的基本义务

注意交货地点、风险转移界限、办理运输和保险的义务及相关费用的负担、进出口报

关的责任及费用的负担、移交与货物有关的单据和适用的运输方式等要点；在学习其他贸易术语时也要注意这几点。

1. 卖方义务

（1）负责在合同约定的日期或期限内，在指定的装运港，将货物交至买方指定的船舶上或以取得已在船上交付的货物方式交货，并及时通知买方。

（2）如适用时，自负风险和费用，取得出口许可证或其他官方授权，并办理货物出口所需的一切海关手续。

（3）负责货物在装运港装上船为止的一切费用和风险。

（4）负责向买方提交商业发票和证明卖方已按规定交货的通常单据，或同等作用的电子记录或程序。

2. 买方义务

（1）负责自付费用订立从指定的装运港运输货物的合同，支付运费，并就船名、装船地点和要求的交货时间给予卖方充分通知。

（2）如适用时，自担风险和费用，取得进口许可证或其他官方授权，并办理货物进口和从他国过境运输所需的一切海关手续。

（3）承担货物自装上船之后的各种费用以及货物灭失或损坏的一切风险。

（4）接受卖方提供的交货凭证，受领与合同相符的货物并支付货款。

案例分析 2-1

某合同出售一级大米 300 吨，按 FOB 条件成交，装船时货物经公证人检验，符合合同规定的品质条件，卖方在装船后已及时发出装船通知。但航行途中由于海浪过大，大米被海水浸泡，品质受到影响。当货物到达目的港时，只能按三级大米的价格出售，因而买方要求卖方赔偿差价损失。试问在上述情况下，按照 Incoterms® 2010 的解释，卖方是否应对该项损失负责？为什么？

分析：卖方对此项差价损失不需负责。因为按照 Incoterms® 2010 对 FOB 术语的解释，货物灭失或损坏的风险在货物交到船上时转移。按本例的情况，卖方已按照合同规定的条件，将货物在约定的装运港装上船，自装上船时起，风险已由卖方转移给买方。在运输途中部分大米受到海水浸泡，致使品质受到影响，这属于风险损失范围，与卖方的交货品质无关。事实上，货物在装船时，已验明品质是符合合同规定的条件的。因此，卖方不需负责差价损失。

（三）使用 FOB 术语应注意的问题

1. FOB 术语可能不适用于集装箱运输的货物

当前的贸易实践中存在着大量将 FOB 术语误用于集装箱运输的情形。其实用集装箱运输的货物通常在集装箱码头就交给了承运人，卖方在不实际控制货物的情况下却仍然承担着货物风险。因此，Incoterms® 2010 在 FOB 的使用指南中指出，FOB 术语可能不适用于集装箱运输的货物，建议对此类货物改用 FCA 术语。

2. 货物交付及风险转移

（1）风险的正常转移。按照 Incoterms® 2010 的解释，风险的转移和货物的交付是密切联系的。现行所有贸易术语下，卖方都是承担完成交货前货物灭失或损坏的一切风险，即 FOB 下，卖方承担货物装上船之前的风险。然而在以前的通则版本中，对于 FOB、CFR 和 CIF 都以“船舷”作为风险划分的界限。“船舷为界”是一种历史遗留的规则，由于其界限分明，易于理解与接受，长期以来一直在沿用。然而随着运输技术的变化，在使用集装箱运输、多式联运和滚装船等运输方式时，“船舷”没有实际意义；而且实际业务中，卖方一般都被要求把货物装到船上并提供清洁已装船单据，所以是否保留船舷原则一直是通则历次修改中各方争议的焦点问题。最终 ICC 对 FOB、CFR、CIF 下的 A4/B4 和 A5/B5 条款做出了重大修改，抛弃船舷原则，取而代之的是货物置于“船上”时构成交货并实现风险的转移。这样的新规定更符合当今贸易实践。

（2）风险的提前转移。如上所述，卖方承担的风险是随着交货义务的完成而转移的，但 Incoterms® 2010 在解释卖方风险转移时提到了几种例外情况，包括：买方未按照 B7 通知指定的船名；买方指定的船舶未按时到达导致卖方未能按 A4 履行义务或该船舶不能装载货物或早于 B7 通知的时间停止装货。这些情形的发生将导致风险的提前转移。对于风险提前转移的时间界限，一般理解为自约定日期或约定交货期限届满之日起。

FOB 术语下，无论是风险在“船上”正常转移还是风险提前转移都需要具备一个前提条件，那就是货物需要“特定化”（identify），即货物已清楚地确定为合同项下的货物。对于包装货物来说，对货物“特定化”的常见方式就是在包装上刷制唛头。其他贸易术语下风险的转移也都具有此前提条件。

风险提前转移的规定体现了对卖方的公正，而货物特定化之前风险不转移体现了对买方的公正。另外，风险的提前转移也会导致费用的提前转移。

案例分析 2-2

美国出口商与韩国进口商签订了一份 FOB 合同，合同规定由卖方出售 2 000 公吨小麦给买方。小麦在装运港装船时是混装的，共装运了 5 000 公吨，准备在目的地由船公司负责分拨 2 000 公吨给买方。但载货船只在途中遇高温天气发生变质，共损失 2 500 公吨。卖方声称其出售给买方的 2 000 公吨小麦在运输途中全部损失，并认为根据 Incoterms® 2010 解释的 FOB，风险在装运港货物装上船时已经转移给买方，故卖方对损失不负责任。买方则要求卖方履行合同。双方发生争议，后将争议提交仲裁解决。问：仲裁机构将如何裁决？

分析：仲裁机构根据 Incoterms® 2010 裁决卖方应赔偿买方的损失。在本案例中，双方当事人订立的合同为 FOB 合同，风险划分界限是货物装上船。货物是在运输途中遭受风险损失的，看起来似乎货物损失应由买方承担，但是由于卖方在实际装船时，将 5 000 公吨小麦混装，在货物海运途中，合同项下属于买方的 2 000 公吨货物尚未从卖方的其他货物中划拨出来，因此它不具备风险转移的前提条件，即使货物已装上船，但风险仍不发生转移，航程中的风险损失仍应由卖方承担。

3. 船货衔接

FOB 术语下，买方负责租船订舱，并将船名和装船时间通知卖方；而卖方必须在合同规定的装船期和装运港，将货物装上买方指定的船舶。这就存在船货衔接 link-up of vessel and goods 的问题。如果买方指定的船舶延迟到达装运港，则货等船引起的仓储等费用的增加和延收货款而造成的利息损失等都由买方承担；反之，若船舶按时到达而卖方因未备妥货物而不能及时装运，则卖方要承担由此引起的空舱费（dead freight）或滞期费（demurrage）。因此，在 FOB 合同中，必须对船货衔接问题做明确规定，并在订约后加强联系，密切配合，防止船货脱节。

案例分析 2-3

我某公司以 FOB 条件向巴西出售油籽一批。合同规定买方于某年 2 月份派船接货，结果买方船只直到 5 月 5 日才到。于是我方提出拒绝交货，并要求赔偿损失，经法院裁决我方胜诉。

分析：根据 Incoterms® 2010 对 FOB 术语的解释，FOB 术语下，买方负责租船订舱，如果买方未能按时派船，卖方有权拒绝交货，并且由此产生的各种损失均由买方负担。

4. 装货费用的负担

装货费用主要是指装船费以及与装货有关的理舱费和平舱费，这些费用究竟由谁承担，各国的惯例和习惯做法不完全一致。在班轮运输情况下，装货费用包含在班轮运费中，由负责办理运输的买方承担，买卖双方没有必要约定装货费由谁负担。但在程租船运输情况下，按照航运惯例，船方一般不负担装卸费用，买卖双方应当在合同中约定费用的承担方。通常采用在 FOB 后加列有关装货费由谁负担的附加条件，以明确责任，这就产生了 FOB 术语的变形（variations）。实际业务中，常见的 FOB 术语变形有下列几种：

（1）FOB 班轮条件（FOB Liner Terms），指装货费用如同班轮运输那样，由支付运费的一方（买方）负担。

（2）FOB 吊钩下交货（FOB Under Tackle），指卖方将货物置于轮船吊钩所及之处，从货物起吊开始的装船费用由买方负担。如载货船舶因港口吃水浅而不能靠岸，则卖方应将货物驳运到载货船舶的吊钩所及之处，有关的驳运费由卖方负担。

（3）FOB 理舱费在内（FOB Stowed，FOBS），指卖方负担将货物装入船舱并支付理舱费在内的装船费用。

（4）FOB 平舱费在内（FOB Trimmed，FOBT），指卖方负担将货物装入船舱并支付平舱费在内的装船费用。

在许多标准合同中，为表明由卖方承担包括理舱费和平舱费在内的各项装船费用，通常采用 FOBST（FOB Stowed and Trimmed）表示。

需要注意的是，Incoterms® 2010 中未规定贸易术语的变形，也未对已变形的术语提供指导，不过在引言中指出，对贸易术语的变形不禁止使用，并告知当事人这样做有风险，提醒当事人需要在合同中明确他们希望通过修改达到的效果。

5.《美国对外贸易定义修订本》和 Incoterms® 2010 对 FOB 术语解释的区别

（1）表达方式不同。Incoterms® 2010 解释的 FOB 只有一种形式；而《美国对外贸易定义修订本》的 FOB 中只有第五种，即装运港船上交货（FOB Vessel … named port of shipment）与 Incoterms® 2010 中的 FOB 的含义大体相同。若买方希望在装运港口的船上交货，应在 FOB 和港口之间加上“Vessel”（轮船）字样，如 FOB Vessel New York；否则，有可能是指在内陆运输工具上交货。

（2）适合的运输方式不同。Incoterms® 2010 中的 FOB 只适用于水上运输方式，而《美国对外贸易定义修订本》中的 FOB 可适用于任何运输方式。

（3）出口清关手续及费用的负担方不同。Incoterms® 2010 中的 FOB 条件下，卖方自担风险和费用，负责办理出口手续；而在《美国对外贸易定义修订本》中的 FOB 条件下，卖方只是在买方提出请求并由其承担费用的情况下，协助买方取得由原产地及/或装运地国家签发的，为货物出口或在目的地进口所需的各种证件，且出口税和其他有关费用也由买方承担。

案例分析 2-4

中国某公司与美国某公司谈成一笔进口业务，价格条件为“FOB 纽约每公吨 500 美元”。后中方派船去美国纽约港口接货，却不见卖方公司来交货；经中方催问，卖方认为 FOB 纽约只是在纽约城交货，其没有义务把货物装到港口的船上。

分析：《美国对外贸易定义修订本》中对 FOB 的解释不同于《国际贸易术语解释通则》中的解释。因此，在与美国商人进行交易时，合同中的 FOB 贸易术语只有按“FOB Vessel 纽约”订立，卖方才负责将货物交到纽约港口的船上。

二、CIF 贸易术语

（一）基本特征

CIF 的全称是 Cost Insurance and Freight（insert named port of destination），即成本、保险费加运费（插入指定目的港）。它是国际贸易实践中最常用的贸易术语之一。按照 Incoterms® 2010 的解释，“‘Cost, Insurance and Freight’ means that the seller delivers the goods on board the vessel or procures the goods already so delivered.”成本、保险费加运费是指卖方在船上交货或取得已交付至船上货物的方式交货。货物灭失或损坏的风险在货物交到船上时转移。卖方必须自费办理运输和保险并承担相关费用，以将货物运至指定的目的港。CIF 术语仅适用于海运或内河运输。

CIF 术语后面应标明目的港，如“CIF New York”，该指定目的港是卖方运费和保险费付至的地点，不是交货地点。

1. 卖方义务

（1）负责在合同约定的日期或期限内，在装运港将合同货物交至运往指定目的港的船上或以取得已在船上交付的货物方式交货，并及时通知买方。

（2）如适用时，自负风险和费用，取得出口许可证或其他官方授权，并办理货物出口所需的一切海关手续。

（3）自付费用，按照通常条件订立或取得从装运港到目的港的运输合同，并支付到目的港的运费。

（4）负责办理货物运输保险，支付保险费。

（5）负责货物在装运港装上船为止的一切费用和风险。

（6）负责向买方提交商业发票、保险单和货物运往约定目的港的通常运输凭证，或同等作用的电子记录或程序。

2. 买方义务

（1）如适用时，自担风险和费用，取得进口许可证或其他官方授权，并办理货物进口和从他国过境运输所需的一切海关手续。

（2）承担货物自装上船之后的各种费用以及货物灭失或损坏的一切风险。

（3）接受卖方提供的运输凭证，受领与合同相符的货物并支付货款。

（二）使用 CIF 术语应注意的问题

1. CIF 术语可能不适用于集装箱运输的货物

Incoterms® 2010 在 CIF 的使用指南中指出：CIF 术语可能不适用于货物在上船前已经交付给承运人的情况。例如，用集装箱运输的货物通常是在集装箱码头交货，在此类情况下，应当使用 CIP 术语。

2. CIF 合同属于"装运合同"

在 CIF 术语下，卖方在装运港将货物装上船，即完成了交货义务。因此，采用该术语订立的合同属于装运合同(shipment contract)。但是，由于该术语后所注明的是目的港，其性质常被误解为到货合同，因此在采用该术语订立的合同中，卖方按合同规定在装运港将货物交付后，对货物可能发生的任何风险不再承担责任。

就本章引导案例来看，双方采用的术语是 CIF 术语，卖方在装运港装船完毕，并提交了规定单据，就完成了交货义务，之后货物灭失或损坏的风险应该由买方承担。案例中，货物是在海上航行中失火灭失的，该风险应由买方承担，出口公司不需要退回货款。

若买卖合同采用 CIF 术语但又规定不迟于某个具体日期到达目的港，则可能导致对合同的不同解释。对上述规定，一般解释为，双方签订的是到货合同(arrival contract)，而不是装运合同，在货物未按规定日期抵达目的港时是卖方违约。若货物在装运后因意外事故而迟到或灭失，按照合同规定，卖方不能免责。很显然，这改变了 CIF 合同的性质。为此，卖方应避免在 CIF 条件下又规定在目的港交货的日期，除非卖方愿意接受这种约定。

3. 租船或订舱的责任

根据 Incoterms® 2010 对 CIF 的解释，卖方必须签订或取得运输合同以将货物运至指定目的地。卖方应按通常的条件及惯常的路线，租用通常类型的船舶将货物运到指定的目的港。除非双方另有约定,卖方对于买方提出的关于限制装运船舶的国籍、船型、船龄、船级及指定装载某班轮的要求都有权拒绝接受。

4. 办理保险的责任

Incoterms® 2010 解释的 11 种贸易术语中只有 CIF 和 CIP 这两种术语涉及保险问题,其他术语下,Incoterms® 2010 都解释为“买方对卖方(或卖方对买方)无订立保险合同的义务”。尽管如此,双方还要积极地去做一些事情。如 CIF 术语下,卖方有义务办理保险,而买方要向卖方提供买方要求的投保附加险的信息。Incoterms® 2010 对于卖方投保的险别有更清晰明确的指导,如告知卖方最低投保险别是《协会货物保险条款》的(C)款或类似条款。保险最低金额是合同规定价格另加 10%(即 CIF 价款的 110%),并采用合同货币。

CIF 术语下卖方是为了买方的利益所进行的投保,纯属代办性质,因为买方应承担货物装船后在运输途中的风险。如果运输途中货物发生承保损失,由买方凭卖方提交的保险单直接向保险公司索赔,能否索赔到手,卖方概不负责。卖方履行交货义务后,办理结汇时,应及时将保险单背书转让给买方,以便损失发生后买方能及时索赔。

5. 卸货费用的负担

大宗商品按 CIF 条件成交并采用程租船运输时,容易在卸货费问题上引起争议。因此,卸货费用由买方还是卖方负担,应当在买卖合同中订明。通常在 CIF 后加列有关卸货费由谁负担的附加条件,以明确责任,这就产生了 CIF 术语的变形。实际业务中,常见的 CIF 术语的变形有下列几种:

(1) CIF 班轮条件(CIF Liner Terms),指卸货费用按班轮条件处理,也就是由支付运费的一方(卖方)负担。

(2) CIF 吊钩下交货(CIF Ex Tackle),指卖方负担将货物从舱底吊起一直卸至吊钩所及之处(码头或驳船上)的费用。船舶不能靠岸时,驳船费用则由买方承担。

(3) CIF 卸到岸上(CIF Landed),指卖方负担将货物卸到目的港岸上的费用,包括可能产生的驳船费和码头费在内。

(4) CIF 舱底交货(CIF Ex Ship's Hold),指载货船舶到达目的港后,自船舱底起吊直至卸货码头的卸货费用均由买方负担。

如前所述,Incoterms® 2010 中未对 CIF 的变形提供指导。为明确责任,买卖双方应在合同中明确规定使用变形用来解决的问题。

6. 象征性交货

CIF 是一种典型的象征性交货(symbolic delivery),即在 CIF 条件下,卖方只要按合同规定的日期或期间在装运港将货物交至船上,并向买方提交了合同规定的包括物权凭证在内的有关单据,就已完成了交货义务,无须保证到货。换言之,在 CIF 条件下,卖方凭单交货,买方凭单付款,只要卖方提交了合格的全套单据,即使货物在运输途中灭失或损坏也与卖方无关,买方必须履行付款义务;反之,若卖方提交的单据不符合合同规定,即使货物完好无损地到达目的港,也不被视为完成了交货义务,买方可拒付货款。当然,若卖方提交的单据合格,当货物到达目的港后买方发现所交货物与合同不符时,即使买方已支付了货款,买方仍然有权根据买卖合同的规定向卖方提出损害赔偿的要求。

案例分析 2-5

广东某出口公司按照 CIF 价格向德国出口啤酒花一批，货物装运时，由中国商检局出具了品质与重量检验合格证书。货物运抵目的港后，买方开包检验，发现有严重的质量问题，认为是运输途中的损坏，电告卖方向保险公司索赔。后因保险公司迟迟未予赔偿，买方便向卖方提出赔偿要求。卖方认为按照 Incoterms® 2010 的解释，CIF 术语属于象征性交货，风险在装运港货物装上船时即转移给了买方，因此不承担赔偿责任。

分析：CIF 术语的一个主要特点是卖方以向买方提供适当的装运单据来履行其交货义务，而不是以向买方实际交付货物来完成其交货义务，属于象征性交货。因此，只要货物在装运港装上船以前符合合同要求，就算按合同规定交付了货物。

中方出口公司在口岸装运时由商检局进行了检验，并出具了检验证书，这表明货物在装船以前是符合合同要求的。至于货物在装船以后发生的质量问题，与卖方无任何关系。买方应持卖方提交的保险单向保险公司索赔。

三、CFR 贸易术语

（一）基本特征

CFR 的全称是 Cost and Freight(insert named port of destination)，即成本加运费(插入指定目的港)。它是国际贸易实践中最常用的贸易术语之一。按照 Incoterms® 2010 的解释，成本加运费是指卖方在船上交货或取得已交付至船上货物的方式交货。货物灭失或损坏的风险在货物交到船上时转移。卖方必须自费办理运输并承担运费，将货物运至指定的目的港。CFR 术语仅适用于海运或内河运输。

CFR 术语后面应标明目的港，如 CFR New York，该指定目的港是卖方运费付至的地点，不是交货地点。

（二）买卖双方的基本义务

1. 卖方义务

（1）负责在合同约定的日期或期限内，在装运港将合同货物交至运往指定目的港的船上或以取得已在船上交付的货物方式交货，并及时通知买方。

（2）如适用时，自负风险和费用，取得出口许可证或其他官方授权，并办理货物出口所需的一切海关手续。

（3）自付费用，按照通常条件订立或取得从装运港到目的港的运输合同，并支付到目的港的运费。

（4）负责货物在装运港装上船为止的一切费用和风险。

（5）负责向买方提交商业发票和货物运往约定目的港的通常运输凭证，或同等作用的电子记录或程序。

2. 买方义务

（1）如适用时，自担风险和费用，取得进口许可证或其他官方授权，并办理货物进口和从他国过境运输所需的一切海关手续。

（2）承担货物自装上船之后的各种费用以及货物灭失或损坏的一切风险。

（3）接受卖方提供的运输凭证，受领与合同相符的货物并支付货款。

（三）使用 CFR 术语应注意的问题

1. CFR 术语可能不适用于集装箱运输的货物

Incoterms® 2010 在 CFR 的使用指南中指出：CFR 术语可能不适用于货物在装上船前已经交付给承运人的情况。例如，用集装箱运输的货物通常是在集装箱码头交货，在此类情况下，应当使用 CPT 术语。

2. 卖方应及时发出装船通知

CFR 术语下，卖方负责安排运输，而买方自行办理货物运输保险，以就货物装上船后可能遭受灭失或损坏的风险取得保障。因此，在货物装上船前，即风险转移至买方前，买方及时向保险公司办妥保险，是 CFR 合同中一个至关重要的问题。如果卖方不及时发出装船通知，买方就无法及时办理货运保险，甚至有可能出现漏保货运险的情况。因此，卖方装船后务必及时向买方发出装船通知。

Incoterms® 2010 对卖方未能给予买方充分通知的后果没有做出具体的规定；有关国家的法律对此有所规定，如英国《1893 年货物买卖法》中规定："如果卖方未向买方发出装运通知，致使买方未能办理货物保险，则货物在海运途中的风险被视为卖方负担。"其实在 FOB 和 CIF 条件下，卖方装船后也应向买方发出装船通知，但 CFR 条件下的装船通知具有更为重要的意义。

案例分析 2-6

我某公司按 CFR 术语与英国 A 客户签约成交，合同规定保险由买方自理。我方于 9 月 1 日凌晨 2 点装船完毕，受载货轮于当日下午起航。因 9 月 1 日、2 日是周末，我方未及时向买方发出装船通知。3 日上班收到买方急电称：货轮于 2 日下午 4 时遇难沉没，货物灭失，要求我方赔偿全部损失。试分析此案例。

分析：根据 Incoterms® 2010 的规定，CFR 贸易术语下，买方自行办理货物由装运港到目的港的保险事宜，但是卖方必须将有关货物装船的具体事宜及时通知买方，以便其及时办理保险，这是卖方的义务。按照有关国家的法律规定，如《英国货物买卖法》的规定，如果卖方没有履行及时发出装船通知的义务，那么卖方将承担由于买方没能及时办理保险而造成的损失。

（四）FOB、CIF 与 CFR 三种贸易术语的异同

1. 三种贸易术语的共同点

三种贸易术语的交货地点都是装运港；风险转移界限都是货物装上船；交货性质都属于象征性交货，以它们成交的合同性质都属于装运合同；都只适用于海洋及内河运输；都是卖方办理出口清关手续，买方办理进口清关手续。

2. 三种贸易术语的区别

三种贸易术语下买卖双方各自承担的运输责任和费用以及保险责任和费用不同，从而导致成交价格不同。FOB 术语下，卖方既不承担办理运输和保险的风险，也不承担运费和保险费；CFR 术语下，卖方需要负责办理货物的运输，承担运费；CIF 术语下，卖方需要负责办理货物的运输与保险，承担运费和保险费。

四、FCA 贸易术语

（一）基本特征

FCA 的全称是 Free Carrier(insert named place of delivery)，即货交承运人(插入指定交货地点)。按照 Incoterms® 2010 的解释，货交承运人是指卖方在卖方所在地或其他指定地点将货物交给买方指定的承运人或其他人。该术语可适用于任何运输方式，也可适用于多种运输方式。

（二）买卖双方的基本义务

1. 卖方义务

（1）负责在合同约定的时间和地点，将合同货物交给买方指定的承运人或其他人，并及时通知买方。

（2）如适用时，自负风险和费用取得出口许可证或其他官方授权，并办理货物出口所需的一切海关手续。

（3）承担将货物交给承运人控制之前的一切费用和风险。

（4）负责向买方提交商业发票和证明卖方已按规定交货的通常证据，或同等作用的电子记录或程序。

2. 买方义务

（1）负责自付费用订立从指定地点承运货物的合同，支付运费，并将承运人名称及有关情况及时通知卖方。

（2）如适用时，自担风险和费用取得进口许可证或其他官方授权，并办理货物进口和从他国过境运输所需的一切海关手续。

（3）承担货物交给承运人之后所发生的一切费用和风险。

（4）接受卖方提供的交货凭证，受领与合同相符的货物并支付货款。

（三）使用 FCA 术语应注意的问题

1. 关于承运人的含义

Incoterms 2000 在 FCA、CPT 和 CIP 的序言部分中对承运人(carrier)的含义进行了解释："是指在运输合同中，负责履行或办理履行铁路、公路、海洋、航空、内河运输或多式联运义务的任何人。"这个定义中包含了实际承运人(actual carrier)和契约承运人(contracting carrier)两种含义。所谓契约承运人，是指与托运人订立各类运输合同的人；所谓实际承运人，是指接受托运人委托，实际运送货物的人。二者可以是同一个人，也可以是不同的人。Incoterms® 2010 在引言部分对专用词的解释中将"承运人"只解释为一种人，是指与他人签订运输合同的一方。

2. 关于交货地点及卖方的交付义务

FCA术语后标明的地点是卖方完成交货的地点。该地点可以是运输集散场地，如铁路车站、货运站、集装箱码头或堆场、多用途货物集散地或类似的收货地点；也可以是卖方所在处所（如工厂、仓库等）。由于风险在交货地点转移至买方，因此，Incoterms® 2010在FCA术语的使用指南中建议双方尽可能清楚地写明指定交货地点内的交付点（Point）。

FCA术语下交货地点的不同选择会影响卖方在该地点装货和卸货的义务。按照Incoterms® 2010的解释，若指定地点是卖方所在地，则当货物被装上买方提供的运输工具时完成交货；在任何其他情况下，当货物在卖方的运输工具上可供卸载，并可由承运人或买方指定的其他人处置时完成交货。如果双方希望在卖方所在地交货，则应当将卖方所在地址明确为指定交货地。如果双方希望在其他地点交货，则必须确定另外的特定交货地点。

3. FCA术语下的风险转移问题

在FCA术语下，卖方必须承担货物灭失或损坏的一切风险，直到货物交给承运人为止。应注意的是，货物灭失或损坏的风险转移是由于意外事故而导致的风险，而不包括由卖方或卖方应负责的事项所引起的灭失或损坏，如因货物包装不妥或标示不当而引起的。因此，若货物损坏可归因于卖方交付货物与合同不符的事实，则卖方仍应对风险转移后发生的损坏负责。

FCA术语下，买方负责订立运输合同，并将承运人名称及有关事项通知卖方，这样卖方才能如约完成交货，并实现风险的转移。如果买方未能及时给予卖方上述通知，或它指定的承运人在约定的时间未能接管货物，则会导致风险的提前转移，但以该项货物已清楚地确定为本合同项下为前提条件。

4. 买方安排运输事宜

FCA术语下，买方必须自负费用订立自指定地运输货物的合同。这种运输事宜比FOB术语下仅涉及海洋运输要复杂得多，因为FCA术语可适用于各种运输方式，包括多式联运。但是，如果买方提出请求，或按照商业惯例，在与承运人订立运输合同时（如在铁路或航空运输的情况下）需要卖方提供协助的话，卖方可代为安排运输，但有关费用和风险由买方负担；反之，如果卖方不愿意协助订立运输合同，应立即通知买方，以便买方另行安排。

案例分析 2-7

我国A公司与澳大利亚B公司订立FCA合同，购买某商品500公吨，合同约定提货地为B公司所在地。7月3日，A公司派代理人到B公司所在地提货，B公司已将货物装箱完毕并放置在临时敞篷中，A公司代理人由于人手不够，要求B公司帮助装货，B公司认为依国际惯例，货物已交A公司代理人照管，自己已履行完应尽的合同项下的义务，故拒绝帮助装货。A公司代理人无奈返回，3日后A公司再次组织人手到B公司所在地提走货物。但是，在货物堆放的3天里，因遇湿热台风天气，货物部分受损，造成10%的脏包。问：该损失应由哪一方承担？

分析：该损失应由B公司承担，因为交货地点在卖方所在地，卖方需负责装货，否则就算未完成交货义务，风险不发生转移。

五、CPT 贸易术语

（一）基本特征

CPT 的全称是 Carriage Paid to(insert named place of destination)，即运费付至(插入指定目的地)。按照 Incoterms® 2010 的解释，运费付至是指卖方将货物在双方约定地点(如双方已约定了地点)交给其指定的承运人或其他人。卖方必须签订运输合同并支付将货物运至指定目的地的所需费用。卖方将货物交给承运人，而不是当货物到达目的地时，即完成交货。该术语可适用于任何运输方式，也可适用于多种运输方式。

（二）买卖双方的基本义务

1. 卖方义务

（1）负责在合同约定的时间和地点，将合同货物交给卖方指定的承运人或其他人，并及时通知买方。

（2）如适用时，自负风险和费用取得出口许可证或其他官方授权，并办理货物出口和交货前从他国过境运输所需的一切海关手续。

（3）签订或取得运输合同，将货物自交货地运送至指定目的地，并支付有关运费。

（4）承担将货物交给承运人控制之前的一切费用和风险。

（5）负责向买方提交商业发票和货物运往约定目的地的通常运输凭证，或同等作用的电子记录或程序。

2. 买方义务

（1）如适用时，自担风险和费用取得进口许可证或其他官方授权，并办理货物进口和从他国过境运输所需的一切海关手续。

（2）承担货物交给承运人之后发生的费用和风险。

（3）接受卖方提供的运输凭证，受领与合同相符的货物并支付货款。

（三）使用 CPT 术语应注意的问题

1. 尽可能对地点做出明确规定

使用 CPT 术语时，由于风险转移和费用转移地点不同，所以有两个关键点，即费用点和风险点。建议买卖双方除了指定目的地(最好还要确切注明约定目的地内的点)外，还要尽可能确切地在合同中明确交货地点，风险在这里转移至买方。如果运输到约定目的地涉及多个承运人，且双方不能就交货地点达成一致的，可以推定，自卖方在某个完全由其选择的点将货物交给第一承运人时起，风险转移至买方。

2. 卖方及时发出装运通知

采用 CPT 术语时，卖方负责安排运输，而买方自行办理货物运输保险。为了避免两者脱节，造成货物装运(货交承运人接受监管)后买方失去对货物必要的保险保障，卖方应及时向买方发出装运通知。

六、CIP 贸易术语

（一）基本特征

CIP 的全称是 Carriage and Insurance Paid to(insert named place of destination)，即运费、保险费付至(插入指定目的地)。按照 Incoterms® 2010 的解释，运费和保险费付至是指卖方将货物在双方约定地点(如双方已约定了地点)交给其指定的承运人或其他人。卖方必须签订运输合同并支付将货物运至指定目的地所需的费用。卖方还必须为买方在运输途中货物的灭失或损坏风险签订保险合同。该术语可适用于任何运输方式，也可适用于多种运输方式。

（二）买卖双方的基本义务

CIP 术语与 CPT 术语相比较，卖方增加了办理货物运输保险并支付保险费的义务，卖方提交的单据中增加了保险单据；买方的义务相应减少，其他买卖双方的义务类似。

（三）使用 CIP 术语应注意的问题

1. 风险和保险问题

按 CIP 术语成交的合同，卖方要负责办理货运保险，并支付保险费，但货物从交货地点运往目的地的运输途中的风险由买方承担。所以，卖方的投保仍属于代办性质。根据 Incoterms® 2010 的解释，一般情况下，卖方要按双方协商确定的险别投保，如果双方未在合同中规定应投保的险别，则由卖方投保最低的险别，保险金额一般是在合同价格的基础上加成 10%，即 CIP 合同价款的 110%，并以合同货币投保。

2. 尽可能对地点做出明确规定

使用 CIP 术语时，由于风险转移和费用转移地点不同，建议买卖双方除了明确指定目的地(最好确切注明约定目的地内的点)外，还要尽可能确切地在合同中明确交货地点，风险在这里转移至买方。如果运输到约定目的地涉及多个承运人，且双方不能就交货地点达成一致的，可以推定，自卖方在某个完全由其选择的点将货物交给第一承运人时起，风险转移至买方。

七、六种主要贸易术语的异同

FCA、CPT、CIP 和 FOB、CFR、CIF 相比，既有相同之处又有区别。

（一）相同点

（1）交货地点都在出口国内，都属于象征性交货，以其成交的合同都属于装运合同。卖方保证按时交货，并不保证按时到货。

（2）卖方承担的风险都是随着交货义务的完成而实现转移。

（二）不同点

1. 适合的运输方式不同

FOB、CFR、CIF 三种术语仅适用于海运和内河运输，其承运人一般只限于船公司；而 FCA、CPT、CIP 三种术语适用于各种运输方式，包括多式联运，其承运人可以是船公司、铁路局、航空公司，也可以是安排多式联运的联合运输经营人。

2. 交货和风险转移的地点不同

FOB、CFR、CIF 的交货地点均为装运港,风险均自货物在装运港装上船起从卖方转移至买方;而 FCA、CPT、CIP 的交货地点需视不同的运输方式和不同的约定而定,可以是在卖方处所由承运人提供的运输工具上,也可以是在铁路、公路、航空、内河、海洋运输承运人或多式联运承运人的运输站或其他收货点。至于货物灭失或损坏的风险,则于卖方将货物交由承运人保管时,自卖方转移至买方。

3. 装卸费用负担不同

按照 FOB、CFR、CIF 成交术语,卖方承担货物在装运港装上船为止的一切费用,但由于货物装船是一个连续作业,各港口的习惯做法又不尽一致,所以,在使用程租船运输的 FOB 合同中应明确装货费由何方负担,在 CFR 和 CIF 合同中则应明确卸货费由何方负担;而在 FCA、CPT、CIP 术语下,如涉及海洋运输,并使用程租船装运,则卖方将货物交给承运人时所支付的运费(CPT、CIP 术语),或由买方支付的运费(FCA 术语),已包含了承运人接管货物后在装运港的装船费和目的港的卸货费,所以在 FCA 合同中的装货费和在 CPT、CIP 合同中的卸货费的负担问题均已明确。

4. 卖方提交的运输单据的种类、性质及出单时间不同

在 FOB、CFR、CIF 术语下,卖方一般应向买方提交已装船清洁提单;而在 FCA、CPT、CIP 术语下,卖方提交的运输单据则视不同的运输方式而定。例如,在海运和内河运输方式下,卖方应提供可转让的提单,有时也可提供不可转让的海运单和内河运单;在铁路、公路、航空运输或多式联运方式下,则应分别提供铁路运单、公路运单、航空运单或多式联运单据。

就运输单据出单时间而言,在 FOB、CFR、CIF 术语下,卖方一般在货物装船后才得到运输单据;而在 FCA、CPT、CIP 术语下,卖方只需将货物交付给承运人,就可从承运人处得到运输单据,所以出单时间缩短,有利于卖方的资金周转。

案例分析 2-8

北京 A 公司拟向美国纽约 B 公司出口某商品 5 000 箱,B 公司提出按 FOB 新港成交,而 A 公司主张采用 FCA 北京的条件,试按照 Incoterms® 2010 的规定分析 A、B 公司各自提出上述条件的原因。

分析:出口贸易使用集装箱海运时,对卖方而言采用 FCA 贸易术语比采用 FOB 贸易术语更有利,具体表现在:①可以提前转移风险。采用 FCA 术语,当卖方将货物交给承运人时风险即可转移;而采用 FOB 术语,货物在装运港装上船时风险才能转移。②可以提前取得运输单据,从而提前交单结汇,减少利息损失,提高资金周转率。③可以减少卖方的责任和费用。FCA 术语下,卖方自在北京将货物交给承运人起完成交货义务,承担的风险和费用也截止到北京,从北京到天津的运输和保险及相关费用都由买方承担。

采用 FCA 术语相比于采用 FOB 术语而言,买方要多承担内陆运输的相关风险和费用,以及办理内陆保险的相关风险与费用。因此,卖方希望按照 FCA 条件成交,而买方希望按照 FOB 条件成交。

第四节　其他贸易术语

一、EXW 贸易术语

（一）基本特征

EXW 的全称是 Ex Works(insert named place of delivery)，即工厂交货（插入指定交货地点）。按照 Incoterms® 2010 的解释，工厂交货是指当卖方在其所在地或其他指定的地点（如工厂、车间或仓库）将货物交给买方处置时，即完成交货。卖方不需将货物装上任何前来接收货物的运输工具。该术语是卖方承担责任义务最小的术语，买方则承担自卖方所在处所提取货物至目的地所需的一切费用和风险。EXW 术语适合国内贸易，它适用于任何运输方式，也可适用于多种运输方式。

（二）买卖双方的基本义务

1. 卖方义务

（1）在合同规定的时间、地点，将符合合同要求的货物置于买方的处置之下。

（2）如适用时，经买方要求并承担风险和费用，卖方必须协助买方取得出口许可证或出口所需的官方授权，并提供其所掌握的该项货物安检通关所需的信息。

（3）承担将货物交给买方处置之前的一切费用和风险。

（4）提交商业发票或同等作用的电子记录或程序。

2. 买方义务

（1）在合同规定的时间、地点受领卖方提交的货物，并按合同规定支付货款。

（2）如适用时，自负费用和风险，取得进出口许可或其他官方授权，并办理货物出口的海关手续。

（3）承担受领货物之后所发生的一切费用和风险。

（三）使用 EXW 术语应注意的问题

EXW 不是国际贸易中的常用术语，但按这一术语成交时，因价格最低对买方有一定吸引力。采用此术语时应注意以下问题：

1. 货物交接问题

卖方必须按照合同约定的日期或期限，在指定的地点将未置于任何运输车辆上的货物交给买方处置。从交货性质看，EXW 术语属于实际交货。

若在指定的地点内未约定具体交货点，或有若干个交货点可使用，则卖方可在交货地点中选择最适合其目的的交货点。为了做好货物的交接，买卖双方在订约时，一般要对交货时间和地点做出规定。

2. 货物的装运问题

按照 Incoterms® 2010 的解释，EXW 术语下，卖方对买方没有装货的义务，而由买方自备运输工具到交货地点接运货物。如果卖方装货，也是由买方承担相关风险和费用；但是，若双方希望卖方负责装货并承担装货的全部费用和风险，则须在销售合同中明确写出，如 EXW Loaded。不过，Incoterms® 2010 在 EXW 术语的使用指南中指出：“当卖方更方便装货时,FCA 一般更合适,因为该术语要求卖方承担装货义务,以及与此相关的风险和费用。”

案例分析 2-9

深圳一企业向香港出口一批旅游鞋,贸易条件为 EXW 深圳,交货期为某年 3 月。3 月份港商派来卡车装运旅游鞋,但由于深圳出口企业坚持要港商负担装车费,双方发生争议。请根据 Incoterms® 2010 的规定,分析 EXW 术语下究竟应由何方负责装车费。

分析:按照 Incoterms® 2010 的规定,EXW 术语下,卖方只要在其所在地(即工厂或仓库等)将备妥的货物交给买方处置,就履行了交货义务;卖方不承担将其货物装上买方备妥的运输车辆或办理出口结关手续的责任。因此,EXW 术语下应由买方负责装车费。

3. 出口清关手续的办理

EXW 是 11 种术语中唯一一个需要买方办理出口清关手续的术语。如适用时,经买方要求并承担风险和费用,卖方应协助买方取得出口许可或其他官方授权,并提供其所掌握的该货物安检通关所需的任何信息。若买方无法直接或间接办理货物的出口清关手续,则不应采用 EXW 术语,可采用 FCA 术语。

4. 关于检验费用

EXW 术语下,装船前检验费用(pre-shipment inspection,PSI),包括出口国当局强制要求检验的费用皆由买方承担;其他术语下,该费用由卖方承担。

5. 关于移交有关单据的义务

与其他术语相比,只有 EXW 下,对于卖方交单的规定为“无义务”,因为卖方是在其国内处所或其指定的地点把货物交给买方处置,所以无义务提供交货证明。相反,买方需要向卖方提供收取货物的证明。当然,Incoterms® 2010 的所有贸易术语(包括 EXW 在内)规定:卖方必须提供符合销售合同规定的货物和商业发票,以及合同可能要求的其他与合同相符的证据。

二、FAS 贸易术语

(一) 基本特征

FAS 的全称是 Free Alongside Ship(insert named port of shipment),即船边交货(插入指定装运港)。按照 Incoterms® 2010 的解释,船边交货是指当卖方在指定的装运港将货物交到买方指定的船边(例如,置于码头或驳船上)时,即为交货。货物灭失或损坏的风险在货物交到船边时发生转移,同时买方承担自那时起的一切费用。该术语仅适用于海运或内河运输。

(二) 买卖双方的基本义务

1. 卖方义务

(1) 在合同规定的时间和装运港口,将符合合同规定的货物交到买方指定的船舶旁边，或以取得已经在船边交付的货物的方式交货，并及时通知买方。

（2）如适用时，自负风险和费用取得出口许可证或其他官方批准证件，并办理货物出口所需的一切海关手续。

（3）承担货物交至装运港船边的一切费用和风险。

（4）负责向买方提交商业发票和证明卖方已按规定交货的通常单据，或同等作用的电子记录或程序。

2. 买方义务

（1）订立从指定装运港口运输货物的合同，支付运费，并将船名、装货地点和要求交货的时间及时通知卖方。

（2）如适用时，自担风险和费用取得进口许可证或其他官方授权，并办理货物进口和从他国过境运输所需的一切海关手续。

（3）承担货物交到船边之后所发生的一切费用和风险。

（4）接受卖方提供的交货凭证，受领与合同相符的货物并支付货款。

（三）使用 FAS 术语应注意的问题

1. FAS 术语可能不适用于集装箱运输的货物

Incoterms® 2010 在 FAS 的使用指南中指出：当货物装在集装箱时，卖方通常将货物在集装箱码头移交给承运人，而非交到船边。此时，FAS 术语不适合，应使用 FCA 术语。

2.《美国对外贸易定义修订本》与 Incoterms® 2010 对 FAS 的不同解释

（1）美国惯例中 FAS 是 Free Along Side 的缩写，即运输工具旁边交货。实际应用时，只有术语 FAS Vessel（…named port of shipment）表示"船边交货"；而 Incoterms® 2010 中的 FAS 为 Free Alongside Ship 的缩写，直接表示"船边交货"。

（2）按照美国惯例的解释，只有在买方请求并由其负担费用的情况下，卖方才有义务协助买方取得原产地及/或装运地国家签发的为货物出口所需的各种证件，而且买方需要支付出口税及因出口而征收的其他税捐费用；而 Incoterms® 2010 规定，卖方负责出口清关手续并承担与此相关的税费。

3. 注意船货衔接

FAS 术语下，卖方负责备货，而买方负责租船订舱。因此，如果买方未及时发出派船通知，或买方指定的船舶未准时到达，或未收取货物，或早于规定的时间提前停止装货，只要货物已清楚地确定为合同项下的货物，则由此产生的风险和费用均由买方承担。如果买方所派的船舶因港口吃水浅而不能靠岸，则卖方要负责用驳船把货物运至船边，并在船边交货，装船的风险和费用由买方承担。

三、DAT 贸易术语

（一）基本特征

DAT 的全称是 Delivered at Terminal（insert named terminal at port or place of destination），即运输终端交货（插入指定目的港/地的运输终端）。按照 Incoterms® 2010 的解释，运输终端交货是指当卖方在指定港口或目的地的指定运输终端将货物从抵达的载货运输工具上卸下，交给买方处置时，即为交货。运输终端如码头、仓库、集装箱堆场或公路、铁路、空运货站等。卖方承担将货物送至运输终端并将其卸下期间的一切风险。该术语可适用于任何运输方式，也可适用于多种运输方式。

（二）买卖双方的基本义务

1. 卖方义务

（1）负责在合同约定的日期或期限内，在指定的港口或目的地运输终端将货物从抵达的运输工具上卸下并交给买方处置。

（2）如适用时，自负风险和费用，取得出口许可证或其他官方授权，并办理货物出口和交货前从他国过境运输所需的一切海关手续。

（3）签订运输合同，将货物运至指定港口或目的地的指定运输终端，并支付运费。

（4）承担在目的地运输终端将货物交给买方处置之前的一切费用和风险。

（5）负责向买方提交商业发票和确保买方能够收取货物的凭证，或同等作用的电子记录或程序。

2. 买方义务

（1）如适用时，自担风险和费用，取得进口许可证或其他官方授权，并办理货物进口所需的一切海关手续。

（2）承担在运输终端受领货物之后发生的费用和风险。

（3）接受卖方提供的交货凭证，受领与合同相符的货物并支付货款。

（三）使用 DAT 术语应注意的问题

DAT 是 Incoterms® 2010 新增的一种术语，取代 Incoterms 2000 中的 DEQ（目的港码头交货）。卖方承担在特定地点交货前的风险，因此建议买卖双方尽可能确切地约定运输终端，甚至是运输终端内的特定的点，而且卖方订立的运输合同要与所做选择吻合。如适用时，DAT 要求卖方办理出口清关手续，但卖方无义务办理进口清关手续并支付进口税。如果双方希望由卖方承担将货物由运输终端运输和搬运至另一地点的风险和费用，则应当使用 DAP 或 DDP 术语。

四、DAP 贸易术语

DAP 的全称是 Delivered at Place（insert named place of destination），即目的地交货（插入指定目的地）。按照 Incoterms® 2010 的解释，目的地交货是指当卖方在指定目的地将还在运抵运输工具上可供卸载的货物交由买方处置时，即为交货。卖方承担将货物运送到指定地点的一切风险。该术语可适用于任何运输方式，也可适用于多种运输方式。

DAP 与 DAT 最大的区别就是卖方是否负责卸货及承担卸货费。采用 DAT 术语，卖方需要负责卸货并承担卸货费；而采用 DAP 术语，卖方不需要卸货就完成交货义务，买方负责卸货并承担相应的卸货费。然而，如果卖方按照运输合同在目的地支付了卸货费用，除非双方另有约定，卖方无权向买方要求偿付。

DAP 是 Incoterms® 2010 新增的一种术语，取代 Incoterms 2000 中的 DAF（边境交货）、DES（目的港船上交货）和 DDU（未完税交货）。卖方承担在特定地点交货前的风险，因此建议买卖双方尽可能确切地约定指定目的地内的交货点，而且卖方订立的运输合同要与所选地点吻合。如适用时，DAP 要求卖方办理出口清关手续，但卖方无义务办理进口清关手续并支付进口税。如果双方希望卖方办理进口清关手续并支付进口关税，则应当使用 DDP 术语。

五、DDP 贸易术语

DDP 的全称是 Delivered Duty Paid（insert named place of destination），即完税后交货（插入指定目的地）。按照 Incoterms® 2010 的解释，完税后交货是指卖方在指定目的地将仍处于运抵运输工具上，但已完成进口清关，且可供卸载的货物交由买方处置时，即为交货。卖方必须承担将货物运至指定目的地的一切风险和费用，并有义务办理货物出口和进口清关手续，支付所有出口和进口的税费。该术语可适用于任何运输方式，也可适用于多种运输方式。

由于卖方承担在特定地点交货前的风险，因此建议买卖双方尽可能确切地约定指定目的地内的交货点，而且卖方订立的运输合同要与所选地点吻合。DDP 术语是唯一一个需卖方办理进口清关手续的术语。若卖方不能直接或间接取得进口许可证，则不应使用该术语。与 EXW 相反，DDP 是卖方承担责任、费用及风险最大的术语，卖方所要的价格也最高。

若双方希望买方承担进口清关的风险和费用，则应使用 DAP 术语。除非买卖合同中另行明确规定，任何增值税或其他应付的进口税款应由卖方承担。

第五节　贸易术语的选用策略

一、贸易术语归纳总结

Incoterms® 2010 共解释了 11 种贸易术语，按照适合运输方式分成了两类，现归纳总结如下。

（一）适用于任何运输方式或多种运输方式的术语

这一组包括七种术语：EXW、FCA、CPT、CIP、DAT、DAP 和 DDP，可分为三组。

1. EXW 术语

按照 EXW 术语达成的交易在性质上类似于国内贸易。卖方在其所在地或其他指定的地点（如工厂、工场或仓库等）将货物交给买方处置时，即完成交货。EXW 是卖方承担责任最小的术语，以其成交的价格也最低。从交货性质看，EXW 术语属于实际交货。

2. FCA、CPT 和 CIP 术语

按照这三种术语成交，卖方都是在约定日期或期限内，在出口国内的交货地点将货物交给承运人时完成交货，同时风险从货交承运人起由卖方转移给买方。从交货性质看，三种术语属于象征性交货，以其订立的合同属于装运合同。卖方都需要负责货物出口清关的手续和费用，买方负责货物进口清关的手续和费用。

3. DAT、DAP 和 DDP 术语

按照这三种术语成交，卖方都是在约定日期或期限内，在进口国内的交货地点将货物交给买方处置时完成交货,卖方都需要承担货物运输途中的风险。从交货性质看,三种术语属于实际交货,以其订立的买卖合同属于到达合同。DAT 术语下卖方负责目的地的卸货,其余两种术语下卖方均不负责卸货。DAT 和 DAP 术语下,卖方都需要负责货物出口清关的手续和费用,买方负责进口清关的手续和费用;而 DDP 术语下,出口和进口清关的手续和费用都由卖方负责。

(二) 适用于海运和内河水运的术语

该组术语有 FAS、FOB、CFR 和 CIF。以该组术语成交,卖方都是在装运港完成交货,属于象征性交货,以其订立的合同属于装运合同。卖方都需要负责货物出口清关的手续和费用,买方负责货物进口清关的手续和费用。为适应链式销售形式的存在,Incoterms® 2010 在这四种术语的使用指南和涉及卖方交货义务中都规定,卖方应将货物运到船边(FAS)或在船上交付(FOB、CFR 和 CIF),或者在取得已经这样交付的货物时完成交货。另外,这四种术语不适合于集装箱运输的货物。

FAS 和 FOB 术语下,需要做好船货衔接工作,卖方不需要办理运输。CFR 和 CIF 术语下,卖方必须订立从装运港到目的港的运输合同,并支付运费,但不承担运输途中的风险。

二、选用贸易术语应考虑的因素

(一) 考虑运输条件

买卖双方采用何种贸易术语,首先应考虑采用何种运输方式运送。在本身有足够运输能力或安排运输无困难,而且经济上又合算的情况下,可争取按由自身安排运输的条件成交;否则,则应酌情争取按由对方安排运输的条件成交。

(二) 考虑货源情况

国际贸易中的货物品种很多,不同类别的货物具有不同的特点,它们在运输方面有不同要求,故安排运输的难易不同,运费开支大小也有差异。此外,成交量的大小,也直接涉及安排运输是否有困难和经济上是否合算。

(三) 考虑运费情况

运费是货价构成因素之一,在选用贸易术语时,应考虑货物经由路线的运费收取情况和运价变动趋势。一般来说,当运价看涨时,可以选用由对方安排运输的贸易术语成交;如因某种原因不能采用,则应将运价上涨的风险考虑到货价中去。

(四) 考虑运输途中的风险

在国际贸易中,交易的商品一般要经过长途运输,货物在运输途中可能遭受各种自然灾害、意外事故等风险,因此,买卖双方在洽商交易时,必须根据不同时期、不同地区、不同运输路线和运输方式的风险情况,并结合购销意图来选用适当的贸易术语。

(五) 考虑办理进出口货物结关手续的难易

在国际贸易中,对货物进出口的结关手续,有些国家规定只能由结关所在国的当事人安排或代为办理,有些国家则无此项限制。如果买方不能直接或间接办理出口清关手续,则不宜按 EXW 术语成交;如果卖方不能直接或间接办理进口清关手续,则不宜采用 DDP 术语。

思考题

1. 解释下列名词: Trade Terms、Symbolic Delivery、FOBST。
2. Incoterms® 2010 的适用范围有哪些?
3. 试比较使用 FOB、CFR、CIF 贸易术语与 FCA、CPT、CIP 贸易术语对卖方有何不同。
4. 比较 FOB、CFR、CIF 三种贸易术语有哪些相同点和区别。

案例分析

我国内地某厂商拟出口某种产品一批,向香港客商报价 CIF HONGK ONG USD100.00/MT,港商表示价格可以接受,但要求出口商将贸易术语改变为 FOB HONGKONG,即单价为 FOB HONGKONG USD100.00/MT。如果你是出口商,是否接受? 根据 Incoterms® 2010 的规定做出分析。

第三章

国际货物海上运输惯例规则

【教学目的】

1. 掌握《海牙规则》《海牙—维斯比规则》及《汉堡规则》的有关内容。
2. 了解《鹿特丹规则》的有关内容。
3. 掌握国际货物运输惯例在合同签订中的应用原则。

【重点难点】

海运提单,承运人和托运人的责任、义务,承运人的免责事项

【关键术语】

《海牙规则》,《海牙—维斯比规则》,《汉堡规则》,《鹿特丹规则》,海运提单,首要条款,管辖权条款,喜马拉雅条款,新杰森条款

【引导案例】

中国甲公司与德国乙公司签订了购买成套设备的进口合同。价格条件为 CFR 上海，信用证付款。货物按时装上了承运人所属的利比里亚籍“玛丽”轮，甲公司投保了平安险。“玛丽”轮航行到上海港区时与日本籍“小治丸”轮因双方的过失发生碰撞，致使“玛丽”轮及其货舱中的部分货物受损。基于上述情况，请问：本案碰撞引起的货损应由甲公司自行承担吗？依据《海牙规则》的规定，“玛丽”轮所有人对过失碰撞引起的货损是否可以免责？

国际货物运输惯例与规则主要有《海牙规则》《海牙—维斯比规则》《汉堡规则》以及尚未生效的《鹿特丹规则》。

第一节 《海牙规则》与《维斯比规则》

一、《海牙规则》

19 世纪末，世界航运业迅速发展，航运资本家拥有雄厚的实力，以英国航运资本为代表的船舶所有人利用当时英国立法上的契约自由原则，各自制定海运提单条款，并在提单中任意规定许多免责条款，使货方的利益失去了保障，引起了当时贸易界的强烈不满；同时，提单是一种可转让的物权凭证，但收货人、银行或受让人往往并无审查提单条款的实际机会，而且提单中所载的复杂繁多的免责条款也影响了提单的自由转让。以上情况的存在，不仅妨碍了各国贸易的发展，也给世界航运业带来不利的影响。

为了缓和船方和提单中各利害关系人之间日益尖锐的矛盾，促进航运业的发展，1921 年各国航运资本家在国际法协会的协助下，在荷兰海牙召开会议，拟订了《海牙规则草案》。1924 年，欧美主要国家又在布鲁塞尔召开会议，通过了《海牙规则草案》，签订了《统一提单的若干法律规则的国际公约》(*International Convention for the Unification of Certain Rules of Law Relating to Bills of Lading*，简称《海牙规则》)，对承运人的责任、义务、权利以及豁免做了规定，从而使提单货方的利益在一定范围内获得了安全保障。

《海牙规则》于 1931 年 6 月 2 日起生效。目前已有八十多个国家和地区通过法令采用并使之实际生效，许多国家的航运公司在其制定的海洋运输提单中均列明采用《海牙规则》，以确定承运人在货物装船、收受、配载、承运、保管、照料及卸载过程中所应承担的责任和义务以及应享有的权利和豁免。我国虽未在该公约上签字，但却把它作为制定中国《海商法》的重要参考依据，中国不少船公司的提单条款也采纳了这一公约的精神。所以，《海牙规则》堪称当今海上货物运输方面最重要的国际公约。

《海牙规则》共十六条，其中第一条至第十条是实质性条款，规定了承运人最低限度的义务，最大限度的权利及诉讼时效等；第十一条至第十六条是程序性条款，涉及公约的批准、加入和修改等程序性条款。《海牙规则》的实质性条款主要包括如下内容：

（一）承运人的责任与义务

1. 船舶的适航义务

《海牙规则》第三条第一款规定：“承运人须在开航前和开航时恪尽职责：①使船舶适

于航行；②适当地配备船员，装备船舶和配备供应品；③使货舱、冷藏舱和该船其他装载货物的部分能适宜和安全地收受、运输和保存货物。”

所谓船舶的适航性，是指船舶各个方面都能满足预定航线中一般可预见的安全妥善的要求。通常，船舶的不适航性表现为以下四种情况：①船体强度不足，船只结构缺陷或机器缺陷。②船员不足或船员配备不当。船舶应配备足够适当的船员。③不适于装载某种货物。适货（cargo worthy）是船舶适航的重要内容之一。由于货物特性的千差万别，对此类货物是适载，并不表示对其他类货物同样适载。例如，船舶运载牲口，由于舱内未经合格消毒，使牲口染上口蹄疫，所以该轮对运载牲口是不适载的，但若运的不是牲口而是矿砂——口蹄症对矿砂是丝毫无损的，那么就不构成不适载的问题了。④船上设备、供应或燃料不足。船舶应保持船上设备齐全及使用可靠。例如，海图（当然是针对预定航线的海图）要齐全，罗经、报务设备应工作正常，并且应保证导航仪器的正确性以及锚、舵、车叶的可靠性等。燃料、淡水及食品应足够在两相邻停靠港间航程中使用。在预算途中所用燃料时，要根据具体情况，加上适量的安全系数一并考虑。

关于船舶适航的时间范围，《海牙规则》规定为“开航前和开航当时”，这是个连续期间的时间范围，是指货物开始装船至装船完毕直至最终船舶开航这段时间，而不仅限于装货开始和船舶开航的某一具体时间上。开航之前的适航，通常是指货物在装货港装船时，船舶在装货过程中应处于适合安全收受货物的良好状态，如船舶具备驶离泊位到锚地避开某些风险的能力。开航当时的适航，通常是指解开最后一根缆绳离泊，船舶起锚并实际移动之时，船舶应具备克服航次中通常所能预见的海上危险的条件。

案例分析 3-1

“Evie”轮自美国运粮至印度，途中准备在日本横滨（Yokohama）加油，但在距离横滨还有两日航程的海上时燃油用尽，被迫雇用拖轮拖往日本加油后续往印度，船抵印度孟买（Bombay）时，船长即宣布共同海损，要收货人分担该船的拖船费，印度方断然拒绝，反以该船未能妥善配备足量船舶燃料从而不适航为由向承运人索赔由此所造成的货损。承运人辩称，在该船起程前已充分考虑预定航线、航速、航程等足额配备燃油量。问：该船适航吗？如果该船不适航，是属于哪方面的不适航？

分析：该船不适航，属于船上供应或燃料不足方面的不适航。

“恪尽职责”或“谨慎处理”是《海牙规则》在船舶适航方面对承运人规定的主观要求，包含两方面含义：①承运人必须恪尽职责使船舶适航，不只限于其本人，也包括他们的代理人、雇佣人和其他人员（验船师等），他们必须恪尽职责，不能有疏忽，使船舶本身具有能力经得起一般的海上风浪侵袭，同时也能把货物安全运抵目的港。②在恪尽职责之后仍不能发现的潜在缺点，只要成因在法规的免责项目范围之内，所引起或产生的货物灭失或损坏，承运人就可以免责，但他必须负举证责任，证明船舶在开航前和开航时已经恪尽职责处理。

案例分析 3-2

某轮在定期检查时曾抽样钻探船身铁板厚度，由于检验的习惯做法只需抽样钻探，而有一处地方其实已被腐蚀 78%，但未被觉察，结果船级社检验员认为厚度合格。验毕，船舶启航，途中该处铁板裂开，海水涌入，使货物湿损，船东是否需负责？

分析：该轮开航时，肯定是不适航的，但船东已恪尽职责，船级社的检验人员亦恪尽职责，由于是抽样钻探，他无须每处都钻探。因此，没有发觉某处未被选中做钻探试验的铁板有严重腐蚀现象不算工作过失，船东当然亦无须对不适航负责。

2. 管理货物的义务

管理货物的义务简称"管货义务"，是国际货物运输中，除了保证船舶适航外，承运人应承担的主要义务，是指承运人在接收货物后适当管理，使货物能在良好状态下到达目的港并将其交付收货人。《海牙规则》第三条第二款规定："除第四条规定外，承运人应妥善和谨慎地装载(load)、搬运(handle)、积载(stow)、运输(carry)、保管(keep)、照料(care)和卸载(discharge)所运送的货物。""除第四条规定外"是指公约规定的承运人可以免责的事项。以积载为例，承运人收妥货物后，应按照货物种类不同的特性，使用不同的积载方法，将货物按其状态、轻重、价格和禁忌等，安放在舱内的适当部位。如轻货应在重货上，易碎品应放于不致受压的部位，有异味品要分隔堆放，以履行承运人要把货物安全运达目的地交与收货人的责任。

承运人在履行管货义务的七个环节中，其主观要求是"妥善(properly)"与"谨慎(carefully)"，并非要求承运人必须做到尽善尽美或万无一失地履行这一义务。

因海上货物运输通常是由承运人的雇佣人或代理人，即船长、船员等实际操作和完成的，因此，管货义务不仅适用于承运人，更多情况下主要是由船长、船员等履行的。因此，船长、船员等在管理货物中的过失不能免责，由承运人承担责任。

案例分析 3-3

某年 10 月，我国某粮油食品进出口公司(买方)从某国进口了 3 000 箱冻鸡，委托某航运公司所属的东方轮运输。东方轮在迪拜港装上全部冻鸡后，经过 35 天航行，到达上海港交货。买方在港口检查货物时，发现冻鸡全部变质。经上海市卫生局鉴定，认为该冻鸡不适宜人类食用，买方损失价值计 66 000 美元。

买方随后起诉至法院提出索赔，诉称承运人对自己运输的货物管理不当，保管货物未尽职责，由此发生的货损应负全部责任。承运人辩称货物在装船之前，冷藏舱设备已由当地船检局检查，船开往上海港的整个过程中，温度一直保持在-17℃至-12℃之间，机器正常、没有损坏。货损原因是冷却器冻塞，冷气打不进冷藏舱，是管船过失所致。根据《海牙规则》，由于船长、船员或承运人的雇佣人员在驾驶和管理船舶的行为疏忽所致的货损，承运人可以免责。所以承运人拒不承担赔偿责任。问：法院将如何判决？为什么？

分析：法院应判决承运人赔偿损失。因为，本案中虽然涉及管船过失，但也涉及管货过失，承运人有管理货物的义务。本案中的货物属于特殊货物，承运人应当适当谨慎地保管和照料货物。

（二）承运人的责任期间

按照《海牙规则》第一条第e款规定："货物运输是指自货物装上船时起，至卸下船时止的一段期间。"这就是所谓吊钩至吊钩原则（tackle to tackle，使用船上吊杆时）或船舷至船舷原则（rail to rail，使用岸上吊具时）。该责任期限规定是为避免货物卸离船后再转运到最后目的地时，收货人发觉货物有短损而要原承运人负责，会造成对失去货物控制的原承运人的不公平。

至于装船前和卸船后承运人责任问题，《海牙规则》第七条规定，可由承运人与托运人就承运人或船舶对海运船舶所载货物于装船前或卸船后所受灭失或损坏，或与货物的保管、照料和搬运有关的灭失或损坏所应承担的责任与义务，订立任何协议、规定、条件、保留或免责条款。承运人一般在提单上规定免除自己在上述期间的责任。

（三）托运人的责任与义务

1. 保证货物说明正确

托运人应在装船时向承运人保证，由他书面提供的标志、件数、数量或重量均正确无误，并应赔偿给承运人由于这些项目不正确所引起或导致的一切灭失、损坏和费用。

2. 对于装运易燃、爆炸或危险货物应如实申报

按照《海牙规则》第四条第六款的规定，承运人、船长或承运人的代理人对于事先不知性质而装载的具有易燃爆炸或危险性的货物，可在卸货前的任何时候将其卸在任何地点或将其销毁，或使之无害，而不予赔偿；该项货物的托运人，应对由于装载该项货物而直接或间接引起的一切损害或费用负责。如果承运人知道该项货物的性质，并已同意装载，则在该项货物对船舶或货载发生危险时，亦得同样将该项货物卸在任何地点，或将其销毁，或使之无害，而不负赔偿责任，但如发生共同海损不在此限。

3. 损害赔偿责任

《海牙规则》第四条第三款规定："对于任何非因托运人、托运人的代理人或其雇佣人员的行为、过失或疏忽所引起的使承运人或船舶遭受的灭失或损坏，托运人不负责任。"这说明托运人对他本人或其代理人或受雇人因过错给承运人或船舶造成的损害，应承担赔偿责任。

（四）承运人的免责事项

1.《海牙规则》第四条第一款的规定

不论承运人或船舶对不适航所引起或造成的灭失或损坏都不负责，除非造成的原因是承运人未按规定恪尽职责使船舶适航，保证适当地配备船员、装备和供应该船，以及使货舱、冷藏舱和该船的其他装货部分能适宜和安全地收受、运输和保存货物。凡由于船舶不适航所造成的灭失和损坏，对于已恪尽职责的举证责任，应由根据本条规定要求免责的承运人或其他人承担。

2.《海牙规则》第四条第二款的规定

该款列出了17项免责事项,采用开放式列举方式。

不论承运人或船舶,对下列原因引起或造成的灭失或损坏都不负责:①船长、船员、引水员或承运人的受雇人,在驾驶船舶或管理船舶中的行为疏忽或不履行义务;②火灾,但由于承运人的实际过失或私谋所引起的除外;③海上或其他通航水域的灾难、危险和意外事故;④天灾;⑤战争行为;⑥公敌行为;⑦君主、当权者或人民的扣留或管制,或依法扣押;⑧检疫限制;⑨托运人或货主、其代理人或代表的行为或不行为;⑩不论由于任何原因所引起的局部或全面罢工、关厂、停工或限制工作;⑪暴动和骚乱;⑫救助或企图帮助海上人命或财产;⑬由于货物的固有缺点、性质或缺陷引起的体积或重量亏损,或任何其他灭失或损坏;⑭包装不良;⑮标志不清或不当;⑯虽恪尽职责亦不能发现的潜在缺点;⑰非由于承运人的实际过失或私谋,或者承运人的代理人,或受雇人的过失或疏忽所引起的其他任何原因,但是要求这条免责利益的人应负责举证,证明有关的灭失或损坏既非由于承运人的实际过失或私谋,亦非承运人的代理人或受雇人的过失或疏忽所造成。

以上免责事项中,引用最多的是第一项,即驾驶船舶或管理船舶中的过失,统称为"航海过失",这一免责事项又被称为"过失免责",其余免责事项被称为"无过失免责"。这种过失免责条款是其他运输制度中所没有的,很明显,《海牙规则》偏袒了船方的利益。就本章引导案例而言,按照《海牙规则》的规定,"玛丽"轮所有人对过失碰撞引起的货损可以免责,因为这属于船方在驾驶或管理船舶中的过失。

管船过失与管货过失很难区分,因为两者相互联系,但是它们的性质不同,管船过失可以免责,而管货过失不能免责。

第十七项是总括免责或一揽子免责条款,旨在包括前十六项免责事项没有列举的情况,体现了开放式列举的特点。

案例分析 3-4

某轮在航行中遭遇大风浪,需要往压载舱打压载水,以提高船舶的稳定性,但船员误将海水打入货舱,使货物受到湿损,这一过失属于管理船舶的过失,可以免责。另如,某船运输水泥航运途中,船员为了查看舱内货物打开舱盖,但出舱时忘记关上,后因甲板上浪,海水进入货舱使货物受损,这属于管理货物的过失,承运人不能免责。

3.《海牙规则》第四条第四款的规定

为救助或企图救助海上人命或财产而发生的绕航,或任何合理绕航,都不能作为破坏或违反本公约或运输合同的行为;承运人对由此而引起的任何灭失或损坏都不负责。

该款涉及绕航问题。绕航是指船舶在航行途中改变或偏离了约定的、习惯上的或地理上的航线。绕航分为不合理绕航和合理绕航。

不合理绕航往往是为了船东自身利益进行的。如为避免起运港的高价燃油,起航时故意不加足燃油,中途偏离航线去油价较低的港口加油;为在航线附近停靠的其他船舶捎带供应品;为了装卸货物或上下旅客而绕航等。在国际货物运输中,常有合理地改变或偏离合同规定或习惯上的地理航线的绕航，这种绕航是可以接受的。

《海牙规则》没有对绕航做出定义，也没有直接规定绕航的后果，但是通过第四条第四款指出了不是不合理绕航的情况。

（五）索赔通知与诉讼时效

按照《海牙规则》第三条第六款的规定，收货人在卸货时对货物的灭失或损害的一般情况，应在货物接受前或当时用书面通知承运人或其代理人。如灭失和损害不显著，当时未能发现，则应于交付货物之日起三天内提出。如果货物状态在收受时已经双方联合检验或检查，则无须书面通知。收货人向承运人提出货损赔偿的诉讼时效为从货物交付之日或应交付之日起一年以内。如果发生任何实际的或预料的灭失或损害，则承运人与收货人双方应相互提供一切便利以检验和清点货物。

（六）赔偿责任限制

承运人的赔偿责任限额是指对承运人不能免责的原因造成的货物灭失或损坏，通过规定单位最高赔偿额的方式，将其赔偿责任限制在一定的范围内。这一制度实际上是对承运人造成货物灭失或损害的赔偿责任的部分免除，充分体现了对承运人利益的维护。按照《海牙规则》第四条第五款的规定，不论承运人或船舶，在任何情况下，对货物或与货物有关的灭失或损坏，每件或每单位超过100英镑或与其等值的其他货币的部分，都不负责；但托运人于装货前已就该项货物的性质和价值提出声明，并已在提单中注明的，不在此限。该项声明如被载入提单，即作为初步证据，但它对承运人并不具有约束力或最终效力。

经承运人、船长或承运人的代理人与托运人双方协议，可规定不同于本款规定的另外的最高限额，但该最高限额不得低于上述数额。

如托运人在提单中故意谎报货物性质或价值，则承运人或船舶，在任何情况下，对货物或与货物有关的灭失或损坏都不负责。

（七）适用范围

本公约各项规则适用于在各缔约国所签发的一切提单，即适用于签约国。另外，《海牙规则》第五条还规定，本规则不适用于租船合同。但如果提单是根据租船合同签发的，则它们应符合本规则的规定。

二、《维斯比规则》

《海牙规则》自1931年生效实施以来得到了国际航运界的普遍接受，它使国际海上货物运输有法可依，统一了海上货物运输中的提单条款，对提单的规范化起到了积极作用，基本缓和了承运人和托运人之间的矛盾，促进了国际贸易和海上运输事业的发展。但随着航海技术的发展，海上运输方式发生了重大变革，特别是集装箱运输方式出现并迅猛发展，《海牙规则》的内容已不适应新形势发展的需要，尤其是通货膨胀的现实使100英镑的赔偿限额明显过低，到了20世纪50年代末，要求修改《海牙规则》的呼声日渐强烈。在此背景下，《维斯比规则》应运而生。

《维斯比规则》全称为1968年《修改统一提单的若干法律规则的国际公约》，1977年6

月 23 日生效，共十七条。前六条是实质性规定，主要对《海牙规则》的第三、四、九、十条进行了修改。《维斯比规则》是对《海牙规则》的修改和补充，故与《海牙规则》一起称为《海牙—维斯比规则》，又称为 1968 年《布鲁塞尔议定书》。目前，包括英国、法国、德国、荷兰、西班牙、挪威、瑞典、瑞士、意大利和日本等主要航运国家已加入《维斯比规则》。总体而言，《维斯比规则》的修改很不彻底，特别是对承运人的主要责任与义务并未做实质性的修改，对承运人的不合理免责条款仍无触动。现将其主要修改之处介绍如下。

（一）明确了提单的证据效力，保护善意提单受让人

《海牙规则》第三条第四款规定，提单上载明的货物主要标志、件数或重量和表面状况应作为承运人按其上所载内容收到货物的初步证据，至于提单转让至第三人的证据效力未做进一步的规定。《维斯比规则》为了弥补上述的缺陷，在第一条第一款补充规定："当提单转让给善意的第三人时，与此相反的证据将不能接受。"这表明对于善意行事的提单受让人（包括收货人）而言，提单载明的内容具有最终证据效力，承运人不得借口在签发清洁提单前货物就已存在缺陷或包装不当来对抗提单持有人。所谓"善意行事"，是指提单受让人在接受提单时并不知道装运的货物与提单的内容有何不符之处，而是出于善意完全相信提单记载的内容；否则，若事前已得悉，就不能适用此条了。

这一补充规定有利于进一步保护提单的流通与转让，也有利于维护提单受让人或收货人的合法权益。一旦收货人发现货物与提单记载不符，承运人只能负责赔偿，不得提出任何抗辩的理由。

案例分析 3-5

某货轮将 1.5 万袋咖啡豆从厄瓜多尔运往中国上海。船长签发了两张清洁提单，载明每袋咖啡豆的重量，其表面状况良好。货到目的港卸货后，发现其中 930 袋有重量不足或松袋现象，经过磅约短少 25%。于是，收货人提起诉讼，认为承运人所交货物数量与提单的记载不符，要求承运人赔偿短卸损失。承运人则认为，因其在装船时未对所装货物一一进行核对，所以承运人不应对此负赔偿责任。问：①提单在承运人与收货人之间是初步证据还是最终证据？②本案承运人是否应对货物数量的短缺承担责任？

分析：厄瓜多尔是《维斯比规则》的签署国，所以本案应适用《维斯比规则》的规定。按照《维斯比规则》的规定，承运人签发的提单是作为货物数量及表面状况良好等的初步证据，如果承运人确有证据证明其收到的货物与提单不符，则可以否认提单的证据效力。但是如果提单已转让给包括收货人在内的善意第三人，即作为对承运人有约束力的最终证据，即使承运人能提出有效的证明，也不能对抗第三人。因此，本案中提单在承运人与收货人之间是最终证据，承运人应对货物数量的短缺承担责任。

（二）提高了承运人的赔偿责任限额

《维斯比规则》在第二条把《海牙规则》的承运人的赔偿责任限额由每件或每计费单位 100 英镑改为 10 000 金法郎；并增加规定，可按毛重每千克 30 金法郎计算，以二者中金额

较高者为准。在《维斯比规则》通过时，10 000 金法郎大约等于 431 英镑，与《海牙规则》规定的 100 英镑相比，这一赔偿限额显然是大大提高了。

由于黄金官价不久即已不存在，在 1979 年一次会议上制定了修改《维斯比规则》的议定书，将赔偿责任限额的计算单位——金法郎改为特别提款权（Special Drawing Rights，SDR 或称记账单位），以 15 金法郎等于 1 SDR 为标准，承运人的赔偿责任限额为每件 666.67 SDR 或每千克 2 SDR，以二者中较高者为准。

《维斯比规则》关于赔偿责任限额的规定不但提高了限额标准，而且创造了一项新的双重限额制度，不但维护了货主的利益，而且这种制度也为以后《汉堡规则》和我国《海商法》所采纳。

（三）增加了集装箱条款

《海牙规则》没有关于集装箱运输的规定，《维斯比规则》增加了"集装箱条款"，以适应国际集装箱运输发展的需要。该规则第二条第三款规定："如果货物是用集装箱、托盘或类似的装运器具装运，则提单中所载明的装在这种装运器具中的包数或件数，应视为本款中所述的包或件数；如果不在提单上注明件数，则以整个集装箱或托盘为一件计算。"该条款的意思是，如果提单上具体载明在集装箱内的货物包数或件数，计算赔偿责任限额的单位就以提单上所列的件数为准；否则，则将一个集装箱或一个托盘视为一件货物。

（四）明确了承运人的受雇人及代理人的法律地位

海上货物运输合同当事人的涉讼多因一方当事人的违约而引起。但在有些国家承认双重诉讼的权利，即货主在其货物遭受损害时，可以以承运人违反运输合同或以其侵权为由向承运人起诉。在货主以侵权为由提出诉讼时，承运人便不能引用《海牙规则》中的免责和责任限制的规定。如果不能对此加以限制，运输法规中的责任限制规定就形同虚设。为进一步强调承运人及其受雇人员享有该权利，《维斯比规则》第三条规定："本公约规定的抗辩和责任限制，应适用于就运输合同涉及的有关货物的灭失或损坏对承运人提出的任何诉讼，不论该诉讼是以合同为根据还是以侵权行为为根据。""如果诉讼是对承运人的受雇人员或代理人提起的，该受雇人员或代理人也有权援引《海牙规则》规定的承运人的各项抗辩和责任限制。""向承运人及其受雇人员或代理人索赔的数额，在任何情况下都不得超过本公约规定的赔偿限额。"以上规定使得合同之诉和侵权之诉处于相同的地位：承运人的受雇人员或代理人也享有责任限制的权利。显然《维斯比规则》的这些规定有利于保护船东的利益。

（五）延长了诉讼时效

按照《维斯比规则》第一条第二款、第三款的规定，诉讼时效为一年，经双方协商可以延长诉讼时效；若涉及对第三者的追偿诉讼，在一年的诉讼时效期满后，仍有三个月的宽限时期。

（六）扩大了规则的适用范围

《海牙规则》的条款仅适用于在任何缔约国内所签发的一切提单，而《维斯比规则》则扩大了其适用范围，其第五条中规定，《维斯比规则》既适用于上述提单，也适用于从一个缔约国港口起运的提单，还适用于只要提单中规定受该规则约束的任何提单，不论承运人、托运人、收货人或任何其他有关人员的国籍如何。该规定的意思是只要提单或为提单所证明的运输合同上有适用《维斯比规则》的规定，该提单或运输合同就要受《维斯比规则》的约束。

第二节 《汉堡规则》

一、《汉堡规则》的产生背景

由于《维斯比规则》对《海牙规则》的修改不彻底，广大发展中国家强烈要求对《海牙规则》进行全面的、实质性的修改。为此，联合国国际贸易法委员会下设的航运立法工作组于1972年开始进行草拟海上货物运输公约的准备工作。经过多次会议的酝酿、讨论和修改，于1976年5月制定了《海上货物运输公约草案》，并于1978年3月在汉堡召开的有78个国家参加的全权代表大会上予以通过，于1992年11月1日起生效。《汉堡规则》主要代表了第三世界发展中国家的意愿，签字国为埃及、尼日利亚等非主要航运货运国，占全球外贸船舶吨位数90%的国家都未承认该规则，因此，至今《汉堡规则》对国际海运业并无多大影响。

《汉堡规则》共分为七章三十四条，除保留了《维斯比规则》对《海牙规则》修改的内容外，对《海牙规则》进行了根本性的修改。内容上加重了承运人的责任，保护了货方的利益；除了对承运人的责任基础、责任期间、赔偿责任限额等做了重大调整、修改之外，还把《海牙规则》中偏袒承运人利益的免责条款予以废除。

二、《汉堡规则》对《海牙规则》的主要修改之处

（一）加重了承运人的责任基础及举证责任

《海牙规则》规定承运人的责任基础是不完全过失责任制，它一方面规定承运人必须对自己的过失负责，另一方面又规定了承运人对航海过失的免责条款。《汉堡规则》则确定了推定过失与举证责任相结合的完全过失责任制，即在货损发生后，先推定承运人有过失，如果承运人主张自己无过失，则必须承担举证的责任。在《汉堡规则》第五条第 款中规定："如果货物的灭失或损坏或延误是发生在承运人掌管货物的期间，承运人应对所运货物的灭失或损坏或延误负责，除非承运人能证明，他以及他的工作人员或代理人已按要求采取了一切合理必要措施以避免此等事故的发生及其后果。"但应注意，失火的举证责任由索赔人承担。

（二）取消了承运人的免责规定

《汉堡规则》基本取消了《海牙规则》规定的承运人十七项免责事项，只保留了火灾免责，但在火灾的举证责任上进行了妥协。依《汉堡规则》第五条第四款的规定，承运人对火灾所引起的灭失、损坏或延迟交付负赔偿责任，但索赔人须证明承运人、其受雇人或代理人有过失；否则若索赔人不能提出有力证据，则承运人可以免责。

（三）延长了承运人的责任期间

与《海牙规则》采用的钩至钩原则不同，为适应集装箱运输的发展，《汉堡规则》第四条

第一款规定,“承运人对货物的责任期间,包括货物在装货港、运输途中和卸货港承运人掌管下的期间”,即“港至港”。这条规定延长了承运人承运货物的负责期间,即从承运人接受货物时起直到交付货物为止的整个一段时间,解决了货物从交货到装船和从卸船到收货人提货这两段无人负责的空间,实际上是增加了承运人的责任,对维护货主利益是有利的。

（四）增加了承运人延迟交货的责任

迟延交货的责任在《海牙规则》和《维斯比规则》中都没有规定,《汉堡规则》第五条第二款增加如下规定:“如果货物未能在明确议定的时间内,或虽无此项议定,但未能在考虑到实际情况对一个勤勉的承运人所能合理要求时间内,在海上运输合同所规定的卸货港交货,即为迟延交付。”对此,承运人应对因迟延交付货物所造成的损失承担赔偿责任。而且第三款还进一步规定,如果货物在第二款规定的交货时间截止后连续六十天内仍未能交付,有权对货物灭失提出索赔的人可以认为货物已经灭失。《汉堡规则》第六条第一款还规定:“承运人对延迟交货的赔偿责任限额为迟交货物应付运费的 2.5 倍,但不应超过海上运输合同中规定的应付运费总额。”按照《汉堡规则》的规定,承运人对货物延迟交付的赔偿责任与灭失或损坏的赔偿责任适用同一责任原则(即完全过失),但两者的单位责任限额不同。

（五）加大了承运人的赔偿责任限额

《汉堡规则》第六条提高了承运人的最高赔偿限额,为了解决货币贬值问题,《汉堡规则》采用特别提款权为计算责任限额的单位,规定承运人对货物灭失或损坏的赔偿责任限额为每件或每单位 835 SDR,或每千克 2.5 SDR,以高者为准。此外,《汉堡规则》还规定,如果货损是由于承运人、其雇佣人或代理人故意造成的,则将丧失责任限制的权利。

《汉堡规则》中对所谓件数或其他装运单位的确定,也有类似《维斯比规则》中有关集装箱条款的规定。

（六）增加了实际承运人的概念

《海牙规则》只有承运人的概念,没有关于实际承运人的规定,《汉堡规则》第一条除了对“承运人”的含义进行界定外,还增加了“实际承运人”的概念。“承运人”是指其本人或以其名义与托运人订立海上货物运输合同的任何人。“实际承运人”是指受承运人委托执行货物运输或部分货物运输的任何人。

当承运人将全部或部分货物委托给实际承运人办理时,承运人仍需按公约规定对全部运输负责。如果实际承运人及其雇佣人或代理人的疏忽或过失造成的货物损害,承运人和实际承运人均需负责的话,则在其应负责的范围内承担连带责任。这时托运人既可向实际承运人索赔,也可向承运人索赔,并且不因此妨碍承运人和实际承运人之间的追偿权利。以上规定在《汉堡规则》第十条中有所体现。

（七）扩大了货物的范围

《汉堡规则》将活牲畜(live anminals)和舱面货(deck cargo)包括在货物的范围内,这就扩大了《海牙规则》关于货物的限制性定义。关于活牲畜,第五条第五款规定:活牲畜在运输中灭失、损伤或延迟交货,若是起因于这类货物所固有的任何特殊风险,承运人可免除责任，但承运人必须证明已按托运人的特别指示办理。如活牲畜的灭失、损失或延迟交货的全部或部分是由于承运人、其雇佣人员或代理人的过失或疏忽所引起的，承运人仍应负责。

舱面货，又称甲板货，指装载在甲板上运输的货物，如木材、危险品、集装箱货物等。按照《汉堡规则》第九条的规定，承运人只有在符合与托运人所签订的协议，符合特定的货运习惯（如原木、集装箱等的运输）或符合有关法律规则或条例时（如危险品运输法规中规定危险品应装于甲板上），才有权在舱面上载运货物；否则，后果由承运人负责，且不能限制赔偿责任。同时，承运人亦有责任在提单上加注关于货装舱面的说明以提醒提单的受让人，如在提单中注明“Stowed on Deck”。《汉堡规则》第九条第二款规定：“如果承运人和托运人议定，货物应该或可以在舱面上载运，承运人必须在提单或证明海上运输合同的其他单证上载列相应说明。”

若货物不适宜装在甲板上，而装在了甲板上，承运人应负责。承运人即使证明对货物采取了充分合理的措施，如合理积载、捆扎或加固等，对该货物因装于甲板运输而导致的海水浸泡、浪击落海、雨淋等损失或延迟交货，也不能免除赔偿责任，这是因为将货物装于甲板上运输，其本身就违反了运输合同，承运人的赔偿责任按舱内货物赔偿。如果承托双方在运输合同中有明文规定，应将货物装于舱内运输，而承运人仍将货物装于甲板上运输，则视为承运人故意违反运输合同；若货物发生灭失或损坏，承运人不能享受赔偿责任限制，而须按实际损失赔偿货主。

案例分析 3-6

我国某船公司为国内一企业承运进口化学物品，承运人将其货物装于甲板上，但未在提单上注明货装甲板。因航行中天气恶劣，有一部分货物落入海中。当收货人向承运人索赔时，承运人称该货物属于甲板货，不属于承运人的责任范围，拒绝赔偿。

分析：上述案例中，化学品属于按照有关法规可以装在甲板上的货物，承运人本应有权将化学物品装于甲板上，但在签发提单时却未注明“Stowed on Deck”字样，该批货物在航行中有一部分被冲击入海，因此承运人必须依照《汉堡规则》的有关规定，赔偿货主的全部损失。

（八）承认了保函的效力

《海牙规则》和《维斯比规则》都没有关于保函的规定，而《汉堡规则》第十七条对保函的法律效力做出了明确规定。托运人为了换取清洁提单，可以向承运人出具承担赔偿责任的保函，该保函在承运人和托运人之间有效，对包括受让人、收货人在内的第三方一概无效。如保函有欺诈意图，则保函无效，承运人应赔偿第三者的损失，且不能享受责任限制。

（九）延长了索赔通知时间和诉讼时效

《汉堡规则》第十九条规定，如果货物的减失或毁损是明显的，收货人应不晚于货物移交给收货人之日后的第一个工作日内以书面通知送交承运人；如果货物的减失或毁损不明显，应在货物交付收货人之日后十五个连续日内以书面通知送交承运人。同时还规定，对货物迟延交付造成损失，收货人应在收货后的六十天内提交书面通知。

《海牙规则》规定收货人提出诉讼的时限为一年，《汉堡规则》第二十条则延长为两年。如果在两年期间内没有提出法律程序或仲裁程序，即失去时效。被要求赔偿的人可以在时效期限内任何时间，向索赔人提出书面声明，要求延长时效期限。可见，《汉堡规则》与《海牙规则》和《维斯比规则》的有关规定相比，索赔和诉讼时效期间既做了延长，又体现了其更为灵活的特点。

（十）增加了管辖权和仲裁的规定

《海牙规则》及《维斯比规则》都没有规定管辖权和仲裁，而《汉堡规则》则增加了这两方面的规定。对于管辖权，原告可以选择下列法院起诉：被告主营业所，无主营业所时，为通常住所；合同订立地，而合同是通过被告在该地的营业所、分支或代理机构订立；装货港或卸货港；海上运输合同为此目的而指定的任何地点。对于仲裁，索赔方可选择下列地点仲裁：被诉人有营业所或通常住所的一国某一地点；装货港、卸货港；合同订立地，且合同是通过被诉人在该地的营业所、分支或代理机构订立的；仲裁条款协议中为此目的而指定的地点。

（十一）扩大了公约的适用范围

《汉堡规则》第二条适用范围第一款中规定：本公约的各项规定适用于两个不同国家间的所有海上运输合同，如果海上运输合同所规定的装货港位于一个缔约国内，或海上运输合同所规定的卸货港位于一个缔约国内，或海上运输合同所规定的备选卸货港之一为实际卸货港，并且该港位于一个缔约国内，或提单或证明海上运输合同的其他单证是在一个缔约国内签发的，或提单或证明海上运输合同的其他单证规定，本公约各项规定或实行本公约的任何国家的立法应约束该合同。

同《海牙规则》一样，《汉堡规则》不适用于租船合同，但如果提单根据租船合同签发，并调整承运人和不是租船人的提单持有人之间的关系，则适用该规则的规定。

由此可见，《汉堡规则》的适用范围较《海牙规则》和《维斯比规则》更加广泛。

第三节　《鹿特丹规则》

一、《鹿特丹规则》的产生背景及主要内容

在《鹿特丹规则》之前，国际上已存在三个关于海上货物运输的公约。《海牙规则》是最早关于海洋运输的国际公约，参加国最多，但其内容过分倾向于承运人；《维斯比规则》是对《海牙规则》的修订，但修订不彻底，仍偏袒承运人利益；《汉堡规则》代表了国际社会重新平衡船货双方利益的立法趋势，但参加国多为发展中国家，影响不大。三个公约的并存加剧了国际货物海上运输规则的不统一。此外，随着电子商务的发展，海上运输越来越多地采用电子单证，这是导致新公约诞生的最直接原因。另外一个间接原因是随着多式联运的发展，门到门运输越来越普遍。现行规则中关于承运人的责任期限，都没有考虑门

到门的实际情况。

为协调和平衡国际货物海上运输各关系方的利益、实现海上运输法律制度的统一,1996年,联合国国际贸易法委员会委托国际海事委员会以及其他组织收集有关海上货物运输领域现行惯例和法律方面的资料,为建立统一立法做准备。最终历经数年,联合国国际贸易法委员会制定了《联合国全程或部分国际海上货物运输合同公约》(*United Nations Convention on Contracts for the International Carriage of Goods Wholly or Partly by Sea*),并于2008年12月11日在纽约召开的联合国大会通过,2009年9月在荷兰鹿特丹签署,因此该公约又被称为《鹿特丹规则》。目前,已有美国、法国、希腊、丹麦、挪威、荷兰等二十多个国家签署该规则,但是根据该公约规定,《鹿特丹规则》只有在20个国家递交批准书的一年后才能生效。无论生效与否,该公约对国际贸易和国际航运等都将产生深远的影响。

《鹿特丹规则》共有十八章九十六条,主要是围绕船货双方的权利义务、争议解决及公约的加入与退出等做出一系列规定。与现有三个公约相比,《鹿特丹规则》加重了承运人的责任,有很多新变化。

(一)定义众多且增加了很多新定义

《鹿特丹规则》的第一条共规定了30个定义。在涉及国际运输的所有公约中,该规则是迄今为止定义最多的一个。通常,定义能给人一个直观的概念或者清晰的思路,但是,定义过多,则表明公约的结构和逻辑关系复杂,其意思表述较难做到简洁、明了;而且有的定义不甚严密,为日后公约的适用留下了诸多争议空间。

《鹿特丹规则》增加了很多新定义,如对于运输主体做了新的细化和分类,除对"承运人"(是指与托运人订立运输合同的人)下定义外,还新增"履约方"和"海运履约方",将海运、港口、内陆各种运输方式的经营人都涵盖在内。履约方是指承运人以外的,履行或者承诺履行承运人在运输合同下有关货物接收、装载、操作、积载、运输、照料、卸载或者交付的任何义务的人,以该人直接或者间接在承运人的要求、监督或者控制下行事为限。海运履约方是指凡在货物到达船舶装货港至货物离开船舶卸货港期间履行或承诺履行承运人任何义务的履约方。内陆承运人仅在履行或承诺履行其完全在港区范围内的服务时方为海运履约方。海运履约方承担公约规定的承运人的义务和赔偿责任,并有权享有相应的抗辩和赔偿责任限制。班轮运输条件下的港口经营人作为海运履约方将因此受益。

另外,在"托运人"(指与承运人订立运输合同的人)这个定义之外,增设"单证托运人"。单证托运人是指托运人以外的,同意在运输单证或者电子运输记录中记名为托运人的人,这个新定义是为了适应以FOB为条件的贸易。单证托运人享有托运人的权利并承担其义务。

(二)确立了电子运输记录的效力

现有的三个海上运输公约都未涉及电子运输记录,《鹿特丹规则》则专设第三章,通过第八、九、十三条明确规定了电子运输记录,确认其法律效力,并分为可转让与不可转让电子运输记录。另外,第八章中也有关于电子运输记录的签发等的规定。这些新规定适应了电子商务的发展,具有一定的超前性,势必加速运输单证的流转速度并提高安全性。

(三)扩展了承运人的责任期间

与《海牙规则》规定的"钩至钩原则"或"船舷至船舷原则"及《汉堡规则》规定的"港至

港原则”的调整范围不同，为适应国际集装箱货物“门到门”运输方式的变革，《鹿特丹规则》第十二条将承运人的责任期间扩大到“门至门”，即自承运人或履约方为运输而接收货物时开始，至货物交付时终止。该规则并没有对接收和交付货物的地点加以限定，因此该规则的调整范围已经并不局限于海上运输，而且还适用于那些与海运相衔接的其他方式的运输。

（四）加重了承运人的责任

对于承运人的责任基础，《鹿特丹规则》采用了与《汉堡规则》相同的完全过失责任原则。与现有公约相比，承运人承担的责任义务有以下变化：

1. 保证船舶适航

《鹿特丹规则》第四章第十四条将承运人对船舶适航的义务从传统的“开航前和开航当时”扩展到“开航前、开航当时和海上航程中”，即要求船舶全程必须适航，从而大大加重了承运人的责任。

2. 管理货物的义务

与承运人的责任期间规定为“门到门”相对应，承运人管理货物的环节由原来的“装载、操作、积载、运输、保管、照料、卸载”这七个环节向两头延伸增加到九个环节，即增加了两头的“接收”和“交付”。另外增加一条规定，承运人与托运人可以约定由托运人、单证托运人或者收货人负责装载、操作、积载或者卸载货物。

3. 在约定时间内交付货物，即不得延迟交付

按照第五章第二十一条的规定，承运人未在约定时间内在运输合同约定的目的地交付货物，为迟延交付。与《汉堡规则》相比，删除了合理时间标准。

4. 不能进行不合理绕航

按照《鹿特丹规则》第六章第二十四条的规定，如果绕航根据适用的法律构成违反承运人义务，承运人或海运履约方不得因此被剥夺本公约为其提供的任何抗辩或赔偿责任限制，但因故意造成损失的除外。这一规范明确了绕航的法律后果，即承运人或海运履约方不得因绕航行为而被剥夺《鹿特丹规则》下的任何抗辩或赔偿责任限制的权利，除非构成了第六十一条丧失责任限制的情况。从上述规范看，绕航的定义及合理与否，由各国国内法解决。

（五）关于承运人的免责

《鹿特丹规则》回到了《海牙规则》逐一列举免责事项这一传统模式，第五章第十七条第三款共列举了十五项免责事项，是封闭式列举方式。具体如下：①天灾；②海上或者其他通航水域的风险、危险和事故；③战争、敌对行动、武装冲突、海盗、恐怖活动、暴乱和民变；④检疫限制，政府、公共当局、统治者或者人民的干涉或者造成的障碍，包括非由承运人或者第十八条述及的任何人所造成的滞留、扣留或者扣押；⑤罢工、关厂、停工或者劳动受限；⑥ 船上发生火灾；⑦通过合理的谨慎无法发现的潜在缺陷；⑧托运人、单证托运人、控制方或者根据第三十三条或者第三十四条托运人或者单证托运人对其作为承担责任的

其他任何人的作为或者不作为;⑨按照第十三条第二款所述及的约定进行的货物装载、操作、积载或者卸载,除非承运人或者履约方代表托运人、单证托运人或者收货人实施此项活动;⑩由于货物固有缺陷、品质或者瑕疵而造成的数量或者重量损耗或者其他任何灭失或者损坏;⑪非由承运人或者代其行事的人所做包装不良或者标志欠缺、不清;⑫海上救助或者试图救助人命;⑬海上救助或者试图救助财产的合理措施;⑭避免或者试图避免对环境造成危害的合理措施;⑮承运人根据第十五条和第十六条所赋权利的作为。

与《海牙规则》规定的十七项免责事项相比,现在的十五项免责既有对原有免责事项的继承或修改,也有增加或删除。新增事项有:第三项中的武装冲突、海盗、恐怖活动;第九项;第十四项;第十五项。删除的重要一项就是“航海过失免责”。

(六) 进一步提高了承运人的赔偿责任限额

《鹿特丹规则》第十二章第五十九条将承运人的赔偿责任限额规定为每件货物或每个其他货运单位 875 SDR,或者按照货物的毛重计算,每公斤 3 SDR,以两者中较高限额为准。承运人对延迟交货的赔偿责任限额为迟交货物应付运费的 2.5 倍,与《汉堡规则》相比,赔偿责任限额大幅提高。

(七) 关于活牲畜和舱面货

按照第八十一条的规定,如果是活牲畜,运输合同可以排除或者限制承运人和海运履约方的义务或者赔偿责任。可见,活牲畜是被排除在货物之外的。

关于舱面货,在沿袭《汉堡规则》规范的同时,又考虑了集装箱运输的现实,在第二十五条将舱面货分为三种情况:①根据法律的要求进行此种运输;②货物载于适合舱面运输的集装箱内或者车辆内,而舱面专门适于载运此类集装箱或者车辆;③舱面运输符合运输合同或者相关行业的习惯、惯例或者做法。上述三种情况之外的舱面货运输,承运人应承担因货物装于舱面所致的灭失、损坏或延迟交付的责任,且无权享有赔偿责任限制。

(八) 进一步明确了托运人的义务

《鹿特丹规则》专门设立第七章共八条,规定了托运人对承运人承担的义务。

(1) 交付运输的义务,包括:

第一,除非运输合同另有约定,否则托运人应当交付备妥待运的货物。在任何情况下,托运人交付的货物应当处于能够承受住预定运输的状态,包括货物的装载、操作、积载、绑扎、加固和卸载,且不会对人身或者财产造成损害。

第二,根据第十三条第二款订有约定的,托运人应当妥善而谨慎地履行根据该约定承担的任何义务(第十三条第二款:承运人与托运人可以约定由托运人、单证托运人或者收货人装载、操作、积载或者卸载货物)。

第三,集装箱或者车辆由托运人装载的,托运人应当妥善而谨慎地积载、绑扎和加固集装箱内或者车辆内的货物,使之不会对人身或者财产造成损害。

(2) 及时向承运人提供承运人无法以其他合理方式获取,且合理需要的有关货物的信息、指示和文件。

(3) 对危险货物应如实告知,并按规定对危险货物加标志或标签。

按照第三十条的规定,托运人对承运人承担赔偿责任的基础是推定无过失原则,对于承运人遭受的灭失或损坏,如果承运人证明,此种灭失或损坏是由于托运人违反其义务而造成的,托运人应负赔偿责任。灭失或者损坏的原因或者原因之一不能归责于托运人本人的过失或者第三十四条述及的任何人的过失的,免除托运人的全部或者部分赔偿责任。以上规定对托运人有力,一旦发生货物灭失或损坏,首先推定托运人没有过失,承运人必须承担举证责任,举证不成则托运人不负责任。

(九) 增加了无单放货的规定

依现行三大海上公约的规定,货物交付规则仅为“凭单交货”,即若收货人未能提交正本单证,承运人就无权交货,否则承运人需向正本提单持有人承担侵权或违约责任。《鹿特丹规则》不再将凭单交付货物作为一项承运人必须履行的绝对化的强制性义务。经由《鹿特丹规则》第九章第四十五条(未签发可转让运输单证或者可转让电子运输记录时的交付)、第四十六条(签发必须提交的不可转让运输单证时的交付)和第四十七条(签发可转让运输单证或者可转让电子运输记录时的交付)规定,承运人在很多情况下取得了无单放货的权利,且无须承担责任。当发生了相应的货物未能交付的情形时,承运人可以按相应顺序分别请求控制方(即根据第五十一条有权行使控制权的人,一般为托运人,也可能是托运人指定的收货人、单证托运人或其他人)、托运人或单证托运人等就交货发出指示,且承运人凭其指示交付货物后,就可以解除其在合同项下的交货义务。

这一系列的新规定,使得货物交付问题由原来的以“提单”为主转变为以“人”为主。对于承运人而言,解脱了无单放货极大的责任,而收货人则处于被动状态,而且烦琐的条款使得操作起来难度大。因此,很多学者建议应该修改或放弃《鹿特丹规则》关于无单放货的规定,恢复到以提单为交货中心的法律体制。

(十) 延长了诉讼时效

按照《鹿特丹规则》第十三章第六十二条和第六十三条的规定,向被索赔人提出诉讼的时效为:自承运人交付货物之日起两年内;被索赔人可以在时效期间内的任何时间,通过向索赔人声明而延长该时效期间。

(十一) 关于适用范围

《鹿特丹规则》第二章第五条规定:“本公约适用于收货地和交货地位于不同国家,且海上运输装货港和同一海上运输卸货港位于不同国家的运输合同,条件是运输合同约定以下地点之一位于一缔约国:(a)收货地;(b)装货港;(c)交货地;(d)卸货港。”

除此之外,《鹿特丹规则》还对控制权、权利转让、批量合同、管辖权和仲裁等问题做了新规定。

二、《海牙规则》《维斯比规则》《汉堡规则》与《鹿特丹规则》的区别

表 3-1 对四个规则进行了比较。

表 3-1 四个规则的比较

项目	《海牙规则》(关于统一提单的若干法律规定的国际公约)	《维斯比规则》(修改统一提单的若干法律规则的国际公约)	《汉堡规则》(联合国海上货物运输公约)	《鹿特丹规则》(联合国全程或部分国际海上货物运输合同公约)
时间	1924 年签订,1931 年生效	1968 年签订,1977 年生效	1978 年签订,1992 年生效	2009 年签订,未生效
地点	比利时布鲁塞尔	比利时布鲁塞尔	德国汉堡	荷兰鹿特丹
运输主体	只规定了承运人		分别规定了承运人和实际承运人	分别规定了承运人、履约方和海运履约方
归责	不完全过失责任		完全过失责任	完全过失责任
承运人最低限度义务	(1) 承运人在开航前和开航当时恪尽职责保证船舶适航; (2) 管理货物的义务,包括装载、操作、积载、运输、保管、照料和卸载七个环节		未明确规定	(1) 开航前、开航当时和海上航程中谨慎处理保证船舶适航; (2) 管理货物的义务,包括接收、装载、操作、积载、运输、保管、照料、卸载和交付九个环节
免责事项	开放式列举了十七项免责事项		基本取消各项免责条款,仅保留火灾免责	封闭式列举了十五项免责事项,取消了"航海过失"免责
责任期间	"船舷至船舷"或"钩至钩"		"港至港"	"门至门"
赔偿责任限额	每件或每单位不得超过 100 英镑	每件 666.67 SDR 或每千克 2 SDR,以高者为准	每件或每单位 835 SDR,或每千克 2.5 SDR,以高者为准	每件或每单位 875 SDR,或每千克 3 SDR,以高者为准
保函	无规定		承认善意的保函在承运人和托运人之间有效	无规定
延迟交付	无规定		承运人对延迟交货的赔偿责任限额为迟交货物应付运费的 2.5 倍,但不应超过应付运费的总额	承运人对延迟交货的赔偿责任限额为迟交货物应付运费的 2.5 倍
活牲畜与舱面货	将活牲畜和舱面货排除在货物的范围之外		将活牲畜和舱面货包括在货物的范围内	将活牲畜排除在货物之外,对舱面货有规定
诉讼时效	自货物交付之日起一年	自货物交付之日起一年,经协商可延期	自货物交付之日起两年,经协商可延期	自货物交付之日起两年,经协商可延期

第四节　海运提单主要条款分析

一、提单正面内容

各船公司所制定的提单格式是不完全相同的，但其内容大同小异。现介绍如下：

（一）必要记载事项

1. 我国《海商法》规定的提单的必要记载事项

根据我国《海商法》的规定，提单正面内容，一般包括下列各项：

（1）货物的品名、标志、包数或者件数、重量或体积，以及运输危险货物时对危险性质的说明；

（2）承运人的名称和主营业所；

（3）船舶的名称；

（4）托运人的名称；

（5）收货人的名称；

（6）装货港和在装货港接收货物的日期；

（7）卸货港；

（8）多式联运提单增列接收货物地点和交付货物地点；

（9）提单的签发日期、地点和份数；

（10）运费的支付；

（11）承运人或者其代表的签字。

提单缺少前述一项或者几项不影响提单的性质，但是必须符合《海商法》关于提单的定义和功能的规定，除在内陆签发多式联运提单时上述第三项船舶名称、签发海运提单时多式联运提单的接收货地点和交付货物的地点以及运费的支付这三项外，其他八项内容必不可少，目前各船公司制定的提单内容与此相仿。

2. 国际公约规定的提单的必要记载事项

（1）《海牙规则》规定的提单的必要记载事项。根据《海牙规则》第三条第三款的规定："在收到货物之后，承运人或船长或承运人的代理人，应依照托运人的请求签发给托运人提单，其上载有：①与开始装货前由托运人书面提供者相同，为辨认货物所需的主要标志；②由托运人书面提供的包数或件数，或者数量，或者重量；③货物的表面状况。"

另外，《海牙规则》第三条第四款还规定："这种提单应当作为承运人依照第三款①②③项所述收到该提单中所载货物的初步证据。"

（2）《维斯比规则》规定的提单的必要记载事项。《维斯比规则》对《海牙规则》规定的必要记载事项未加以修改，但是对这些记载内容的证据效力做了修订，第一条第一款规定："……但是，当提单已经转让给善意的第三方时，与此相反的证据不予采用。"这段对《海牙规则》规定的证据效力所做出的补充文字，在法律上为承运人规定了一项义务，即对于善意的第三方，承运人应对提单上所记载的有关货物的事项负责，不能以事实上货物未装船来抗辩。这样，提单上有关货物的记载就成为按照提单记载内容收到货物的最终证据了。

（3）《汉堡规则》规定的提单的必要记载事项。《汉堡规则》关于提单必须记载的内容做了详细的规定，在第十五条第一款中共列出了十五项必须记载的事项：①货物的品名、标志、包数或件数，或者重量或以其他方式表示的数量，如系危险货物，则对其危险性质的明确说明，这些资料均由托运人提供；②货物的外表状态；③承运人名称及其主要营业所所在地；④托运人名称；⑤托运人指定收货人时的收货人名称；⑥海上运输合同规定的装货港，以及货物由承运人在装运港接管的日期；⑦海上运输合同规定的卸货港；⑧正本提单超过一份时的份数；⑨提单签发地点；⑩承运人及其代表的签字；⑪收货人应付运费金额，或者应由收货人支付运费的其他说明；⑫关于货物运输应遵守该规则各项规定，凡是与此相背离的，有损于托运人或收货人的条款均属无效的声明；⑬货物应在或可在舱面装运的声明；⑭经承运人与托运人明确协议的货物在卸货港的交付日期或期限；⑮承运人与托运人约定的高于该规则的承运人责任限额。

《汉堡规则》第十五条第三款还规定："提单漏列本条所规定的一项或多项，不影响该单证作为提单的法律性质，但该单证必须符合第一条第七款（提单定义）规定的要求。"

关于提单必要记载事项的证据效力，《汉堡规则》第十六条中做出了与《维斯比规则》相同的规定。

（二）一般记载事项

（1）属于承运人因业务需要而记载的事项，如航次顺号、船长姓名、运费的支付时间和地点、汇率、提单编号及通知人等。

（2）区分承运人与托运人之间的责任而记载的事项，如数量争议的批注；为了减轻或免除承运人的责任而加注的内容；为了扩大或强调提单上已印妥的免责条款；对于一些易于受损的特种货物，承运人在提单上加盖的以对此种损害免除责任为内容的印章等。

（3）承运人免责和托运人做承诺的条款，如有的提单正面印就以下文字说明：

①"上列外表状况良好的货物（另有说明者除外），已装在上列船上，并应在上列卸货港或该船以能安全到达并保持浮泊的附近地点卸货物。""重量、尺码、标志、号数、品质、内容和价值是托运人所提供的，承运人在装船时并未核对。托运人、收货人和本提单持有人兹明确表示接受并同意本提单和它背面所载的一切印刷、书写或打印的规定、免责事项和条件。"

②"为证明以上所述，承运人或其代理人已签署本提单（若干份），其中一份经完成的提货手续后，其余各份失效。"

③"请托运人特别注意本提单内与该货保险效力有关的免责事项和条件。"

二、提单背面条款

提单背面的条款，是承运人和托运人双方权利义务的依据，多则三十余条，少的也有二十几条，这些条款一般分为强制性条款和任意性条款两类。强制性条款的内容不能违反有关国家的法律和国际公约、港口惯例的规定。《海牙规则》第三条第八款规定："运输契约中的任何条款、约定或协议，凡是解除承运人或船舶由于疏忽、过失或未履行本条规定的责任与义务，因而引起货物的或与货物有关的灭失或损害，或以本规则规定以外的方式减轻这种责任的，都应作废并无效。”上述规定适用提单的强制性条款。

除强制性条款外，提单背面还有任意性条款，即上述法规、国际公约没有明确规定的，允许承运人自行拟定的条款，和承运人以另行印刷、刻制印章或打字、手写的形式在提单背面加列的条款，这些条款适用于某些特定港口或特种货物，或托运人要求加列的条款。所有这些条款都是表明承运人与托运人、收货人或提单持有人之间承运货物的权利、义务、责任与免责的条款，是解决他们之间争议的依据。虽然各种提单背面条款多少不一，内容不尽相同，但通常都有下列主要条款：

（一）定义条款

定义条款(definition)是提单或有关提单的法规中对与提单有关用语的含义和范围做出明确规定的条款。如《海牙规则》的定义条款包括承运人、运输合同、货物、船舶、货物运输等与提单有关的用语，但并未涉及“货方”这一提单用语。

在国际贸易实践中，提单的当事人是承运人和托运人，这是毫无异议的。但是，不论是以 FOB 还是 CIF 或 CFR 价格成交的贸易合同，如果货物在运输过程中发生灭失或损坏，对承运人提出赔偿要求的就不再是托运人，而是收货人或第三者。在这种情况下，如果仅将托运人视为合同当事人一方，就会出现收货人或第三者不是合同当事人，无权向承运人索赔的情况。由于《海牙规则》的定义条款未涉及“货方”，目前各船公司都在提单中将“货方”列为定义条款，以补充《海牙规则》的不足。如中远提单第一条规定：货方(merchant)包括托运人(shipper)、受货人(receiver)、发货人(consignor)、收货人(consignee)、提单持有人(holder of B/L)以及货物所有人(owner of the goods)。

（二）首要条款

首要条款(paramount clause)是承运人按照自己的意志，印刷于提单条款的上方，通常列为提单条款第一条用以明确本提单受某一国际公约制约或适用某国法律的条款。通常规定：提单受《海牙规则》或《维斯比规则》或者采纳上述规则的某一国内法的制约，如英国《1971 年海上货物运输法》或《1936 年美国海上货物运输法》的制约。例如，我国《海商法》实施前的中远提单第三条规定“有关承运人的义务、赔偿责任、权利及豁免应适用《海牙规则》”，目前则规定该提单受中华人民共和国法律的制约。

（三）管辖权条款

在诉讼法上，管辖权是指法院受理案件的范围和处理案件的权限。提单的管辖权条款(jurisdiction clause)规定双方发生争议时由哪国行使管辖权，即由哪国法院审理，有时还规定法院解决争议适用的法律。管辖权条款的目的主要是防止发生司法管辖的纠纷和节省诉讼费用，方便、合理地解决争议。提单一般都有此种条款。例如，我国中远提单就规定：“本提单受中华人民共和国法律管辖。本提单项下或与本提单有关的一切争议，均应根据中华人民共和国的法律加以裁定；凡是针对承运人的任何诉讼，均应提交上海海事法院或中华人民共和国其他海事法院。”严格地说，该条款是管辖权条款和首要条款的结合。

提单管辖权的效力在各国不尽相同，有的国家将其作为协议管辖处理，承认其有效；但更多的国家以诉讼不方便，或该条款减轻承运人责任等为理由，否认其效力，依据本国诉讼法，主张本国法院对提单产生的争议案件的管辖权；也有的国家采取对等的原则，确定其是否有效。

《海牙规则》和《维斯比规则》未涉及提单管辖权，而《汉堡规则》和《鹿特丹规则》都做出了明确规定，见前述《汉堡规则》对管辖权的规定。

（四）承运人责任条款和免责条款

承运人应负的责任（carrier's responsibility）和免责（exclusions）条款一般可概括地规定为以什么法律或什么公约为依据。如果提单已订有首要条款，一般就无须另行订立承运人的责任条款和免责条款。因为提单的首要条款都规定了提单的适用法律，而有关提单的国际公约或各国海商法都规定了承运人的责任和免责。

（五）承运人的责任期间条款

《海牙规则》中没有单独规定承运人的责任期间（period of responsibility），因而各船公司的提单条款中都列有关于承运人对货物运输承担责任的起止时间条款。《海牙规则》第一条"定义条款"中对于货物运输（carriage of goods）的定义规定为"包括自货物装上船舶开始至卸离船舶为止的一段时间"。《汉堡规则》则规定：承运人的责任期间，包括在装货港，在运输途中以及在卸货港，货物在承运人掌管下的全部期间。《鹿特丹规则》规定：承运人的责任期间，自承运人或者履约方为运输而接收货物时开始，至货物交付时终止。我国《海商法》根据不同种类的货物规定了不同的承运人责任期间，对于集装箱货物的规定同于《汉堡规则》，即"港至港"，而对于非集装箱货物的规定则同于《海牙规则》，即"钩至钩"或"船舷至船舷"。

（六）货方的责任条款

货方的责任（merchant's responsibility）条款，如中远提单规定：①货方向承运人保证，在提单正面填列的关于货物的资料，在收到本提单时已经核对，而且此项资料以及由货方或货方代表提供的任何资料均属恰当并正确。货方还保证，货物是合法货物而非禁运品。②货方应就因违反提供资料的正确性或承运人对之不负责任的与货物有关的任何原因而造成的一切责任、费用、灭失、损害、罚款、处罚、开支或其他制裁，给予承运人赔偿。③货方应遵守所有海关、港口及其他当局的规章或要求，应承担并支付由于未能遵守此项规定或要求或由于不合法、不正确或不适当的货物唛头、编号或地址而发生或遭受的所有捐、税、罚款、输入税、费用或损失，并应就此而给予承运人赔偿。

中外运提单还规定，如果货方使用了承运人的集装箱，则应归还空箱。

（七）运费和其他费用条款

运费和其他费用（freight and other charges）条款通常规定，托运人或收货人应按提单正面记载的金额、货币名称、计算方法、支付方式和时间支付运费，货物装船后至交货期间发生的，应由货方承担的其他费用，以及运费收取后不再退还等。如中远提单规定："所有运费都应在承运人收到货物时即视为已经全额、最终并已无条件地赚得，并应在任何情况下均须支付，且不予退还。所有运费及费用均应在交付货物前支付，而不得做任何冲抵、反索赔、扣减或延缓执行。"中外运提单也做出了类似规定。运费不得扣减是因为海上运输有特殊的风险，支付运费作为货方最主要的义务应当被强化，这也就是国际上通行的

“运费不可动摇”的原则。如果货方不履行该义务，则承运人可以行使留置货物的权利。

另外，中远提单还规定：发货人、托运人、收货人、受货人、货主、本提单的合法持有人或受背书人等均作为货方，对运费和滞期费等费用的支付承担连带责任，承运人在没有收到运费时可以向他们追索。

（八）自由转船条款

自由转船（transshipment clause）条款规定，如有需要，承运人为了完成货物运输可以采取一切合理措施，任意改变航线，改变港口或将货物交由承运人自有的或属于他人的船舶，或经铁路或以其他运输工具直接或间接地运往目的港，或运到目的港转运、转船、收运、卸岸、在岸上或水面上储存以及重新装船运送，以上行为不得视为承运人违反运输合同，承运人对因此造成的货物损失不负责任。

如中远提单规定：“承运人可在运输中的任何时间使用任何运输方式或储存方式，将货物自一种运输工具转至另一种运输工具，包括转船或以不同于提单正面所载船名的另一艘船舶或以任何其他运输方式运输。凡根据本条款而做出的不论何事或产生的任何延误，都应视为在该项运输之内，而非绕航。”中外运提单也做出了类似规定。当然，承运人在设计航线或是改变原来运输方式和运输路线时都是会以船货双方共同利益为出发点，谨慎小心地做出适当合理的决定。

案例分析 3-7

我国某出口企业与某外商按 CIF 某港口、即期信用证方式付款的条件达成交易，收到的信用证规定不准转运，我方在信用证有效期内将货物装上直驶目的港的班轮，并以直达提单办理了议付，国外开证行也凭议付行提交的提单付了款。承运船只驶离我国，途经某港时，船公司为接载其他货物，擅自将我方托运的货物卸下，换装其他陈旧船舶，货物抵达目的港比正常货运船的到达时间晚了两个多月，影响了买方对货物的使用。为此，买方向我方出口企业提出索赔。那么，我方是否应承担上述责任？

分析：我方不应承担上述责任。这是因为，CIF 合同属于装运合同，而不是到货合同，卖方只要在装运港将货物装上船，就完成了交货任务，也就是装运等于交货，在此之后如货物灭失、损坏、迟交以及费用增加等风险，均由买方承担。

我方提供的是直达提单，货物在运输途中承运人援引提单背面上的自由转船条款，将货物换装他船时，无须征得托运人的同意，所以买方提出我方弄虚作假，提供直达提单的理由根本不能成立。

其实，承运人在援引自由转船条款时不是无条件的，而应是有条件的，其条件必须合理，否则不能援引。例如，船在中途某一港口发生故障，不能继续航行时，船方可将货物转船。如仅是为了承运人自身的利益而将货物转船，以致造成货损、货差、迟交等损失，承运人就要承担不可推卸的责任。

（九）赔偿责任限额条款

承运人的赔偿责任限额（limitation of liability）是指当承运人对货物的灭失和损失负有

赔偿责任时,承运人对每件或每单位货物支付的最高赔偿金额。提单应按适用的国内法或国际公约规定承运人对货物的灭失或损坏的赔偿责任限额,但承运人接受货物前托运人书面申报的货物价格高于限额并已填入提单又按规定收取运费时,应按申报价值计算。

如按照中远提单的规定,提单一般应受中国海商法管辖。因而,无论是承运人、其受雇人、代理人、分立契约人及(或)船舶,在任何情况下对超出该法规定的每件或每单位赔偿限度的任何数额(即每件或者每个其他货运单位为 666.67 计算单位,或每公斤 2 计算单位),概不负赔偿责任,除非已由货方将货物的性质及价值于装运前加以申报,并已载入提单,而且货方已就此项申报的价值加付运费。

(十)危险货物条款

危险货物(dangerous goods)条款规定托运人对危险品的性质必须正确申报并标明危险品标志和标签,托运人如事先未将危险货物性质以书面形式告知承运人,并未在货物包装外表按有关法规予以标明,则不得装运;否则,一经发现,承运人为船货安全有权将其变为无害、抛弃或卸船,或以其他方式予以处置。托运人、收货人应对未按上述要求装运的危险品,使承运人遭受的任何灭失或损害负责。对托运人按要求装运的危险品,当其危及船舶或货物安全时,承运人仍有权将其变为无害、抛弃或卸船,或以其他方式予以处置并不予赔偿。

(十一)舱面货条款

由于《海牙规则》和《维斯比规则》对舱面货(deck cargo)和活动物不视为海上运输的货物,因而提单上一般订明,关于这些货物的收受、装载、运输、保管和卸载均由货方承担风险,承运人对货物灭失或损坏不负赔偿责任。《汉堡规则》和《鹿特丹规则》对舱面货都做了明确规定。

尽管在符合规定条件下承运人有权装载货物于舱面,但是仍然应当在装载、绑扎、加固、防水、运输等环节上尽到合理的谨慎之责。如果承运人未尽谨慎管货之责,舱面货物遭遇的风险和损失是由于承运人采取措施不当,则承运人不能免责。

舱面货条款只是承运人是否将货物装于甲板上的一种选择权条款,货物是否装于甲板上在装运前还处于不确定状态。该条款规定的货装甲板能否成为事实,取决于承运人最后的选择。因此,该条款并不等于货物实际已装于甲板上的声明,换言之,如果承运人依照该条款行使了将货物装于甲板上的权利,则须在提单正面加注“stowed on Deck”字样,以示货物真正装于甲板上的事实。

(十二)留置权条款

承运人对应收未收的运费、空仓费、滞期费以及承运人对有缺陷的货物重新绑扎、重新包装、重加唛头、熏蒸或进行所需的处置而产生的任何费用,无论何人应付的共同海损分摊费用以及收回此项费用的开支,可对货物或任何单证行使留置权(liens),并有权出售或处理货物以抵偿应收款项。如果出售这些货物所得款项不足以抵偿应收款项和引起的费用,承运人有权向货方收取其差额。如果此项价款多于欠款数额,则应将余额退还货方。中远提单和中外运提单都规定了此条款。

（十三）喜马拉雅条款

“喜马拉雅条款”(Himalayas clause)源于1954年英国“阿德勒诉狄克逊”一案。该案中,阿德勒夫人是一名游客,在搭乘一艘名为喜马拉雅号的游轮时,于下船时因舷梯断裂而摔伤。由于阿德勒夫人持有的船票上载有承运人的疏忽免责条款,阿德勒夫人转而以侵权行为对船长和水手提起诉讼。船长和水手认为,作为船公司的雇员,他们有权享受船票上关于承运人免责的规定。法院判决认为,船票上的免责条款是船公司和乘客之间签订的,有权援引该条款的只能是该契约的当事人。作为船公司的雇佣人员无权享受不是由他签订的合同中免责条款的权利,结果阿德勒夫人胜诉。

现在,船公司为了避免此类事件的发生,通常会在合同中增加一条款,明确规定承运人的雇佣人员和代理人在代表承运人履行承运人的部分或全部义务时也享受承运人的免责和赔偿责任限额的规定,这就是所谓的喜马拉雅条款。《维斯比规则》《汉堡规则》《鹿特丹规则》都承认了喜马拉雅条款的合法性。中远提单和中外运提单也都对该条款做出了规定。

（十四）双方互有过失碰撞条款

海上航行中发生船舶碰撞较常出现。关于船舶碰撞责任的法律规范主要有《1910年碰撞责任公约》和各国的国内法。根据《1910年碰撞责任公约》,碰撞责任的原则是过失比例原则,即一方过失,由过失方承担赔偿责任;双方过失,双方按照过失比例承担责任;双方均无过失,则各自承担自己的损失(如果已投保,可以根据保险合同条款,向保险公司索赔)。但是,美国没有参加《1910年碰撞责任公约》。按照美国的判例,公共承运人的运输合同,受1893年《哈特法》或1936年《美国海上货物运输法》的约束。美国法律认为,两船发生碰撞,所载货物是没有责任的,即发生碰撞,过错方必须全部赔偿对方所载货物的损失。我国虽未参加碰撞公约,但我国《海商法》关于船舶碰撞的规定沿用了碰撞公约确立的“过失比例原则”。

由于碰撞通常属于航海过失,按照《海牙规则》《维斯比规则》或各国国内法(如我国《海商法》第五十一条)的规定,承运人对于航海过失造成的货物灭失或损坏可免责。因此,各船公司的提单中通常都含有详细的“双方互有过失碰撞条款”(both-to-blame collision)。

中远提单和中外运提单都规定了此条款,即如果本船由于他船的疏忽和本船船长、船员、引航员或本船承运人的雇佣人员在驾驶或管理船舶中的行为、疏忽或不履行职责而与他船碰撞,则本船货主应补偿本船承运人对他船即非载货船舶或其所有人所承担的一切损害或一切责任。

就本章引导案例而言,因为碰撞是由双方船方过失引起的,尽管船方因航海过失免责,但是由于碰撞引起的货损应由两船的货主共同承担,而不是仅由“玛丽”轮上所装货物的货主承担。

（十五）杰森条款/新杰森条款

该条款起源于美国最高法院在The Jason 225 U.S.32 (1912)案的判例,美国提单中普遍订立的一种条款(共同海损疏忽条款)规定,在承运人有过失,但根据《哈特法》无须对货物灭失或损坏负责时,允许承运人从货物所有人处收取共同海损分摊。该条款被称为杰森条款(Jason clause),后来在1936年《海上货物运输法》出现后演变为“新杰森条款”(New Jason clause)。新杰森条款是一个请求共同海损分摊的协议,该协议允许承运人在虽有过失,但根据有关货物运输法律可以免责的情况下,请求有关受益方共同参加共同海损的分摊。与杰森条款相比较,新杰森条款还有一个明显的特点,即当船舶因船长、船员或引航员的过失发生事故而采取救助措施时,即使救助船与被救助船同属于一个船公司,被救船仍需支付救助报酬,该项救助报酬可作为共同海损费用。新杰森条款为船东的地位和利益提供了一定的保障。

中远提单和中外运提单都规定了新杰森条款。例如,中远提单规定:“如果在航次开始之前或之后,由于不论是疏忽与否的任何原因而引起的意外、危险、损害或灾难,而根据法令、契约或其他规定,承运人对此类事件的后果都不负责,则货物及货方应连带在共同海损中与承运人一起分担可能构成或可能发生的属于共同海损性质的牺牲、损失或费用,并应支付就货物而发生的救助费用及特殊费用。如果救助船舶为承运人所有或由其经营,则救助费用应当犹如该船属于无关之人一样全额支付。”

思考题

1. 解释下列名词:海运提单、无单放货、喜马拉雅条款、新杰森条款。
2. 如何认定提单的证据效力?
3. 承运人承担的最低限度义务有哪些?
4.《汉堡规则》对《海牙规则》的修改内容有哪些?
5.《海牙规则》和《鹿特丹规则》规定的承运人的免责事项分别有哪些?
6. 如何理解承运人对舱面货的责任?
7. 我国是否该加入《鹿特丹规则》? 该规则对我国航运业有哪些影响?

案例分析

南美某国一船公司承运一批花卉运往我国,并在提单上注明装于甲板上。但其中一少部分花卉装于舱内,因温度过高,当该批花卉到达我国港口时,该少部分花卉已经枯死。于是我国进口单位要求承运人予以赔偿,承运人以提单已注明货装甲板为由,拒绝承担损害赔偿责任。问:承运人是否应该赔偿损失?

第四章

国际货物海上运输保险惯例规则

【教学目的】

1. 理解保险的几个原则并能运用这些原则正确分析保险的相关案例。

2. 掌握中国保险条款(CIC)和伦敦协会货物保险条款(ICC)的主要内容及其差异。

3. 了解《约克-安特卫普规则》和《北京理算规则》的主要内容。

4. 掌握国际货物海上运输保险惯例在合同签订中的应用原则。

【重点难点】

保险原则,仓至仓条款,CIC 与 ICC 的比较,《约克-安特卫普规则》中分摊与追偿的顺序、代替费用的理解、抛弃货物是否作为共同海损受到补偿等

【关键术语】

最大诚信原则,保险利益原则,近因原则,损失补偿原则,共同海损,单独海损,平安险,水渍险,一切险,仓至仓条款,战争险,罢工险,协会货物条款(ICC),《约克-安特卫普规则》,委付,保险金额,保险利益,共同海损

【引导案例】

甲国A公司与乙国B公司签订了从B公司进口1 000吨塑胶的合同。合同选用了FOB术语。此后,A公司与承运人C公司签订了海上货物运输合同(运输合同受《海牙规则》的约束),并向D保险公司投保了平安险。承运人的货轮按时抵达乙国装货,B公司提供了符合合同要求的货物。在货轮驶向甲国目的港的途中,因遭雷击船舶发生了火灾。后大火虽被扑灭,但大部分塑胶已经熔化。问:该损失是自然灾害(雷击)导致的损失,还是意外事故(火灾)导致的损失?此案投保平安险的情况下,对于该损失,保险公司是否应负责赔偿?

第一节 保险原则

保险原则主要有:最大诚信原则(utmost good faith)、保险利益原则(insured interest/insurable interest)、近因原则(proximate cause)和损失补偿原则(principle of indemnity)。这些原则是在保险的发展过程中逐步形成并为国际保险业所公认。其中,最大诚信原则和保险利益原则是海上保险合同的基本原则。这些原则在我国的《海商法》和《保险法》中都有所体现。

一、最大诚信原则

(一)含义

最大诚信原则指投保人和保险人在订立保险合同时,以及在保险合同有效期内必须遵守的一项基本原则,双方应保持最大限度的诚意和恪守信用,互不欺骗隐瞒。我国《海商法》保险合同一章,虽然没有明文规定"最大诚信原则",但参照了国际立法的最新动向,在相关条款确立了最大诚信原则的地位。我国《保险法》第五条规定:"保险活动当事人行使权利、履行义务应当遵循诚实信用原则。"最大诚信原则既适用于被保险人,也适用于保险人,但在各国保险立法实践中更多地强调了对投保人或被保险人的要求,其目的是保证双方当事人在对保险标的有同等了解基础上平等地订立保险合同。

(二)主要内容

最大诚信原则的内容主要包括告知、保证、弃权与禁止反言。

1. 如实告知义务

(1)告知义务的含义。被保险人的告知(disclosure)义务是指投保人或被保险人在投保时必须将与该保险有关的一切重要事实(material facts)告诉保险人。

(2)告知义务的主体。按照我国《海商法》的规定,履行告知义务的主体是被保险人。与《海商法》的规定不同,《保险法》规定投保人负有如实告知义务。考虑到投保人与被保险人可能是同一主体,也可能不是同一主体的现实,这种规定存在一定的问题。

(3)告知义务的存续时间。根据《海商法》的规定,告知义务仅存在于保险合同成立之前,即被保险人提出保险要求时起至保险合同成立时止。也就是说,一旦双方订立了保险合同,告知义务随即消灭。此外,在合同变更或者发生续保等情形时,被保险人也有告知义务。

我国《保险法》第十六条规定："订立保险合同,保险人就保险标的或者被保险人的有关情况提出询问的,投保人应当如实告知。"对于保险合同签订以后保险标的发生的重要情况,特别是有关危险增加的情况,保险合同条款中常规定被保险人负有"通知"的义务。《保险法》第五十二条规定："在合同有效期内,保险标的的危险程度显著增加的,被保险人应当按照合同约定及时通知保险人,保险人可以按照合同约定增加保险费或者解除合同……被保险人未履行前款规定的通知义务的,因保险标的的危险程度显著增加而发生的保险事故,保险人不承担赔偿保险金的责任。"

（4）告知的制度。告知制度主要有询问告知和无限告知两种,其对告知的范围及其未告知后果规定各不相同。我国《保险法》采用询问告知,《海商法》采用无限告知。

（5）告知的内容。对被保险人的告知义务,我国《海商法》有明确规定："合同订立前,被保险人应当将其知道的或者在通常业务中应当知道的有关影响保险人据以确定保险费率或者确定是否同意承保的重要情况,如实告知保险人。""保险人知道或者在通常业务中应当知道的情况,保险人没有询问的,被保险人无须告知。"

（6）违反告知义务的后果。①故意违反的后果。根据我国《海商法》的规定,被保险人故意违反告知义务,保险人有权解除合同,并不退还保险费。对于合同解除前发生保险事故造成的损失,保险人不负赔偿责任。②非故意违反的后果。根据我国《海商法》的规定,在非故意违反告知义务的情况下,保险人既有权解除合同,也可以要求相应增加保险费。保险人若解除合同,对于合同解除前发生的损失,保险人应当负赔偿责任;但是,若未告知或者错误告知的重要情况对保险事故的发生有严重影响的,保险人对解约前发生的损失不负赔偿责任,但须退还保险费。

关于违反告知义务的后果,我国《保险法》也做出了类似的规定,第十六条规定："投保人故意或者因重大过失未履行前款规定的如实告知义务,足以影响保险人决定是否同意承保或者提高保险费率的,保险人有权解除合同……投保人故意不履行如实告知义务的,保险人对于合同解除前发生的保险事故,不承担赔偿或者给付保险金的责任,并不退还保险费。投保人因重大过失未履行如实告知义务,对保险事故的发生有严重影响的,保险人对于合同解除前发生的保险事故,不承担赔偿或者给付保险金的责任,但应当退还保险费。"

2. 保证义务

（1）保证义务的含义。保证(warranty)是指被保险人在一定时间内必须履行一定的义务。保险法上的保证制度主要是以英国为代表的普通法系国家特有的。按照英国《1906年海上保险法》(Marine Insurance Act,简称 MIA 1906)的规定,保证是指被保险人在保险合同中所做的保证要做或不做某种事情;保证某种情况的存在或不存在;或保证履行某一条件。我国《保险法》未对保证问题做出专门规定,不过按照《保险法》第十八条的规定,投保人和保险人可以约定与保险有关的其他事项,即可能就保证条款进行约定。《海商法》规定了被保险人违反保证条款的后果。

（2）保证的特征。①被保险人对"保证"的遵守具有绝对性。保证必须严格遵守,不论它对风险是否重要。②保证的目的在于控制风险,并尽可能减少因保险事故出现带来的损失。

(3) 违反保证的后果。我国《海商法》规定:“被保险人违反合同约定的保证条款时,应当立即书面通知保险人。保险人收到通知后,可以解除合同,也可以要求修改承保条件、增加保险费。”这一条明确指出,在被保险人违反保证的情况下,保险人享有解除合同或者改变承保条件、使保险合同继续存续的选择权。

3. 弃权与禁止反言

弃权(waiver)是指保险合同的一方当事人放弃其在保险合同中可以主张的权利,通常指保险人放弃合同解除权与抗辩权。禁止反言(estoppel)是指合同一方如已放弃其在合同中的某项权利,日后不得再向另一方主张这一权利,又称禁止抗辩。比如,在海上保险中,保险人已知被保险轮船改变航道而没有提出解除合同,则视为保险人放弃对不能改变航道这一要求的权利,因改变航道而发生保险事故造成的损失,保险人就要赔偿。事实上,无论保险人还是投保人,如果任意放弃可以主张的某种权利,将来都不能反悔,但从保险实践上来看,这一规定主要约束保险人。

二、保险利益原则

(一) 保险利益的含义

保险利益又叫可保利益。按照我国《保险法》第十二条的规定,保险利益是指投保人或者被保险人对保险标的具有的法律上承认的利益。投保人或被保险人的这种经济利益,可因保险事故的发生而受到损失,也可因不发生保险事故而继续享有。我国《海商法》对保险利益原则未做规定。

(二) 保险利益的存在时间

按照我国《保险法》第十二条的规定,人身保险的投保人在保险合同订立时,对被保险人应当具有保险利益。这样规定主要是为了防止投保人利用他人(被保险人)的生命或身体进行赌博,以避免道德危险的发生。另外,人身保险大多是给付性保险,而非补偿性保险(伤害保险、疾病保险除外)。这样当保险事故发生时,即使投保人的保险利益已消失,同样也可以获得给付的保险金。

而财产保险的被保险人在保险事故发生时,对保险标的应当具有保险利益,即并不要求他在投保时就享有保险利益。这是因为如果发生损失的时候被保险人没有保险利益,即与保险标的之间没有经济上的利害关系,保险标的的灭失就不是被保险人的损失,而是他人的损失,被保险人如果获得赔偿就违反了补偿的原则。至于投保时不要求被保险人必须具有保险利益,主要是为了适应有些财产保险的被保险人的实际需要。例如,在国际货物买卖中,购买商品的被保险人为了使其购买的商品获得充分的保障,常常需要在买卖合同订立之前或在卖方交货和风险转移之前办理投保手续,而在此时,被保险人并没有保险利益。如果要求被保险人投保时必须具有保险利益,则不利于贸易的开展。

(三) 保险利益的主体

虽然投保人是订立保险合同的一方当事人,担负着缴纳保费的义务。但若投保人与被保险人并非一人,投保人对保险标的损失以及保险赔偿并无利益关系,则无须防止因此诱发的道德风险。保险危险发生后遭受损失者为被保险人,保险赔偿的受益者也是被保险人。因此,应将保险利益的主体确定为被保险人。

（四）保险利益的构成要件

一般认为,保险利益的构成要件主要有以下几个方面:

(1) 保险利益应是合法的利益。非法的利益,如对走私货物的占有利益,不得作为保险利益。

(2) 保险利益应是一种可以用金钱估价的经济利益。海上保险合同是一种赔偿合同,其根本职能是补偿被保险人的经济损失。被保险人对保险标的的感情寄托利益或某种政治上的利益等非经济利益,无法用金钱进行估价,因此不得作为保险利益。

(3) 保险利益应是可以确定的客观利益。保险利益不限于现有利益,通过现有利益可以合理期待的未来利益(如进口商对进口货物的合理预期利润等),也是一种客观利益,可以作为保险利益。

（五）海运货物保险利益的来源

海运货物保险一般以风险承担作为保险利益的来源,但风险承担并非保险利益的唯一来源,货物所有权或经营管理权、担保物权(包括质权、抵押权和留置权等)、责任承担(如承运人对其承运的货物承担责任)、期待利益等也构成海运货物保险利益的来源。

其中,就风险承担来说,贸易术语决定风险转移的时间,而风险转移时间又与保险利益的转移相联系,承担风险的一方具有保险利益。就 Incoterms® 2010 中的 11 种贸易术语来说,风险的转移都是随着货物完成交付而实现的,同时保险利益也随之从卖方转移给买方。

案例分析 4-1

某年 6 月,我国沿海某省 A 公司向英国 B 公司按 FOB 条件出口一批家用电器。装运前,进口方 B 公司在当地向保险公司按 ICC(A)(协会货物条款(A))办理了保险。货物在从 A 公司仓库用卡车运往装运港码头途中,不慎翻车,致使大部分货物毁损。事后,A 公司以保险合同含有“仓至仓”条款为由,向保险公司提出索赔,遭到保险公司拒赔;后在 A 公司请求下,B 公司又以自己的名义凭保险单向保险公司提赔,同样遭保险公司拒赔。最终 A 公司只能自己承担这部分损失。试对该案例进行分析。

分析:从 A 公司来看,当损失发生时,其对货物拥有所有权,享有保险利益,但是由于保险是由 B 公司为其自身利益自行办理的,所以 B 公司是该批货物的投保人,A 公司既不是被保险人,也不是保险单的受让人,尽管保险单内包括“仓至仓”条款,A 公司也无权向保险公司要求赔偿。

从 B 公司来看,它是保险单的合法持有人,但是货物损失发生在去往装运港途中,此时货运风险并没有从 A 公司转移给 B 公司,该损失没有给 B 公司带来经济利益的损害,因此 B 公司不具有保险利益。所以尽管上例中的损失属于 ICC(A)的承保范围,B 公司也无权向保险公司要求赔偿。

案例分析 4-2

CIF 术语下，保险合同以卖方为被保险人，货物在装运前损坏，买方要求赔偿，但保险人以买方在货物损坏时对标的物没有保险利益为由拒绝赔偿。

分析：保险人应予以赔偿。因为 CIF 术语下，卖方把保险单背书转让给买方，而保险单的受让人享有同转让人同样的权益。因此，买方通过保单的转让有权提出索赔，无论买方在保险标的物灭失时是否享有保险利益，都有权得到补偿。

三、近因原则

（一）含义

保险关系上的近因并非是指在时间上或空间上与损失最接近的原因，而是指造成损失的最直接、最有效地起主导作用或支配性作用的原因。近因原则是指危险事故的发生与损失结果的形成须有直接的后果关系，且近因属于承保责任范围时，保险人才会对发生的损失承担保险责任；如果近因属于除外风险或未保风险，则保险人不承担赔偿责任。我国《海商法》的海上保险合同的定义体现了近因原则。现行《保险法》也未直接规定近因原则，但在司法实践中，近因原则已成为判断保险人是否应承担保险责任的一个重要标准。

（二）近因原则的应用

对近因的各种可能性分情况讨论。

1. 单一原因

单一原因造成损失，如果此原因是承保风险，则保险人必须赔偿；如果此原因是除外风险或者是保险单中未提及的风险，则保险人无须赔偿。

2. 多种原因

（1）多种原因同时发生导致损失。多种原因同时发生而无先后之分，且均为保险标的损失的近因，则应区别对待。若同时发生导致损失的多种原因均属于保险责任，则保险人应负赔偿责任；若同时发生导致损失的多种原因均属于除外责任，则保险人不负责赔偿；若同时发生导致损失的多种原因不全属于保险责任，则应严格区分，对能区分保险责任和除外责任的，保险人只负责保险责任范围所致损失的赔偿责任；对不能区分保险责任和责任免除的，保险人可与被保险人协商赔付。

（2）多种原因连续发生导致损失。如果多种原因连续发生导致损失，前因与后因之间具有因果关系，且各原因之间的因果关系没有中断，则最先发生并造成一连串风险事故的原因就是近因。如果此近因是承保风险，则保险人必须赔偿；如果此近因是除外风险或者是保险单中未提及的风险，则保险人无须赔偿。

就本章引导案例而言，塑胶融化是因为火灾，而火灾的发生是因为雷击，所以塑胶融化的根源是雷击，雷击是近因，因此部分塑胶融化的损失是由自然灾害（雷击）导致的。

案例分析 4-3

包装食品投保水渍险，海运途中因遇风浪被海水浸湿，外包装受潮后导致食品霉变。问：保险人是否应给予赔偿？

分析：由于风浪系恶劣气候引起，而恶劣气候属于水渍险的责任范围，而且食品变霉烂是由恶劣气候引起，即恶劣气候是近因，故此项损失保险人应予赔偿。

案例分析 4-4

在战争期间，投保一切险的货物运至码头仓库待运，突遇敌机轰炸，引起火灾，使该批货物受损。对此损失，保险人能否拒赔？

分析：保险人可以拒赔。理由是，造成货物损失的原因有两个：敌机投掷炸弹和火灾，而投掷炸弹是造成货物损失起决定作用的直接原因，是近因，而此项近因不属于保险人承保一切险的责任范围。

（3）多种原因间断发生导致损失。致损原因有多个，它们是间断发生的，在一连串连续发生的原因中，有一种新的独立的原因介入，使原有的因果关系链断裂，并导致损失，则新介入的独立原因是近因。近因属于保险责任范围的事故，则保险人应负赔偿责任；反之，若近因不属于保险责任范围，则保险人不负赔偿责任。例如，某人投保了意外伤害保险，在过马路时被一辆汽车撞倒，到医院检查，未受伤，后因心脏病突发而导致死亡。此过程中，心脏病突发是新介入的原因，是近因，而疾病属于意外伤害保险的除外责任，所以，保险公司对该人的死亡不承担赔付责任。

四、补偿原则

（一）补偿原则含义

补偿原则是指当保险标的遭受保险责任范围内的损失时，保险人应当依照保险合同的约定履行赔偿义务，但保险人的赔偿金额不得超过保险单上的保险金额或被保险人遭受的实际损失。其目的在于：在保险事故发生时，一方面，被保险人可以从保险人那里得到及时而足额的补偿；另一方面，保险人的赔偿不应使被保险人因此而获得额外利益。我国《海商法》规定："海上保险合同，是指保险人按照约定，对被保险人遭受保险事故造成保险标的的损失和产生的责任负责赔偿，而由被保险人支付保险费的合同。"

损失补偿原则主要用于一般财产保险，但也有例外情况，如国际货物运输保险采取的定值保险就是典型。定值保险是指保险合同双方当事人事先约定保险标的的价值，以该价值作为保险金额进行投保。保险事故发生后，若发生全损，保险人应按约定的保险价值计算赔款；若发生部分损失，则需确定损失比例，不需对保险标的的实际价值进行估算。

案例分析 4-5

有一份 CIF 合同，卖方甲投保了一切险，自法国内陆仓库起，直到美国纽约的买方仓库为止。合同中规定，投保金额是“按发票金额价值另加 10%”。卖方甲在货物装船后，已凭提单、保险单、发票、品质检验证书等单证向买方银行收取了货款。后来，货物在运到纽约港前遇险而全部损失。买方凭保险单要求保值的 10% 应该属于他，卖方也做出同样请求，但卖方的请求遭到保险公司的拒绝。

分析：国际货物运输保险通常采取定值保险，一般在 CIF 或 CIP 基础上加一成作为保险金额，加一成是为了补偿买方的预期利润和预先支出的经营费用等。在 CIF 合同中，虽然由卖方向保险公司投保，负责支付保险费并领取保险单，但在卖方提交符合合同规定的单据（包括提单、保险单、发票等）换取买方支付货款时，这些单据包括保险单已合法、有效地转让给买方。买方作为保险单的合法受让人和持有人，也就享有根据保险单所产生的全部利益，包括超出发票总值的保险价值的各项权益都应属于买方享有。因此，在本案中，保险公司有义务向买方赔付包括加成在内的全部保险金额。

（二）派生原则

补偿原则的派生原则主要有代位追偿原则和重复保险损失分摊原则。

1. 代位追偿原则

代位追偿（subrogation）原则是指当保险标的发生保险责任范围内的由第三者责任造成的损失，保险人向被保险人履行损失赔偿责任后，有权在其已经赔付金额的限度内取得被保险人在该项损失中向第三人责任方要求赔偿的权利。简言之，代位追偿原则是指保险人取代被保险人向责任方追偿，是一种权利代位，即追偿权的代位。我国《海商法》明确规定：“保险标的发生保险责任范围内的损失是由第三人造成的，被保险人向第三人要求赔偿的权利，自保险人支付赔偿之日起，相应转移给保险人。”

代位追偿原则根源于补偿性的保险合同。当保险标的发生保险单承保责任范围内的损失时，被保险人有权向保险人要求赔偿，如果这项损失是由于第三者的责任造成的，被保险人又有权根据法律，要求肇事者对损失进行赔偿。就被保险人而言，他的两项权利同时成立，保险人不能以保险标的损失是由于第三者的责任所致为由而拒绝履行保险合同责任。同样，第三方也不能以受损财产已有保险为由解除自己的赔偿责任。如果这两项权利都能实现，被保险人就可因依法享有双重损害赔偿请求的权利而获得双重的补偿。这种双重补偿无疑会使被保险人获得超过其实际损失的补偿，从而获得额外利益，这不符合补偿原则。

如果被保险人在获得保险赔款后，放弃向第三人责任方的索赔权，则不仅使责任方得以逃脱其应当承担的法律责任，而且也显失公平。为了解决这个矛盾，保险法律规定保险人在赔偿以后可采取代位追偿的方式向第三者追偿，这样既可以使被保险人能及时取得保险赔偿，又可避免产生双重补偿，同时第三者也不能逃脱其应承担的法律责任。

2. 重复保险分摊原则

我国《保险法》第五十六条规定：“重复保险（duplicate coverage）是指投保人对同一保

险标的、同一保险利益、同一保险事故分别与两个以上保险人订立保险合同，且保险金额总和超过保险价值的保险。”我国《海商法》也有类似规定。

在重复保险的情况下，当保险标的发生损失时，按照保险补偿原则，被保险人不能从几家保险公司那里获得超过保险标的实际损失的赔偿。为了防止出现被保险人因多处投保而获得重复赔偿，也为了防止产生被保险人为了得到超额赔款而故意伪造保险事故的道德风险，海上保险法规定了重复保险的分摊原则。它是指在重复保险情况下，保险标的的损失赔偿责任在各保险人之间进行分摊，使被保险人取得的赔偿总额与其因保险事故所造成的损失相当。

按照我国《保险法》第五十六条的规定，重复保险的各保险人赔偿金额的总和不得超过保险价值。除合同另有约定外，各保险人按照其保险金额与保险金额总和的比例承担赔偿责任。重复保险的投保人可以就保险金额总和超过保险价值的部分，请求各保险人按比例返还保险费。

第二节　国际海运货物保险保障的范围

一、海上货物运输保险中的风险

（一）海上风险

海上风险（perils of sea），在保险界又称为海难，是指船舶或货物在海上航行中发生的或随附海上运输发生的风险。海上风险并不包括海上的一切风险，对于经常发生的事件或必然性事件，例如海上的一般风浪作用，并不包括在内；同时，海上风险又不局限于航海中所发生的风险。海上风险按性质可分为自然灾害和意外事故。

自然灾害（natural calamity）是指不以人们主观意志为转移的客观自然现象所引起的灾害，它一般是人力所无法抗拒的，会造成物质毁损和人身伤害。海运货物保险承保的自然灾害主要包括恶劣气候、雷电、海啸、地震、火山爆发、洪水、浮冰、其他人力不可抗拒的灾害（通常包括浪击落海和海水、湖水、河水进入船舶、驳船、集装箱等）。

意外事故（accident）是指由于外来的、偶然的、突然的、非意料中的原因所致的事故。海运途中可能遭遇的意外事故包括搁浅、触礁、沉没、碰撞、倾覆及火灾、爆炸及抛货等。

（二）外来风险

外来风险（extraneous risks）是指与海上风险相对应的、外部原因造成的风险。外来风险同样必须是意外的和偶然的。外来风险可分为一般外来风险和特殊外来风险。

一般外来风险是指货物在运输途中遭遇意外的外来因素导致的事故，主要包括以下风险：偷窃、提货不着、短量、雨淋、混杂、沾污、渗漏、碰损、破碎、串味、受潮受热、钩损及锈损等。

特殊外来风险是指除一般外来风险以外的其他外来原因导致的风险，往往是与政治、军事、社会动荡以及国家行政措施、政策法令等有关的风险。常见的特殊外来风险主要有战争风险、罢工风险、进口国有关当局拒绝进口的风险或没收风险等。

二、海上货物运输保险中的损失

按照货物在运输途中损失程度大小，货物的损失可分为全部损失和部分损失两大类。

（一）全部损失

全部损失（total loss）简称全损，是指整批保险货物全部灭失或可视同全部灭失的损害。根据全损情况的不同，又可分为实际全损和推定全损。

1. 实际全损

实际全损（actual total loss）也称绝对全损（absolute total loss），我国《海商法》规定："保险标的发生保险事故后灭失，或者受到严重损坏完全失去原有形体、效用，或者不能再归被保险人所拥有的，为实际全损。"由此可见，保险货物的实际全损有三种表现形式：

（1）保险标的灭失。这是指保险货物的实体完全毁损和不复存在。例如，保险货物被大火焚烧，全部烧成灰烬；船舱进水，食盐被海水全部溶解；载货船舶沉入深海无法打捞。

（2）保险标的完全失去原有的形体、效用。这是指保险标的受损后，实体虽然存在，但已丧失原有商业价值和使用价值。例如，水泥被海水浸湿后结成硬块，不再具有水泥原有的用途，无法使用，也无法出售；茶叶吸收樟脑的异味后，虽然外观不变，但已不能饮用。

（3）保险标的不能再归被保险人所有。这是指保险标的实际存在，但被保险人已经丧失了对它的所有权，而且无法挽回，即被保险人无可弥补地失去对保险标的实际占有、使用、收益和处分等权利。例如，战时货物被敌对国捕获并作为战利品分发殆尽。

此外，根据我国《海商法》和英国《1906 年海上保险法》的规定，船舶失踪视为实际全损。

2. 推定全损

按照我国《海商法》的规定：货物的推定全损（constructive total loss）是指货物发生保险事故后，认为实际全损已经不可避免，或者为避免发生实际全损所需支付的费用与继续将货物运抵目的地的费用之和超过保险价值的损失。

在保险实务中，"实际损失不可避免"有两种情形：一是被保险人丧失对保险标的的自由使用，不大可能在合理时间内重新获得该保险货物；二是保险标的遭受保险事故后，一时还未达到完全灭失的损失程度，但将无法避免实际全损。

"为避免实际全损所需支付的费用和续运所需费用之和超过保险标的价值"也有两种情形：一是保险货物因保险事故遭受有形损害时，为拯救货物而支付的施救、恢复或重整等费用和续运所需费用相加，总成本将超过保险标的的价值；二是被保险人因承保危险而丧失对保险货物的占有，为重新获得该货物而需支付的费用和续运所需费用相加，总成本将超过保险标的的价值。

案例分析 4-6

有一台精密仪器价值 15 000 美元，货轮在航行途中触礁，船身剧烈震动而使仪器受损。事后经专家检验，修复费用为 16 000 美元，如拆为零件销售，可卖 2 000 美元。问该仪器属于何种损失?

分析:该损失属于推定全损,原因是仪器受损后,修理费用超过了保险标的的价值。

如果保险标的的损失构成了推定全损,被保险人有权选择恢复和修理保险标的,按实际损失向保险人索赔部分损失;被保险人也有权选择索赔全部损失。被保险人选择索赔全部损失时,必须首先委付保险标的。委付(abandonment)是放弃物权的一种法律行为,是指保险标的处于推定全损状态时,被保险人向保险人发出通知,愿将本保险承保的被保险人对保险标的的全部权利和义务转让给保险人,而要求保险人以全部损失予以赔偿的一种行为。

对被保险人发出的委付通知,保险人可以接受也可以不接受,但保险人应当在合理的时间内将接受委付或不接受委付的决定通知被保险人。若保险人接受委付,在按全损赔偿后,取得委付财产的所有权和义务,即使保险人因此获得的收益大于保险赔款,仍然全部归保险人所有,而无须返还被保险人。若保险人拒绝接受委付,有时他仍愿意按全损进行赔偿,而保险标的的所有权利和义务归被保险人所有。

案例分析 4-7

有一艘船在黄浦江倾覆,船上货物全部跌落江中,货主提出将该批货物委付给保险人,保险人如果接受委付,对沉没的货物即享有保险利益,如果货物被打捞上来,残值处理所得应归保险人所有,但保险人同时必须承担打捞费用。如果保险人估计打捞费用可能高于货物的残值,往往拒绝接受委付。在这种情况下,当保险人按全损金额赔付后,其对保险标的的权利和义务均告终止。

（二）部分损失

部分损失(partial loss)是指保险货物的损失没有达到全部损失的程度。任何损失如果不属于全部损失,即为部分损失。按照损失的性质,部分损失可以分为单独海损和共同海损。

1. 单独海损

单独海损(particular average,PA)可定义为保险标的在运输途中,纯粹由海上风险直接造成的船舶或货物的部分损失,它是特定利益方的部分损失。

构成单独海损应具备如下条件:一是单独海损必须是意外的、偶然的海上风险事故直接导致的损失;二是单独海损由受损货物的货主或船方自行承担,并不影响他人的利益。例如,海运途中,船舶突遇暴风雨,海水灌入船舱,只是舱内一批服装遭水浸泡受损而贬值20%,该损失属于该批服装货主的单独海损,与其他货主及船东均无关。

2. 共同海损

根据我国《海商法》的规定,共同海损(general average,GA)是指在同一海上航程中,船舶、货物和其他财产遭遇共同危险,为了共同安全,有意地采取合理措施所直接造成的特殊牺牲、支付的特殊费用。共同海损包括两个组成部分:一是共同海损行为导致的船舶、货物等本身的损失，称为共同海损牺牲(general average sacrifice)；二是为采取共同海损行为而支付的费用，称为共同海损费用(general average expenditures)。

共同海损的成立条件包括：①危险必须危及船舶和货物的共同安全，而且是真实的和不可避免的；②共同海损行为必须是为了解除船舶和货物的共同危险而有意识且合理地采取的；③共同海损的牺牲必须是特殊的，费用必须是额外支付的，而且牺牲和费用必须是共同海损行为的直接的、合理的后果；④共同海损行为必须是最终有效的。

船舶发生海损事故后，凡是属于共同海损的牺牲和费用，应当由受益方进行分摊，这是处理共同海损的原则。对共同海损的牺牲和费用，各国法律都规定应当由受益方按照各自的分摊价值比例分摊。目前，国际上普遍采用的共同海损理算规则是《约克-安特卫普规则》(York-Antwerp Rules)，它虽然不具有法律强制力，却已为国际航运界、贸易界和保险界所广泛接受。

3. 单独海损和共同海损的区别

(1) 造成损失的原因不同。单独海损是由自然灾害或意外事故等海上风险直接导致的损失，是意外造成的，例如因火灾而使货物被烧毁致损，属于单独海损。共同海损是为避免或解除船货共同危险而人为有意造成的，例如船上有一船舱的货物发生火灾，火势蔓延必然会危及其他货物和整条船的安全，此时应采用灌水的方法进行施救，未遭焚烧的货物被海水浸湿致损，应属于共同海损。

(2) 损失承担的方式不同。对于单独海损，一般由受损方自行承担，如果损失是因第三者责任所致，可向责任方进行追偿；如果已经投保有关的海运保险，保险人应按保险合同的规定承担赔偿责任。共同海损是为船货共同安全而采取行为所致，应当由全体受益方按照各自的获救价值的比例进行分摊。如果已经投保海运保险，保险人应按合同规定承担对被保险人分摊金额的赔偿责任。

(3) 包括的内容不同。单独海损只涉及损失，不包括费用。共同海损不仅包括损失，也包括为采取共同海损行为而支付的费用。

案例分析 4-8

某货轮从天津新港驶往新加坡，航行途中船舶货舱起火，大火蔓延到机舱，船长为了船货的共同安全，决定采取紧急措施，往舱中灌水灭火。火虽被扑灭，但由于主机受损无法继续航行，于是船长决定雇用拖轮拖回新港修理，检修后重新驶往新加坡。事后调查，这次事故造成的损失为：a.900 箱货物被火烧毁；b.600 箱货物由于灌水灭火而受损；c.主机和部分甲板被烧坏；d.拖轮费用和额外增加的燃料及船长、船员工资；e.100 箱货物被火烧过且有严重水渍；f.100 箱货物受热熏损失，但未发现火烧的痕迹。请分析以上损失分别属于什么性质的损失？

分析：a、c、e 和 f 属于单独海损；而 b 和 d 属于共同海损。按照保险业务的习惯做法，热熏损失通常列为单独海损，因为热熏是着火引起的，如不施救，货物可能着火燃烧。

三、海上货物运输保险中的费用

海上风险除了使货物本身受到损毁导致经济损失外，还会造成费用上的损失。保险公司对这些费用也给予赔偿，包括主要施救费用和救助费用两种。

施救费用是指保险标的遭受保险责任范围内的灾害事故时，由被保险人或他的代理人、雇佣人和受让人等，为了防止损失的扩大，采取各种措施抢救保险标的所支付的合理费用。保险人对这种施救费用不论有无效果都负责赔偿。

救助费用是指被保险标的遭受了保险责任范围内的灾害事故时，由保险人和被保险人以外的第三者采取救助行动并获成功，而向他支付的劳务报酬。保险公司对救助费用采用“无效果，无报酬”原则。

第三节　中国人民保险公司海上货物保险条款

为了适应我国对外经济贸易发展的需要，中国人民保险公司根据我国保险业务的实际需要，并参照国际保险市场的习惯做法，自 1956 年起陆续制定了各种不同运输方式的货物运输保险条款以及适用于不同运输方式的各种附加条款，总称为中国保险条款（China Insurance Clause），简称 CIC，包括海洋、陆上、航空及邮包运输四种保险条款。其中，海运货物保险的险种最多，习惯上把它们分为基本险、附加险和专门险三类，基本险和附加险是按照能否单独投保来划分的，而专门险是根据海上运输货物特性而承保的专门险别。

一、中国海运货物保险险别种类

1. 基本险

基本险包括：①平安险（free from particular average，FPA）；②水渍险（with particular average，WA or WPA）；③一切险（all risks）。

2. 附加险

附加险包括：①一般附加险（general additional risks）；②特别附加险（specific additional risks）；③特殊附加险（special additional risks）。

3. 专门险

专门险包括海洋运输冷藏货物险（ocean marine insurance frozen products）和海洋运输散装桐油险（ocean marine insurance wood oil bulk）。

二、《海洋运输货物保险条款》简介

《海洋运输货物保险条款》是中国人民保险公司于 1981 年 1 月 1 日修订的，共分为五节，除第一节为责任范围外，其余四节依次为除外责任、责任起讫、被保险人义务及索赔期限。后四节的内容是三种基本险的共同内容，适用于平安险、水渍险及一切险。

1981 年版的《海洋货物运输保险条款》自问世以来，获得了国际经贸界、航运界、法律界和国际保险市场的认可，其特点是语言简练、条理清晰、责任明确。不过，经过二十多年的实践，1981 年条款也暴露出了一些问题，如措辞表述不够清晰严谨，保险责任、除外责任

不够明确等。2006 年年初,中国人民保险公司船舶货运险部做出了修改海洋货物运输保险条款的计划并成立了小组着手进行修改,期间修改工作多次搁置,压力主要来自新版条款面临市场考验的问题。工作小组最终于 2009 年完成了条款的改造工作。不过,在目前的国际货物运输保险实践中,1981 年条款仍被有的保险公司采用。所以,以下以介绍 1981 年条款为主,也涉及 2009 年条款修改之处。

2009 年版《海洋运输货物保险条款》总体结构包括:险别与责任范围、除外责任、保险期间、被保险人的义务、赔偿处理、争议处理六个部分,其中争议处理是新增部分。

(一) 海运货物保险基本险责任范围

基本险亦称主险,是可以单独投保的险种。基本险所承保的主要是自然灾害和意外事故所造成的货物损失和费用。

1. 平安险的责任范围

平安险原文的含义是"单独海损不赔"。平安险一词是我国保险业的习惯叫法,沿用已久。平安险的承保责任范围包括以下八个方面:

(1) 被保险货物在运输途中由于恶劣气候、雷电、海啸、地震、洪水等自然灾害造成整批货物的全部损失或推定全损。

(2) 由于运输工具遭遇搁浅、触礁、沉没、互撞、与流冰或其他物体碰撞以及失火、爆炸等意外事故造成的被保险货物的全部或部分损失。

(3) 运输工具已经发生搁浅、触礁、沉没、焚毁等意外事故的情况下,货物在此前后又在海上遭受恶劣气候、雷电、海风等自然灾害所造成的部分损失。

(4) 装卸或转运时由于一件或数件整件货物落海造成的全部或部分损失。

(5) 被保险人对遭受承保责任内危险的货物采取抢救、防止或减少货损的措施而支付的合理费用,但以不超过该批货物的保险金额为限。

(6) 运输工具遭遇海难后,在避难港由于卸货所引起的损失,以及在中途港、避难港由于卸货、存仓以及运送货物所产生的特别费用。

(7) 共同海损的牺牲、分摊和救助费用。

(8) 运输合同订有"船舶互撞责任"条款,根据该条款规定,应由货方偿还船方的费用。

从上述平安险责任范围的具体内容可以看出,这个险别无论称之为"平安险"还是"单独海损不赔",都不能十分确切地表明其责任范围的真正含义,因此自 1982 年修订后的伦敦协会货物保险条款开始已不再使用这类概念。

由于平安险的承保责任范围有限,一般多适用于大宗、低值粗糙的无包装货物,如废钢铁、木材、矿砂等的投保。

就本章引导案例而言,因为部分塑胶融化的损失是自然灾害(雷击)导致的,货方只投保了平安险,所以保险公司对此部分损失不负责赔偿。

案例分析 4-9

有批玻璃制品出口,由甲乙两轮分别载运,货主投保了平安险,甲轮在航行途中与他船发生碰撞事故,玻璃制品因此而发生部分损失,而乙轮却在航途中遇到暴风雨天气而使玻璃制品相互撞击而发生部分损失。事后，货主向保险人提出索赔。问：保险人对甲、乙两轮中的货物损失是否予以赔偿？

分析：在第一种情况下，造成玻璃制品部分损失的原因是船舶在航行途中与他船相撞，这一碰撞意外事故导致的部分损失属于平安险的承保责任范围，保险人应当赔偿货主；而在第二种情况下，造成玻璃制品部分损失的原因不是船舶发生意外事故而是暴风雨袭击船舶，即近因是暴风雨，而暴风雨属于自然灾害，由自然灾害造成的部分损失不属于平安险的承保范围，故保险人无须承担赔偿责任。

案例分析 4-10

某年2月，中国某纺织进出口公司与大连某海运公司签订了运输1 000件丝绸衬衫到马赛的协议。合同签订后，进出口公司又向保险公司就该批货物的运输投保了平安险。2月20日，该批货物装船完毕后启航，2月25日，装载该批货物的轮船在海上突遇罕见大风暴，船体严重受损，于2月26日沉没。3月20日，纺织品进出口公司向保险公司就该批货物索赔，保险公司以该批货物由自然灾害造成损失为由拒绝赔偿。于是，进出口公司向法院起诉，要求保险公司偿付保险金。问：保险公司是否负责赔偿？

分析：保险公司应负赔偿责任。平安险虽然对自然灾害造成的部分损失不负赔偿责任，但对自然灾害造成的全部损失应负赔偿责任。本案中，进出口公司投保的是平安险，而所保的货物在船因风暴沉没时全部灭失，发生了实际全损，故保险公司应负赔偿责任。

2009年版海运货物保险条款规定，平安险负责赔偿：

（1）恶劣气候、雷电、海啸、地震、洪水造成整批被保险货物的全损，包括实际全损或推定全损；

（2）水上运输工具遭受搁浅、触礁、沉没、与水以外的任何外部物体碰撞或触碰造成被保险货物的全损或部分损失；

（3）陆上运输工具遭受碰撞、倾覆或出轨而造成被保险货物的全损或部分损失；

（4）火灾、爆炸造成的被保险货物的全损或部分损失；

（5）在船舶或驳船装卸时，任何整件被保险货物落海或跌落造成的该货物的全损或部分损失；

（6）保险事故发生后，被保险人为防止或减少被保险货物的损失而支付的必要的合理的费用，但以不超过该批被救货物的保险金额为限；

（7）水上运输工具遭遇天灾、海上或者其他可航水域的危险或者意外事故，致使运输或运输合同在保险单载明的目的地以外的港口或地点终止，由于卸货、存仓及运送被保险货物至本保险单载明的目的地所产生的必要的合理的额外费用；

（8）共同海损牺牲、分摊和救助费用；

（9）运输合同订有“双方互有过失碰撞”条款，保险事故发生后，根据该条款规定应由货方偿还承运人的损失。

与1981年版的比较可知，对平安险主要的修订之处有：第一，原第1款中的“全部损失或推定全损”的表述不严谨，因为全部损失包括推定全损，所以进行了修改。第二，删除了原有的第3款,新增现在的第3款。第三,现在的第4款是从原来的第2款中单列出来的。第四,现在的第5款与原来的第4款相比,增加“跌落”造成的损失,如跌落到甲板上。第五,原来第2款和第6款中的“运输工具”现在限定为“水上运输工具”。

2. 水渍险的责任范围

“水渍险”也是我国保险业务沿用已久的名称,原文的含义是“负单独海损责任”,它的承保责任范围是:①平安险所承保的全部责任。②被保险货物在运输途中,由于恶劣气候、雷电、海风、地震、洪水等自然灾害所造成的部分损失。

可以看出,这个险别的责任范围包括了由于海上风险(自然灾害或意外事故)所造成的全部损失(实际全损或推定全损)和部分损失(单独海损或共同海损),并不是仅对货物遭受海水水渍的损失负责,也不是仅对单独海损负责。

水渍险虽是对单独海损负责,但对锈损、碰损、破碎以及散装货物的部分损失不负责。因此,水渍险通常适用于不易损坏或虽易生锈但不影响使用的货物或旧货物,如五金板、钢管、线材、旧汽车或旧机械、旧机床等。

案例分析 4-11

我方向澳大利亚出口坯布100包。我方按合同规定加一成投保水渍险。货物在海运途中因舱内食用水管漏水,致使该批坯布中的30包浸有水渍。问:我方能否向保险公司提出索赔?

分析:在本案例中,我方投保的是水渍险,而水渍险只对海水浸渍负责而对淡水所造成的损失不负责任。此损失属于淡水雨淋险的承保责任范围,假如该批货物投保了一切险,便可向保险公司索赔。所以本例不能向保险公司索赔,可凭清洁提单与船公司进行交涉。

3. 一切险的责任范围

一切险的责任范围除包括平安险和水渍险的各项保险责任外,还对被保险货物在运输过程中由于一般外来原因造成偷窃、提货不着、淡水雨淋、短量、包装破裂、混杂沾污、渗漏、碰损破碎、串味、受潮受热、锈损等全部或部分损失负赔偿责任。投保本险别后,根据投保人的需要,还可以加保特殊附加险(如战争险、交货不到险等)。

案例分析 4-12

我国万利嘉企业有限责任公司从加拿大进口一批新闻纸,300箱,海运,投保一切险。在运输途中,由于船内油管破裂,部分燃油漏出,污染了新闻纸。7月18日,在青岛港卸货,发现损失100箱。过了两年零一个月时,该公司请求保险公司赔偿。问:保险公司是否负责赔偿?

分析:保险公司不负责赔偿。本来该损失是油管漏油所造成的,属于一般附加险中渗漏险的承保责任范围,而一切险包含一般附加险的范围,即保险公司应该赔偿。然而该公司提出索赔的时间超过了两年的索赔期限。

由于一切险的承保责任范围是三种基本险中最广泛的一种，因而适宜于价值较高、可能遭受损失因素较多的货物投保。

2009 年版海运保险条款对水渍险和一切险基本未做修改。

（二）海运货物保险基本险的除外责任

不论是平安险、水渍险或一切险，根据中国人民保险公司的《海洋运输货物保险条款》的规定，保险公司对于下列各项损失和费用，概不负赔偿责任：

（1）被保险人的故意行为或过失所造成的损失。

（2）属于发货人责任所引起的损失。

（3）在保险责任开始前，被保险货物已存在的品质不良或数量短差所造成的损失。

（4）被保险货物的自然损耗、本质缺陷、特性以及市价跌落、运输延迟所引起的损失或费用。

（5）海洋运输货物战争险条款和罢工险条款规定的责任范围和除外责任。

案例分析 4-13

我国 A 公司与某国 B 公司于某年 10 月 20 日签订购买 52 500 吨化肥的 CFR 合同。A 公司开出信用证规定，装船期限为次年 1 月 1 日至 1 月 10 日，由于 B 公司租来运货的“顺风号”轮在开往某外国港口的途中遇到飓风，结果装至次年 1 月 20 日才完成。承运人在取得 B 公司出具的保函的情况下签发了与信用证条款一致的提单。“顺风号”轮于 1 月 21 日驶离装运港。A 公司为这批货物投保了水渍险。1 月 30 日“顺风号”轮途经巴拿马运河时起火，造成部分化肥烧毁。船长在命令救火过程中又造成部分化肥湿毁。由于船在装货港口的延迟，使该船到达目的地时正好遇上了化肥价格下跌。A 公司在出售余下的化肥时不得不大幅度降低价格。请根据上述事例，回答以下问题：①途中烧毁的化肥损失属于什么性质的损失，应由谁承担？②途中湿毁的化肥损失属于什么性质的损失，应由谁承担？③对于化肥价格下跌造成的损失，应由哪一方负责？

分析：①途中烧毁的化肥属于单独海损，依据 CFR 术语，风险应由 A 公司即买方承担；而 A 公司购买了水渍险，赔偿范围包含单独海损，因此损失可转嫁给保险公司承担。②途中湿毁的化肥损失属于共同海损，应由受益方分摊，即 A 公司与船公司共同承担。③对于化肥价格下跌造成的损失，因为承运人迟延装船，又倒签提单，须对迟延交付负责。该项损失保险公司不应予以负责，因为运输延迟属于保险公司的除外责任。

参照伦敦协会货物保险条款，关于保险公司的除外责任，2009 年条款进行了较大幅度修改，共列出八种情形：

（1）被保险人及其代理人或发货人的故意行为或过失。

（2）货物的自然损耗、本身缺陷、自然特性、包装或准备不当，以及在保险责任开始前，被保险货物已存在的品质不良、数量短差。

（3）行市变化、航行延迟或交货延迟，即使该延迟是由于保险事故所引起的。

（4）船舶、驳船不适航或船舶、驳船、运输工具、集装箱不适合被保险货物的安全运输,但以投保人或被保险人或其雇员在装载时知道或应当知道该情况为限;集装箱内积载不当,但以保险责任开始前积载已完成或该积载是由投保人或被保险人或其雇员所进行的为限。

(5) 被保险货物放置在舱面,但集装箱船所载普通封闭式集装箱货物或经保险人同意承保并在保险合同中载明的其他舱面货物不在此限。

(6) 承运人无正本提单交付货物,或水上运输工具未抵达本保险单载明的目的地,但由于发生保险事故导致水上运输工具未抵达目的地不在此限。

(7) 船舶所有人、管理人、租船人或经营人的破产或不履行债务。

(8) 政府或有关当局行为,以及保险合同中载明的海洋货物运输战争险条款、货物运输罢工险条款、交货不到险条款、拒收险条款、舱面货物险条款、进口关税险条款、黄曲霉毒素险条款约定的责任范围和除外责任。

以上规定中,有的是对原有条款的合并,有的是对原有条款进行拆分,第4、5、6、7都是新增的除外情形。

(三) 海运货物保险基本险的责任起讫

责任起讫亦称保险期间或保险期限,是指保险人承担责任的起讫时限。由于海运货物保险是特定航程中货物的保险,海运货物的保险期限一般没有固定、具体的起讫日期,我国海运货物基本险的保险期限一般采取“仓至仓”的原则,但在某些特殊情况下,“仓至仓”的责任期间会发生变化。

1. 正常运输情况下,保险责任的起讫期间

正常运输是指属于航程需要的运输范围,在正常运输情况下,保险责任的起讫期间按“仓至仓”原则办理。“仓至仓”简称 W/W,是指保险责任自被保险货物运离保险单所载起运地仓库或储存处所时开始,在正常运输过程中(包括海上、湖上、内河和驳船运输)继续有效,直至货物运交保险单所载目的地收货人的最后仓库或储存处所或被保险人用作分配、分派处所时为止。如被保险货物在最后卸货港全部卸离海轮后的60天内未完成最后交货,则保险责任以60天届满终止。若在上述60天内,被保险货物需转运到非保险单所载明的目的地,则以该项货物开始转运时终止。

2. 非正常运输情况下,保险责任的起讫期间

在海上运输过程中,如果出现被保险人所不能控制的意外情况,保险期间将按下列规定办理:由于被保险人无法控制的运输延迟、绕道、被迫卸货、重新装载、转载或承运人运用运输契约赋予的权限所做的任何航海上的变更或终止运输契约,致使被保险货物运到非保险单所载明目的地时,在被保险人及时将获知的情况通知保险人,并在必要时加缴保险费的情况下,本保险仍继续有效,保险责任按下列规定终止:①被保险货物如在非保险单所载明的目的地出售,保险责任至交货时为止,但不论任何情况,均以被保险货物在卸载港全部卸离海轮后满60天为止。②被保险货物如在上述60天期限内继续运往保险单所载原目的地或其他目的地,则保险责任仍按“仓至仓”的规定终止。

案例分析 4-14

某年，我国某进出口公司向港商出口罐头一批共 500 箱，按 CIF 香港向保险公司投保了一切险，但因海运提单上只写了进口商名称，而没有写明其详细地址，货物抵达香港后，轮船公司无法通知进口商提货，只好将该批货物运回原地。但因轮船渗水，有 229 箱罐头受海水浸湿，货返原地后我方公司未将货物卸下，在提单上补写上进口商详细地址后，又运往香港，进口商提货后发现罐头已生锈，所以只提取了未生锈的 271 箱，其余的又运返原地，我方公司遂凭保险单向保险公司提起索赔，要求赔偿 229 箱罐头的损失。问：保险公式是否负责赔偿？

分析：保险公司经调查研究后发现，罐头生锈发生在第二航次，而不是在第一航次。投保人只是就第一航次进行了投保，“仓至仓”的范围只涉及第一航次，而第二航次投保人未投保，所以不属于承保航次范围，于是对我方公司的索赔请求予以拒绝。

关于“仓至仓”的起讫期间，2009 年版海运保险条款与 2009 年版协会货物条款（ICC 条款）基本一致，具体说明可见后面第四节的相关内容。有所不同的是，保险责任的起点，2009 年版海运保险条款规定为“保险责任自被保险货物在本保险单载明的起运地仓库或储存处所向运输工具装载时开始”。

3. 不同贸易术语下，保险责任的起讫期间

关于“仓至仓条款”，被保险人并不能在被保险货物遭受保险责任范围内的损失时，可以毫无条件地按照“仓至仓”的原则获得保险赔款。索赔人向保险公司提出索赔必须具备三个条件：①损失属于保险公司的承保责任范围；②索赔人是保险单上的受益人；③货物发生损失时，索赔人必须对货物具有保险利益。这样一来，不同贸易术语下，保险公司的责任起讫就有所不同。

（1）FOB、CFR、FAS 等术语下，保险责任期间只是“船至仓”。在这几种贸易术语下，都是买方自行办理保险，保险单上的受益人为买方。按照 Incoterms® 2010 的解释，货物灭失或损坏的风险是自货物装上船（FOB、CFR 术语）或交到船边（FAS 术语）从卖方转移给买方的。货物由装运地仓库运往装运港途中的风险由卖方承担，卖方对货物具有保险利益，而买方不具有保险利益。所以即使买方投保了包括“仓至仓”条款的有关保险，保险公司也不对在此期间发生的损失承担责任，即保险公司负责赔偿的责任期间只是“船至仓”。为了自己的利益，卖方应对该运输过程中的风险单独进行投保，如投保“装船前险”，也称为国内运输险，即陆运险。

案例分析 4-15

某年 8 月，我国某出口公司对外签订一份以 FOB 为条件的农产品合同，买方已向保险公司投保仓至仓条款的一切险。货物从我公司仓库运往装运港码头时发生承保范围内的损失，事后我公司以保险单含有仓至仓条款要求保险公司赔偿，被拒绝，后我公司又请买方以买方的名义凭保险单向保险公司索赔，同样遭拒绝。问：保险公司拒赔是否合理？

分析:保险公司有权利拒绝赔偿。在本例中,保险公司拒赔卖方是因为损失发生时他虽有保险利益,但他不是保险单上的受益人,因此无权向保险公司索赔;拒绝买方是由于虽然买方是保险单上的受益人,但是损失发生时买方对货物不具有保险利益。

(2) CIF 术语下,保险责任期间是"仓至仓"。CIF 术语下,卖方负责办理保险,保险单上的受益人一般填写为卖方。按照 Incoterms® 2010 对 CIF 术语的解释,货物灭失或损坏的风险是自货物装上船从卖方转移给买方的。货物从装运地仓库运往装运港途中的风险由卖方承担,卖方对货物具有保险利益。如果此期间货物受损,则卖方有权向保险公司索赔。从货物装上船开始到收货人仓库这个期间内的货物风险由买方承担,买方对货物具有保险利益。另外,卖方通常都对保险单进行背书,这样背书后,买方就是保险单上的受益人。因此,"船—仓"期间货物受损的话,买方可在付款赎单后凭保险单向保险公司索赔。因此,CIF 术语下,保险责任期间是"仓至仓"。

案例分析 4-16

我国某外贸公司向日、英两国商人分别以 CIF 和 CFR 价格出售蘑菇罐头,有关被保险人均办理了保险手续。这两批货物自起运地仓库运往装运港的途中均遭受损失。问:保险公司对这两批货物的损失是否给予赔偿?

分析:在与日本商人的交易中采用 CIF 术语,由卖方办理货运保险手续,同时"仓—船"期间的货物风险由卖方承担,卖方对货物具有保险利益,因此保险公司应对该货损给予赔偿。在与英国商人的交易中采用 CFR 术语,由买方办理货运保险手续,而"仓—船"期间的货物风险由卖方承担,卖方对货物具有保险利益。这样保险公司因卖方不是被保险人、买方对货物不具有保险利益而有权拒赔。

(四) 海运货物保险基本险中被保险人的义务

我国《海洋运输货物保险条款》对被保险人应承担的义务主要做以下规定:

(1) 当被保险货物运抵目的地后,被保险人应及时提货;当被保险货物遭受任何损失时,被保险人应立即向保险单上规定的检验理赔代理人申请检验,并向有关当局、海关、港务局索取货损货差证明,如涉及第三者责任,必要时还须取得延长索赔时效的凭证。

(2) 对遭受损失的货物,被保险人和保险公司都应采取合理抢救措施,以减少损失。

(3) 如遇航程变更或发现保险单所载明的货物、船名或航程有遗漏或错误,被保险人应在获悉后立即通知保险人。

(4) 在向保险人索赔时,应提供下列单证:保险单正本、提单、发票、装箱单、磅码单、货损货差证明、检验报告及索赔清单,如涉及第三者责任,还须提供向责任方追偿的有关函电及其他必要的单证或文件。

(5) 在获悉有关运输契约中船舶互撞责任条款的实际责任后,应及时通知保险人。

2009 年版海运保险条款对于被保险人的义务,增加"除法律规定的义务外,被保险人还应履行下列义务",强调被保险人应遵守保险法、海商法等的法定义务。具体义务列出如下三项：

（1）当被保险货物运抵本保险单所载明的目的港（地）以后，被保险人应及时提货，当发现被保险货物遭受任何损失时，应立即通知保险人或保险单上所载明的检验、理赔代理人。当发现被保险货物遭受损失、货物包装或集装箱箱体有明显的残损痕迹、集装箱的铅封损坏、灭失或号码与运输合同所载存在不一致时，应立即向承运人、受托人或有关当局（海关、港务当局等）索取货损货差证明及其他证明材料。如货损货差是由于承运人等第三方的责任造成的，则应以书面形式向其提出索赔，同时应采取有效措施，确保向承运人等第三方责任人要求赔偿的权利和时效。

被保险人未经保险人同意而放弃向第三方责任人要求赔偿的权利的，或者由于过失致使保险人不能行使追偿权利的，保险人可以相应扣减保险赔偿。

（2）发生保险事故后被保险人应迅速采取必要的、合理的措施，防止或减少损失。对由于被保险人未履行上述义务而造成的扩大的损失，保险人不负赔偿责任。被保险人或保险人为施救、保护或恢复被保险货物所采取的措施，不应视为放弃或接受委付的表示，或损害任何一方的权益。

（3）如发现因非保险人的原因致使保险单所载明的货物、船名或航程有遗漏或错误，被保险人应在获悉后立即通知保险人，并经保险人同意和另行商定保险费和条件后，本保险才继续有效。

关于提供索赔单证的义务，2009 年版条款将其调整到第五部分“赔偿处理”中。

（五）索赔期限

索赔期限亦称索赔时效，是被保险货物发生保险责任范围内的风险与损失时，被保险人提出索赔的有效期限，中国人民保险公司 1981 年《海洋运输货物保险条款》规定索赔期限为两年，自被保险货物运抵目的港全部卸离海轮之日起计算。

2009 年版保险条款的第五部分是“赔偿处理”，除了规定索赔期限外，还规定了保险索赔所涉及不同情形的处理方式及要求被保险人提交的各种索赔单证。而关于索赔期限，按照现行《海商法》的规定，修改为：“被保险人依本保险合同向保险人要求保险赔偿的请求权，时效期间为二年，自保险事故发生之日起计算。”

2009 年版海运保险条款除规定以上五个部分的内容外，还新增第六部分“争议处理”，规定：“本保险合同的争议处理适用中华人民共和国法律（不包括港澳台地区法律）。因履行本保险合同发生的争议，由当事人协商解决。协商不成的，提交保险单载明的仲裁机构仲裁；保险单未载明仲裁机构且争议发生后未达成仲裁协议的，依法向法院起诉。”

三、海运货物保险附加险

附加险是基本险的扩展，它不能单独投保，必须在投保基本险的基础上加保。按承保风险的不同，附加险又可分为一般附加险、特别附加险和特殊附加险。一般附加险所承保的是由于一般外来风险所造成的全部或者部分损失，共 11 种具体险别；而后两者是特殊外来风险所造成的全部或部分损失，特别附加险的货损因素，往往同政治、国家行政管理以及一些特殊的风险相关，有 6 种具体险别；特殊附加险主要承保战争和罢工的风险，有 2 种具体险别。

（一）一般附加险

一般附加险共有 11 种险别，分别是：偷窃、提货不着险；淡水雨淋险；短量险；混杂、沾污险；渗漏险；碰损、破碎险；串味险；受潮受热险；钩损险；包装破裂险；锈损险。

一般附加险可在投保平安险、水渍险的基础上选择加保。由于一般附加险已包括在一切险中，所以若已投保一切险，无须加保一般附加险。

（二）特别附加险

特别附加险承保的风险大多与国家的行政措施、政策法令、航海贸易习惯有关，共有六种险别，分别是：交货不到险（failure to delivery）；进口关税险（import duty risk）；舱面险（on deck risk）；拒收险（rejection risk）；黄曲霉素险（aflatoxin）；出口货物到香港（包括九龙在内）或澳门存仓火险责任扩展条款（fire risk extension clause for storage of cargo at destination Hong Kong，including Kowloow，or Macao）。

特别附加险的六种险别不包括在一切险范围之内，必须加保才能获得保障。

（三）特殊附加险

特殊附加险主要包括两种，即战争险和罢工险。

1. 战争险

海运战争险（war risk）是特殊附加险的主要险别之一，规定也很特殊，它虽然不能独立投保，但对基本险而言又有很强的独立性。

（1）海洋运输货物战争险的责任范围，包括：①直接由于战争、类似战争行为、敌对行为、武装冲突或海盗等所造成运输货物的损失；②由于上述原因引起的捕获、拘留、扣留、禁制、扣押等所造成的运输货物的损失；③各种常规武器，包括水雷、炸弹等所造成的运输货物的损失；④由本险责任范围所引起的共同海损牺牲、分摊和救助费用。

（2）海洋运输货物战争险的除外责任。海运战争险对下列原因造成的损失不负赔偿责任：①由于敌对行为使用原子或热核制造的武器导致被保险货物的损失和费用；②由于执政者、当权者或其他武装集团和扣押、拘留引起的承保航程的丧失或挫折所致的损失。

（3）海洋运输货物战争险的责任起讫。海运战争险的保险责任起讫是以水上危险为限的，即自货物在起运港装上海轮或驳船时开始，直到目的港卸离海轮或驳船时为止；如不卸离海轮或驳船，则从海轮到达目的港的当日午夜起算满 15 天保险责任自行终止；如要中途港转船，不论货物在当地卸货与否，保险责任以海轮到达该港可卸货地点的当日午夜起算满 15 天为止，等再装上续运海轮时恢复有效。保险人对海运货物战争险责任起讫的规定之所以不采取承保“仓至仓”的原则，而只负责水上危险，原因在于战争时期存放于港口码头上的货物往往不易疏散，容易造成大量积压，风险过于集中。

2. 罢工险

罢工险（strikes risk）承保罢工者，被迫停工工人，参加工潮、暴动的人员采取行动，或任何人的恶意行为所造成的直接损失和上述行动或行为所引起的共同海损的牺牲、分摊和救助费用。罢工险对间接损失不负责，如由于劳动力短缺或无法使用劳动力，致使堆放码头的货物遭到雨淋日晒而受损、冷冻机因无燃料而中断造成的被保险货物的损失不负责赔偿。

按照国际保险业惯例，已投保战争险后另加保罢工险，不另收保险费。如仅要求加保罢工险，则按战争险费率收费。对于保险责任的起讫期间，罢工险适用于“仓至仓”条款与“60天”的规定。

案例分析 4-17

我方按 CIF 条件出口大豆 1 000 吨，计 10 000 包。合同规定投保一切险加战争险、罢工险。货卸目的港码头后，当地码头工人开始罢工。在工人与政府的武装力量进行对抗中，该批大豆有的被撒在地面，有的被当作掩体，有的丢失，总共损失近半。

分析：根据 CIC 罢工险条款所规定的责任范围，本例属于罢工原因造成货物的直接损失，保险公司应负责赔偿。

2009 年版海运保险条款把以上附加险条款统称为“中国人民财产保险股份有限公司货物运输保险附加险条款”，共 20 个，包括以上所列险别中除了“出口货物到香港（包括九龙在内）或澳门存仓火险责任扩展条款”以外的 18 个，另加海关检验条款和码头检验条款 2 个。

海关检验条款规定：“本保险承保的偷窃、短少损失，以被保险货物到达目的地的海关内为止。如在上述地点发现损失，必须立即向本保险单所指定的检验、理赔代理人申请检验、确定损失。保险人对上述检验之后发生的偷窃、短少所造成的损失不负赔偿责任。”

码头检验条款规定：“本保险承保的偷窃、短少损失，以被保险货物到达最后卸货港卸至码头货棚时为止。如在上述地点发现损失，必须立即向本保险单所指定的检验、理赔代理人申请检验，确定损失。保险人对上述检验之后发生的偷窃、短少所造成的损失不负赔偿责任。”

关于战争险的修订情况：其中责任范围的第一条修改为“直接由于战争、内战、革命、叛乱或由此引起的内乱、敌对行为、武装冲突或海盗行为所造成的被保险货物的损失”，删除了“类似战争行为”这种笼统的表述方法。除外责任的第一条修改为“由于直接或间接使用原子或核裂变或聚变或其类似反应或放射性力量或物质所制造的武器或装置所造成的损失和费用”，删除“敌对行为使用”这些武器的限制，即无论什么事件，只要使用以上武器就是除外责任。

关于罢工险的修订情况 2009 年条款将责任范围清晰地列出三条：①由于罢工者，被迫停工工人或参加工潮、暴动、民众斗争的人员的行动所造成的被保险货物的直接损失；②恐怖主义行为或任何人出于政治、宗教或意识形态动机的行为造成的被保险货物的直接损失；③上述行动或行为所引起的共同海损的牺牲、分摊和救助费用。对于罢工险的除外责任，在原有规定基础上增加两种除外责任：第一，任何基于航程丧失或受挫所造成的损失；第二，由于直接或间接使用原子或核裂变或聚变或其类似反应或放射性力量或物质所制造的武器或装置所造成的损失和费用。

四、其他专门保险条款

（一）海洋运输冷藏货物保险条款

海洋运输冷藏货物保险分为冷藏险（risk for shipment of frozen products）和冷藏一切险

(all risks for shipment of frozen products)两个险别,可单独投保。

冷藏险的责任范围,包括:负责水渍险承保的责任;负责赔偿由于冷藏机器停止工作连续达24小时以上造成的被保险货物在运输途中腐败和损失。

冷藏一切险的责任范围更广,在冷藏险的责任基础上,还负责被保鲜货物在运输途中由于一般外来原因所致的腐烂和损失。

海洋运输冷藏货物保险的除外责任,在海运货物保险条款的基础上稍有改变:一是增加了一项除外责任,即将"未存放在有冷藏设备的仓库或运输工具中,或辅助运输工具没有隔湿设备所造成的鲜货腐烂的损失"列入除外责任;二是将海运货物保险条款除外责任中的"在保险责任开始前,被保险货物已经存在的品质不良或数量短差所造成的损失"改为"被保险鲜货在保险责任开始时,因未保持良好状态,包括整理加工和包扎不妥,冷冻上的不合规定及骨头变质所引起的货物腐烂和损失"。

海洋运输冷藏货物保险的保险期间与海运货物保险的保险期间大致相同,也是"仓至仓"条款,但以货物全部卸离海轮时起算满10天为限。

(二)海运散装桐油保险条款

该险别是根据散装桐油的特点而专门设立的,可单独投保。

海运散装桐油保险的承保范围包括:

(1)不论任何原因所致被保险桐油短少、渗漏损失而超过本保险单规定的免赔率时。

(2)不论任何原因所致被保险桐油的玷污或变质损坏。

(3)被保险人对遭受承保责任内危险的桐油采取抢救、防止或减少货损的措施而支付的合理费用,但以不超过该批被救桐油的保险额为限。

(4)共同海损的牺牲、分摊和救助费用。

(5)运输契约订有"船舶互撞责任"条款,根据该条款规定应由货方偿还船方的损失。

海洋运输散装桐油保险的除外责任与海洋冷藏货物保险的除外责任基本相同。

海运散装桐油保险的保险期限和海运基本险的保险期限基本一致,也是"仓至仓"条款,但如果被保险人在散装桐油运抵目的港后不及时卸载,则自海轮抵达目的港时满15天,保险责任终止。

第四节　2009年版《协会货物保险条款》

在我国国际贸易实践中,进出口货物的保险一般采用"中国保险条款"(China insurance clause,CIC),但随着我国对外贸易的发展,我国企业以CIF条件出口时,有些外商常会要求采用国际保险市场上通用的英国伦敦保险协会所制定的"协会货物条款"(institute cargo clauses,ICC)进行投保。因此,我们需要熟悉和掌握ICC险别的责任范围。

一、2009年版ICC简介

伦敦协会货物保险条款最早制定于1912年,1963年和1981年分别进行过修订。最近一次修订由联合货物保险委员会于2008年完成,新条款于2009年1月1日生效,这次修订的最大特点是顺应了保护被保险人或无辜的保险单持有人利益的趋势。

2009年版《协会货物条款》(ICC)共有六种保险条款:协会货物(A)险条款,即ICC(A);协会货物(B)险条款,即ICC(B);协会货物(C)险条款,即ICC(C);协会战争险条款(货物)(institute war clauses—cargo);协会罢工条款(货物)(institute strike clauses—cargo);恶意损害险条款(malicious damage clauses)。在这六种险别中,前三种为主险,后三种为附加险,除恶意损害险之外,其他五种险别都可以单独投保。

除“恶意损害险条款”外,其余五种险别均包括下列八项内容,而各种险别的后五项内容是完全相同的:①承保范围(risks covered)采用“列明风险”和“一切风险减除外责任”两种规定方式;②除外责任(exclusions);③保险期限(duration);④索赔(claims);⑤保险利益(benefit of insurance);⑥减少损失(minimizing losses);⑦防止延迟(avoidance of delay);⑧法律与惯例(law and practice)。各个险别条款的结构统一,体系完整。

二、2009年版ICC各险别的承保风险与除外责任

(一) ICC(A)的承保风险与除外责任

1. 承保范围

ICC(A)的承保责任范围较广,不便一一列举,故采用“一切风险减除外责任”的规定方法,即除了“除外责任”项下所列风险保险人不予负责外,其他风险均予负责。

ICC(A)的保险责任范围最大,大体相当于“一切险”。ICC(A)的责任范围除包括ICC(B)承保的全部风险外,还增加了下列各种附加风险:钩损(hook damage)、污损(contamination)、锈损(rust)、淡水雨淋造成的损失(rain and fresh water damage)、漏损(leakage)、破损(breakage)、偷窃(theft)、提货不着(non delivery)、短量(shortage)等。

案例分析 4-18

湖南某外贸公司按CIF汉堡出口一批货物,投保的险别为ICC(A)“仓至仓”条款。该外贸公司用卡车由湖南运到上海港装船发货,但该货物在上海港待装船时发生部分货物失窃。保险公司对该项损失是否应给予赔偿?

分析:因为卖方投保了ICC(A)保险,根据该条款的有关规定,货物失窃的损失在该条款的承保范围之内,故保险公司应给予赔偿。

2. 除外责任

2009年版与1982年版的ICC条款相比,有的除外责任有修改,另外还新增个别除外责任。以下把除外责任分为四种:

(1) 一般除外责任,包括:①由于被保险人故意不法行为造成的损失或费用;②保险标的的自然渗漏、自然损耗、自然磨损所造成的损失或费用;③由于保险标的包装不固或包装不当或配装不当造成无法抵抗运输途中发生的通常事故而产生的损失或费用(有修改);④被保险货物内在缺陷或特性所造成的损失或费用;⑤由于延迟所造成的损失或费用,即使该延迟由于承保风险所引起(有修改);⑥由于船舶所有人、租船人经营破产或不履行债务所造成的损失或费用(有修改);⑦由于使用任何原子或核武器或设备所直接或

间接造成的损失或费用(有修改)。

(2) 不适航、不适货的除外责任(有修改),包括:①不适航除外责任是指被保险人在货物装船时已经知道船舶或驳船的不适航,及船舶或驳船不适合安全运输保险标的所引起的损失或费用,保险人不负赔偿责任。②不适货除外责任是指集装箱或运输工具不适合安全运输保险标的的,保险人不负赔偿责任。此情况适用于在本保险合同生效前装货已经开始,或被保险人或其雇员在货物装船时已经知道上述情况。

(3) 战争险除外责任,包括:①如由于战争、内战、敌对行为等造成的损失或费用;②由于捕获、拘留、扣留、禁止、扣押等("海盗行为"除外)所造成的损失或费用;③由于被遗弃的水雷、鱼雷、炸弹或其他被废弃的战争武器造成的损失或费用。

(4) 罢工险除外责任,包括:①由于罢工者、被迫停工工人或参加工潮、暴动、民变人员所造成的损失或费用;②由于罢工、被迫停工、工潮、暴动、民变所造成的损失或费用;③恐怖主义行为所造成的损失或费用(有修改);④任何人因政治、信仰或宗教动机行为所造成的损失或费用(新增)。

注意:ICC(A)的除外责任中不包括"海盗行为"和"恶意损害险条款",即ICC(A)的承保范围包含海盗和恶意损害所致货物的损失。

(二) ICC(B)的承保风险和除外责任

1. 承保范围

ICC(B)的承保风险采用"列明风险"方式,即在条款的首部开宗明义地把保险人所承保的风险一一列出,其范围仅次于ICC(A),类似于"水渍险"。

凡属于下列原因之一造成货物的灭失或损害都属于ICC(B)条款的责任范围之内:①火灾、爆炸;②船舶或驳船触礁或搁浅、沉没、倾覆;③陆上运输工具倾覆或出轨;④船舶、驳船或运输工具同水以外的任何外界物体碰撞或接触;⑤避难港卸货;⑥地震、火山爆发或雷电;⑦共同海损牺牲;⑧抛弃或浪击入海;⑨海水、湖水或河水进入船舶、驳船、运输工具、集装箱、大型海运箱或贮存处;⑩货物在装卸时落海或跌落造成整件的全损。另外,ICC(B)的范围也包括因"船舶互撞责任条款"的规定而由被保险人应付的比例责任。

ICC(A)、(B)、(C)的承保风险条款中都对"船舶互撞责任条款"做了规定:"本保险负责赔偿被保险人根据运输契约订有'船舶互撞责任'条款的规定而由被保险人应付的比例责任。若船舶所有人根据上述条款(向被保险人)提出任何索赔要求,被保险人应立即通知保险人,保险人得自付费用为被保险人就此项索赔提出抗辩",其目的是保护货主的利益,避免货主从保险人处获得的保险赔偿金额又须补偿承运人。

2. 除外责任

ICC(B)与ICC(A)的除外责任基本相同,但有下列两点区别:

(1) ICC(A)只对被保险人的故意不法行为所造成的损失、费用不负赔偿责任,对于被保险人之外的任何个人或数人故意损害和破坏标的物或其他任何部分的损害要负赔偿责任,即对恶意损害造成的货物损失负责赔偿;但在ICC(B)下,保险人对此也不负赔偿责任。

(2) ICC(A)将海盗行为列入承保范围;而ICC(B)对海盗行为不负赔偿责任。

也就是说,ICC(B)的除外责任是ICC(A)的除外责任再加上ICC(A)承保的"海盗行为”与“恶意损害险”。

（三）ICC（C）的承保风险及除外责任

1. 承保范围

ICC(C)的承保范围更小，它只承保“重大意外事故”的风险，不承保ICC(B)中的自然灾害（如地震、雷电等）和非重大事故（如装卸过程中的整件灭失等）。其条款类似“平安险”。

ICC(C)承保风险采用列明风险方式，包括：①火灾、爆炸；②船舶或驳船触礁、搁浅、沉没或倾覆；③陆上运输工具倾覆或出轨；④船舶、驳船或运输工具同除水以外的外界物体碰撞；⑤在避难港卸货；⑥共同海损牺牲；⑦抛货。另外，ICC(C)的范围也包括因“船舶互撞责任条款”的规定而由被保险人应付的比例责任。

2. 除外责任

ICC(C)险的除外责任与ICC(B)完全相同。

案例分析 4-19

G公司以CIF价格条件引进一套英国产检测仪器，因合同金额不大，合同采用简式标准格式，保险条款一项只简单规定“保险由卖方负责”。仪器到货后，G公司发现一部件变形影响其正常使用。G公司向外商反映要求索赔，外商答复仪器出厂经严格检验，有质量合格证书，非他们责任。后经商检局检验认为是运输途中部件受到振动、挤压造成的。G公司于是向保险公司索赔，保险公司拒赔。

分析：此情况属“碰损、破碎险”承保范围，但G公司提供的保单上只投保了ICC(C)，没有投保“碰损、破碎险”，所以保险公司完全有理由拒赔。最后G公司无奈只好重新购买此部件，既浪费了金钱，又耽误了时间。G公司业务人员想当然地以为合同规定卖方投保，卖方一定会保“一切险”或伦敦ICC(A)。按照Incoterms的解释，在CIF条件下，如果合同没有具体规定，卖方只需要投保最低责任范围险别，即平安险或伦敦ICC(C)就算履行其义务。为了避免此种损失，要根据货物的特点选择相应险别，进口合同应尽量采用CFR、CPT等价格术语，由买方在国内办理保险，当进口合同必须使用CIF、CIP等由卖方投保的价格术语时，一定要在合同上注明投保的具体基本险别以及附加险。

（四）协会货物战争险

该险别的承保范围与我国战争险近似，只是不包括海盗行为所造成的损失。在除外责任方面，战争险与ICC(A)的“一般除外责任”和“不适航、不适货除外责任”的规定基本相同，但在“一般除外责任”条款中增加了一个“航程挫折”条款（frustration clause），规定由于战争原因造成航程中止，货物未能到达保险单所载明的目的地而引起的间接损失，保险人不负赔偿责任。另外，由于敌对行为使用原子或热核武器等所致灭失或损害不予赔偿。

（五）协会货物罢工险

协会货物罢工险负责由于罢工、恐怖主义行为、意识形态或宗教动机等行为所直接造成的保险标的物损失,不负责由于罢工等风险所产生的费用或间接损失。与1982年版的ICC条款相比,2009年版的ICC罢工险的范围有所扩展,新增一项承保事项,即"因政治、意识形态或宗教动机行为所致货物的损失"。可见,罢工险的承保范围大大超出了罢工的范围。它除了负责罢工风险损失外,对于工潮、民众骚扰以及恐怖主义者或出于政治动机采取行动的人所致风险损失也予以负责。

罢工险的除外责任也与ICC(A)的"一般除外责任"和"不适航、不适货除外责任"的规定基本相同,但对下列损失或费用,保险人不予以赔偿:由于罢工、停工、工潮、暴动或民众骚扰等造成劳动力缺乏、短少或扣押所引起的损失或费用;由于航程挫折而引起的损失;由于战争、内战、革命、叛乱或由此引起的内乱,或交战国或针对交战国的任何敌对行为所造成的损失或费用。

(六)恶意损害险条款

恶意损害险是1982年版ICC新增加的附加险,其承保范围主要是对被保险人以外的其他人(如船长、船员等)的故意行为所致保险标的灭失或损害负赔偿责任,但如果恶意损害是出于有政治动机的人的行为所致保险标的损失,则不属于本险别的保险责任,该项损失应属于罢工险的承保范围。协会恶意损害险的承保范围在ICC(A)的责任中已经包括,只适用于在ICC(B)和ICC(C)的基础上加保。

三、2009年版ICC的其他内容

ICC条款除了以上分析的承保风险及除外责任以外,还有以下六个方面的内容:保险期限、索赔、保险利益、减少损失、防止延迟、法律与惯例。以下将只介绍保险期限。

ICC(A)、(B)、(C)有关保险期限的规定,主要体现在"运输条款"(transit clause)、"运输合同终止条款"(termination of contract of carriage clause)和"航程变更条款"(change voyage clause)中。

(一)运输条款

ICC的运输条款包括以下三款规定:

1."仓至仓"原则

与1982年版ICC规定的"仓至仓"相比,2009年版扩展了起讫期间。2009年版ICC第八条第一款规定:本保险责任自保险标的为了开始航程立即搬运至运输车辆或其他运输工具的目的,开始进入仓库或储存处所时生效,包括正常运输过程,直至运到下述地点时终止:①在本保险合同载明的目的地最后仓库或储存处所,从运输车辆或其他运输工具完成卸货;②在本保险合同载明的目的地任何其他仓库或储存处所,或在中途任何其他仓库或储存处所,从运输车辆或其他运输工具完成卸货,上述任何其他仓库或储存处所是由被保险人或者其雇员选择用作在正常运送过程之外的储存货物,或分配货物,或分派货物;③被保险人或其雇员在正常运输过程之外选择任何运输车辆或其他运输工具或集装箱储存货物;④自保险标的在最后卸货港卸离海轮满60天为止。上述情况以先发生者为准。

(1)从保险责任起点来看,该条款使得保险责任自保险标的开始进入仓库或储存处所时就生效，如何认定“开始进入”（first move），目的是“为了开始航程立即搬运至运输工具或其他运输工具”。1982年版保险责任是自货物远离仓库或储存处所时生效。一个是“进入”，一个是“远离”，显然2009年版扩展了1982年版的起点，这一改变把承保的时间延伸到在货方仓库或堆场装货，体现了向作为被保险人的货方利益倾斜的趋势。

（2）从保险责任期间来说，包括正常运输过程，2009年版与1982年版规定一致，没有变化。

（3）从保险责任终点来说，1982年版列明三个可能的终点，2009年版列明四个可能的终点，都是以最先发生者作为保险责任的实际终点。对于各自列明的前两个终点，1982年版强调“运到”，2009年版强调“完成卸货”，显然2009年版扩展了1982年版的终点，对被保险人更为有利。此外，2009年版多出一个终点，就是“被保险人或其雇员在正常运输过程之外选择任何运输车辆或其他运输工具或集装箱储存货物”，这是限制被保险人或其雇员在非正常运送过程中的临时仓储问题。此规定对海上货物运输保险的“运输”性进行了强调，若货物一直存放于运输工具上，就不符合货物运输保险的“运输”要求，将导致保险责任终止。

2. 关于转运的规定

按照2009年版ICC第八条第二款的规定，如果发生了转运，则保险责任自转运一开始即终止。

3. 发生被保险人无法控制情形下保险责任的扩展

按照ICC第八条第三款的规定，在被保险人无法控制的任何运输延迟、任何绕航、被迫卸货、重新装载、转运以及承运人运用运输合同授予的权力所做的任何航海上的变更情况下，除受第八条第一款所列四项规定而终止及第九条终止条款之限制外，本保单仍然继续有效，即被保险人无须发出通知或加缴保险费，保险责任自动继续有效。

（二）运输合同终止条款

与1982年版ICC相比，2009年版的该条款没有变化。按照2009年版ICC第九条的规定，如果在被保险人无法控制情形下，运送契约因故在其所载明目的地以外之港口或地点终止，或运送因故在货物未能如前述第八条规定被保险标的卸载前终止，本保险单的效力亦同时终止，除非经被保险人于获悉后立即通知保险人及要求继续承保并同意缴付应加收之保险费，本保险单方得继续有效至下述情形之一时为止：

第一，运至被保险标的在该港或该地出售交付后为止，或如无特别之协定，迄至被保险标的物自海轮抵达该港或该地后起算，以不超过60天为限，以先发生者为准。

第二，如被保险标的物在60天期限以内（或同意延长承保期限内）仍须运至保险契约原载之目的地，或其他目的地，则本保险单之效力依照前述第八条所规定情形发生时终止。

（三）航程变更条款

1982年版ICC第十条规定：“当本保险责任开始后，被保险人变更目的地，应立即通知保险人，经另行商定保险费和条件，本保险仍然有效。”与1982年版相比，2009年版对“航程变更”条款进行了修改，有两点变化：

第一，考虑了发生航程变更后的实际操作问题，对“仍然有效”做出了一些限制。有可能被保险人虽然已经通知保险人变更情况，但确实还没有和保险人就变更后的条件最终达成一致时就出现保险事故的情况发生。这种情况下，只有在保险费率和保险条件符合合理的市场行情情况下，保单才会仍然有效。

第二，当保险标的按照本保险合同的航程规定开始航行时，被保险人或其雇员对该船舶驶向另一目的地不知情，那么本保险合同仍然被视为在本保险合同规定的航程开始时生效。该条款是新增的，体现了对善意被保险人利益的保护。

根据中国海运货物保险条款第四条“被保险人义务”的规定，若被保险人要变更航程，也须立即通知保险人并在必要时加缴保险费，保险才继续有效。

关于战争险责任的起讫，采取承保“水上危险”的原则，而不采取“仓至仓”的原则，即从货物装上海轮时开始，到货物在最后卸货港卸离海轮时止，或者在海轮到达最后卸货港当日午夜起算满 15 天为止，两种情况以先发生者为准。如为转船货物，则从原海轮抵达中途港当日午夜起算满 15 天为止，但从货物装上续运海轮时起，保险再度生效。

关于罢工险责任的起讫，也采取“仓至仓”的原则，即保险人对货物从卖方仓库到买方仓库的整个运输期间负保险责任。

四、CIC 与 ICC 险别比较

（一）CIC 与 ICC 的共同点

CIC 的一切险、水渍险和平安险与 ICC（A）、（B）和（C）险一一对应，承保责任范围大体相当，除外责任基本相同，保险期限基本一致，被保险人义务大致相同。就除外责任来说，CIC 和 ICC 基本上都是把非意外的、间接的及特殊原因的和人为故意行为所致损失作为除外责任。

（二）CIC 与 ICC 的不同点

（1）险别的名称及分类方式不同。CIC 以平安险、水渍险和一切险表示基本险，附加险另文说明。风险承保范围从小到大逐一列明，除外责任单独表示；ICC 则以“A、B、C”等系统命名方式将保险责任明显区分为基本险和附加险。风险承保范围由大到小，承保风险采用排外式和列举式两种方法表示。

（2）投保方式不同。CIC 只有基本险可以单独承保，而 ICC 的战争险和罢工险也可以单独承保。

（3）结构不同。CIC 的各个主险没有完整、独立的结构，不利于被保险人区分各险别的内容差距；ICC 中（A）、（B）、（C）条款自成体系，有利于被保险人区分其差距。

（4）条款内容不同。ICC 比 CIC 多出许多条款，如“保险利益条款”、“索赔条款”中的“增值条款”等内容；CIC 没有包括这些内容，而在具体实践中一般参照以往的习惯做法和国际惯例，易引起合同双方的纠纷。

（5）各险别的具体承保范围及除外责任有所不同。

第五节 《约克-安特卫普规则》和《北京理算规则》

一、关于共同海损

（一）共同海损的构成条件

构成共同海损需要满足以下条件：

1. 船舶、货物和其他财产必须遭遇共同危险

同一航程中的船舶、货物和其他财产遭遇共同危险，是共同海损成立的前提。这一条件包括以下几层含义：

（1）船舶、货物和其他财产须属于两个以上的不同主体所有。如果船舶、货物和其他财产属于同一个主体所有，则不发生共同海损问题。

（2）船舶、货物和其他财产须处于同一航程中。所谓处于同一航程，是指在危险发生时，有关财产处于同一船舶之上。

（3）船舶、货物和其他财产须遭遇共同危险。所谓共同危险，是指同时对船舶、货物和其他财产构成威胁的危险。如果仅是船舶、货物和其他财产中的某一项构成危险，则不能成为共同海损。例如，船舶在海上航行时，遭遇暴雨，虽对舱面货构成威胁，但尚不能对船舶航行安全造成损害，这种危险就不是共同危险。

（4）共同危险须是真实存在的或者是不可避免的，并且是不可预测的。也就是说，危险必须是已经发生的，或者虽然没有发生，但客观上是不可避免要发生的，而且这种危险必须是不可预测的。可以预测的危险造成的损失，不构成共同海损。共同危险必须是实际存在的而不是臆测的。船长考虑不周，贸然采取措施，但事后证明没有共同危险存在，船方应负过失责任，而不能以共同海损论处。

2. 措施必须是有意的和合理的

所谓措施必须是有意的，是指船方在遇到海难时，主动采取行动以避免船货的共同危险。例如，舱内着火，引水灌舱，给未着火的包件带来湿损，就属于共同海损。凡不是有意采取措施而出现的损失，均不能列入共同海损。例如，船舶触礁使船底受损，该项损失非有意造成，故不得列入共同海损。

共同海损措施虽然是有意的，但其必须合理。所谓合理，是指在当时的条件下所采取的措施既符合航海习惯，又要做到损失最小。因采取的措施不合理而造成的损失，其不合理的部分不能得到共同海损的补偿。

3. 共同海损的损失是必需的、直接的和特殊的，支出的费用是额外的

共同海损措施是以牺牲较小利益保全较大利益为特征。被牺牲的利益必须是共同海损措施直接造成的。所谓“直接的”，是指损失必须是共同海损行为直接造成的。间接损失，如船期损失、滞期损失、市价跌落等，都不能算作共同海损损失。

所谓“特殊的”，是就共同海损中的物资损失而言的，是指该项损失是为共同利益所做出的牺牲。共同海损牺牲是在正常运输中不可能出现的损失，因此是特殊的。

“费用是额外的”是就共同海损中的费用损失而言的，是指在正常航运中不可能出现

的费用。例如，当船舶和货物遭遇危险，船长采取自救措施无效果时，可以请求他人给予援救，所付出的救助费就属于额外支出的费用。共同海损费用都是为解脱共同危险而支出的，是正常运输中不可能发生的，因此是额外的。

4. 措施必须最终获得效果

采取共同海损措施的目的，是使处于共同危险之中的船舶、货物和其他财产转危为安，所以共同海损措施必须最终获得效果。这里所指的获得效果，并非指财产全部获救。只要有部分财产获救，共同海损就可以成立。

案例分析 4-20

甲船在海上遭遇恶劣天气，逆风行驶，船速剧减，船舶在海上航行日数意外增加，船上配载的按正常情况估计足够该次航程使用的燃油消耗过多，剩余部分已经不足以驶往原目的港。于是，船长下令改变航道，驶往就近港口避难加油。问：由此支付的额外费用是否可认定为共同海损？

分析：甲船虽然还在海上正常航行，但如不立即改变航道，驶往就近港口加油，船舶很快就会处于主机停火，失去控制状态，后果不堪设想。从时间上看，尽管危险并非紧迫，但根据情况判断，如果不采取特殊应急措施，危险又是不可避免的。因此，为此支付的额外费用属于共同海损。

（二）共同海损的理算

1. 共同海损理算的概念

共同海损事故发生后，采取合理措施所引起的共同海损牺牲和支付的共同海损费用，由全体受益方共同分摊。为此，需要确定作为共同海损受到补偿的牺牲和费用的项目及金额，应参加分摊的受益方及其分摊价值，各受益方的分摊额以及最后应付的金额和结算办法，编制理算书等。这一系列调查研究和审计核算工作，称为共同海损理算，以确定各受益方的分摊金额。

2. 共同海损理算人

共同海损理算人是专门办理共同海损理算的机构或理算师。共同海损被确认后，为了分摊共同海损，就要进行理算。共同海损理算的技术性很强，一般都是由船舶所有人委托专门的理算人进行理算。我国的国际贸易促进委员会下设的海损理算处，专门负责共同海损的理算工作。目前，世界上主要的海运国家都设有海损理算机构，英国的海损理算机构在国际上影响最大。英国在世界许多国家和地区设有海损理算分支机构，因此，许多国家都愿意请英国的理算人进行共同海损理算。

3. 理算的法律依据

按照《海商法》的规定，共同海损理算，适用合同约定的理算规则；合同没有规定的，适用海商法的规定。目前，各海运国家都制定了自己的理算规则。当前，国际上最广为接受的一个理算规则是《约克-安特卫普规则》。这个规则虽然只是一个民间规则而不是国际公约，但由于其悠久的历史和广泛的接受性，在统一和协调各国的理算工作方面起着积极的作用。另外，我国于1975年1月1日公布实施了《北京理算规则》。国际上对共同海损的理算一般采用《约克-安特卫普规则》。在我国，一些提单常规定按照1975年《北京理算规则》理算。在我国合同中没有规定的共同海损的理算和分摊应按照《海商法》的规定办理。

4. 共同海损理算的步骤

共同海损的理算分以下几步：

（1）共同海损的宣告。共同海损事故发生后，必须经过宣告并得到有关方的确认，方可按共同海损处理。《北京理算规则》第七条规定："船舶在海上发生事故，应在到达第一港口后48小时内宣布共同海损；船舶在港内发生共同海损，应在事故发生后的48小时内宣布共同海损。"承担宣布共同海损义务的人是船舶所有人，通常做法是发生共同海损事故后，由船长电告船舶所有人，由船舶所有人或者授权船长在一定期限内为共同海损宣告。

（2）共同海损的担保。共同海损的损失是由船长代表船舶所有人采取共同海损措施的直接后果，所有的特殊损失是由船方造成的，额外支出的费用也由船方垫付。因此，为了保证各方能分摊共同海损损失，《海商法》规定："经利害关系人要求，各分摊方应当提供共同海损担保；以提供保证金方式进行共同海损担保的，保证金应当交由海损理算师以保管人名义存入银行。保证金的提供、使用或者退还，不影响各方最终的分摊责任。"

共同海损担保除保证金外，还有共同海损担保函、共同海损协议书、船货不分离协议等形式。共同海损担保函是由分摊方的保险人向共同海损的牺牲方或费用支付方提供的保证分摊共同海损的保证书；共同海损协议书是共同海损的受益方和牺牲方或费用支付方之间签订的，保证分摊共同海损的协议；船货不分离协议是在共同海损发生后，货物须由他船转运时，由船方和货方订立的，共同海损的分摊不因货物的转运而发生变化的协议。

（3）共同海损的理算。共同海损的理算是个复杂的过程，船方在宣告共同海损后，会向海损理算人提出委托申请，然后理算人进行调查，并由各有关方提供有关资料，确定共同海损的范围以及共同海损的分摊价值，最终确定各方当事人所应分摊的数额，并制作共同海损理算书。海损理算书不同于法院或仲裁的裁决，无法律效力，它是根据合同的规定所做的一种核赔的证据，当事人对此若有异议，仍可提请仲裁或起诉。

5. 共同海损的范围

共同海损的范围包括共同海损牺牲和共同海损费用这两部分内容。

（1）共同海损牺牲，即在船货面临危险的情况下，采取共同海损措施使得船舶、货物和其他财产自身所遭受的有形物质损害，主要包括船舶牺牲、货物牺牲和运费损失。因采取共同海损措施致使承运人无法收取的运费牺牲，专指"到付运费"，依航运习惯，预收运费不列入共同海损。承运人预收了运费，在承运过程中，即使采取共同海损措施致使货物灭失，也不必退还货方的"预付运费"，因此不存在预付运费的牺牲。

（2）共同海损费用，即采取共同海损措施额外支出的金钱，主要包括避难港费用、代替费用及其他杂费等。

关于救助费用，是指船方向救助方支付的报酬。

关于避难港等地有关的额外费用，依《海商法》的规定，船舶因发生意外、牺牲或者其他特殊情况而损坏时，为了安全完成本航程，驶入避难港口、避难地点或者驶回装货港口、装货地点等进行必要的修理，在该港口或者地点额外停留期间所支付的港口费，船员工资、给养，船舶所消耗的燃料、物料，为修理而卸载、贮存、重装或者搬移船上货物、燃料、物料以及其他财产所造成的损失、支付的费用，应当列入共同海损。

关于代替费用，《海商法》规定，“为代替可以列为共同海损的特殊费用而支付的额外费用，可以作为代替费用列入共同海损；但是，列入共同海损的代替费用的金额，不得超过被代替的共同海损的特殊费用”。代替费用本身不具有共同海损性质，但支付该费用却节省或避免了支付本应支付的共同海损费用。常见的代替费用有：临时修理费用、船舶拖带费用、转船费用等。

关于其他杂项费用，依《海商法》的规定，可列入共同海损的费用还有垫款手续费及共同海损利息等。

案例分析 4-21

某远洋公司所属万吨级货轮在中国港口装载杂货后驶往欧洲港口。船舶在航行中发生碰撞事故，致使船体严重受损。碰撞发生后，船体进水，船舶处于危险之中。在危险的情况下，船长同当时正在附近的某救捞公司的拖轮签订“无效果—无报酬”的救助合同。船舶最终被救入了某港锚地抛锚。船级社验船师登船进行检验后提出，船舶必须在完成对损坏进行永久性修理后方可重新获得船级，继续原航程。由于船舶损坏严重，因此要完成永久性修理船舶必须进坞。这一点，无论是船级社验船师还是共同海损检验人以及船东都毫无异议。在进坞是否需要卸下全部货物的问题上，船东通过同船厂调查，以及同验船师和共同海损检验人商议，获知由于船体结构及船坞条件的关系，进坞修理必须卸下全部的货物。在这种情况下，船东面临着几种选择：①按照正常的情况，将货物卸下，进行船舶修理。在修理完成后，将货物重新装上船舶，继续航程。②对损坏部分进行临时性修理，在获得临时适航证书的情况下继续航程。待航次结束后再进行永久性修理。③将货物用代替船转运至目的港，船舶留在避难港完成修理。由于船体损坏比较严重，临修不能满足余下航程的要求，船级社验船师否定了上述第二种方案。对于另外的两种方案，船东通过各方面的调查及同海损理算师商讨与计算，最终决定采用方案三，即使用代替船将货物先行转运至目的港。船舶修理完成后，继续其运营。船东就此次事故宣布了共同海损，并在海损理算师的协助下向各有关方收取了共同海损担保。通过共同海损的理算，船东基本上收回了全部垫付的共同海损费用。

分析：《约克-安特卫普规则》并没有规定代替费用可以认定为共同海损，但这并不意味着船东所花的费用就被完全排除在共同海损补偿之外。船东选择将货物转运的原因和理由有许多，如尽早交货，为搞好同货主的关系，维护船东的声誉等，但这些都与共同海损毫无关系。在实际案例中，船东决定转运的措施的结果往往是节省了不转运情况可能产生的一些费用，即用转运费用代替不转运可能发生的其他费用，这其中也包括了某些可认定共同海损的费用。《约克-安特卫普规则》中的规则F做出了这样的规定，“凡为代替本可以作为共同海损的费用而支付的额外费用，可作为共同海损并受到补偿，无须考虑对于其他方有无节省，但其数额不得超过被代替的共同海损费用”。这样，转运费用是否能够认作共同海损，关键要看被代替的、原可认作共同海损的费用之数额。

在案例中，如果货物不被转运，那么它们将因为完成修理而被卸下，运到仓库或堆场储存，待修理完毕后再被运回船边重新装上船，继续运往目的港。这种情况下将产生下列一些费用：①卸载费；②理货费；③货物自船边运至仓库或堆场的陆上运输费；④仓库或储场的存储费；⑤将货物自仓库或储场运回船边的费用；⑥重装费；⑦重装理货及积载费用及其他；⑧共同海损检验人的费用；⑨货物在仓库或堆场存储期间的额外保险费；⑩货物在卸下或重装等操作中可能被造成的损坏。

如果货物转运，上述各项费用中的①、②、⑥、⑦、⑧、⑩同样会产生，其中重装的费用⑥、⑦项可能与不转运的重装费相差不大。除此之外，转运还会产生下列其他费用：a.转运运费；b.两船之间转载的陆上运输费（如果两船并靠，此项费用可避免）。由于规则规定是额外的费用，转运有关的费用在考虑同代替费用比较之前，还应扣除船舶因没有继续原航程而节省的原航次的正常费用。它包括余下航程所需的燃油、物料、船员工资和伙食以及所必需的运河费及目的港的费用等。这样看来，方案一和方案三的比较最主要就是看卸货修理情况下的货物仓储费和转运情况下的转运运费。在本案例中，船东在海损理算师的计算下，得到了转运的额外费用比卸货修理可能产生的共同海损费用少的结论，他们因此才同意并积极安排转运。这样，他们在转运措施中额外的支出基本上可从共同海损中获得补偿。

（3）不能列入共同海损的损失。依《海商法》的规定，“无论在航程中或者在航程结束后发生的船舶或者货物因迟延所造成的损失，包括船期损失和行市损失以及其他间接损失，均不得列入共同海损”。“未申报的货物或者谎报的货物，应当参加共同海损分摊；其遭受的特殊牺牲，不得列入共同海损。不正当地以低于货物实际价值作为申报价值的，按照实际价值分摊共同海损；在发生共同海损牺牲时，按照申报价值计算牺牲金额。”

6. 共同海损牺牲金额的确定和分摊价值的确定及计算

（1）船舶、货物和运费的共同海损牺牲金额的确定如下：

船舶共同海损牺牲金额的确定：①船舶发生部分损失时，按照实际支付的修理费减去合理的以旧换新的扣减额计算；②船舶尚未修理，按牺牲造成的合理贬值计算，但不得超过估计的修理费；③船舶发生实际全损或者修理费用超过修复后的船舶价值的，共同海损牺牲金额按照该船在完好状态下的估计价值，减去不属于共同海损的估计的修理费和该船舶受损后的价值的余额计算。

货物共同海损牺牲金额的确定：货物灭失的，按照货物在装船时的价值加保险费和运费、减去由于牺牲无须支付的运费计算；货物损坏的，在损坏程度尚未达成协议前出售的，按照货物装船时的价值加保险费、运费，与出售货物净得的差额计算。

运费共同海损牺牲金额的确定：按照货物遭受牺牲造成的运费的损失金额，减去为取得这笔运费应支付但由于牺牲无须支付的营运费用计算。

（2）船舶、货物和运费各自分摊价值的计算，具体如下：

船舶因共同海损的分摊，按照船舶在航程终止时的完好值，减去不属于共同海损的损失金额计算,或者按照船舶在航程终止时的实际价值加上共同海损牺牲的金额计算。

货物共同海损的分摊,按照货物在装船时的价值加保险费及运费,减去不属于共同海损的损失金额和承运人承担风险的运费计算;货物在抵达目的港已出售的,按照出售净得额加上共同海损牺牲的金额计算(旅客的行李、私人物品不计算分摊共同海损)。

运费共同海损的分摊,按照承运人承担风险并于航程终止时有权收回的运费,减去为取得该项运费而在共同海损事故发生后,为完成本次航程所支付的营运费用,加上共同海损牺牲的金额计算。

以上每一项分摊价值都要加上共同海损牺牲的金额,是因为共同海损牺牲中的一部分将要从其他各受益方那里得到补偿,因此也有部分价值因为共同海损行为而得到保全,从而也应计算在共同海损分摊价值之内。

(3) 共同海损分摊金额的计算

各受益方分摊金额的计算分如下三步骤:

第一,分别确定各受益方的共同海损牺牲金额及分摊价值,并求出共同海损损失总金额和共同海损分摊价值总额。

第二,计算出共同海损损失率,即以共同海损损失总金额除以共同海损分摊价值总额得出。

第三,以各受益方的分摊价值金额分别乘以共同海损损失率,从而得出各受益方应分摊的共同海损金额。

举例说明:

有一载货船舶途中发生共同海损,货物共损失 50 万美元,其中货主甲、乙、丙、丁分别损失 10、20、0、20 万美元;船舶损失 25 万美元;救助费用 3 万美元;运费损失 1 万美元。货主甲、乙、丙、丁的分摊价值分别为 120、140、120、100 万美元,船舶的分摊价值为 500 万美元,运费方的分摊价值为 20 万美元。问:有关各方应如何分摊?

第一步:先确定共同海损损失总金额和分摊价值总额。

共同海损损失总金额 = 10+20+20+25+3+1 = 79(万美元)

共同海损分摊价值总额 = 120+140+120+100+500+20 = 1 000(万美元)

第二步:求出共同海损损失率。

共同海损损失率 = 共同海损损失总金额÷共同海损分摊价值总额 = 79/1 000

第三步:求出各受益方的共同海损分摊金额。

船舶的分摊金额 = 500×(79/1 000) = 39.5(万美元)

货物甲的分摊金额 = 120×(79/1 000) = 9.48(万美元)

货物乙的分摊金额 = 140×(79/1 000) = 11.06(万美元)

货物丙的分摊金额 = 120×(79/1 000) = 9.48(万美元)

货物丁的分摊金额 = 100×(79/1 000) = 7.9(万美元)

运费方的分摊金额 = 20×(79/1 000) = 1.58(万美元)

当然,实际的共同海损计算没有如此简单,需要进行损失定性,判断是否属于共同海损;另外,各自共同海损牺牲金额和分摊价值的确定也很复杂。

7. 分摊请求权的时效

根据我国《海商法》的规定,有关共同海损分摊的请求权,时效期间为一年,自理算结束之日起计算。共同海损分摊请求权的时效期间，适用《海商法》关于时效期间中止、中断的规定。

二、《约克-安特卫普规则》

（一）《约克-安特卫普规则》的产生和发展

《约克-安特卫普规则》是国际上普遍采用的有关共同海损理算的规则，最初是由英、美和一些欧洲大陆国家的理算、海运、贸易和保险等方面的代表于1860年在英国格拉斯哥召开会议共同制定的，称为格拉斯哥决议。这个决议在1864年英国约克城召开的会议上和1877年在比利时安特卫普召开的会议上两次进行重大修改和补充，并于1877年正式定名为《约克-安特卫普规则》。《约克-安特卫普规则》共有数字规则十二条，它没有对共同海损下定义，只是列举了一些可以作为共同海损的具体例子。

为了适应国际航运和贸易发展的需要，1890年国际法修改委员会在利物浦举行了会议，对规则进行了修改，把规则扩展至十八条，定名为《1890年约克-安特卫普规则》，但仍未对共同海损下定义。

《1890年约克-安特卫普规则》使用了三十多年，直至1924年9月国际法委员会在瑞典的斯德哥尔摩举行会议，对规则重新修改，命名为《1924年约克-安特卫普规则》。这次的重大变化是：①改变了规则由单一的数字规则组成的情况，第一次增列了A至G共七条字母规则。②字母规则A给共同海损行为下了定义，即只有在为了共同安全，使同一航程中的财产脱离危险，有意而合理地做出特殊牺牲或支付特殊费用时，才能构成共同海损行为。这条规则一直延续至今未曾变动。《1924年约克-安特卫普规则》中增加了字母规则，用以处理数字规则没有明确规定的情况。

1950年9月，该规则又被修改，称为《1950年约克-安特卫普规则》。此次最主要的修改是在字母规则A前增列了一条解释规则，规定共同海损的理算适用字母规则和数字规则，凡与这些规则相抵触的法律和惯例都不适用。除数字规则已有规定外，共同海损按字母规则理算。

《1950年约克-安特卫普规则》被各国（包括美国）普遍采用，但根据它的规定理算案件比较繁杂，因此，不时有人提出修改以简化理算做法的建议。1974年4月，国际海事委员会在汉堡举行了第30届大会，制定了新的《1974年约克-安特卫普规则》。

1994年10月，国际海事委员会和有关组织在澳大利亚的悉尼召开会议，对《1974年约克-安特卫普规则》做了进一步的修改，产生《1994年约克-安特卫普规则》。但是，《1994年约克-安特卫普规则》通过不久，国际海上保险联盟（IUMI）就对其表示不满，认为共同海损理算所花时间很长，费用又十分昂贵。根据《1994年约克-安特卫普规则》，共同海损的范围太广，结果是损失大部分落在货物保险人身上，只有一小部分由船舶保险人分摊。2004年5月31日至6月4日，国际海事委员会在加拿大温哥华举行的第三十八届大会上，对《1994年约克-安特卫普规则》进行了修改，修改后的规则称为《2004年约克-安特卫普规则》。

尽管出现了2004年版本，然而在共同海损理算实践中，1994年版本始终占据主流地位。由于1994年版本和2004年版本仍存在不合理、不完善之处，2016年5月3日至6日在美国纽约举行的国际海事委员会第 42 届大会上，《2016 年约克-安特卫普规则》被获准通过。《约克-安特卫普规则》虽历经数次修改，但一直保留着原名称，只是在规则名称前冠以修改的年份。《约克-安特卫普规则》自 1877 年产生以来，经历了 1890 年、1924 年、1950 年、1974 年、1990 年、1994 年、2004 年和 2016 年的修改，目前使用最多的是 1994 年版本。2016 年版本的出台，有望对全球共同海损理算产生重大影响。

应该指出，《约克-安特卫普规则》不是国际公约，不具有强制约束力，而只是一种国际贸易惯例规则，但由于它在很多问题上基本统一了欧美各国海损理算的做法，并曾取得国际法协会的认可，已被国际海运、贸易和保险界所接受，在海洋运输提单、租船合同和保险契约中被约定采用。目前，它的适用范围比较广泛，国际上凡是载运国际贸易商品的海轮发生共同海损事故时，一般都按照《约克-安特卫普规则》进行理算，成为海商法领域典型的国际航运惯例。

（二）《1974 年约克-安特卫普规则》

1974 年版规则是在 1950 年版规则的基础上修改得到的，该规则由一条解释规则、规则 A 至规则 G 共七条字母规则和二十二条数字规则三部分组成。同前一规则相比，重大的改变有：①使用发票价值作为计算货物共同海损补偿金额和分摊价值的基础。②对列入共同海损的船舶的永久性修理费用，船龄不足 15 年的，取消“以新换旧”的扣减。③将 1924 年版规则允许并为 1950 年版规则所保留的扩大共同海损范围的部分予以排除，即如果船舶的损坏是在装货或停靠港口或地点发现的，而航程中并没有发生过与此项损坏有关的任何意外事故或其他特殊情况，则为了安全完成航程必须进行修理，需要卸下、搬移货物和在该处额外停留时，因这种卸下、重装和搬移货物以及额外停留所发生的损失和支付的有关费用，不能列入共同海损。④在船上发生火灾时，允许将灭火措施所造成的船、货（包括着火包件遭受水损部分）的损失列入共同海损，但将不论由于何种原因所造成的烟熏和火烤的损失排除在外。⑤新增加有关救助报酬的规定，即不论救助是根据合同还是根据自愿进行的，为使同一航程中财产脱离危险而发生的救助费用均视为共同海损，并按其分摊价值重新调整共同海损分摊金额。⑥将共同海损费用、牺牲和应受补偿项目的利息由 5%增至 7%。

（三）《1994 年约克-安特卫普规则》

1994 年版规则与 1974 年版规则相比，主要在以下几方面做出了修改：①增加首要条款，强调牺牲和费用必须合理；②增加规则 B，规定“如果船舶拖带或顶推其他船舶而它们都从事商业活动而不是救助作业，则处于同一航程之中”；③规则 C 和规则十一（4）增加一条规定，即“环境损害或因同一航程中的财产漏出或排放污染物所引起的损失或费用不得列入共同海损，但为了防止或减轻环境损害而采取措施的费用，在一定条件下，应作为共同海损”；④规则 E 中增加第二款、第三款，规定通知共同海损索赔和提供理算所需材料的期限；⑤规则 G 中增加“不分离协议”的内容；⑥规则十七规定货物转运时船舶、货物分摊价值的计算方法；⑦规则二十一规定延长计算利息的时间。

《1994 年约克-安特卫普规则》由四组不同性质的条文组成：第一组是总则性质的规定，称为解释规则，对规则的适用范围做了规定，明确指出，凡与该规则相抵触的法律和惯例都不适用;第二组为首要规则,强调牺牲和费用的合理性;第三组为字母规则,总共七条,对共同海损的定义、范围、补偿和分摊等做了原则性规定;第四组为数字规则,共二十二条,对处理共同海损理算的一些手续和计算方法做了具体规定。1994 年版和 2004 年版规则的组成大体相同,只是在数字规则中做了修改,而 1974 年版规则只有三组构成,没有第二组的“首要规则”。

1. 解释规则

在 1974 年版、1994 年版、2004 年版规则的解释规则中都规定:“共同海损的理算,适用下列字母规则和数字规则,凡与这些规则相抵触的法律和惯例都不适用。除首要规则和数字规则已有规定者外,共同海损应按字母规则理算。”由此可以看出,规则的条款是以数字规则为先导的,在数字规则没有规定的情况下,再参照字母规则,这一点从数字规则和字母规则的内容也可看出:数字规则一般是比较细致的规定,而字母规则相对较为宽泛。

2. 首要规则

首要规则中规定:“牺牲或费用,除合理做出或支付者外,不得受到补偿。”首要规则是在 1994 年版规则之后被加入的,其作用主要在于弥补相关数字规则的不足,对共同海损的牺牲或费用做出了概要的规定,强调牺牲和费用的合理性。

3. 字母规则

字母规则一般是在数字规则未对该问题做出明确规定的情况下使用,从规则 A 到规则 G 共 7 条。

规则 A:“只有在为了共同安全,使同一航程中的财产脱离危险,有意而合理地做出特殊牺牲或支付特殊费用时,才能构成共同海损行为。共同海损牺牲和费用,应按下列规定,由各分摊方分摊。”规则 A 主要是为共同海损做出了定义,它与我国《海商法》对共同海损的规定相似。

案例分析 4-22

某轮搁浅后,由于船长对当地水文、气象不甚了解,错误地以为遭遇了危险,因而雇请拖轮前来救助。事后,经调查发现,船舶搁浅系由潮汐变化所致,待涨潮时,完全可以自行起浮。事后船方就雇佣拖轮所支付的救助费向货方主张共同海损。问:该救助费用能否认定为共同海损?

分析:按照规则 A 的规定,同一航程中的船舶、货物和其他财产遭遇共同危险,是共同海损成立的前提。这种危险必须是真实存在的或者是不可避免的。在本案中,本来船舶在涨潮时可以自行起浮,并非是真实存在的危险。所以船方雇佣拖轮所支付的救助费用不能认定为共同海损。

规则 B:“如果船舶拖带或顶推其他船舶而它们都从事商业活动而不是救助作业,则处于同一航程之中。如果所采取的措施是为了使这些船舶及其货物(如果有)脱离共同危险,则应适用本规则。如果一艘船舶只要脱离其他船舶便能获得安全,则同其他船舶不处于共同的危险之中,但如果脱离本身是共同海损行为,则共同航程继续存在。”规则 B 主要

是针对救助行为的共同海损的确定进行的规定,该条款是1994年版规则增加的一条规定。

规则C:"只有属于共同海损行为直接后果的损失或费用,才应作为共同海损。环境损害或因同一航程中的财产漏出或排放污染物所引起的损失或费用不得认作共同海损。不论是在航程中或其后发生的滞期损失、行市损失和任何因迟延所遭受的损失或支付的费用以及任何间接损失都不得认作共同海损。"其中,"环境损害或因同一航程中的财产漏出或排放污染物所引起的损失或费用不得认作共同海损"的规定是1994年版规则新增加的。我国《海商法》也有类似于规则C的规定。

案例分析 4-23

某租轮在航程中发生火灾,经扑灭后,驶往避难港修理。根据租约规定,如果船舶连续停止工作24小时,其后租金即应停止支付。船东要求将由此项迟延引起的租金损失,列为共同海损获得补偿。问船东的要求是否合理?

分析:根据规则C的规定,该损失是因船舶延迟造成的船期损失,不是属于共同海损行为直接后果的损失,所以不能作为共同海损。

规则D:"即使引起牺牲或费用的事故,可能是由于航程中一方的过失所造成的,也不影响要求分摊共同海损的权利,但这不妨碍非过失方与过失方之间就此项过失可能提出的任何索赔或抗辩。"该条规则解释的是,如果事故的发生可能是由于一方的过失造成的,则如何影响共同海损的分摊。

实践中,有"先分摊、后追偿"与"先追偿、后分摊"两种处理方式。根据规则D,可知《约克-安特卫普规则》采用"先分摊、后追偿"原则。我国《海商法》也是遵循"先分摊、后追偿"的原则。1975年《北京理算规则》则采用了"先追偿、后分摊"原则,其第二条规定:"对作为共同海损提出理算的案件,如果构成案件的事故确系运输契约一方不能免责的过失所引起的,则不进行共同海损理算,但可根据具体情况,通过协商另作适当处理。"从我国海事审判实践来看,这两种追偿方式均有生效判决加以支持。在我国,关于共同海损的分摊与追偿,有约定的依约定,无约定的一般采用"先分摊、后追偿"的原则。

如分摊之后确定没有过失方,即海损因各方均无过失的自然事件引起,则共同海损理算及分摊结束后,不发生追偿问题;若海损因承运人可以免责的过失引起,比如驾驶船舶或管理船舶的过失等免责情形,也不发生追偿问题;若海损因承运人不可免责的过失引起,则货方可向船方进行追偿,由船方对货方的损失承担赔偿责任。

案例分析 4-24

"SEA DIAMOND"轮载有香港民安保险有限公司(以下简称民安保险)承保的货物,由喀麦隆驶往中国蛇口港。4月26日,该轮与统一和平海运有限公司(以下简称统一海运)所属的"ORIENT HONESTY"轮在中国长江口发生碰撞并受损。4月30日,"SEA DIAMOND"轮卸下船上所有货物进厂修理。经该轮船东宣布共同海损,香港德理有限公司(以下简称德理公司）进行了共同海损理算。经理算，货方应分摊的共同海损金额为 70 144.15 美元。民安保险通过德理公司向“SEA DIAMOND”轮船东支付了上述分摊金额，指示收货人中盛实业有限公司向民安保险出具了收据，并将追偿权转让给民安保险。另案中，法院判决统一海运在此次船舶碰撞损害赔偿纠纷案中应承担 60% 的责任。因此，最终法院判决统一海运赔偿民安保险共同海损的分摊费用 42 086.49 美元及利息。

分析：“SEA DIAMOND”轮发生碰撞事故以后，左舷船壳板严重受损，船和货物处于危险之中，该轮就近驶入上海港卸下全部货物进行修理，是为了船货共同安全及完成预定航程所必需。所以，该轮在上海港产生的费用符合共同海损条件。虽然共同海损调整的是本船船东与货主之间的分摊与追偿的关系，但海损系因船舶碰撞引起，获得了追偿权的民安保险基于船舶碰撞损害赔偿的法律关系有权向第三方追偿，共同海损分摊费用亦属于船舶碰撞中货物损失的范围。因此，统一海运应赔偿民安保险因船舶碰撞而参加共同海损分摊的损失，但以其所承担的碰撞责任比例为限。另外，可看出本案中共同海损采用了“先分摊、后追偿”原则。

共同海损追偿的要件有四项：①构成共同海损且其费用已分摊。②追偿权利人已支付共同海损分摊费用。对追偿权利人而言，未支付分摊费用，即未实际有损失，则不得进行追偿。③追偿义务人对共同海损负有法定责任或约定责任。④追偿义务人在其责任范围内负赔偿之责。本案中，统一海运已经另案判决对涉案船舶碰撞承担 60% 的责任，民安保险行使共同海损分摊费用追偿权时，即应以统一海运所承担的碰撞责任的比例为限。货方（货物所有人及其保险人）进行的共同海损追偿，可分为向本船船舶所有人的追偿，及向对方船舶所有人（第三人）的追偿。本案属于向对方船的追偿，而上述共同海损追偿的四项要件，无论向本船追偿还是向对方船追偿均适用。

规则 E：“提出共同海损索赔的一方应负举证责任，证明所索赔的损失或费用应作为共同海损。所有提出共同海损索赔的关系方应于共同航程终止后的 12 个月内将要求分摊的损失或费用书面通知海损理算师。如不通知或经要求后 12 个月内不提供证据支持所需要通知的索赔或关于分摊方的价值的详细材料，则海损理算师可以根据他所掌握的材料估算补偿数额或分摊价值。除非估算明显不正确，否则不得提出异议。”其中，关于通知共同海损索赔和提供理算所需材料期限的规定是 1994 年版规则相比 1974 年版规则新增加的。

规则 F：“凡为代替本可作为共同海损的费用而支付的额外费用，可作为共同海损并受到补偿，无须考虑对于其他有关方有无节省，但其数额不得超过被代替的共同海损费用。”

规则 G：“共同海损损失和分摊的理算，应以航程终止的时间和地点的价值为基础。本条规定不影响对编制海损理算书地点的决定。船舶在任何港口或地点停留，而根据规则十和十一的规定将发生共同海损补偿时，如果全部货物或其中的一部分用其他运输方式运往目的地并已尽可能通知了货方，则共同海损的权利和义务，将尽可能地如同没有此一转运而是在运输合同和所适用的法律所许可的时间内可以由原船继续原航程一样。因适用本条第三款，认作共同海损补偿而由货物分摊的部分不应超过假如由货主承担费用而把货物转运至目的港所应支付的费用。”

1974 年版规则中的 G 款只规定:“共同海损损失和分摊的理算,应以航程终止的时间和地点的价值为基础。本条规定不影响海损理算书编制地点的确定。”1994 年版规则中增加的内容体现了“船货不分离协议”的内容。

4. 数字规则(共有二十二条)

规则一:抛弃货物。被抛弃的货物,除非按照公认的航运习惯运送,不得作为共同海损受到补偿。

案例分析 4-25

糖烟酒公司 A 向某糖厂购糖,同时租 B 船进行海运,并投保海上贸易运输保险水渍险。保险合同载明标的为一级白砂糖 17 000 件,共计 850 吨,保险金额为 365.5 万元。运单上的“特约事项栏”未注明托运人同意将白砂糖配置在甲板上,但 B 船船东在装船时将部分白砂糖配载在了甲板上。在航行途中,B 船遭遇了八级大风巨浪,船身剧烈横摆,配载在甲板上的白砂糖歪至一边。为了使船能保持平衡并继续航行,船东做出决定,将甲板上的白砂糖部分抛至海中,结果到港后,白砂糖只有 14 040 件,同时还有部分白砂糖受潮,包装受损、短量。问:B 船船东将部分白砂糖抛入海中造成的损失是否属于共同海损?

分析:《约克-安特卫普规则》对抛弃货物的规定为:“被抛弃的货物,除非按照公认的航运习惯运送,不得作为共同海损受到补偿。”在本案中,货物运单上未注明“同意白砂糖配载在甲板上”,而且白砂糖配载在甲板上显然不是按公认的贸易习惯运送货物。因此,其抛糖损失不得作为共同海损受到补偿。

规则二:为了共同安全做出牺牲所造成的损失。为了共同安全做出牺牲或其后果和为了共同安全进行抛弃而开舱或打洞以致进水,造成共同航程中的财产的损失,应作为共同海损受到补偿。

规则三:扑灭船上火灾。为了扑灭船上火灾,由水或其他原因使船舶、货物遭受损坏,包括将着火船舶搁浅或凿沉所造成的损坏,均应作为共同海损受到补偿,但由于烟熏或因火引起热烤所造成的损坏除外。

规则四:切除残留部分。因切除由于意外事故原已折断或实际上已经毁损的船舶残留部分所遭受的损失,不得作为共同海损受到补偿。

规则五:有意搁浅。船舶不论是否势必搁浅,如果为了共同安全有意搁浅,因此所造成的共同航程中财产的损失应认作共同海损。

案例分析 4-26

某船在美国某港口装货完毕,但因锅炉例行检修尚未结束,无法起航,船方决定驶入内河废弃航道有意搁浅在淤泥浅滩上继续检修,但由于选择的位置不妥,船舶离开时发生困难,最后支付了 9 000 美元的拖救费才得以起航。船方将拖救费列入共同海损,但货方不同意。你认为呢?

分析:不应列入共同海损。因为按照规则五的规定,只有为了共同安全有意进行的搁浅造成的损失才能认作共同海损。本案之船舶驶向淤泥搁浅,只是为了修船目的,并未处于危险状态,其所处的搁浅位置既无碰撞危险,又不影响他船航行,也无受任何巨大海浪袭击的危险,因此并不存在构成共同海损的危险,9 000 美元拖救费不得列为共同海损。

规则六:救助报酬。

(1) 航程中各有关方所支付的救助费用,不论救助是否根据合同进行,都应认作共同海损,但以使在同一航程中的财产脱离危险而进行的救助为限。

认作共同海损的费用应包括《1989 年国际救助公约》第十三条第一款(b)所述的,考虑到救助人在防止或减轻环境损害中的技艺和努力而付给救助人的任何救助报酬。

(2) 根据上述公约第十四条第四款或任何其他实质上类似的规定,由船舶所有人付给救助人的特别补偿不得认作共同海损。

规则七:机器和锅炉的损坏。在船舶搁浅并有危险的情况下,如经证明确是为了共同安全,有意使机器、锅炉冒受损坏的危险而设法起浮船舶,由此造成的任何机器和锅炉的损坏,应认定共同海损,但船舶在浮动状态下因使用推进机器和锅炉所造成的损失,在任何情况下都不得作为共同海损受到补偿。

规则八:减载搁浅船舶所引起的费用和损坏。作为共同海损行为而卸下搁浅船舶的货物、船用燃料和物料时,其减载、租用驳船和重装(如果发生)的额外费用和由此造成的共同航程中的财产的任何灭失或损坏,都应认作共同海损。

规则九:用作燃料的货物、船用材料和物料。在遭遇危险时,为了共同安全的需要,用作燃料的货物、船用材料和物料,应认作共同海损,但船用材料和物料费用受到补偿时,为完成原定航程本应消耗的燃料的估计费用,应从共同海损中扣除。

规则十:在避难港等地的费用。

(1) 船舶因遭遇意外事故、牺牲或其他特殊情况,为了共同安全必须驶入避难港、避难地或驶回装货港、装货地时,其驶入这种港口或地点的费用,应认作共同海损;其后该船舶装载原装货物或其中的一部分驶出该港口或地点的相应费用,也应认作共同海损。

船舶在某一避难港或避难地不能进行修理而需转移到另一港口或地点时,此第二港口或地点应视作避难港或避难地而适用本条规定。此项转移费用,包括临时修理和拖带费用,应作为共同海损。因此项转移而引起的航程延长,适用规则十一的规定。

(2) 在装货、停靠或避难港口或地点在船上搬移或卸下货物、燃料或物料的费用,应认作共同海损,如果这种搬移或卸载是共同安全所必需的,或者是为了使船舶因牺牲或意外事故所造成的损坏得以修理,而且此项修理是安全地完成航程所必需的。但如果船舶的损坏是在装货或停靠港口或地点发现的,而且航程中没有发生过与此项损坏有关的任何意外事故或其他特殊情况,则不在此列。只是为了重新积载在航程中移动的货物而产生的在船上搬移或卸下货物、燃料或物料的费用,除非该项重新积载是共同安全所必需的,不得认作共同海损。

(3) 当货物、燃料或物料的搬移或卸载费用可认作共同海损时,该货物、燃料或物料的储存费,包括合理支付的保险费、重装费和积载费也应认作共同海损。规则十一适用于重装或重新积载所引起的额外停留期间。

规则十一：驶往和停留在避难港等地的船员工资、给养和其他费用。

(1) 如果船舶驶入避难港、避难地或驶回装货港、装货地的费用依照规则十(1)的规定可认作共同海损，则由此而引起的航程延长期间合理产生的船长、高级船员和一般船员的工资、给养和消耗的燃料、物料，也应认作共同海损。

(2) 由于意外事故、牺牲或其他特殊情况，船舶驶入或停留在任何港口或地点，如果是为了共同安全的需要，或者是为了使船舶因牺牲或意外事故所造成的损坏得以修理，而且此项修理是安全地完成航程所必需的，则在此种港口或地点的额外停留期间，直至该船舶完成或应能完成继续航行的准备工作之时为止合理产生的船长、高级船员和一般船员的工资和给养应认作共同海损。

额外停留期间消耗的燃料、物料，应作为共同海损，但为进行不属于共同海损的修理所消耗的燃料、物料除外。

额外停留期间的港口费用也应认作共同海损，但仅为进行不属于共同海损的修理而支付的港口费用除外。

(3) 本条和其他各条所称的工资应包括付给船长、高级船员和一般船员或为他们的利益而支付的一切款项，不论这种款项是法律规定由船东支付的还是根据雇佣条件支付的。

规则十二：货物在卸载等过程中遭受的损坏。

只有当搬移、卸载、储存、重装和积载货物、燃料或物料的费用可认作共同海损时，由于各措施的后果而使货物、燃料或物料所遭受的损失才应作为共同海损受到补偿。

规则十三：修理费用的扣减。

用新材料或新部件更换旧材料或旧部件时，如果船龄不超过 15 年，列入共同海损的修理费用，不作“以旧换新”的扣减，否则应扣减 1/3。

规则十四：临时修理。

如果船舶为了共同安全或对共同海损牺牲所造成的损坏在装货、停靠或避难港进行临时修理，此项修理费用应认作共同海损。

如果为了完成航程而对意外损坏进行临时修理，无须考虑对于其他有关方有无节省，此项修理费用应认作共同海损，但其数额应以因此所节省的如不在该港进行临时修理本应支付并认作共同海损的费用为限。

可作为共同海损的临时修理费用，不应作“以旧换新”的扣减。

案例分析 4-27

有一货轮在航行中与流冰相撞。船身一侧裂口，海水涌进，舱内部分货物遭浸泡，船长不得不将船就近驶上浅滩，进行排水，修补裂口。而后为了起浮又将部分笨重货物抛入海中。请问这一连串的损失是什么性质的损失？

分析：根据规则五的规定，为了共同安全有意搁浅所产生的损失应认作共同海损，可见，在本案中当船舶搁浅后的损失应认作共同海损。根据规则十四，修补裂口的费用也是共同海损。根据规则八，为了起浮又将部分笨重货物抛入海中的损失，也是共同海损。船体撞裂和部分货物遭浸泡则属于单独海损。

规则十五：运费损失。

如果货物的损失是由共同海损行为所造成的，或者已作为共同海损受到补偿，则由于货物损失所引起的运费损失，也应作为共同海损受到补偿。

损失的运费总额应扣减其所有人为赚得此项运费本应支付但由于牺牲而无须支付的费用。

规则十六：货物因牺牲所受损失的补偿数额。

牺牲的货物，作为共同海损受到补偿的数额，应是以其在卸货时的价值为基础计算出的损失。此项价值应根据送交收货人的商业发票确定；如果没有此项发票，则应根据装运价值确定。货物在卸货时的价值应包括保险费和运费，但不由货方承担风险的运费除外。

如果受损货物已经售出，而其损失数额未经另行议定，则作为共同海损受到补偿的数额，应根据出售净得数额与按照本条第一款计算的完好净值之间的差额确定。

规则十七：分摊价值。

共同海损的分摊，应以航程终止时财产的实际净值为基础，但货物应以卸货时的价值为基础。货物的价值应包括保险费和运费（但不由货方承担风险的运费除外），并扣减卸货前和卸货时所遭受的损失。确定船舶的价值时，无须考虑该船因订有光船或定期租船合同而产生的有利或不利影响。

在规则 G 第三款所述的情况下，货物和其他财产，除非在运达目的地以前售出或另作处理，应以其在原目的地交货时的价值为基础参加分摊；船舶则应以其在卸货完毕时的实际净值参加分摊。

如果货物在运达目的地以前售出，应按出售净得的数额加上作为共同海损受到补偿的数额参加分摊。

邮件、旅客行李、私人物品和随带的机动车辆，不参加共同海损分摊。

规则十八：船舶损坏。

共同海损行为造成的船舶、机器和船具的损失，应作为共同海损的数额如下：

（1）如已经修理或更换，按该项损失的修理或更换的实际合理费用，并根据规则十三的规定进行扣减。

（2）如未经修理或更换，按该项损失引起的合理贬值，但不得超过估计的修理费用。如船舶遭受实际全损或修理费用超过修复后的船舶价值，则作为共同海损的数额应为该船的估计完好价值减去不属于共同海损的损失的估计修理费用和船舶在受损状态下的价值（如果售出则为出售净得）的余额。

规则十九：未经申报或申报不实的货物。

未通知船舶所有人或其代理人而装载的货物或装运时故意谎报的货物所遭受的损失，不得作为共同海损；但此项货物如果获救，仍有参加共同海损分摊的责任。

装运时不正当地以低于实际价值申报的货物遭受损失时，应按申报价值受到补偿，但应按实际价值参加分摊。

规则二十：提供的款项。

除船长、高级船员和一般船员的工资、给养以及不是在航程中补充的燃料、物料外，按共同海损费用2%计算的手续费，应认作共同海损。为筹款支付共同海损费用而变卖货物致使货主遭受的资本损失，应认作共同海损。

共同海损费用垫款的保险费，也应作为共同海损。

规则二十一：共同海损利息。

对于共同海损费用、牺牲和应受补偿项目，应予年利率7%的利息，计算至共同海损理算书发出后三个月之日为止；对由各分摊方预付或从共同海损保证金内先行拨付的一切款项，也应给予利息。与1974年版规则相比，1994年版规则延长了计算利息的时间。

规则二十二：保证金的处理。

如果就货物应负担的共同海损、救助或特殊费用收取了保证金，此项保证金应以船舶所有人和保证金交付者所分别指定的代表的联合名义，立即存入经双方认可的银行的特别账户。此项存款连同可能产生的利息，作为有关货方应收回上述费用的有关方的担保。如经理算师书面证明，可用保证金进行预付或将保证金退还。保证金的提供、支用或退还，不影响各有关方的最后责任。

（四）《2004年约克-安特卫普规则》

《2004年约克-安特卫普规则》也是由四组条文组成，第一组为解释规则；第二组为首要规则；第三组为字母规则，总共七条；第四组为数字规则，共二十三条，全文共三十二条。与1994年版规则相比，数字规则增加一条，并且扩大了船方的赔偿额，减少了货方的共同海损分摊。2004年版规则对1994年版规则的主要修订内容如下：

1. 规则六：将大部分救助报酬排除在共同海损之外

原规则六规定："航程中各有关方支付的救助费用，不论救助是否根据合同进行，都应认定共同海损，但以使在同一航程中的财产脱离危险而进行的救助为限。"修改后的规则规定："救助款项，包括所生利息和相关的法律费用，应由付款方自行承担而不得认定共同海损，除非与救助有关的一方已支付应由另一方承担的（根据获救价值而不是按共同海损分摊价值计算的）全部或部分救助费用（包括利息和法律费用）。在理算中，应由另一方支付但该方未付的救助费用应贷记付款方，借记由他方代其付款的一方。"

该条修订是迄今为止对《约克-安特卫普规则》最重要的修订。依据2004年版规则，只有在由船东代其他方支付救助报酬的情况下，才需要对救助报酬进行理算。将救助报酬从共同海损中排除是个争论了多年的问题，1994年修订时就曾被提出，但当时被否决了。这一修订带来的好处是减少了许多不必要的理算，可以减少开支。

2. 规则十一：船舶在避难港停留期间的船员工资和给养不得认定共同海损

根据以前的规定，如果为了共同安全或为了安全完成航程进行修理，船舶进入和停留在避难港以及其后驶离该地期间的船员工资和给养、船舶消耗的燃料和物料均可作为共同海损。现修改成船舶在避难港额外停留期间的船员工资和给养不得认定共同海损，但船舶消耗的燃料和物料却可以受偿。驶入和驶离避难港期间所产生的所有费用，则和过去一样处理。

新规则十一(3)(i)规定如下："由于意外事故、牺牲或其他特殊情况，船舶驶入或停留在任何港口和地点，如果是为了共同安全的需要，或是为了船舶因牺牲或意外事故所造成的损坏得以修理，且此项修理是安全完成航程所必需的，则在此港口或地点额外停留期间，直至该船舶完成或应完成继续航行的准备工作之时止所消耗的燃料和物料，应作为共同海损，但为进行不属于共同海损的修理所消耗的燃料和物料除外。”

修订前的规则很有可能被滥用，而且这种情况经常发生：差船的船东到避难港去进行船舶本应进行的通常修理，而让货方来分摊船员工资。

该项费用列入共同海损是基于共同利益原则，国际海上保险联盟认为它属于与拯救处于危险中的船货没有什么关系的费用，船方拿回这笔钱是不公平的，应作为营运费用由船东自己承担或者由船舶保险人作为单独海损承担。

规则修订后，就船东利益而言，修理港的船员成本通常不在承保范围内，但船东仍有可能通过停租保险、船员工资保险等其他途径获得赔付。不过，反对该修改的国际海运理事会指出，船舶营运费用如果不被列入共同海损，将会由船方承担，部分由船舶保险人承担。这种损失将会被列入修理费用，而修理费用与全船完好价值之比的提高会增加船方放弃航程的可能性。这样货方就只能自己处理货物后续的运输，并将很有可能对由此导致的费用负责。

3. 规则十四：临时修理费用认定共同海损应减除船方的节省

根据 1994 年版的规则十四，如果船舶在避难港可以做永久修理，但为了节省费用，在避难港仅做临时修理，则该项临时修理费用，以因此所节省的如不在该地做临时修理将产生的共同海损费用为限，认定共同海损，无须考虑对于其他方有无节省。

修改后的规则十四(2)规定如下：“如果为了完成航程而对意外损坏进行临时修理，则无须考虑对于其他方有无节省，此项修理费用应认作共同海损，但其数额应以因此所节省的如不在该港进行临时修理本应支付并认定共同海损的费用为限。但就本段而言，需要考虑的临时修理费用，应以在装货港、停靠港或避难港进行临时修理的费用与最终进行永久修理的费用之和，或如在理算时未进行修理，则与航程完成时船舶的合理贬值之和超过假如在装货港、停靠港或避难港进行永久修理所需费用的数额为限。”

根据新规则，如果临时修理费和最终修理费的实际数额少于在装货港、停靠港或避难港进行永久修理的费用，临时修理费就无法计入共同海损。而根据旧规则，只要该临时修理是完成航程所必需的即可列入共同海损。例如，如果不进行临时修理的最终修理费用是 100 万元，临时修理费用是 10 万元，船舶完成航行后的最终修理费是 50 万元，根据 1994 年版规则，临时修理费用可作为共同海损，但根据 2004 年版规则则不能。

新规则取消了许多被认为是船方不合理的受益，但从经济效果上来说不会有太大的影响。如果临时修理减少了永久性修理的费用，船舶保险人通常会赔付临时修理的费用。因此，这项不再被列入共同海损的费用实际上通常是由船舶保险人而不是船东来承担的。

4. 规则二十：共同海损费用不给予手续费

以前的规则规定，除船长、高级船员和一般船员的工资给养以及不在航程中补充的燃料和物料外，按共同海损费用 2% 计算手续费，认定共同海损。这次修改将其全部删除，对共同海损费用一律不补偿手续费。

由于除手续费外还收取利息，手续费实际上是双重收费，不应收取。本项议题在温哥华大会上没有经过太多争论就通过了。通常是由船东来支付各项费用,因此此项修改会导致船东经济损失,但这种损失是很有限的。

5. 规则二十一:采用浮动年利率计算利息

以前的规则规定对于共同海损费用、牺牲和受偿项目,应给予年利率7%的利息,计算至共同海损理算书发出后三个月之日止。2004年版规则改为采用浮动年利率计算利息。

规则二十一对此规定如下:"①对于共同海损费用、牺牲和受偿项目,应给予利息,计算至共同海损理算书发出后三个月之日止。对由各分摊方预付或从共同海损保证金内先行拨付的一切款项,也应给予利息。②国际海事委员会每年应决定将适用的年利率。该年利率用于计算下一年度的利息。国际海事委员会在决定年利率时,将考虑一流商业银行一年期贷款向船东收取利息的利率等因素。货币主要是美元、英镑、欧元或日元。"大多数共同海损理算都是以美元为货币单位的,因此,美元一年期贷款利率将对利率的制定有特别的意义。

6. 增加索赔共同海损分摊请求权的时效规定

以前的规则没有这方面的规定,2004年版规则增加了第二十三条,规定了共同海损分摊的时效。①在服从所适用的法律中任何关于时效的强制性规定的前提下:a.除非要求共同海损分摊的一方在共同海损理算书做出后一年内提起诉讼,要求共同海损分摊的权利,包括基于共同海损保证书和担保函的索赔权归于消灭。但是,共同航程结束之日起六年后将不得提起诉讼。b.如果共同航程结束后有关方同意,上述期限可以延长。②本条不适用于共同海损的有关方同各自的保险人之间。

一年的时效是为了避免在多家货方的情况下,由于适用不同的时效制度导致的混乱。六年时效是应海事保险商的要求增加的,理由是船和货的保险都是短期责任保险,等待太长时间结束共同海损理算成本过高。

(五)《2016年约克-安特卫普规则》

《2016年约克-安特卫普规则》的主要变化体现在六个方面:包括字母规则中的规则B和规则E,数字规则中的规则六救助报酬、规则十四临时修理、规则二十一共同海损补偿的利息、规则二十二保证金的处理,体现了规则修订者在加快理算速度、减少费用及修正不合时宜内容上的努力。

1. 完善海上拖航中共同海损的规定(规则B)

对海上拖航中共同海损做专门规定的做法始于1994年版本,2004年版本中也有规定,这两个版本的规则B均规定:"船舶拖带或顶推其他船舶,且从事的是商业活动而不是救助作业的,处于同一航程之中。所采取的措施是为了使这些船舶及其货物(如果有)脱离共同危险的,应适用本规则。"2016年版规则B保留了上述规定。

同时,1994年版和2004年版规则B规定:"一艘船舶只要脱离其他船舶便能获得安全的,同其他船舶不处于共同危险之中,但脱离本身是共同海损行为的,共同航程继续存在。"2016年版规则B第2款改变了此种规定,修改为:"船舶处于共同危险之中,而一艘船舶的脱离既可以增加其安全,又可以增加同一航程中所有船舶的安全的,该脱离是共同海损行为。"

此外,2016年版规则B第3款增加规定:"同一航程中的船舶进入避难港或避难地的,根据本规则的补偿可以给予每一艘船舶。除服从规则 G 第 3 款和第 4 款的规定外，共同海损的补偿应在共同航程结束时终止。”

2016 年版规则的上述修改，旨在进一步明确海上拖航中拖船与被拖船分离行为的性质，同时明确海上拖航中进入避难港或避难地的费用。

2. 完善共同海损索赔的规定（规则 E）

关于共同海损索赔，1994 年版和 2004 年版规则 E 均规定：“①提出共同海损索赔的一方应负举证责任，证明所索赔的损失或费用应作为共同海损。②所有提出共同海损索赔的关系方应在共同航程终止后 12 个月内将要求分摊的损失或费用书面通知海损理算师。如不通知或经要求后 12 个月内不提供证据支持所通知的索赔或关于分摊方的价值的详细材料，海损理算师可以根据他所掌握的材料估算补偿数额或分摊价值。除非估算明显不正确，否则不得提出异议。”

2016 年版规则 E 对上述规定进行了完善，规定：“①要求共同海损补偿的一方应负举证责任，证明要求补偿的损失或费用应作为共同海损受偿。②航程中所有各方应尽快提供分摊价值的详细资料；要求共同海损补偿的，应将要求补偿的损失或费用书面通知海损理算师，并提供支持证据。③不通知或任何一方在共同航程结束后或费用支付后 12 个月内不提供支持所告知的要求补偿的详细资料的，海损理算师可以根据所掌握的材料估算补偿金额。有关分摊价值的资料应在共同航程结束后 2 个月内提供。如不提供，海损理算师同样可以估算分摊价值，但此估算应书面通知有关方。只有在收到估算书后 2 个月内并且估算明显不正确的情况下，才可以提出异议。”

除原先已有规定的“明显不正确”（manifestly incorrect）这一基本条件外，这一修改对于提出异议同时明确了 2 个月的时效限制，以促进共同海损理算效率的提高。此外，2016 年版规则 E 第 4 款增加了共同海损牺牲或费用追偿的规定，即“航程中任何一方就要求作为共同海损的牺牲或费用向第三方追偿的，应告知海损理算师，并且应在追偿成功、收到赔偿后两个月内向海损理算师提供所有的追偿详细资料”。2016 年版规则 E 的规定有助于提高共同海损索赔规定的合理性和明确性。

3. 重新规定救助报酬应当认作共同海损（规则六）

救助人因救助海上遇险的船舶和其他财产而获得的救助报酬，历来是较为典型的共同海损费用，即由于采取共同海损措施而支付的额外费用。1974 年版和 1994 年版规则均认可救助费用作为共同海损，但是 2004 年版规则六将救助报酬排除在共同海损范围之外，理由是救助报酬已在船货双方之间按照各自的获救价值进行分摊，为了简化共同海损理算而不将救助报酬作为共同海损进行二次分摊。但是，这一规定未得到共同海损理算界的广泛认可。

2016 年版规则六重新规定：“航程中各有关方所支付的救助性质的费用，不论救助是否根据合同进行，都应认作共同海损，但以使同一航程中的财产脱离危险而进行的救助为限……”同时，2016 年版规则六在 1994 年版规则六的基础上，对于救助费用的范围做出了较为严格的限定，第 2 款规定：“虽有上述第 1 款的规定，当航程中的有关方对救助人承担各自的合同或法律责任时，救助费用仅在发生下列之一情况时才被认可：①航程中存在导致灭失或损坏的后续事故或其他情况，致使获救价值和分摊价值之间有显著的差异；②存在显著的共同海损牺牲；③获救价值明显不正确，并且救助费用的分摊明显有误；④获救的任何一方已支付救助费用中应由另一方承担的明显部分；⑤大多数关系方已处理完根据实质上不同条款的救助费用索赔，且未考虑利息、汇率的调整以及救助人或分摊方所支付的法律费用。”

可见与 1994 年版规则不加限制地将救助报酬作为共同海损和 2004 年版规则完全排除救助报酬作为共同海损相比，2016 年版规则兼顾了救助报酬的共同海损性质和共同海损理算的简化需要，是一种折衷的做法。

4. 恢复船舶损坏临时修理费用认作共同海损（规则十四）

1994 年版和 2004 年版规则均规定船舶损坏的临时修理费用应当认作共同海损。但是，2004 年版规则十四同时规定：“需要考虑的临时修理费用，应以在装货港、停靠港或避难港进行临时修理的费用与最终进行永久修理的费用之和，或如在理算时未进行修理，则与航程完成时船舶的合理贬值之和，超过假如在装货港、停靠港或避难港进行永久修理所需费用的数额为限。”这一规定的目的是减少船舶损坏临时修理费用问题上对于船东的利益，但含义不易理解，计算复杂。

2016 年版规则十四删除了 2004 年版规则的上述限定，重新恢复了 1994 年版及此前版本中临时修理费用认作共同海损范围的规定，规则十四规定：“①船舶为了共同安全或对共同海损牺牲所造成的损坏在装货、停靠或避难港口进行临时修理的，此项修理费用应认作共同海损。②为了完成航程而对意外损坏进行临时修理的，无须考虑对于其他方有无节省，此项修理费用应认作共同海损，但其数额应以因此所节省的假如不在该港进行临时修理本应支付并认作共同海损的费用为限。③可以作为共同海损的临时修理费用，不应作‘以新换旧’的扣减。”这一修改使得船舶损坏临时修理费用认作共同海损的明确性和可操作性得以恢复。

5. 调整共同海损损失利息率（规则二十一）

1994 年版规则将共同海损损失利息率固定为每年 7%。由于该利息率过高，而且利息率是变化的，2004 年版规则取消了固定利率而采用浮动利率，规定：“国际海事委员会每年决定将适用的年利率，该年利率用于计算下一年度的利息。”

2016 年版规则二十一同样未采用固定利率，但为了免除国际海事委员会这一程序，规定：“每一日历年用于计算利息的利率应为在该日历年 1 月 1 日公布的理算货币 12 个月的伦敦同业拆借利率加上 4%。没有公布的理算货币伦敦同业拆借利率的，使用 12 个月的美元伦敦同业拆借利率。”

6. 修改保证金的处理方式（规则二十二）

发生共同海损后，船方通常在交付货物之前要求货方提供货方分摊海损的担保，包括保证金和货物保险人出具的担保函等方式。1994 年版和 2004 年版规则二十二均规定，保证金应以船舶所有人和保证金提供者所分别指定的代表的共同名义存入经双方认可的银行的特别账户。2016 年版规则二十二对于保证金的处理方式做出了修改，规定应以海损理算师的名义存入特别账户，同时对于特别账户的设立以及保证金的其他处理进一步做了较为详细的规定。

三、《北京理算规则》

（一）概述

我国的理算机构是成立于1969年的中国贸促会共同海损理算处。中国贸促会制定的具有一定知名度的《中国国际贸易促进委员会共同海损理算暂行规则》即《北京理算规则》于1975年1月1日起施行，该规则包括前言和八条规定。其内容包括：共同海损的范围；共同海损理算的原则；共同海损损失金额的计算；共同海损的分摊；利息和手续费；共同海损担保；共同海损时限和共同海损理算的简化。

与《约克-安特卫普规则》相比，《北京理算规则》具有如下特点：一是以存在共同危险作为共同海损成立的前提条件，以求得共同安全为目的，共同海损不包括为恢复续航能力而产生的费用和损失。但为照顾国际习惯，《北京理算规则》又规定，由于本航程中的意外事故，为了安全地完成航程必须修复时，船舶在修理港合理停留期间所产生的某些额外费用和损失，也可以列入共同海损。二是简化了共同海损理算程序，包括避免烦琐的理算手续和计算，制作简明扼要便于执行的理算书。

（二）1975年《北京理算规则》条款与分析

第一条，共同海损的范围

在海上运输中，船舶和货物等遭遇自然灾害、意外事故或其他特殊情况，为了解除共同危险，采取合理措施所引起的下列特殊损失和合理的额外费用，属于共同海损：①为了抢救船舶和货物等而造成的船、货等合理损失；②船舶驶入避难港的额外费用，在避难港额外停留期间的港口费用，以及事后载有原货物驶出的额外费用；③船舶由于驶往避难港而延长航程和在避难港额外停留期间支付的船员工资和给养，以及消耗的燃料和物料的费用；④救助费用、抢卸和重装货物等的费用以及其他额外费用。

由于本航程中的意外事故，为了安全地完成航程必须修理时，船舶在修理港合理停留期间必须支付的港口费用、船员工资和给养、消耗的燃料和物料费用，以及由于修理而卸载、重装和移动船上货物等所引起的费用和损失，在当前情况下可列入共同海损。

为了节省原应列入共同海损的费用而支付的费用，可以作为代替费用列入共同海损，这些费用，除经船、货双方同意的以外，不得超过被节省的费用。

除以上三款所列的损失和费用外，其他一切间接损失，包括由于迟延所引起的一切损失和费用，都不属于共同海损。

《北京理算规则》的第一条主要是对共同海损的范围做出了规定，以确定共同海损是否成立，可以看出《北京理算规则》对共同海损的确定比《约克-安特卫普规则》的规定简洁。

第二条，共同海损理算的原则

在调查研究的基础上，明确责任，实事求是、公平合理地处理各项损失和费用的补偿和分摊。提出共同海损理算要求的一方和其他有关各方有举证的责任，证明其提出的损失或费用根据本规则的规定可列入共同海损。对作为共同海损提出理算的案件，如果构成案件的事故确系运输契约一方不能免责的过失所引起，则不进行共同海损理算，但可根据具体情况，通过协商另做适当处理。

《北京理算规则》第二条中对分摊与追偿问题做出了不同于《约克-安特卫普规则》和《海商法》的规定，采用“先追偿、后分摊”原则。

第三条，共同海损损失金额的计算

船舶、货物和运费的共同海损损失金额，按照下列标准计算：①船舶的损失金额，按照损失部分实际支付的合理修理费用（包括临时性修理费用、合理扣减后的换新费用）计算。如果船舶损失部分尚未进行修理，则按必要修理的合理估计费用计算。燃料、物料等损失按实际价值计算。②货物的损失金额，按照损失部分的到岸价格，减除由于损失无须支付的运费。如果遭受损失的残货已经出售，而受损程度无法确定，则按该货物的到岸价格与出售净得金额之间的差额计算。③运费的损失，按照货物遭受损失而引起的运费损失金额，减除由于损失无须支付的营运费用计算。

关于《北京理算规则》第三条中对于共同海损损失金额计算的规定，《海商法》中也有类似的规定，不过，《海商法》的规定要比《北京理算规则》更详细。

第四条，共同海损的分摊

共同海损的损失和费用，由各受益方根据各自的分摊价值比例分摊。分摊价值按照下列标准计算：①船舶分摊价值，按照船舶在航程终止时的当地完好价值减除不属于共同海损的损失金额计算，或按照船舶在航程终止时的当地实际价值加上共同海损的损失金额计算。②货物分摊价值，按照货物的到岸价格，减除不属于共同海损的损失金额和承运人承担风险的运费计算。未经申报的货物或谎报的货物，应按实际价值参加分摊；如果这些货物遭受损失，不得列入共同海损。旅客行李和个人物品，除特殊情况外，不参加共同海损分摊。③运费分摊价值，按照承运人承担风险并于事后收得的运费，根据共同海损事故发生时尚未完成的航程，做相应比例的扣减，加上列入共同海损的运费损失金额计算。此条规定与《海商法》的规定类似。

第五条，利息和手续费

对共同海损的损失和费用，给予年利率7%的利息。利息计算至共同海损理算书编就之日为止。对垫付的共同海损费用，除船员工资、给养、燃料、物料外，给予2%的手续费。

此条规定与《约克-安特卫普规则》的规则二十和二十一的内容类似，不过《约克-安特卫普规则》的规定更详细。

第六条，共同海损担保

为了保证分摊共同海损，经有关方的要求，各分摊方应提供共同海损担保。共同海损担保，可以提供可靠的担保函，也可以提供保证金。如果提供保证金，除各有关方另有协议者外，应交由理算处以保管人的名义存入银行。保证金的使用，由理算处决定。保证金的提供、使用或退还，不影响各分摊方的最终分摊责任。

第七条，共同海损时限

为了维护各有关方的利益，尽快完成共同海损案件的理算，各有关方在共同海损事故发生后应及时办理必要的事项，并按照下列期限宣布共同海损和向理算处提供有关材料：①宣布共同海损：船舶在海上发生事故，不迟于到达第一个港口后的48小时；船舶在港内发生事故，不迟于事故发生后的48小时。②提供有关材料：有关共同海损事故和损失的证明材料，在有关方收到后一个月以内，但全部材料不迟于航程结束后一年。如有特殊情况，在上述期限内向理算处提出理由，经理算处同意，可以适当延长。如果有关方不按上述规定办理，理算处可以根据情况，不予理算；或根据已有材料进行理算。

案例分析 4-28

某年 9 月，"三海×××号"货轮装载着双氧水、筒纸、闹钟、机械设备等货物离开上海港，前往广东汕头港。9 月 8 日 15 时 26 分，在途经闽江口七星礁波屿之间海域时，因受强台风（有气象部门出具的台风证明）及巨浪袭击，主机连接带折断出现故障，致使船舶无法及时避风。由于风大浪高，受台风及海浪的猛烈冲击，货船在大海中剧烈摇摆，持续时间长达一个多小时，随时都有被大海吞没的危险。为求得货物少受损失，更是为了保证人和船货的安全，船长命令将装在船头及舱外的 50 吨共 2 000 件塑料桶装双氧水及其他货物及时移入船舱内。船员们匆忙把双氧水移至装有筒纸的舱内，因装有双氧水的塑料桶禁不住强烈的摩擦和滚动而破裂，导致双氧水外溢，污损筒纸。筒纸损失 4 万元。货轮到达汕头港，卸货后，总计经济损失近 5 万元。船长未在汕头港宣布此次海损为共同海损。

事后，筒纸收货人以单独海损之理由向保险公司索赔。保险公司以此次海损为共同海损拒赔。至此，被保险人诉诸法庭。最终法庭判决：因本次货轮到汕头港后的 48 小时未宣布共同海损，已过按共同海损理算的时效，故本案以单独海损处理。保险人给付投保人经济补偿 4 万元人民币。

分析：本起案件属于共同海损。为什么法庭没有按共同海损处理呢？这是因为货轮到达汕头港后 48 小时内未宣布为共同海损，各货主已将货物领走，为分摊海损造成困难，且数额又小。况且，法律的适用有时效性。《北京理算规则》第七条规定："宣布共同海损：船舶在海上发生事故，不迟于到达第一个港口后的 48 小时。"这样看来，法庭的判决是对的。保险人的陈述违背了法规的时效原则。

第八条，共同海损理算的简化

为了减轻各有关方的负担，提高工作效率，共同海损理算应尽量简化，避免烦琐的手续和计算；理算书应力求简明扼要，便于执行。对于案情简单的案件，可以做简易理算。对于共同海损金额较小的案件，征得主要有关方的同意，可以不进行理算。

关于共同海损理算的简化是目前对共同海损理算制度的普遍趋势，这一点也可以从《约克-安特卫普规则》的修订过程看出，特别是 2004 年版规则的修订更能体现这一趋势。虽然共同海损制度存在着一系列问题，要求废除该制度的呼声一直不断，但共同海损制度在今后一段时间内不可能彻底废除，其问题也不容忽略，因此将会沿着简化的方向改革，而《北京理算规则》的制定突出体现了简化的特点。

思考题

1. 解释下列名词:委付、保险金额、保险利益、共同海损、最大诚信原则、近因原则、保险利益原则。

2. 共同海损和单独海损有哪些区别?

3. CIC 与 ICC 的共同点和不同点有哪些?

案例分析

我国某外贸公司与澳大利亚某公司达成一项皮手套出口合同,价格条件为 CIF 悉尼,支付方式为不可撤销即期信用证,投保协会货物保险条款 ICC(A)险。生产厂家生产的最后一道工序是将手套的湿度降到最低限度,然后用牛皮纸包好装入双层瓦楞纸箱,再装入集装箱。货物到达目的港后,检验结果表明,全部货物湿、霉、玷污、变色,损失达 8 万美元。据分析,该批货物出口地不异常热,进口地不异常冷,完全属于正常运输。问:①保险公司对该批货物是否负责赔偿?为什么?②进口商对受损货物是否支付货款?为什么?

第五章

国际贸易结算惯例规则

【教学目的】

1. 熟悉汇票、本票和支票三种票据的含义、基本内容、种类。

2. 熟悉汇付、托收和信用证三种结算方式的含义、当事人、种类及特点。

3. 掌握托收统一规则(URC522)、跟单信用证统一惯例(UCP600)、国际标准银行实务(ISBP)、国际备用证惯例(ISP98)的主要内容。

4. 掌握信用证支付中的风险防范措施。

【重点难点】

汇票的当事人及种类,托收和信用证的当事人、种类及特点,URC522 中的托收指示、银行的义务与责任,UCP600 的主要内容,ISBP 确立的审单标准,ISP98 关于交单的规定,信用证与合同的关系

【关键术语】

汇票,本票,支票,汇付,托收,D/P,D/A,信用证,URC522,UCP600,ISBP,ISP98,URDG

【引导案例】

某份信用证规定提交全套海运提单，禁止分批装运，装运港为中国港口，卸货港为美国港口，最迟装运日期为4月10日。受益人甲公司按照信用证规定于4月1日将一部分货物在上海港装上“胜利”号轮，又于4月5日将剩余货物从黄埔港装上同一轮船，目的港均为美国纽约港。因此，甲公司取得了上海港和黄埔港签发的两套提单。甲公司在交单期内将单据交开证银行要求付款，但是遭到拒付，理由是分批装运。请问，按照UCP600的规定，开证行的拒付理由是否成立？若受益人不是4月5日而是4月11日将剩余货物从黄埔港装上同一轮船，结果又如何？

第一节 国际结算票据

国际结算（international settlement）是在国际上通过某种支付工具和支付方式办理货币收付以结清国家之间的债权债务关系的经济活动。国际上的债权债务关系是由于国际贸易以及国际上的其他经济、政治、文化交流活动引起的。其中，由国际贸易引起的债权债务关系的清算称为国际贸易结算；由其他经济、政治、文化交流活动引起的清算称为非贸易结算。国际贸易结算是国际结算的主要组成部分。

国际贸易结算一般通过外汇来结算，主要涉及支付工具、付款时间、付款地点以及付款方式等问题。买卖双方必须在合同中对这些问题做出明确规定。

一、票据

传统贸易所采用的主要支付工具是货物（易货贸易）。随着贸易的发展，产生了货币（currency），黄金和白银成为支付工具。但是，当大规模的国际贸易在全球开展后，数额巨大的货币跨国运递是一般商人无法实现的。于是，人们开始采用新的支付工具——票据，借助于银行的中介作用，实行非现金结算，从而避免了货币的直接传递。以汇票等票据作为国际贸易结算工具已成为普遍接受做法，其原因在于：

（1）票据是完全的有价证券。票据的权利与票据本身不可分离，离开了票据便无法主张权利。

（2）票据为设权证券。票据上的权利必须作为证券才能发生，但票据的形成并非证明已经存在其权利，其票据上的权利完全是由票据行为所创设的。

（3）票据是要式证券。票据的作成必须符合法定的形式要件，否则不产生票据的效力。

（4）票据是文义证券。票据上的权利义务必须而且只能根据票据上所记载的文义来确定其效力。

（5）票据是无因证券。票据只要符合法定条件，权利即告成立。至于票据行为如何发生，持票人是如何取得票据的，则可不必过问。

（6）票据是流通证券。票据除了可作为汇兑工具、支付工具、信用工具外，还可作为流通证券使用，即票据可以经过交付或背书转让的方式自由转让其权利，且方式迅速简便。

关于票据的国际公约主要有：国际联盟于1930年在日内瓦召开国际票据法统一会议，通过了《日内瓦统一汇票本票法公约》。该公约和1930年《统一支票法公约》的签署，基本上统一了欧洲大陆两大票据法系，标志着票据法的国际统一取得了初步成就。英美法系国家分别有《英国票据法》和《美国票据法》。1988年12月，联合国国际贸易法委员会通过了《国际汇票和国际本票公约》，向各国开放批准，但尚未正式生效。我国于1996年1月1日实施《中华人民共和国票据法》（以下简称《票据法》），2004年进行过修订。

国际贸易结算中使用的票据有汇票、本票和支票，其中以汇票为主。

二、汇票

汇票（bill of exchange，draft）是国际货款结算中使用最多的票据。

（一）汇票的含义

《英国票据法》规定：汇票是由一个人向另一个人签发的，要求即期或于一定日期或在可以确定的将来的时间，向某人或指定人或持票人无条件支付一定金额的书面支付命令。我国《票据法》规定：汇票是出票人签发的，委托付款人在见票时或者在指定日期无条件支付确定金额给收款人或者持票人的票据。

（二）汇票的基本内容

1. 记载事项

按照《日内瓦统一汇票本票法公约》的规定，汇票上必须记载下列事项：①“汇票”一词，载于票据主文中；②无条件支付一定金额之委托；③支付者（付款人）之名称；④付款日期；⑤付款地；⑥受款人或其指定人之名称；⑦出票日及出票地；⑧开票人（出票人）之签名。

按照我国《票据法》的规定，汇票上必须记载下列事项：①表明“汇票”的字样；②无条件支付的委托；③确定的金额；④付款人名称；⑤收款人名称；⑥出票日期；⑦出票人签章。

除了以上必须记载的事项外，汇票上还有以下相对记载事项：付款期限（若欠缺，推定为见票即付）；付款地点（若欠缺，推定为付款人的营业场所或住所）；出票地点（若欠缺，推定为出票人的营业场所或住所）；汇票编号；出票依据；付一不付二或付二不付一；利息和利率等。

2. 汇票的基本当事人

出票人（drawer），即签发汇票的人，在进出口业务中，通常是出口商。

受票人（drawee）或付款人（payer），在进出口业务中，通常是进口商或其指定的银行。在信用证结算方式下，若信用证没有指定付款人，根据UCP600规定，开证行或其指定的付款行即是付款人。托收方式下，付款人一般为进口商。

受款人（payee）或收款人，即汇票规定的可受领金额的人。在进出口业务中，若信用证没有特别指定，受款人通常是指定银行（如议付行）。

除此之外，汇票在使用中还可能出现一些非基本当事人，如背书人（endorsor）、保证人（guarantor）等。

（三）汇票的种类

1. 按照出票人不同分类

（1）银行汇票（banker's draft），出票人和付款人都是银行。

（2）商业汇票（commercial draft），指出票人是商号、企业或个人，付款人可以是商号、个人，也可以是银行。在国际贸易结算中，一般由出口商签发汇票，因此属于商业汇票。

2. 按照有无随附货运单据分类

（1）光票（clean draft）或净票、白票，是不附带货运单据的汇票。光票的流通完全依靠当事人的信用，即完全看出票人、付款人或背书人的资信。在国际贸易中，对少量货款，或收取保险费、运费等其他费用，可采用光票向对方收款。

（2）跟单汇票（documentary draft），是附带货运单据的汇票，以承兑或付款作为交付单据的条件。除了有当事人的信用外，还有货物的保证。因此，在国际贸易中，这种汇票使用较为广泛。

3. 按照付款时间的不同分类

（1）即期汇票（sight draft），是在提示或见票时立即付款的汇票。

（2）远期汇票（usance bill, time bill），是在一定期限或特定日期付款的汇票。

（四）汇票的使用

1. 出票

出票（issue）是指在汇票上填写付款人、付款金额、付款日期和地点以及受款人等事项并签字后交给受款人的行为。在出票时，对汇票上的"受款人"一栏，通常有三种写法。

（1）限制性抬头（restrictive payee）。例如，"仅付××公司"（Pay ×× Co.only），或"付给××公司，不准流通"（Pay ×× Co.not negotiable）。这种抬头的汇票不能流通转让，只有××公司收取票款。

（2）指示性抬头（to order）。例如，"付××公司或其指定人"（Pay ×× Co.or order 或 Pay to the order of ×× Co.）。这种抬头的汇票，除××公司可以收取票款外，也可以经过背书转让给第三者。

（3）持票人或来人抬头（to bearer）。例如，"付给来人"（Pay bearer），这种抬头的汇票无须由持票人背书，仅凭交付汇票即可转让。我国《票据法》规定，签发来人抬头的汇票是无效的。

2. 提示

提示（presentation）是指持票人（holder）将汇票提交付款人，要求承兑和付款的行为。付款人见到汇票称为见票（sight），如系即期汇票，付款人见票后立即付款；如系远期汇票，付款人见票后办理承兑手续，汇票到期再付款。提示有两种：①付款提示；②承兑提示。

3. 承兑

承兑（acceptance）是指付款人对远期汇票表示承担到期付款责任和承诺行为。其手续是由付款人在汇票的正面写上"承兑"字样，注明承兑日期，并由承兑人签名，交还持票人。付款人对汇票做出承兑，即成为"承兑人"（acceptor）。承兑人有在远期汇票到期时付款的责任。汇票一经承兑，承兑人即成为汇票上的主债务人。

4. 付款

对即期汇票，在持票人提示时，付款人即应付款(payment)，无须经过承兑环节；对远期汇票，付款人经过承兑后，在汇票到期日付款。付款后，汇票上的一切债务责任即告结束。

5. 背书

背书(endorsement)是指持票人在汇票背面签名将该汇票权利转让给受让人的票据行为。

(1) 背书方式。空白背书(blank endorsement)或不记名背书，即背书人在汇票背面只签字，不写付给某人，即没有被背书人。经空白背书的汇票，任何持有人都可受款或将汇票再转变为记名背书而转让。我国《票据法》不承认空白背书。

特别背书(special endorsement)或记名背书，即背书人在汇票背面签字，写明“付给××(被背书人的名称)的指定人”。汇票背书后，经过交付，由背书人(转让人)转让给被背书人(受让人)，被背书人再作记名背书转让给他人，这样就有了第二、第三等背书人，这样背书的汇票可以连续背书而多次转让。

限制性背书，即背书人(受款人)在汇票背面签字，写明“仅付××(被背书人名称)”或“付给××(被背书人名称)不得转让”。

(2) 前手(prior party)与后手(subsequent party)。前手对后手负有担保汇票必然会被承兑或付款的责任。

(3) 贴现(discount)。贴现是一种票据转让方式，是指持票人在需要资金时，将其持有的远期汇票，经过背书转让给银行，银行从票面金额中扣除贴现利息后，将余款支付给申请贴现人的票据行为。

6. 拒付

拒付(dishonour)或退票是指持票人在提示付款和提示承兑时，受票人做出的不同意出票人指示的反应，即拒绝付款(dishonor by non-payment)或拒绝承兑(dishonor by non-acceptance)。除受票人明确表示拒绝付款或承兑外，受票人避而不见、死亡或宣告破产等均可称为拒付。持票人在遭拒付时，请公证机构做出拒绝证书(protest)以证明持票人已按规定行使票据权利但未获结果。由此，持票人得以行使追索权。拒付证书的费用，持票人在追索时可以向前手收取。汇票遭拒付时，持票人必须按规定向前手发出拒付通知(notice of dishonor)。前手背书人再通知他的前手，一直通知到出票人。如果不通知前手，持票人或背书人就丧失对前手的追索权。汇票债务人如果未接到拒付通知，他就可免除债务。

7. 追索

追索(recourse)是汇票遭拒付后，持票人在行使或保全汇票上的权利行为(包括提示、做拒付证书、拒付通知)之后，有权对其前手(背书人、出票人或承兑人等)要求退回汇票金额、利息及做拒付通知和拒付证书等其他有关费用。

三、本票

(一) 本票的定义

本票(promissory note)是一种无条件的书面支付承诺(unconditional promise in writing)。它是出票人签发的、承诺自己在见票时无条件支付确定金额给收款人或持票人的票据。

（二）本票的基本内容

按照《日内瓦统一汇票本票法公约》的规定，本票上必须记载下列事项：①“本票”一词，载于票据主文中；②无条件支付一定金额的承诺；③付款日期；④付款地；⑤收款人或其指定人的名称；⑥出票日及出票地；⑦开票人（出票人）的签名。

按照我国《票据法》的规定，本票必须记载下列事项：①表明“本票”字样；②无条件支付的承诺；③确定的金额；④收款人名称；⑤出票日期；⑥出票人签章。

一般本票式样：

£ 5 000.00　　　　LONDON, MARCH 15　2016

Thirty days after date I promise to pay ABC Co. Or order the sum of FIFTY THOUSAND POUND ONLY for value received

William Taylor

银行本票式样：

ASIA INTERNATIONAL BANK, LTD.

18 Queen's Road, Hong Kong

CASHER'S ORDER

Hong Kong, Aug, 8, 2016

Pay to the order of Dock field & Co.

the sum of Hong Kong Dollars Eighty Thousand and Eight Hundred Only

For Asia International Bank, Ltd.

HK $ 80 800.00

Manager

（三）本票的种类

1. 根据出票人的不同分类

（1）一般本票，也叫商业本票，是由工商企业或个人签发的。

（2）银行本票，是由银行作为出票人，不注明收款人的银行本票可以代替现钞流通。我国《票据法》规定：“本法所称本票是指银行本票。”因此，我国《票据法》只调整银行本票，而不调整商业本票。

2. 按付款时间分类

（1）即期本票，是见票即付的本票。

（2）远期本票，包括定日付款本票、出票后定期付款的本票和见票后定期付款的本票。

我国《票据法》规定：“本票是出票人签发的，承诺自己在见票时无条件支付确定的金额给收款人或者持票人的票据。”因此，我国《票据法》只调整“见票时无条件支付”的即期本票，而不调整远期本票。

商业本票有即期和远期之分，银行本票则都是即期的。在国际贸易结算中使用的本票大多都是银行本票。此外，远期本票不需要承兑。

四、支票

（一）支票的定义

支票(check)是银行储户对银行签发的,授权银行对某人或指定人或持票人即期支付一定金额的无条件书面支付命令,即支票是以银行为付款人的即期汇票。

（二）支票的基本内容

按照《日内瓦统一支票法公约》的规定,支票应包含下列内容:①票据主文列有“支票”一词;②无条件支付一定金额的命令;③付款人(受票人)的姓名;④付款地的记载;⑤开立支票的日期和地点的记载;⑥开立支票的人(出票人)的签名。

按照我国《票据法》的规定,支票必须包括以下内容:①表明“支票”字样;②无条件支付的委托;③确定的金额;④付款人名称;⑤出票日期;⑥出票人签章。我国《票据法》还规定:支票上未记载收款人名称的,经出票人授权,可以补记。

支票的各个项目的要求,与汇票大体相同,因此只对以下几点加以说明:①付款期限。支票必须即期付款,所以无须注明付款期限。②付款人。支票的付款人必须是出票人的开户银行,出票人在该银行持有存款并且根据协议有权开立支票。

（三）支票的种类

在国际上,支票通常有如下分类:

1. 按有无记载收款人分类

(1) 记名支票(check payable to order),又称抬头支票,是指在支票的收款人一栏中记载收款人的具体名称,如“付交亚细亚公司”(pay to Asia Co.)。这种支票的票款只能付给票面指定的收款人,转让时须由收款人背书。目前,我国使用的支票均为记名支票。

(2) 不记名支票(check payable to bearer),又称来人支票或空白抬头支票,不记载收款人的具体名称,只写明“付交来人”(pay to bearer)。支款时无须收款人签章,持票人可仅凭交付即可将支票权利转让。

2. 按支票上是否有平行横线分类

(1) 划线支票(crossed check),是在支票正面有两道平行横线的支票,划线支票只能委托银行收款入账,不能由持票人自行向付款人支取现金。使用划线支票的主要目的是在支票遗失或被人冒领时,有可能通过银行代收的线索追回票款。

(2) 未划线支票(uncrossed check),是指支票正面没有两道平行横线,一般的未划线支票既可以委托银行收款入账,也可以由持票人自行凭以向付款人支取现金。

我国很少使用上述分类,取而代之的是把支票分为现金支票、转账支票和普通支票。现金支票是开户单位用于向开户银行提取现金的凭证,实务工作中一般在提取备用金时使用。转账支票是用于单位之间的商品交易、劳务供应或其他款项往来的结算凭证,它只能用于转账结算,不能用于提取现金。普通支票既可以用来支付现金,也可以用来转账。

五、汇票、本票和支票的区别

三者的主要区别见表5-1。

表 5-1 汇票、本票和支票的区别

	汇票	本票	支票
性质	委托支付证券	自付证券	委托支付证券
基本当事人	出票人、付款人、收款人	出票人、收款人	出票人、付款人、收款人
出票人的债务人地位	汇票在承兑前由出票人负责,但一经承兑,承兑人应负主要责任	出票人是主债务人	出票人是主债务人
绝对记载事项	有七项	有六项,无付款人	有六项,无收款人
关于承兑	远期汇票需要付款人履行承兑手续	不需要承兑	不需要承兑
付款期限	有即期和远期之分	商业本票有即期和远期之分;银行本票都是即期的	只有即期支票
份数	一般一式两份	一份	一份

第二节 国际结算方式

作为一笔国际贸易业务的双方,进口方总希望能安全、及时地收到货物,出口方总希望能及时地收到货款,只有双方的要求都得到满足,这笔交易才能很好地完成,其中结算环节起着非常重要的作用。非现金结算是通过结算工具的传递来实现的,结算工具的流动方向有时与资金流动方向相同,有时相反。结算工具流向与资金相同时称为"顺汇"方式;反之,称为"逆汇"方式。国际贸易结算的常见方式有汇付、托收、信用证。其中,汇付为顺汇,托收和信用证为逆汇。下面将分别进行介绍。

一、汇付

(一) 汇付的含义

汇付(remittance)又称汇款,是指买卖双方签约后,卖方直接将货物发给买方;而买方则主动按合同约定的时间,将货款通过银行汇交给卖方。

(二) 汇付的当事人

在汇付的业务中,通常涉及四个当事人:汇款人、收款人、汇出行和汇入行。

(三) 汇付的分类

汇款人可以根据收款人对款项是否急需以及汇入国的情况等要求银行采用三种汇款方式。

1. 信汇

信汇(mail transfer,M/T),是汇出行用信函形式来指示国外汇入行转移资金的方式。其特点是费用低,时间长。

汇出行接受客户委托后,用付款委托书来通知汇入行,委托书有一定的格式,记载着汇款人、收款人、金额等内容,如汇出行和汇入行没有约定,委托书上还要交代资金是如何转移给汇入行的。由于信汇方式费力费时，加之国际电信的飞速发展，目前许多国家早已不再使用和接受信汇。

2. 电汇

电汇（telegraphic transfer，T/T），是汇出行用电报、电传或国际清算网络通知汇入行解付一定金额的付款方式。汇款人要求汇出行电汇时必须填写电汇申请书，并交款付费，然后汇出行以电报、电传或国际清算网络通知汇入行，委托其解付汇款。为了使汇入行核对金额和证实电报、电传的真实性，汇出行发给汇入行的电报上必须加注双方约定的“密押”。汇入行收到通知后，核对密押无误后，以电汇通知书通知收款人（债权人）取款。在收款人取款后，汇入行和汇出行之间进行结算，完成电汇汇款业务。电汇具有安全、迅速、银行不占用客户资金的特点，是目前使用最普遍的汇款方式。信汇、电汇的业务流程见图5-1。

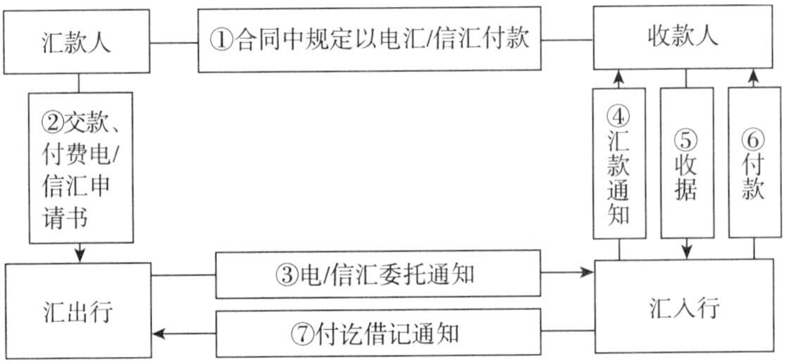

图5-1　电/信汇业务流程图

3. 票汇

票汇（demand draft，remittance by banker's demand draft，D/D），是应付款人要求，汇出行开立银行即期汇票交汇款人的方式。这种方式具有很大的灵活性，根据抬头情况，汇款人可以将汇票带到国外亲自取款，也可以将汇票寄给国外债权人由他们取款。票汇不像信汇，收款人只能向汇入行一家取款，一般来说，国外银行只要能核对汇票上签字的真伪，就会买入汇票。因此，汇票的持票人可以将汇票卖给任何一家汇出行的代理行而取得现款，票汇多用于小额汇款。票汇的业务流程见图5-2。

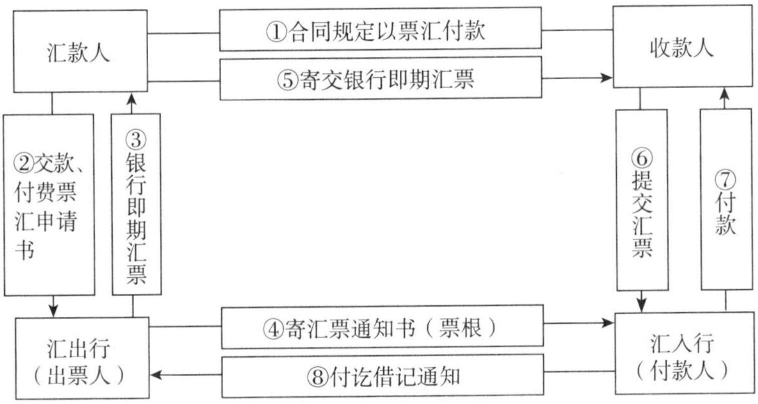

图5-2　票汇业务流程

(四) 汇付的特点

1. 风险大

汇付方式是买卖双方根据贸易合同互相提供信用,银行只以委托人的代理人身份行事,属于商业信用。对于预付货款的买方和货到收款的卖方,一旦付款或发货后就失去了制约对方的手段,能否及时收货或收款完全取决于对方的信用,有很大的风险。

2. 资金负担不平衡

对于预付货款的买方或货到收款的卖方来说,资金大量占用,负担较重,而另一方的负担很轻。

3. 手续简便,费用少

汇款支付方式的手续是最简单的,银行的手续费也最少。因此,在交易双方相互信任的情况下,或在跨国公司的不同子公司之间,用汇款方式是最理想的。

(五) 汇付在国际贸易中的应用

在国际贸易中,汇付方式通常用于支付定金、分期付款、货款尾数以及佣金等费用。汇付在国际贸易中的应用方式有以下几种:

1. 预付货款

预付货款(payment in advance)是进口商(付款人)在出口商(收款人)将货物或货运单据交付以前,将货款的全部或者一部分通过银行付给出口商,出口商收到货款后,再根据约定装运货物。

2. 货到付款

货到付款(payment after arrival of the goods)与预付货款相反,它是进口商在收到货物以后,立即或一定时期以后再付款给出口商的一种结算方式,也被称为延期付款或赊销(open account,O/A)。

3. 凭单付汇

凭单付汇(remittance against documents)是进口商通过银行将款项汇给出口商所在地银行(汇入行),并指示该行凭出口商提供的某些商业单据或某种装运证明即可付款给出口商。因为汇款是可以撤销的,在汇款被支取之前,汇款人随时可以通知汇款行将汇款退回,所以出口商在收到银行的汇款通知后,应尽快发货,尽快交单,尽快收汇。

案例分析 5-1

国内某外贸公司(卖方)与香港 D 商社(买方)签订了一份金额为 10 万美元的贸易合同,合同规定:由买方开出即期不可撤销的信用证向卖方付款。但过了合同约定的开证日期卖方仍未见买方开来信用证,经多次查询,对方才告知“因开证行与卖方银行并无业务代理关系,故此证已开往有代理关系的某地银行转交”。此时,船期已到、因合同规定货物需直接运抵加拿大,而此航线每月只有一班船,若错过这一次船期,则要推迟至下一个月才能装船,这样将造成利息和费用的损失。这时,港商提出改用电汇方式把货款汇来,以促成该笔生意。鉴于以上情况,卖方只好同意并要求对方提供汇款凭证传真件,确认后马上发货。次日,港商便传来了银行的汇款凭证,卖方财务人员持该汇款传真件到银行核对签字无误后以为款项已汇出,便放心地安排装船。但出运后10多天,卖方才发觉货款根本未到账,大呼上当。原来,该港商资信甚差,经营作风恶劣,瞄准卖方急于销货的心理,先购买一张小额汇票,涂改后,再传真过来,冒充电汇凭证,蒙骗卖方,使其遭受重大的经济损失。

分析:本案例中本来是预定采用信用证的支付方式,这种方式对出口商较为有利,可是卖方在买方迟迟未开信用证,且对买方的资信没有进行仔细调查的情况下,接受了其提出的采用电汇这种有很大风险的支付方式。同时,卖方财务人员在收到电汇凭证传真件后仅是到银行核对确定签字无误,而没有等款项完全到账,便马上安排装船,从而将预付货款变为货到付款,又一次向高风险迈进。总而言之,出口商的大意与急于争取客户的心理导致了其重大损失。

二、托收

（一）托收的含义

国际商会第522号出版物即《托收统一规则》的第二条对托收所下的定义是:就本惯例条文而言,托收(collection)意指银行根据所收到的指示,处理金融单据和/或商业单据,其目的为:①取得付款和/或承兑;②凭付款和/或承兑交付单据;③按其他条款和条件交单。

根据这个定义,托收是银行根据债权人(出口商)的指示向债务人(进口商)收取款项和/或承兑,或者在取得付款和/或承兑(或其他条件)交付单据的结算方式。

（二）托收的当事人

托收方式中通常涉及四个当事人:委托人、托收行、代收行和付款人。

委托人(principal)即债权人,在国际贸易中是出口商,他们为收取款项而开具汇票(或不开汇票)或商业单据,委托托收行向债务人进行收款。委托人一方面承担贸易合同下的责任(按质、按量、按时、按地交付货物,提供符合合同的单据),另一方面承担委托代理合同下的责任(填写申请书,明确及时地给托收行以指示,并负担有关费用)。

托收行(remitting bank)执行委托人的指示,在托收业务中完全处于代理人的地位,因此在将单据等寄给代收行时必须附上列明指示的托收委托书。对于托收行来说,最主要的责任就是它打印的"托收委托书"的内容必须与委托人的申请书的内容严格一致。托收行对单据是否与合同相符无责。

代收行(collecting bank)和托收行一样,也是代理人,其基本责任和托收行相同;此外,代收行还需要保管好单据,及时、快捷地通过托收行通知委托人托收的情况,如拒付、拒绝承兑等。

付款人(drawee)是债务人,在国际贸易中是合同的买方,其基本责任是在委托人已经履行了合同义务的前提下按合同的规定付款。

在托收业务中,如果付款人拒付或拒绝承兑,代收行应将拒付情况通过托收行转告委托人，如请代收行保管货物，代收行可以照办，但风险和费用都由委托人承担。委托人也可以指定付款地的代理人代为料理货物存仓、转售、运回等事宜，这个代理人叫“需要时的代理”（principal’s representative in case of need）。按照惯例，如果委托人在托收指示书中指定了“需要时的代理”，则他必须在委托书上写明该代理人的权限。

（三）托收的种类

托收按有无附带商业单据分为光票托收和跟单托收两种。

1. 光票托收

光票托收（clean collection）是指不附带有商业单据（发票、海运提单等）的金融单据（汇票、本票、支票等）的托收。在国际贸易中，光票托收主要用于小额交易、预付货款、分期付款以及收取贸易的从属费用等。

2. 跟单托收

跟单托收（documentary collection）包括带有商业单据的金融单据的托收和仅凭商业单据的托收。国际贸易中货款的收取大多采用跟单托收。在跟单托收情况下按照向进口商交付单据条件的不同，又分为付款交单和承兑交单。

（1）付款交单（documents against payment，D/P）是指代收行必须在进口人付清货款后方能将单据交于进口人的方式。付款交单按付款时间的不同，又分为即期付款交单和远期付款交单。即期付款交单（D/P at sight），是指出口商发货后开具即期汇票并随附商业单据，通过银行要求进口商见票后立即付款，付清货款后向银行领取商业单据。远期付款交单（D/P after sight），是指出口商发货后开具远期汇票并随附商业单据，通过银行向进口商提示，进口商承兑汇票，并在汇票到期时付清货款后再向银行领取商业单据。

在远期付款交单情况下，如果汇票到期日晚于到货日，即货物已先到达目的地或目的港，进口人为了抓住有利的市场时机，可以采取两种做法：一是提前付清货款后（扣除付款日至汇票到期日之间的利息）从代收行领取商业单据；二是向代收行借单，在借单时要提供信托收据（trust receipt，T/R）。信托收据是一种书面担保，用来表示借单人愿意以代收行委托人的身份代为提货、报关、存仓、保险或出售，并承认货物的所有权仍属于代收行。货物售出后的款项在汇票到期时交给代收行。

借单又分两种情况：一是代收行对于资信较好的进口商，允许进口商凭信托收据借取货运单据，先行提货。这是代收行自己向进口商借单，如果汇票到期时，代收行不能收回货款，则由代收行承担相应的风险和责任。二是出口商主动授权代收行可以凭进口商提交的信托收据向进口商借单，即远期付款交单凭信托收据借单（D/P.T/R），日后如果进口商在汇票到期时拒付，则与代收行无关，由此产生的风险则由出口商承担。

（2）承兑交单（documents against acceptance，D/A）是指出口商在装运货物后开具远期汇票，连同货运单据，通过银行向进口商提示，进口商承兑汇票后领取商业单据。在汇票到期时，进口商再向代收行付清货款。这种方式的特点是：货物所有权转移在先，付货款在后。如果汇票到期后，进口商不付货款，则代收行不承担责任，由出口商承担货物和货款两空的损失。因此，出口商对这种方式一般采取谨慎的态度，使用不多。跟单托收的业务流程见图 5-3。

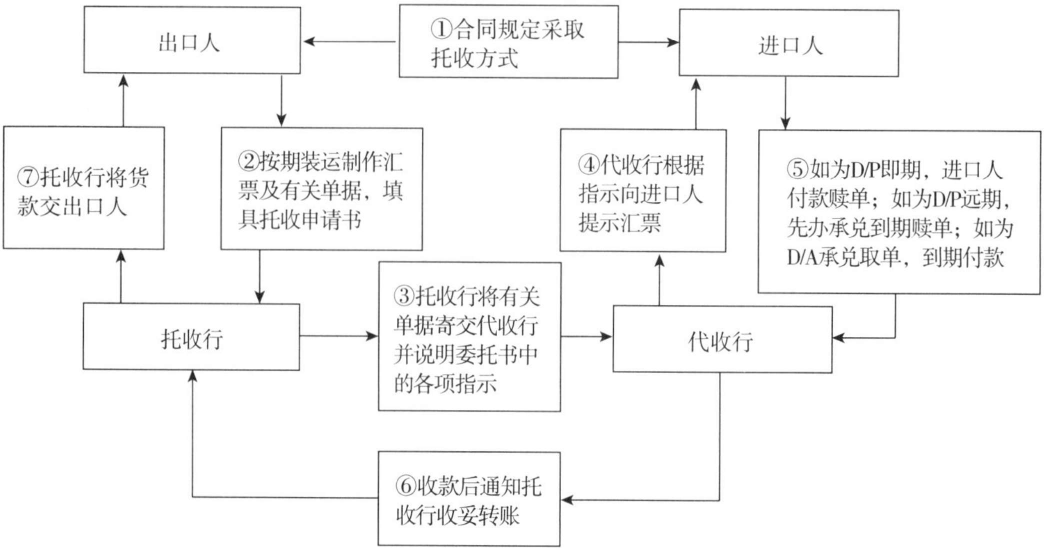

图 5-3　跟单托收的业务流程

（四）托收的特点

托收的特点如下：

（1）比汇付安全。在跟单托收时，特别是付款交单条件下，对于出口商来说，不会出现钱货两空的危险，对进口商而言，托收远比预付货款安全。

（2）属于商业信用。托收时，是否付款完全取决于进口商，银行只是转手交单的代理人，对付款不负责任。如果进口商拒付、破产、失去偿付能力等，则出口商需要寻找新买主、存仓、保险、回运等。所以，在托收支付方式下，卖方最好选择按 CIF 或 CIP 条件成交，由卖方办理保险。如果货物在运输途中遇到风险、进口商又拒绝支付货款，则出口商可以保险单向保险人索赔。如果不能选用 CIF 或 CIP 术语成交，则卖方最好投保卖方利益险。卖方利益险是指当采用 CFR 或 FOB 等术语时，如果货物在运输途中受损而买方不支付货款时，保险人承担赔偿责任。

（3）资金负担不平衡。托收时，出口商资金负担较重，需要垫付资金备货、装运，然后通过银行收款；而进口商则只需付款就可以获得合格的单据并凭这些单据提货。

（4）手续稍多，费用稍高。托收要通过银行交单，因此手续费比汇付要高，但是考虑到其比汇付安全，还是合算的。

总之，在托收业务中，因为出口商的风险大于进口商，而且其资金负担重，所以应该注意防范风险。在成交之前，应注意对进口商的资信情况、经营状况等进行调查，在确认进口商有足够的信用和相当的实力时，方能与之进行按托收支付条件下的交易。

托收方式普遍受到进口商的欢迎，是调动进口商积极性的一种方法，同时有利于提高出口商的竞争能力。据此，有人把托收方式看成是一种非价格性的竞争手段。

（五）合同中的托收条款举例

1. 即期付款交单

“买方凭卖方开具的即期跟单汇票，于第一次见票时立即付款，付款后交单。”（Upon

first presentation the buyers shall pay against documentary draft drawn by the sellers at sight. The shipping documents are to be delivered against payment only.)

2. 远期付款交单

"买方对卖方开具的见票后××天付款的跟单汇票，于第一次提示即予承兑，并应于汇票到期日即应付款，付款后交单。"(The buyers shall duly accept the documentary draft drawn by the sellers at ×× days sight upon first presentation and make payment on its maturity. The shipping documents are to be delivered against payment only.)

3. 承兑交单

"买方对卖方开具的见票后××天付款的跟单汇票，于第一次提示即予承兑，并应于汇票到期日即应付款，承兑后交单。"(The buyers shall duly accept the documentary draft drawn by the sellers at ×× days sight upon first presentation and make payment on its maturity. The shipping documents are to be delivered against acceptance.)

案例分析 5-2

北京某贸易公司向香港某商人出口一批货物，付款方式为 D/P 60 天，汇票及货运单据通过托收行中国银行北京分行寄到国外代收行香港汇丰银行后，港商对汇票进行了承兑。当货物运到目的港后，恰巧当时该商品市场价格上涨，进口商为了抓住有利的出售时机，便出具信托收据(T/R)向代收行借取货运单据，先行提货；但是，货物出售后买方倒闭。试问：在此情况下，我方在汇票到期时能否收回货款？

分析：我方能否收回货款要看买方凭信托收据向代收行借取货运单据是否是我方授权，如果是经我方同意后代收行放单，则代收行没有过错，不承担偿付责任；但如果我方没有授权，则代收行应对此负责，我方可以通过托收行要求代收行偿付。

三、信用证

汇付和托收都属于商业信用，与汇付方式相比，托收中的付款交单对于出口商比较安全，因为一般情况下买方不付款是得不到货物的，但出口商能否及时收回货款仍取决于进口商的商业信用，在对进口商资信状况不很了解时风险是相当大的。信用证收付方式把由进口商履行的付款责任，转为由银行向出口商提供付款保证的支付方式，以保证卖方安全、迅速地收到货款，买方按时收到货运单据。银行信用的加入，在一定程度上解决了买卖双方之间互不信任的矛盾，并为双方提供了资金融通的便利。因此，信用证在国际贸易中得到广泛应用，其中使用最多的基本上都是跟单信用证，即银行付款是以出口商提交符合信用证规定的单据为条件的信用证。

(一) 信用证的含义

根据国际商会《跟单信用证统一惯例(2007 年修订本)》，即 UCP600 第二条的解释："Credit means any arrangement, however named or described, that is irrevocable and thereby constitutes a definite undertaking of the issuing bank to honour a complying presentation."信用

证(letter of credit,L/C)意指一项约定,无论其如何命名或描述,该约定不可撤销,并因此构成开证行对于相符交单予以兑付的确定承诺。

（二）信用证的特点

从上面的定义可以看出,信用证具有如下特点：

第一,信用证是一种银行信用。开证行在开出信用证以后就要承担第一性的付款责任,由开证行以自己的信用作为付款的保证。从理论上说,即使将来进口商拒绝付款,也不能以此为理由向出口商追回已付的款项,因此,开证行是第一付款人。

第二,信用证是一种自足性的文件。这一点在 UCP600 第四条有明确规定:"A credit by its nature is a separate transaction from the sale or other contract on which it may be based. Banks are in no way concerned with or bound by such contract, even if any reference whatsoever to it is included in the credit."就其性质而言,信用证与作为其开立基础的销售合同或其他合同是相互独立的交易,即使信用证中含有对此类合同的任何援引,银行也与该合同无关,且不受其约束。信用证的开立是以买卖合同作为依据,但信用证一经开出,就成为独立于买卖合同的另一种契约,不受买卖合同的约束。开证行和参与信用证业务的其他银行只按信用证的规定办事。

第三,信用证是一种单据的买卖。UCP600 第五条中规定:"Banks deal with documents and not with goods, services or performance to which the documents may relate."在信用证业务中,银行处理的是单据,而不是单据所涉及的货物、服务或其他行为。也就是说,信用证业务是一种纯粹的单据业务。银行虽然有义务合理小心地审核一切单据,但是这种审核只是用以确定单据表面上是否符合信用证条款。银行只根据表面上符合信用证条款的商业单据付款,至于出口商是否已发货,发出的货物是否与合同相符,银行概不负责。这充分体现了凭单付款的原则。因此,进口商应明白货物的真实性是无法从结算中得到验证的。

案例分析 5-3

我某贸易公司从国外进口一批货物,合同中规定:分两批装运,支付方式为不可撤销即期信用证,每批分别由中国银行开立一份信用证。第一批货物装运后,卖方在信用证有效期内向银行交单议付,议付行审单无误后向出口商议付了货款,随后中国银行对议付行做了偿付。我贸易公司收到第一批货物后,发现货物品质不符合合同要求,因而要求开证行对第二份信用证项下的单据拒绝付款,但是遭到开证行的拒绝。试问,开证行这样做是否有道理？我方应该如何处理这件事？

分析:开证行这样做是有道理的。因为信用证是独立于合同的文件,而且银行只审核单据,只要构成相符交单,不管货物情况如何,银行都应该付款。我方可以根据合同要求卖方进行赔偿。

信用证业务"单据买卖"的特点给欺诈分子提供了可乘之机,因为伪造单据比伪造假货更为容易。一些银行为了维护自己的信誉,甚至对一些明知有诈的单据,只要它符合"单单一致"、"单内一致"和"单证一致"的原则,就进行付款,这使得信用证欺诈问题日益

突出，而“信用证独立性的欺诈例外”越来越成为各国重视的课题。

案例分析 5-4

在 1941 年美国斯特恩诉亨利·施罗德银行案中，买方发现原订购的鬃毛被卖方换成了一批垃圾，于是要求银行不要对卖方付款。但是，银行拒绝接受买方的请求。买方上诉到法院，法院下令银行不能付款。该案例判决后来被《美国统一商法典》所采纳，奠定了“信用证独立性的欺诈例外原则”的基础。我国也做了类似规定：如有充分证据证明卖方利用签订合同进行欺诈，且银行在合理时间内尚未对外付款的，人民法院可行使“止付”权，即根据买方指示，冻结信用证项下货款；在远期信用证情况下，如银行已承兑汇票，人民法院就不应加以冻结。但是，应该注意的是“止付”权利仅属于人民法院。

（三）信用证的当事人及其权利和责任

1. 申请人

信用证的开证申请人（applicant）即进口商，其受两个合同的约束：一是与出口商签订的买卖合同，一是与开证行签订的业务代理合同（即开证申请书）。

（1）买卖合同下的责任。如果合同中规定使用信用证结算，进口商就有义务到银行申请开证，一方面信用证的内容必须服从合同内容，另一方面进口商必须在合理时间内开出信用证，以便出口商能在收到信用证后在合同规定的装运期出运货物。实际操作中，如果合同规定了开证日期，那么就必须在规定限期内开出；如果合同有装运的起止日期，那么最晚必须让出口商在装运期第一天收到信用证；如果只有最后装运期，那么进口商应在合理时间内开出信用证。

（2）付款业务代理合同下的责任。申请人填写的开证申请书，是对开证行的委托指示，同时也是与开证行签订的付款代理协议。申请人必须合理指示开证，应明确、简洁、完整、一致；开证时要向开证行交付一定金额的押金或做质押，以保证开证行的利益；进口商在接到开证行的赎单通知后，应立即向开证行偿还垫款。在开证行破产或无力支付时，申请人有义务向受益人付款。

2. 开证行

开证行（issuing bank）接受申请人的委托，代理付款业务。它具有以下责任和权利：

（1）根据开证申请人的指示开证。开证行在开证方面所处的地位是代理人，必须按委托人指示办事，也必须对自己的过失负责。开证行必须注意两点：一是“条款的单据化”，即对受益人的各种要求都应指示他通过某种单据来证明已经照办了；二是信用证是一个自足性文件，即受益人或其他银行只凭信用证就能判断是否单证相符，而不需再去查阅其他文件。

（2）第一性的付款责任。信用证是开证行的付款承诺，是一种依靠银行信用的支付方式。开证行在单据到达且符合条件时必须履行付款责任。即使申请人倒闭，开证行仍必须付款——开证行有不可推卸的付款责任，即第一付款人责任。此外，开证行还应及时偿付议付行、付款行或保兑行垫付的资金。

(3) 终局性付款。开证行的付款是一种无追索的付款,一经审单付款后就不得追回,即使事后发现单证不符,也不得追索。

(4) 取得质押的权利。申请人在开证时必须按开证行的要求支付押金、出具质押证书或开具赔偿保证书。一般的质押书中都明确表示,万一申请人无力偿还,货物由开证行自由处理。事实上银行是不愿意处理货物的,因此开证行主要通过控制客户的办法来控制风险,对于一些经营状况不好的申请人或风险较大的业务,银行就会增加押金,甚至收足100%。

(5) 付款和拒付处理。开证行在审核单据后认为单证相符,应立即付款,而不应该在申请人指示后再付,因为开证行负有第一性的付款责任。如果开证行审单后发现单证不符,就可以拒付,开证行应以快捷的方式通知出口地银行,说明原因,并保管好单据,等待进一步指示。

3. 通知行

通知行(advising bank)受开证行的委托办理有关信用证的业务,其行为受它与开证行的代理合同约束。它的具体责任有:①鉴别信用证的真实性。通知行在收到信用证后必须核对签字或密押,确定真实无误后才可通知受益人。②准确通知信用证内容。通知行并不审核单据。

4. 受益人

信用证的受益人(beneficiary)和申请人之间有买卖合同,应申请人的要求,开证行开立信用证并通过通知行来通知受益人。作为受益人,出口商必须按买卖合同的规定发货和提交符合要求的与货物相符的单据,只有做到货约一致、单货一致、单单一致、单证一致,才能顺利地履行合同义务和在信用证项下取款。但是如果合同和信用证不一致,就不可能做到四个一致,此时出口商有权要求进口商指示开证行修改信用证。另外,在开证行无力支付时,出口商有权要求进口商直接付款。

5. 议付行

通过议付买入票据及单据的银行就是议付行(negotiating bank)。议付行在审单无误的情况下,按信用证的条款买入受益人(出口商)的汇票和单据,并按票面金额扣除从议付日到估计收到票款之日的利息,将净数支付受益人,这种业务在实务中称为押汇。议付行是受开证行的邀请才议付信用证的,是因为相信开证行一定会偿还垫款,如果开证行信用不佳或者信用证过于复杂,议付风险过大,则出口地银行可以拒绝议付。

开证行只有在议付行买入的单据符合信用证要求时才负责偿付,因此,议付行必须严格审单,只有这样才能如期收回垫款。如果开证行拒付,则议付行一般可以向受益人进行追索,具体应按与受益人的议付协议(通常是总质押书)办理。

6. 保兑行

有时开证行为了使自己开出的信用证有较好的可接受性,就要求另一家银行(一般是出口地信誉良好的银行,通常就是通知行)加以保兑,如果这家银行接受邀请,在信用证上加注保证条款或在信用证上加注保兑注记,那么它就成为保兑行(confirming bank)。保兑行要对债务负责,受益人提交与信用证相符的单据时,保兑行必须立即付款,付款后只能向开证行索偿。如果开证行不付,则保兑行无权向受益人或其他前手追索。

7. 付款行

如果开证行在信用证中指定另一家银行作为信用证项下汇票的付款人或信用证下支付货款的银行,那么这个银行就是付款行(paying bank)。付款行付款后无追索权,风险较大,因此手续费比议付高。

8. 偿付行

在信用证中指定的代开证行向议付行或付款行清偿垫款的银行就是偿付行(reimbursing bank)。开证行开出信用证后应立即向偿付行发出偿付授权书,通知授权付款的金额,有权索偿银行等内容,出口地银行在议付或付款后,在把单据直接寄给开证行的同时,可向偿付行发出索偿书,偿付行在收到索偿书后,如果已有授权,只要索偿金额不超过授权金额就立即根据索偿书中的指示,向出口地银行付款。偿付行的偿付不视为开证行终局性的付款,因为偿付行不审查单据。若开证行见单后发现单证不符,可向议付行或付款行追索货款。

采用信用证结算货款的业务流程如图 5-4 所示,此流程图适用于即期的、不可撤销的、跟单的、议付信用证。

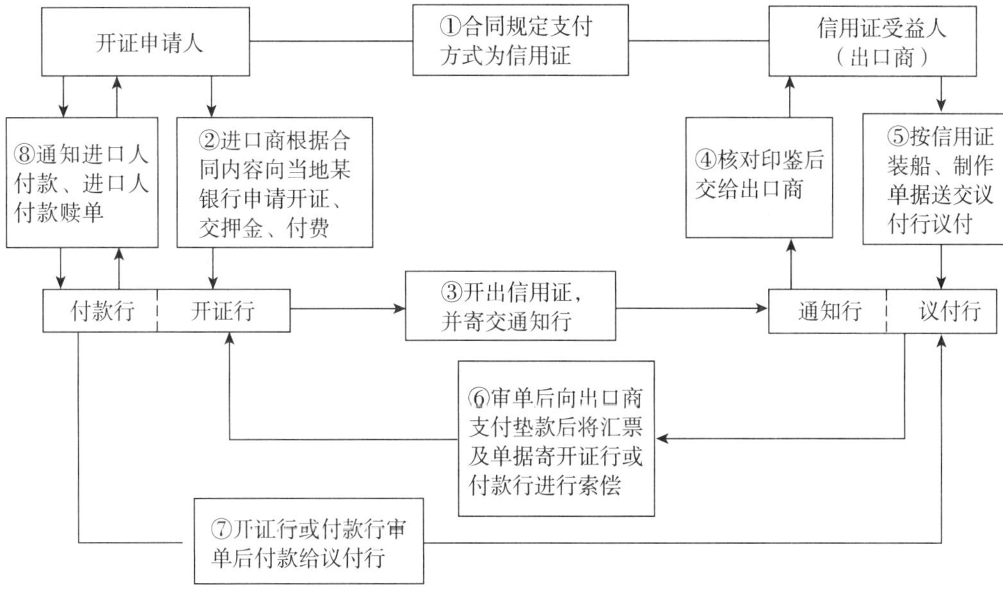

图 5-4 信用证支付的一般流程

(四) 信用证的内容

信用证虽然没有统一的格式,但其基本内容是相同的,主要包括以下几方面:

(1) 开证行名称。应该是全称加详细地址。

(2) 信用证的类型。UCP600 第三条中规定:"A credit is irrevocable even if there is no indication to that effect."信用证是不可撤销的,即使信用证中对此未做指示也是如此。

(3) 信用证的号码和开证日期。

(4) 申请人。信用证是买卖双方约定的支付工具,其申请人应该是货物的进口商。信用证有关申请人的记载应该有确定一个法人的必要内容:完整的名称和详细的地址。

(5) 受益人。与申请人的要求相同。受益人一般为出口商。

（6）金额。信用证金额是开证行付款责任的最高限额。

（7）有效期限。有效期限指受益人向可在其处兑用信用证的银行交单的最后期限。过了这个期限，开证行就不再承担付款责任。UCP600 第六条 d.i.款规定："信用证必须规定一个交单的截止日。规定的承付或议付的截止日将被视为交单的截止日。"

（8）货物描述。一般信用证上货物描述只有货名、数量、包装、价格等一些最主要的内容和合同号码。

（9）运输。起运地、目的地、装运期限、可否分批装运、可否转运等。

（10）需要的单据。说明单据的名称、份数和具体要求。信用证项下所需要的单据通常有：汇票、商业发票、装箱单、海运提单、保险单、普通（或普惠制）原产地证书、商检证书以及其他证明等。

（11）保证条款。开证行通过保证条款说明它的付款责任。

（12）声明适用 UCP600。这是一个非常重要的文句，对信用证的可接受性有决定性影响。

SWIFT 是环球银行金融电信协会（Society for Worldwide Interbank Financial Telecommunication）的简称。该组织于 1973 年在比利时首都布鲁塞尔成立，目前已有 1 000 多家分设在包括我国在内的不同国家和地区的银行参加该协会，并采用该协会的电信业务的信息系统，使用时必须按照 SWIFT 使用手册规定的标准，否则会被拒绝。SWIFT 信用证在国际上已普遍使用。我国在电开信用证或收到的信用证电开本中，SWIFT 信用证占很大比例。SWIFT 信用证的开证格式代号为 MT700 和 MT701。而对 SWIFT 信用证进行修改，则采用 MT707。另外，SWIFT 电文无须签字证实，因为该电文的发送者和接受者均有一个测试密码（test key），可以很安全方便地证实该电文是否被发出和接受。下面是一份 SWIFT 信用证的实例。

SWIFT 信用证式样：

BASIC HEADER F 01 BKCHCNBJA5XX 9056 375784

APPL. HEADER O 700 1340990118 BPSMPTPLAXXX 2682 088146 9901182140 N

+ BANCO PINTO AND SOOTO MAYOR, LISBOA

+ PORTUGAL

（BANK NO：1218000）+ LISBON CODEX, PORTUGAL

：MT：700 ——— ISSUE OF A DOCUMENTARY CREDIT ———

SEQUENCE OF TOTAL	：27：1/1
FORM OF DOCUMENTARY CREDIT	：40A：IRREVOCABLE
DOCUMENTARY CREDIT NUMBER	：20：058230CDI11711LC
DATE OF ISSUE	：31C：160118
DATE AND PLACE OF EXPIRY	：31D：160220 QINGDAO
APPLICANT	：50：SAINT BILL LIMITADA RUA DE PEDROUCOS, 98-A 1200-287 LISBOA PORTUGAL

BENEFICIARY	: 59: DASHAN METALS+MINERALS-IMPORT+ EXPORT CPRPORATION 21 YUNHAI ROAD, QINGDAO CHINA
CURRENCY CODE, AMOUNT	: 32B: USD80000.00
MAXIMUN CREDIT AMOUNT	: 39B: NOT EXCEEDING
AVAILABLE WITH…BY...	: 41A: BKCHCNBJ51C BY PAYMENT + BANK OF CHINA,QINGDAO BRANCH
(BANK NO: 0044105)	+ QINGDAO CHINA
PARTIAL SHIPMENT	: 43P: NOT ALLOWED
TRANSHIPMENT	: 43T: ALLOWED
LOADING/DISPATCH/TAKING/FROM	: 44A: QINGDAO
FOR TRANSPORTATION TO ...	: 44B:LISBON BY SEAFREIGHT
LATEST DATE OF SHIPMENT	: 44C:160201
DESCRPT OF GOODS/SERVICES	: 45A: + 12000 PAIRS DOUBLE STAR BRAND MEN'S RUBBER SHOES AS PER PROF. INVOICES DD 15.11.17 AND 15.11.25 + CIF LISBON
DOCUMENTS REQUIRED	: 46A: + SIGNED COMMERCIAL INVOICE (ORIGINAL AND 4 COPIES), VISAED BY THE CHAMBER OF COMMERCE CERTIFYING GOODS ORIGIN + FULL SET(3/3) OF CLEAN ON BOAED OCEAN BILLS OF LADING, TO THE ORDER OF BANCO PINTO + SOTTO MAYOR, NOTIFYING BUYERS, THEIR NAME AND ADDRESS FULLY MENTIONED AND STATING FREIGHT PAID + PACKING LIST + INSURANCE POLICY/CERTIFICATE TO THE ORDER OF BANCO PINTO + SOTTO MAYOR OR TO ORDER AND BLANK ENDORSED, COVERING GOODS FOR THE INVOICE VALUE PLUS 10 PCT AGAINST THE RISKS OF ICC (A), ISC (CARGO) AND IWC (CARGO)

CHARGES	: 71B: ALL BANKING CHGS OUTSIDE PORTUGAL ARE FOR BENEF ACCT
PERIOD FOR PRESENTATIONS	: 48: 10 DAYS
CONFIRMATION INSTRUCTION	: 49: CONFIRM
INSTRUCTION TO BANK	: 78: PROVIDED DOCS ARE STRICTLY IN GOOD ORDER WE WILL CREDIT YR ACCT WITH AN AMERICAN BANK AT YR OPTION AFTER INSTRUCTIONS IN FIELD 72 HAVE BEEN COMPLIED WITH
SENDER TO RECEIVER INFO	: 72: AVAILABLE BY YR PYMT AT 5 FULL WORKING DAYS AFTER YR SWIFT ADVICE TO US STATING YOUR CONSIDER DOCS IN ORDER AND EXACT AMT OF NEGOTIATION PLS SEND US DOCS IN 2 SEPARATE LOTS TRAILER

MAC: 9FE41FBC CHK: 56783EE6A448

NNNN

（注：信用证中的缩写：DOCS—DOCUMENTS；YR-YOUR；AMT—AMOUNT；ACCT—ACCOUNT；CHGS—CHARGES）

（五）信用证分类

国际上常见的信用证可以分为以下几类：

1. 按用途或信用证下是否随附商业单据分为光票信用证和跟单信用证

光票信用证（clean letter of credit）主要用于旅游和使领馆及个人消费。受益人取款时只要签发一张汇票，而不需提供其他任何单据。跟单信用证（documentary credit）则是指付款行要凭跟单汇票或仅凭商业单据付款的信用证。跟单信用证在国际贸易中得以广泛使用。以下讲的都是跟单信用证。

2. 按信用证是否有另一家银行加以保证兑付可以分为保兑信用证和不保兑信用证

保兑信用证（confirmed credit）是指开证行邀请另一家银行对其开出的信用证承担保证兑付义务的信用证。没有另一家银行保证兑付的信用证叫不保兑信用证（unconfirmed credit）。保兑行在信用证上加具保兑后，未经有关方同意，不能自行修改或撤销保兑。保兑行和开证行都负第一性付款责任。保兑信用证有两家银行做了付款承诺，对于受益人来说，就有了双重保障，收款是绝对没有问题的，但是双重保障需要受益人支出双重的费用，并且开证行一般也不愿意自己开出的信用证请另一家银行保兑，通知行也不轻易要求开证行开立保兑信用证，除非开证行信誉极差。

3. 根据信用证的兑用方式可分为即期付款信用证、延期付款信用证、承兑信用证和议付信用证

UCP600 第六条 b 款规定:“A credit must state whether it is available by sight payment, deferred payment, acceptance or negotiation.” 信用证必须规定是以即期付款、延期付款、承兑抑或议付信用证进行兑用,以明确受益人、开证行和指定行的关系。前三种信用证对受益人都没有追索权,仅议付信用证有追索权。

即期付款信用证(sight payment credit)是指开证行或指定行收到符合信用证条款的即期汇票及/或单据后立即履行付款义务的信用证。这种信用证有的不要求开具和提示汇票,只要提示单据即可付款;有些需要提示汇票后才进行付款。即期付款的付款行可以是开证行,也可以是出口地的通知行或指定的第三国银行。多数情况下是指定出口地通知行作为付款行,此时,信用证的有效期也在出口国受益人所在地到期,且付款行一经付款,对受益人无追索权,受益人可以放心地使用该资金,因而对其十分有利。若付款行为开证行或第三国银行,则提示到期地点一般规定在付款行所在地,受益人将承担单据在邮寄过程中遗失或延误的风险。

延期付款信用证(deferred payment credit)是指开证行在信用证中规定货物装运后若干天付款,或开证行收到相符的单据后若干天付款的信用证。这种信用证一般不使用汇票,开证行不存在承兑汇票的问题,对出口商来说不利的地方是不能利用贴现市场的资金,只能以单据作为抵押向银行申请贷款。由于银行贷款利率高于贴现率,以延期付款信用证方式成交的货价往往比承兑信用证成交的价格高。

承兑信用证(acceptance credit)是指当受益人向指定承兑的银行开具远期汇票并提示时,指定银行即承兑行,并于汇票到期日付款的信用证,就是需要开具汇票的远期信用证。受益人得到银行承兑的汇票,等于银行不可撤销地承担了远期付款的承诺,承兑的汇票可以被无追索权地贴现,受益人随时都可以变现。承兑信用证是最好的组合方式:信用证作为付款工具、对开证行政治和商业风险的保险、受益人可以随时变现、申请人可以推迟付款。

议付信用证(negotiation credit)是指开证行在信用证中,邀请其他银行买入汇票及/或单据的信用证。通常在单据符合信用证条件下,议付银行扣除利息和手续费后将票款付给受益人。议付行在开证行拒付时有权向受益人追索已议付的款项及利息损失。

4. 按付款时间的不同可分为预支信用证、即期信用证、远期信用证和假远期信用证

预支信用证(anticipatory credit)是允许受益人在收到信用证后立即签发光票取款的信用证。开证行对这种预付款承担责任,使出口商可以采购所需的货物,获得资金融通。这种信用证也叫红条款(red clause)信用证。预支信用证是开证行授权通知行或保兑行在受益人交单前向他支付全部或部分货款,付款在前,发货在后,银行不但提供了信用,而且提供了资金。

即期信用证(sight credit)是指开证行或被指定银行收到符合信用证条款的单据后,立即履行付款或议付义务的信用证,它包括即期付款信用证和要求即期汇票的议付信用证,其特点是受益人的收汇迅速,有利于资金周转。

远期信用证(usance credit)是指开证行或付款行收到符合信用证条款的单据和汇票

（或只有单据）后，不马上付款，若有汇票先予以承兑，等到信用证规定的付款日期才付款的信用证。通常情况下，如果有汇票的话，受益人取得了银行承兑的远期汇票，就等于收到了货款，可以进行贴现。远期信用证有三种：承兑信用证、延期付款信用证和远期议付信用证。

假远期信用证（usance credit payable at sight），规定信用证的受益人开立远期汇票，由付款行负责贴现，并规定一切利息和费用由进口商负担。这种信用证表面上看是远期信用证，但从上述的规定来看，出口商可以即期收到十足的货款，因而习惯上称之为"假远期信用证"。这种信用证实质上是付款行给进口商提供融通资金的便利，因为进口商是在远期汇票到期时才向付款行付款。

5. 根据受益人对信用证的权利是否可转让可分为可转让信用证和不可转让信用证

可转让信用证（transferable credit）是受益人有权要求转让银行使信用证全部或部分有效于一个或数个第三者（第二受益人）使用的信用证。根据 UCP600 规定，唯有开证行在信用证中明确注明"可转让"（transferable），信用证方可转让。第一受益人一般是与进口商签订合同的中间商，第二受益人往往是实际供货人。中间商为了赚取差额利润，将信用证转让给实际供货人，由供货人办理出运手续。其程序为：第一受益人通过信用证中的指定银行办理转让手续，该银行办妥手续后立即通知第二受益人，第二受益人将货物出运后备齐所需单据向该银行交单，并取得货款。转证行立即通知第一受益人，第一受益人收到通知后即以自己的发票替换第二受益人的发票，并获取两张发票差额的款项，然后转让行将单据寄给开证行。信用证的转让并不等于买卖合同的转让，第二受益人交货有问题或单据有问题，第一受益人仍要负买卖合同的责任。

可转让信用证只能转让一次，即只能由第一受益人转让给第二受益人，第二受益人不得要求将信用证转让给其后的受益人。如果信用证允许分批装运，第一受益人可以把信用证分成几部分转让给数人，或转让一部分，另一部分留作己用。新信用证应该与原信用证规定条款保持一致，但以下几个方面可以不同：申请人可以改变，信用证金额、商品的单价可以减少，到期日、交单日及最迟装运日期可以提前或缩短，对商品投保加成比例可以增加。

不可转让信用证（non-transferable credit）是指受益人不能将信用证的权利转让给他人的信用证。凡信用证中未注明"可转让"者均视为不可转让信用证。

6. 对背信用证

如果进口商开出的是不可转让信用证，或实际供货人不接受买方国家的信用证作为收款保障，则中间商可以用外国开来的原证作为抵押品，要求他的往来银行开立一张以实际供货人为受益人的内容相似的信用证，这种信用证叫作对背信用证（back to back credit）或转开信用证。对背信用证是在原证基础上开立的，新证条款一般应和原证相同，但中间商可以改变信用证金额、单价、装运期和有效期。新证开出后原证仍然有效。

7. 对开信用证

对开信用证（reciprocal credit）指两张信用证的开证申请人互以对方为受益人而开立的信用证。对开信用证的特点是第一张信用证的受益人（出口商）和开证申请人（进口商）是第二张信用证的开证申请人和受益人，第一张信用证的通知行则往往是第二张信用证的开证行,反之亦然。一般两证同时生效。在第一张信用证开立时应该加下述文句:本信用证待××银行开立了以××为受益人,金额为××的货物由××地运至××地的对开信用证以后生效。

对开信用证多用于易货贸易和“三来一补”业务,交易双方担心对方凭第一张信用证出口或进口后另一方不履约,而采用这种互为条件、互相约束的开证方法。其优点是可以做到外汇收支平衡,尤其是对实行严格外汇管制的国家和地区更为重要。

8. 循环信用证

前述的信用证当金额使用完毕后无论是否已到有效期就自动失效了,循环信用证(revolving credit)则是信用证的全部或部分金额被使用后,其金额又恢复到原金额,可以再次使用的信用证,直到达到规定的总次数或总金额为止。循环信用证在内容上比一般的信用证多一个循环条款,说明循环方法、循环次数与总金额。例如,This letter of credit amounting US $ 10 000.00 is automatically revolving for 3 times but our total liability does not exceed US $ 40 000.00。

循环信用证的循环计算方式可以分为两类:按时间循环和按金额循环。①按时间循环。这种类型较多。如信用证规定 5、6、7 月按月循环,那么 5 月份金额用完后,6 月 1 日信用证金额就可恢复,再被利用。②按金额循环。这种信用证在规定的金额用完之后就恢复,可再被利用,直到用完总额为止。

循环信用证主要用于买卖双方订立长期合同并均衡分批交货的情况,进口商开立此种信用证可以不必多次开证,节省手续费和保证金;出口商可以免去等待开证、催证、审证、改证的麻烦,有利于合同的履行。

9. 备用信用证

备用信用证(stand-by letter of credit)又称担保信用证或保证信用证。由于美国和日本的法令只允许担保公司做担保业务,禁止商业银行承做担保业务,为了避开法律,美国和日本银行就采用了开立备用信用证的方法来代替开立银行保证。具体说明见后面“国际备用证惯例”一节中的内容。

(六)信用证结算方式的优缺点

当采用信用证方式结算时,受益人(出口商)的收款有保障,特别是在出口商不很了解进口商,或进口国有外汇管制时,信用证的优越性更为显著。信用证方式使双方的资金负担较平衡。对于出口商来说,出运货物以后可以立即把单据卖给出口地银行以获得货款,还可以利用信用证做打包放款,因此,资金负担比货到付款和托收轻得多;对于进口商来说,开证时一般只需缴纳部分押金,获得单据时才支付全额,其资金负担也比预付货款轻得多。

信用证方式也有一些缺点。比如,容易产生欺诈行为,由于信用证是具有自足性的文件,有关银行只处理单据的特点,如果受益人伪造相符单据或制作根本没有货物的假单,那么进口商就会成为受害人。尽管从理论上讲进口商可以依买卖合同要求出口商赔偿,甚至诉诸法律,但跨国争端往往很难解决。另外,信用证方式手续复杂,环节较多,不仅费时,而且费用也较高,审单等环节还需要较强的技术性,增加了业务的成本。

（七）合同中的信用证结算条款

1. 即期信用证支付条款

买方应通过卖方可接受的银行于装运月份前××天开立并送达卖方不可撤销的即期信用证，有效期至装运月份后15天在中国议付。（The Buyer shall open through a bank acceptable to the seller an irrevocable sight letter of credit to reach the seller ×× days before the month of shipment, valid for negotiation in China until the 15th day after the month of shipment.）

2. 远期信用证支付条款

买方应通过卖方可接受的银行于装运月份前××天开立并送达卖方不可撤销的见票后45天付款的信用证，有效期至装运月份后15天在中国议付。（The Buyer shall open through a bank acceptable to the seller an irrevocable letter of credit at 45 days' sight to reach the seller ×× days before the month of shipment, valid for negotiation in China until the 15th day after the month of shipment.）

第三节　托收统一规则（URC522）

托收是出口商发货以后开具以进口商为付款人的汇票，采用逆汇法委托银行代收货款的结算方式。国际商会为统一托收业务的做法，减少托收业务各有关当事人可能产生的矛盾和纠纷，曾于1958年草拟《商业单据托收统一规则》。为了适应国际贸易发展的需要，国际商会在总结实践经验的基础上，1978年对该规则进行了修订，改名为《托收统一规则》（The Uniform Rules for Collection, ICC Publication No.322）；1995年再次修订，称为《托收统一规则》国际商会第522号出版物（简称URC522），1996年1月1日实施。《托收统一规则》自公布实施以来，被各国银行所采用，已成为托收业务的国际惯例。

《托收统一规则》（URC522）共七部分二十六条，包括总则和定义，托收的形式和结构，提示的形式，义务和责任，付款，利息、手续费和费用，其他条款。

一、总则和定义

（一）第一条：URC522之适用

1. 国际商会第522号出版物《托收统一规则》1995年修订本，应适用于第二条界定的并在第四条“托收指示”中列明适用该项规则的所有托收项目，且除非另有明确的相反约定，或与无法规避的某一国家、政府或地方法律及/或法规相抵触，本规则对所有的当事人均具有约束力。

2. 银行没有义务必须办理某一托收或任何托收指示或以后的相关指示。

3. 如果银行无论出于何种理由选择不办理它所收到的托收或任何相关的托收指示，应毫不延误地采用电信，或者如果电信不可能时，采用其他快捷的工具，通知向其发出托收或指示的当事人。

【对本条的评述】

第一条第一款：URC522属于国际贸易惯例性质，由当事人自愿选用，不具有法律强制约束力。因此，本款明确规定，URC522 仅适用于在“托收指示”原文中注明适用该规则的托收。委托人或委托行也可在托收指示中做出与 URC522 不同的规定，且此项更改的效力优于 URC522 的规定。为使托收业务所涉及各方当事人铭记一国法规可能会使 URC522 及托收指示书中的有关规定无效，本款对 URC522 的适用规定了例外，即除非与一国、一州或地方所不得违反的法律和/或法规有抵触，URC522 对一切有关当事人均具约束力。

第一条第二款：要注意区分“托收”与“托收指示”。URC522 所称“托收”(collection)一词意指托收单据，而“托收指示”一词则指发出托收单据一方就办理该笔托收业务所做的有关指示。银行并非一定要处理托收及相关事宜，它有权选择是否处理托收业务。

第一条第三款：如果收到托收的银行不能处理整个托收或其中任何指示，该银行有义务以电信或其他快捷方式通知发送者。该款是对银行不办理托收业务行为的约束。

（二）第二条：托收的定义

就本规则各项条款而言：

1. 托收是指银行依据所收到的指示处理下述所界定的单据，以便：

（1）取得付款及/或承兑；或

（2）付款交单或承兑交单；或

（3）按照其他条款和条件交付单据。

2. 单据是指金融单据及/或商业单据。金融单据是指汇票、本票、支票或其他类似的可用于取得款项支付的凭证；商业单据是指发票、运输单据，或者不属于金融单据的任何其他单据。

3. 光票托收是指不附有商业单据的金融单据项下的托收。

4. 跟单托收是指附有商业单据的金融单据项下的托收，以及不附有金融单据的商业单据项下的托收。

【对本条的评述】

第二条第一款清楚地标明了托收过程中的不同操作方式。需要注意的是，URC522 所涉及的托收必须是经由银行办理的托收。因非经银行办理的托收业务各地做法差异甚大，尚未形式公认的准则，为此，URC522 工作小组认为目前尚不能对非银行托收制定某些具体规则。

第二条第二款是对单据的分类，分成金融单据和商业单据两种。

第二条第三款和第四款是根据托收单据的不同种类，把托收分为光票托收和跟单托收两种。URC522 解释的跟单托收中的“单”是指除金融单据以外的商业单据，只要有商业单据，不管是否有金融单据，都属于跟单托收。

（三）第三条：托收当事人

1. 就本规则各项条款而言，托收当事人有：①委托人，即委托银行办理托收的当事人；②托收行，即委托人委托办理托收的银行；③代收行，即除托收行以外的任何参与处理托收业务的银行；④提示行，即向付款人提示单据的代收行；

2. 付款人，即根据托收指示向其提示单据的人。

【对本条的评述】

第三条对代收行的定义看起来并不包括托收行，实际上并不一定。在国内托收中，托收行也可能是代收行，因此应采取一种实用的态度，以便利托收业务。尽管付款人最终会卷入到托收过程中，但他不是最初的当事方，因此，付款人的定义就与其他当事方的定义被分别进行表述。

二、托收的形式和结构

（一）第四条：托收指示

1.（1）所有送往托收的单据必须附有一项托收指示，注明该项托收将遵循《托收统一规则》第522号出版物，并列出完整和明确的指示。银行只准根据该托收指示中的命令和本规则行事；

（2）银行将不会为了取得指示而审核单据；

（3）除非托收指示中另有授权，银行将不理会向其发出托收的任何当事人/银行以外的任何当事人/银行的任何指示。

2. 托收指示应当包括下述各项内容：

（1）收到该项托收的银行详情，包括全称、邮政和SWIFT地址、电传、电话和传真号码和编号；

（2）委托人的详情，包括全称、邮政地址或者办理提示的场所以及（如果有的话）电传、电话和传真号码；

（3）付款人的详情，包括全称、邮政地址或者办理提示的场所以及（如果有的话）电传、电话和传真号码；

（4）提示行（如果有的话）的详情，包括全称、邮政地址以及（如果有的话）电传和传真号码；

（5）待托收的金额和货币类型；

（6）所附单据清单和每份单据的份数；

（7）①据以取得付款及/或承兑的条件和条款；②凭以交付单据的条件 a.付款及/或承兑；b.其他条件和条款。

缮制托收指示的当事人应负责确保清楚无误地说明交付单据的条件，否则，银行对此所产生的任何后果将不承担责任；

（8）待收取的手续费，指明是否可以放弃；

（9）待收取的利息（如果有的话）指明是否可以放弃，包括利率、计息期、适用的计算期基数（如一年按360天还是365天计算）；

（10）付款方法和付款通知的形式；

（11）发生拒绝付款、拒绝承兑及/或与其他指示不相符的情况时应给出的指示。

3.（1）托收指示应载明付款人或将要办理提示的场所之完整地址。如果地址不全或有错误，代收行可尽力查明适当的地址，但其本身不承担任何义务和责任。

（2）代收行对因所提供地址不全或有误所造成的任何延误，将不承担任何责任。

【对本条的评述】

按照第四条第一款的(1)、(2)项的规定，所有的托收必须附有一项单独的托收指示，银行仅按托收指示本身中的那些指示行事，而不会在其他地方寻找指示，没有义务审核单据来获取指示。指示不可显示在单个单据上，即使显示，银行也将不予理会。例如，一笔托收业务的托收指示中未注明要求付款人应付利息，但托收单据中的汇票却载有要求付款人支付有关利息的规定。对此，按URC522的规定，代收行对汇票上的该规定将不予理会，即仅凭托收指示行事，而不要求付款人支付利息。

第四条第一款的(3)项意在阻止以所谓的"全球托收"对代收行增加额外的责任。这一用语描述了在世界某些地方流行的一种做法，比方说一家位于远东的银行发出的托收的进展情况由另一家银行，例如一家位于美国的银行来跟踪，此时代收行就会收到来自后一银行的指示/查询。除了引起托收过程的混乱外，还会在托收行的授权要求方面产生问题。这并不意味着不能听从来自需要时的代理人的指示，只要按照第二十五条的规定有来自委托人的适当授权。

第四条第二款(1)—(11)项说明了托收得以适当处理所需要的细节。例如，根据第四条第二款(9)项，可能需要表明作为计息基础的一年是360天还是365天以及计息天数。

按照第四条第三款的规定，委托人和托收行负有提供内容完备的托收指示的义务，以满足托收的需要。其中，付款人或提示所在地的地址要完整、明确、具体，否则代收行对因托收指示中提供的地址不完整或不准确所造成的延误不承担任何责任。

案例分析 5-5

出口商A向进口商B出口一批货物，总价值10万美元，付款条件是D/A见票后20天。出口商按时将货物装运并将单据备齐，于4月12日向托收行C办理托收手续，但是直到5月26日才收到进口商B的来电，称至今没有收到出口货物在托收项下的单据。经出口商A详细调查，原来在托收指示及相应的单据上，进口商的地址不详。6月12日收到代收行的拒绝承兑付款的通知。由于这批货物没有及时提货，又受到雨淋，严重受潮，进口商拒绝承兑付款。最终A出口商受到严重损失。问：本案例中谁对损失承担责任？出口商应该吸取哪些教训？

分析：出口商自己应该承担责任，依据是URC522第四条第三款的规定。教训：任何被委托的银行只能按托收指示来行事，托收指示应该详细、明确、具体。

三、提示的形式

（一）第五条：提示

1. 就本条款而言，提示是指银行按照托收指示，使付款人得到该项单据的程序。

2. 托收指示应列明付款人将要采取行动的确切期限。诸如"首先、迅速、立即"等类似的表述，不应用于指提示或付款人赎单或采取任何其他行动的任何期限。如果采用了该类术语，银行将不予理会。

3. 单据必须以银行收到时的形式向付款人提示，但经授权银行可以贴附任何必需的印章，并按照说明由向银行发出托收的当事人承担费用，而且银行可以经授权采取任何必要的背书或加盖橡皮戳记，或其他托收业务惯用的和必要的辨认记号或符号。

4. 为了使委托人的指示得以实现，托收行将以委托人所指定的银行作为代收行。在未指定代收行时，托收行将使用自己的任何银行，或者在付款或承兑的国家中，或必须遵守其他条件的国家中选择另外的银行。

5. 单据和托收指示可以由托收行直接或者通过另一银行作为中间银行寄送给代收行。

6. 如果托收行未指定某一特定的提示行，代收行可自行选择提示行。

【对本条的评述】

第五条第一款是对提示的含义进行界定。“提示”是指，提示行(代收行)向付款人说明向其托收的单据已到达，要求付款人按托收指示中的条件来付款赎单或承兑赎单的过程，但并不包括将单据交给付款人的过程。

第五条第二款对如何规定提示时限及付款人受提示后履行责任的时限提出了要求，即当事人应使用类似“30天”、“一个月”等明确时间来限定，不应使用笼统的用语。

第五条第三款说明，提示行应按原样提示单据，不得在单据上删减或加注自己的意见，除了业务标志、收单日期等习惯上需要的戳记。

第五条第四款、第五款和第六款意在赋予托收行和代收行尽可能多的行动自由和决定权，即便没有委托人的明确指示。

（二）第六条：即期付款/承兑

如果是见单即付的单据，提示行必须立即办理提示付款，不得延误；如果不是即期而是远期付款单据，提示行必须在要求承兑时毫不拖延地提示承兑，在要求付款时，不应晚于适当的到期日办理提示付款。

【对本条的评述】

第六条规定的是提示行处理即期/远期托收提示的期限。根据该条规定，无论是付款提示还是承兑提示，提示行都必须“毫不拖延”地向付款人提示。

（三）第七条：商业单据的交付

包括承兑交单(D/A)与付款交单(D/P)。

1. 若托收包含有远期付款的汇票，则其指示不应要求付款才交付商业单据。

2. 如果托收包含有远期付款的汇票，托收指示应说明商业单据是凭承兑(D/A)还是凭付款(D/P)发放给付款人。

若无上述说明，商业单据只能是付款放单，而代收行对由于交付单据的任何延误所产生的任何后果将不承担责任。

3. 如果托收包含有远期付款的汇票，而且托收指示表明应凭付款发放商业单据，则单据只能凭该项付款才能发放，而代收行对由于交付单据的任何延误所产生的任何结果均不承担责任。

【对本条的评述】

实践中，银行经常会收到包含远期汇票的托收，该托收指示单据凭付款交付(即D/P

远期托收)。这可能是由某些情形所导致的,例如为符合出口商所在国的外汇管制要求或应出口商的明确要求。然而D/P远期托收存在的问题是托收单据所涉及的货物可能已经到达目的地,但付款人无法取得货物,因为单据尚处于银行的控制中等待付款。在此期间,货物可能被卸在码头或其他约定地点,并有灭失或损坏的风险。此外,D/P远期托收业务还有其他风险,如有些国家不承认远期付款交单,一直将D/P远期作D/A处理,两者在这些国家法律上的解释是一样的,操作也相同,而根据URC522精神,若托收业务与一国、一州或地方所不得违反的法律或法规有抵触,则URC522对有关当事人不具有约束力,此时若出口商自认货权在握,不做相应风险防范,而进口商信誉欠佳,则极易造成钱货两空的被动局面。基于这些原因,按照第七条第一款规定,国际商会不提倡使用D/P远期托收。

第七条第二款规定,托收指示应说明商业单据是凭承兑(D/A)还是凭付款(D/P)发放给付款人。若无上述说明,商业单据只能是付款放单支付。第七条第三款重申远期付款交单托收应当仅在付款后交付单据,并指出对由此可能引起的任何延误或问题,银行不承担任何责任。

(四)第八条:代制单据

在托收行指示代收行或者付款人来代制托收中未曾包括的单据(汇票、本票、信托收据、保证书或其他单据)时,这些单据的格式和措辞应由托收行提供,否则,代收行对由代收行及/或付款人所提供任何该种单据的格式和措辞将不承担责任或对其负责。

【对本条的评述】

有时代收行和付款人被要求制作委托人或托收行没有发送的单据,这种要求可能在最初连同托收发送的指示中提出,或者在任何随后的指示中提出。例如,委托人或托收行可能要求凭付款人或任何后续的买方的承诺函、本票或信托收据交付单据。在这种情形下,如果委托人或托收行在收到此类单据时发现其形式和措辞不符合要求,那么采取任何更正措施都为时已晚。考虑到这一情况,委托人或托收行被要求发送适当的单据作为样本,或者至少提供此类单据的形式和措辞的完整细节。如果没有这样做,而是由代收行或付款人去制作或签署他们准备的单据,规则清楚地规定,他们对此类单据的形式和数据内容不承担任何责任。

四、义务和责任

(一)第九条:诚信和合理的谨慎

银行将本着诚信的原则、尽合理的谨慎来办理业务。

【对本条的评述】

本条重申了这一事实,即银行仅能以善意及合理的谨慎行事,且应当遵守当地的惯例和法律。在托收方式下,银行虽不承担保证付款的责任,但作为受托人仍须尽职尽责,履行收款义务。如果因为银行的失职给委托人造成不应有的损失,则银行不能免除责任。

(二)第十条:单据与货物/服务/履行

1. 未经银行事先同意,货物不得直接发送到该银行地址或者以该行作为收货人或者以该行为抬头人。然而,如果未经银行事先同意而将货物直接发送到该银行地址或者以该行作为收货人或者以该行为抬头人，并请该行凭付款或承兑或凭其他条款将货物交付给付款人，该行将没有提取货物的义务，其风险和责任仍由发货方承担。

2. 即使接到特别指示，银行也没有义务对与跟单托收有关的货物采取任何行动，包括对货物进行存储和保险。银行只有在个案中、在其同意的限度内，才会采取该类行动。尽管前述第一条第三款有不同规定，即使代收行对此没有任何特别的通知，也适用本条规则之规定。

3. 无论银行是否收到指示，银行为保护货物而采取措施时，对有关货物的结局及/或状况及/或对受托保管及/或保护货物的任何第三方的作为及/或不作为概不承担责任。但是，代收行必须毫不延误地将其所采取的措施通知向其发出托收指示的银行。

4. 银行对货物采取任何保护措施所发生的任何费用及/或花销将由向其发出托收的一方承担。

5. (1) 尽管有前面第十条第一款的规定，如果货物是以代收行作为收货人或抬头人，而且付款人已对该项托收办理了付款、承兑或承诺了其他条件和条款，且代收行因此对货物的发放做了安排，则应视为托收行已授权代收行如此办理。

(2) 若代收行按照托收行的指示或按上述第十条第五(1)款的规定安排发放货物，托收行应对该代收行所发生的全部损失和花销给予赔偿。

【对本条的评述】

银行处理单据而不是处理货物或任何基础合同。在这方面，银行采取其他任何立场都是困难的，因为他们不是承运人或仓库保管人，而且某些国家的国内法实际上甚至禁止银行具有上述功能。

第十条第一款首先规定了货物不能发送或托运给银行，除非银行预先同意。这是基本原则。如果该原则未被遵守，则本条清楚地规定银行对任何后果不承担责任。

按照第十条第二款的规定，银行的免责范围有所放宽：第一，对于货物，即使托收指示中明确要求银行采取保护措施，如进行仓储和保险，银行也没有义务这样做；第二，银行只有在事先同意的范围内，才有义务对货物采取必要的保护措施；第三，银行决定对货物不采取保护措施时，即使没有告知，也不承担责任。

第十条第三款明确规定，当银行为保护货物而采取行动时，银行对货物的后果或状况及受委托完成此任务的第三方的任何作为和不作为不承担任何责任；但是代收行必须将其所采取的任何措施毫不延误地通知向其发出托收指示的银行。

第十条第四款规定，银行对货物采取任何保护措施所发生的任何费用都由向其发出托收的一方承担。

第十条第五款体现了对代收行的保护。第五(1)款规定，当货物已发送给代收行或代收行的指定人为收货人，此时代收行的交货视为具有托收行的自动授权性质。由此推定，这样交货的责任由托收行承担。第五(2)款表明，代收行因交货产生的费用和损失由托收行承担，最终由委托人承担。

（三）第十一条：对受托方行为的免责

1. 为使委托人的指示得以实现，银行使用另一银行或其他银行的服务时，是代为该委托人办理的，因此，其风险由委托人承担。

2. 即使银行主动地选择了其他银行办理业务，如该行所转递的指示未被执行，做出选择的银行也不承担责任或对其负责。

3. 一方指示另一方去履行服务，指示方应受到外国法律和惯例施加给被指示方的一切义务和责任的制约，并应就有关义务和责任对受托方承担赔偿责任。

【对本条的评述】

本条的意图十分清楚，指示方必须承担第一位的风险。

（四）第十二条：对收到单据的免责

1. 银行必须确定它所收到的单据应与托收指示中所列内容表面相符，如果发现任何单据有短缺或非托收指示所列，银行必须以电信方式，如电信不可能时，以其他快捷的方式，通知向其发出指示的一方，不得延误。银行对此没有其他更多的责任。

2. 如果单据与所列内容表面不相符，托收行对代收行收到的单据种类和数量应不得有争议。

3. 根据第五条第三款和上述第十二条第一款和第二款，银行将按所收到的单据办理提示而无须做更多的审核。

【对本条的评述】

按照第十二条第一款，银行核对单据时，只要与托收指示有表面不符之处，不管是有遗漏，还是有多出单据的情形，都应该立即以电信方式或其他快捷方式告知发出指示的一方。只要清点了单据种类及份数，银行对所收到的单据没有其他的义务。

第十二条第二款规定，如果委托人/托收行在托收指示中没有列明单个的单据以及这些单据的数量，则他们就不能对代收行声称所收到的单据的性质和数量提出异议。这一规定可避免托收行与代收行之间就未列明的单据发生纠纷。

第十二条第三款进一步强调，只要代收行按收到的单据的原样进行提示且清点了单据份数，他们就不需审查单据内容。

（五）第十三条：对单据有效性的免责

银行对任何单据的格式、完整性、准确性、真实性、虚假性或其法律效力，或对在单据中载明或在其上附加的一般性及/或特殊性的条款，概不承担责任或对其负责；银行也不对任何单据所表示的货物的描述、数量、重量、质量、状况、包装、交货、价值或存在，或对货物的装运人、承运人、运输代理、收货人或保险人或其他任何人的诚信或作为及/或不作为、清偿力、业绩或信誉承担责任或对其负责。

【对本条的评述】

本条强调银行只依单据表面状况处理单据本身，而不涉及单据以外的事情，因为银行不参加货物交易，不了解货物情况，也不具备货物交易的专门知识。这样的规定可使银行避免对其无法控制的事项承担责任。

（六）第十四条：对单据延误、在传送中的丢失以及对翻译的免责

1. 银行对任何信息、信件或单据在传送中所发生的延误及/或丢失，或对任何电信在传递中所发生的延误、残损或其他错误，或对技术条款的翻译及/或解释的错误，概不承担责任或对其负责。

2. 银行对由于收到的任何指示需要澄清而引起的延误，将不承担责任或对其负责。

【对本条的评述】

本免责不局限于讯息，还包括信件、单据、毁损、翻译及解释；而且，它明确表明银行对因此发生的任何延误不承担责任。

（七）第十五条：不可抗力

对由于天灾、暴动、骚乱、战争或银行本身不能控制的任何其他原因、任何罢工或停工而使银行营业中断所产生的后果，银行不承担责任或对其负责。

【对本条的评述】

这是一条标准的免责条款，银行对于不可抗力事件引起的后果概不负责。

五、付款

（一）第十六条：立即付款

1. 收妥的款项（扣除手续费及/或支出及/或可能的花销）必须按照托收指示中规定的条件和条款，毫不延误地付给向其发出托收指示的一方。

2. 尽管有第一条第三款的规定，除非另有指示，代收行仅向托收行汇付收妥的款项。

【对本条的评述】

对于第十六条第一款中的“毫不延迟”应如何解释，URC522 未做规定。考虑到每笔托收业务各异，URC522 也未能对代收行延误拨交款项应承担的利息损失做出明确规定。

第十六条第二款提请注意，除非代收行同意，否则，在正常程序中，收妥款项应支付给托收行。这样规定的目的在于防止欺诈和洗钱，因为监管当局对银行交易中防止欺诈和洗钱有严格的要求。

（二）第十七条：以当地货币支付

如果单据是以付款地国家的货币（当地货币）付款，除托收指示另有规定外，提示行必须凭当地货币付款，发放单据给付款人，只要该种货币按托收指示规定的方式能够随时处理。

（三）第十八条：用外币付款

如果单据是以付款地国家以外的货币（外汇）付款，除托收指示中另有规定外，提示行必须凭指定的外币付款，发放单据给付款人，只要该外币按托收指示规定能够立即汇出。

【对第十七条和第十八条的评述】

第十七条和第十八条旨在强调，只有在有现成的资金可以迅速地向委托人/托收行汇出时，单据才能交付给付款人。托收行有必要知晓哪些国家存在外汇管制条例，这意味着付款人的付款只有在获得外汇管理当局的批准后才能汇出。在多数情况下，这种批准程序需要时间，在此办理期间，基础合同项下的货物可能已经到达目的地，但是付款人不能提取货物，因为根据上述条款，单据还未交付给他们。如果适当的话，托收行应当在托收指示中表明是否可以凭存入的本国货币作为保证金交付单据，并等待外汇管理当局的批准，或者只有在资金获得汇出的批准后方可交付单据。在后一情形中，委托人必须知晓货物存在的风险。

（四）第十九条：部分付款

1. 光票托收时，只有在付款地现行法律准许部分付款的条件和限度内，才能接受部分付款。只有在全部货款已收妥的情况下，才能将金融单据发放给付款人。

2. 跟单托收时，只有在托收指示有特别授权的情况下，才能接受部分付款。然而，除非另有指示，提示行只能在全部货款已收妥后才能将单据交与付款人，并对由此所引起的延迟交单所产生的后果不承担责任。

3. 在任何情况下，部分付款只有在符合第十七条或第十八条中的相应规定时才会被接受。如果接受部分付款，将按照第十六条的规定办理。

【对本条的评述】

允许付款人部分付款能便利付款人资金周转，方便其分批提货，及时出售部分货物。接受部分付款的情形：① 对于光票托收来说，只有在付款地法律允许的情况下才能接受部分付款；② 对于跟单托收而言主要针对远期 D/P 来说，只有在托收指示有特别授权的情况下才能接受部分付款，而且除非另有指示，提示行只能在全部货款已收妥后才能将单据交与付款人，此时，提示行对延迟交单产生的后果不负责。因此，如托收指示允许付款人“部分付款、分批提货”，委托人/寄单行应同时在托收指示中明确注明提示行何时交单及交付代表多少货物的单据，以达到使付款人“分批提货”的目的。

六、利息、手续费和费用

（一）第二十条：利息

1. 如果托收指示中规定必须收取利息，但付款人拒付该项利息，提示行可根据具体情况在不收取利息的情况下凭付款或承兑或其他条款和条件交付单据，除非适用第二十条第三款之规定。

2. 如果要求收取利息，托收指示中应明确规定利率、计息期和计息基础。

3. 如托收指示中明确地指明利息不得放弃，但付款人拒付该利息，提示行则不交付单据，并对由此所引起的延迟交单所产生的后果不承担责任。

当利息已被拒付时，提示行必须以电信，当不可能时可用其他便捷的方式，通知向其发出托收指示的银行，不得延误。

【对本条的评述】

在托收中，利息问题曾出现过很多纠纷。因此，URC522 试图通过本条将利息问题规定得尽可能清楚明了。按照第二十条第一款，若托收指示规定应收取利息，而付款人拒付利息，提示行可以凭付款或承兑或其他条款或条件交付单据，而不再收取利息，但第三款规定的情况例外。按照第二十条第三款的规定，如果托收指示明确规定利息不得放弃，则提示行在付款人拒付利息时，只能做提示而不能交单，并应将情况立即告知向其发出指示的银行，即在利息问题得到解决前单据不得交付给付款人。同样，银行对单据交付延迟产生的任何后果不承担责任。因此，委托人/托收行应该明白规定利息不得放弃的指示可能造成延误及货物风险所带来的后果。

（二）第二十一条：手续费和费用

1. 如果托收指示中规定收取手续费及/或费用须由付款人承担，而后者拒付时，提示行可以根据具体情况，在不收取手续费及/或费用的情况下凭付款或承兑或其他条款和条件交付单据，除非适用第二十一条第二款之规定。

当放弃以这种方式支付托收手续费及/或费用时，该项费用应由发出托收的一方承担，并可从货款中扣减。

2. 如果托收指示中明确指明手续费和/或费用不得放弃而付款人又拒付该项费用时，提示行将不交付单据，并对由此所引起的延误所产生的后果不承担责任。当该项费用已被拒付时，提示行必须以电信，当不可能时可用其他便捷的方式，通知向其发出托收指示的银行，不得延误。

3. 在任何情况下，若托收指示中清楚地规定或根据本规则具体规定，支付款项及/或费用及/或托收手续费应由委托人承担，代收行应有权从向其发出托收指示的银行立即收回所支出的有关支付款、费用和手续费，而托收行不管该托收结果如何，应有权向委托人立即收回它所付出的任何金额，连同它自己的支付款、费用和手续费。

4. 银行对向其发出托收指示的一方保留要求事先支付手续费及/或费用的权利，以补偿其拟执行任何指示的费用支出，在未收到该项款项期间，有保留不执行该项指示的权利。

【对本条的评述】

手续费和开支常常是托收中争议的事项，因此，URC522 设立了单独的条款，以便使要求的每一部分都能被清楚和单独地予以表述。

第二十一条第一款规定，若托收指示中规定手续费及费用由付款人承担，而付款人拒付时，除第二款规定的情况外，该费用应由委托人承担。

第二十一条第二款规定，如果托收指示规定手续费和开支不得放弃，则在此方面的任何争议得到解决前代收行不得交付单据，相应的，代收行对交付单据的任何迟延不承担责任。此时，代收行不能擅自放弃收费，只能速洽托收行，再依据托收指示处理。

第二十一条第三款清楚地表明需要对手续费立即进行结算。

按照第二十一条第四款的规定，某些情况下，代收行需要支付的开支和手续费远远多于正常的票据处理手续费。例如，当代收行同意托收行及/或委托人安排货物的交付时，可能需要托收行及/或委托人支付关税和运输费用。特别是当金额很大时，本款规定了银行要求事先支付的权利。当委托人所在国的外汇管制可能使资金汇出发生困难时，此条便具有特别重要的意义，可充分保护银行的利益。

七、其他条款

（一）第二十二条：承兑

提示行有责任确保汇票承兑形式看来是完整和正确的，但是对任何签字的真实性或签署承兑的任何签字人的权限不负责任。

（二）第二十三条：本票和其他凭证

提示行对在本票、收据或其他凭证上任何签字的真实性或签字人的权限不负责任。

【对以上两条的评述】

在某些地方，托收业务不仅要求银行证实付款人承兑汇票时签字的真实性，而且要求银行检查签字人是否有权签署承兑。国际商会认为这种要求不是普遍的国际惯例，以地区习惯为基础为国际社会制定规则不恰当。另外，通常代收行/提示行与付款人并无直接业务关系，此时，上述银行无法证实有关票据上付款人签字的真实性。此外，还存在付款人没有银行关系的情况。为此，URC522 在上述两条中明确规定，提示行仅应负责查看汇票的承兑形式在表面上是否完整和正确，但对任何签字的真实性及汇票、本票、收据或其他凭证上的签字人是否已得到充分授权不负任何责任。

（三）第二十四条：拒绝证书

托收指示对发生拒绝付款或拒绝承兑时的有关拒绝证书应有具体的指示（或代之以其他法律手续）。

如无此项具体指示，与托收有关的各银行在遭到拒绝付款或拒绝承兑时，无义务做成拒绝证书（或代之以其他法律手续）。

银行由于办理拒绝证书或其他法律手续而发生的手续费及/或其他费用概由向其发出托收指示的一方承担。

【对本条的评述】

按有关国家法律规定，当汇票持票人向付款人提示汇票遭到付款人拒付，即遭到付款人拒绝承兑汇票或拒绝支付汇票金额时，为使持票人向汇票的背书人和出票人行使追索权，持票人应及时请求付款地的法定公证人、法院、银行等机构做出证明拒付事实的文件，该文件即称为“拒绝证书”（protest），它是持票人凭以向其“前手”进行追索的法律依据。有些国家必须要求拒绝证书以使持票人享有追索权，而在另外一些国家，拒绝证书并不是持票人行使追索权的前提。鉴于以上考虑，URC522 规定：托收指示应对遭到拒绝付款或拒绝承兑时有关拒绝证书事宜或代之以其法律程序给予明确指示，否则，与托收有关的银行无义务做成拒绝证书。有关办理拒绝证书等的手续费和/或开支应由发出托收指示的一方负担。

（四）第二十五条：需要时的代理

如果委托人指定一名代表作为拒绝付款及/或拒绝承兑时的代理人，托收指示中应清楚、详尽地指明该代理人的权限。如无此项指示，银行对需要时的代理人的指示可以不受理。

【对本条的评述】

URC522 第四条第一（a）款规定，除非托收指示另有授权，银行对来自委托方/银行以外任何一方/银行的任何指示将不予理会，但此项规定并不免除银行执行由“需要时的代理”所发出的指示的义务。按照 URC522 第二十五条的规定，如委托人指定了一名“需要时的代理”，他必须在托收指示中明确而充分地注明该代理的权限，如是否有权提货、指示减价、修改交单条件等；否则，银行将不接受该代理的任何指示。

（五）第二十六条：通知

代收行应按下列规则通知托收结果：

1. 通知方式。代收行对向其发出托收指示的银行送交的所有通知和信息，必须载明必要的详细内容,在任何情况下,都应包括后者在托收指示中列明的编号。

2. 通知的方法:托收行有责任就各种通知的具体方法向代收行发出指示,不同通知详见本款 3(1)、3(2) 和 3(3)项的内容。如无该项指示,代收行将自行选择通知方法,寄送有关通知,而其费用应由向其发出托收指示的银行承担。

3. (1) 付款通知。代收行必须毫无延误地将付款通知交发给向其发出托收指示的银行,详细列明有关金额或收妥金额、扣减的手续费及/或支付款及/或费用(如适当),以及资金的处理方式。

(2) 承兑通知。代收行必须无延误地将承兑通知发送向其发出托收指示的银行。

(3) 拒绝付款或拒绝承兑的通知。提示行应尽力查明拒绝付款或拒绝承兑的原因,并相应地通知向其发出托收指示的银行,不得延误。

提示行应毫无延误地将拒绝付款及/或拒绝承兑的通知发送给向其发出托收指示的银行。收到该通知后,托收行必须就进一步处理单据发出适当的指示。如在发出拒绝付款及/或拒绝承兑通知后 60 天内,提示行未收到该项指示,可将单据退回向其发出托收指示的银行,而提示行方面不承担任何其他责任。

【对本条的评述】

第二十六条是对银行间的通知事宜所做的规定。第一款规定,代收行发给托收行的托收信息应符合托收指示。第二款规定,托收行有义务给予代收行关于付款和承兑通知、拒付通知的指示,否则,代收行可自行选择通知方式。第三款(3)项规定,如在发出拒绝付款及/或拒绝承兑通知后 60 天内,提示行未收到处理单据的指示,可将单据退回向其发出托收指示的银行,而不再承担任何其他责任。

第四节　跟单信用证统一惯例(UCP600)

一、UCP600 的产生及原因

随着银行、运输、保险各行业的发展, 自 1994 年开始生效适用的《跟单信用证统一惯例》(UCP500) 已经不能完全满足和适应实际业务的需要。国际商会(ICC) 于 2003 年正式成立新惯例起草工作小组并逐步展开统一惯例条款的修订工作,并于 2006 年 6 月推出了 UCP600。UCP600 于 2007 年 7 月 1 日起正式实施。具体而言,UCP600 的产生原因有以下几方面:UCP500 与现实发展不同步,已经不能再适应时代和科技的发展。如 UCP500 中规定的“风帆动力批注”,显然不符合现代航运要求;再如,“可撤销信用证”在实务中已经不复存在了。UCP500 分类不科学,次序排列不足,语言艰涩,条款繁杂且分散,分布在不同的出版物中,为业务操作埋下了隐患。如 UCP500 规定银行收到单据后的处理时间为“合理时间”, 为业务处理带来了不确定性。UCP500 条款缺乏全面性、实务缺乏针对性以及内容过时,导致近年来有关跟单信用证的诉讼案激增。

基于上述原因,国际商会对 UCP500 进行合理修改,为跟单信用证业务的实务操作和审核单据提供了新的标准。

二、UCP600 的结构

UCP600 共分为七个部分。

第一部分包括第一条至第六条，为总则和定义部分。这一部分主要对信用证业务中的有关术语做出了解释，明确了惯例的适用范围、信用证的含义及特点等。

第二部分包括第七条至第十三条，这一部分明确了有关信用证的开立、修改、各当事人的关系与责任等问题。

第三部分包括第十四条至第十六条，为单据审核部分。

第四部分包括第十七条至第二十八条，为单据内容的规定部分。

第五部分包括第二十九条至第三十二条，为杂项规定部分。

第六部分包括第三十三条至第三十七条，为银行的免责条款。

第七部分包括第三十八条和第三十九条，是关于可转让信用证和款项让渡的规定。

三、UCP600 逐条解释及案例分析

第一条　UCP 的适用范围

《跟单信用证统一惯例——2007 年修订本，国际商会第 600 号出版物》（简称“UCP”）乃一套规则，适用于所有的在信用证文本中明确表明受本惯例约束的跟单信用证（下称信用证）（在其可适用的范围内，包括备用信用证）。除非信用证明确修改或排除，本惯例各条文对信用证所有当事人均具有约束力。

【对第一条的解释】

（1）UCP600 适用于一切跟单信用证，包括各种类型的信用证；另外，UCP600 的有些条款（但并非所有条款）对备用信用证也适用。

（2）UCP 仅仅是惯例，不具有强制约束力。当事人可以在信用证中修改或排除 UCP 的条款。

第二条　定义

就本惯例而言：

通知行指应开证行的要求通知信用证的银行。

申请人指要求开立信用证的一方。

银行工作日指银行在其履行受本惯例约束的行为的地点通常开业的一天。

受益人指接受信用证并享受其利益的一方。

相符交单指与信用证条款、本惯例的相关适用条款以及国际标准银行实务一致的交单。

保兑指保兑行在开证行承诺之外做出的承付或议付相符交单的确定承诺。

保兑行指根据开证行的授权或要求对信用证加具保兑的银行。

信用证指一项不可撤销的安排，无论其名称或描述如何，该项安排构成开证行对相符交单予以承付的确定承诺。

兑付指

a. 如果信用证为即期付款信用证，则即期付款；

b. 如果信用证为延期付款信用证,则承诺延期付款并在承诺到期日付款;

c. 如果信用证为承兑信用证,则承兑受益人开出的汇票并在汇票到期日付款。

开证行指应申请人要求或者代表自己开出信用证的银行。

议付指指定银行在相符交单下,在其应获偿付的银行工作日当天或之前向受益人预付或者同意预付款项,从而购买汇票(其付款人为指定银行以外的其他银行)及/或单据的行为。

指定银行指信用证可在其处兑用的银行,如信用证可在任一银行兑用,则任何银行均为指定银行。

交单指向开证行或指定银行提交信用证项下单据的行为,或指按此方式提交的单据。

交单人指实施交单行为的受益人、银行或其他人。

【对第二条的解释】

UCP600 在结构上有一个重要变化,即在第二和第三两个条款集中归结了概念和某些词语在本惯例下的特定解释,把原本散落在各个条款中的解释定义归集在一起使全文变得清晰。对各当事方(包括开证申请人、开证行、保兑行、指定银行、通知行、受益人、交单人)进行定义是一项很困难的工作,它牵扯到全行业的理解标准问题,但从惯例的整体结构来看会显得更加完整。从各关系方的定义来看,其责任和义务没有实质变化,但相比 UCP500,UCP600 在个别用词上更加清晰和简洁,并补充了一些 UCP500 中未加以明确的定义(比如银行工作日、保兑、兑付、相符交单等)。

第二条引入了"honour"(兑付或承付)的概念。"honour"涵盖了开证行和保兑行在信用证项下除议付以外的一切与支付相关的行为,包括即期付款、承担迟期付款责任并到期付款、承兑汇票并到期付款。仅从 UCP600 条款设计来看,这个定义的引入可以使其他条款的规定统一而简洁;深一层次讲,可以认为国际商会在试图向这样一个方向努力:无论哪一种信用证,银行在信用证下的义务是同一性质的。

第二条改进了"negotiation"(议付)的定义。UCP500 第十条 b 款规定:"议付意指授权议付的银行对汇票及/或单据付出对价。仅审核单据而未付对价者,不构成议付。"UCP600 第二条对议付的定义取消了"支付对价"(the giving of value)的表述,明确议付是对票据及单据的一种买入(purchase)行为,并且明确是对受益人的融资——预付或承诺预付(advancing or agreeing to advance)。按照该定义,UCP600 承认了远期议付信用证的合理存在,同时也将议付行对受益人的融资纳入受惯例保护的范畴。

第三条　解释

就本惯例而言:

如情形适用,单数词形包含复数含义,复数词形包含单数含义。

信用证是不可撤销的,即使未如此表明。

单据签字可用手签、摹样签字、穿孔签字、印戳、符号或任何其他机械或电子的证实方法为之。

诸如单据须履行法定手续、签证、证明等类似要求,可由单据上任何看似满足该要求的签字、标记、印戳或标签来满足。

一家银行在不同国家的分支机构被视为不同的银行。

用诸如“第一流的”“著名的”“合格的”“独立的”“正式的”“有资格的”或“本地的”等词语描述单据的出单人时，允许除受益人之外的任何人出具该单据。

除非要求在单据中使用，否则诸如“迅速地”“立刻地”或“尽快地”等词语将被不予理会。

“在或大概在”(on or about)或类似用语将被视为规定事件发生在指定日期的前后五个日历日之间，起讫日期计算在内。

“至”(to)、“直至”(until、till)、“从……开始”(from)及“在……之间”(between)等词用于确定装运日期时包含提及的日期，使用“在……之前”(before)及“在……之后”(after)时则不包含提及的日期。

“从……开始”及“在……之后”等词用于确定到期日时不包含提及的日期。

“前半月”及“后半月”分别指一个月的第一日到第十五日及第十六日到该月的最后一日，起讫日期计算在内。

一个月的“开始”(beginning)、“中间”(middle)及“末尾”(end)分别指第一到第十日、第十一日到第二十日及第二十一日到该月的最后一日，起讫日期计算在内。

第四条　信用证与合同

a. 就其性质而言，信用证与可能作为其开立基础的销售合同或其他合同是相互独立的交易，即使信用证中含有对此类合同的任何援引，银行也与该合同无关，且不受其约束。因此，银行关于承付、议付或履行信用证项下其他义务的承诺，不受申请人基于与开证行或与受益人之间的关系而产生的任何请求或抗辩的影响。

受益人在任何情况下不得利用银行之间或申请人与开证行之间的合同关系。

b. 开证行应劝阻申请人试图将基础合同、形式发票等文件作为信用证组成部分的做法。

【对第四条的解释】

信用证按合同开立，一旦开立即独立于合同，信用证是一项自足文件，不受合同约束。受益人不能利用银行之间或银行与开证申请人之间存在的合同关系，各合同互相独立，一个合同的当事人不能利用另一个合同的规定以求得利益。开证申请人不能因收到货物与合同不符而要求银行拒付货款，只要单证相符，银行必须付款，进口商可用索赔的方式解决。

第四条 b 款为新增条款。由于近年来自南亚、中东等地区的信用证常常规定将副本合同、形式发票等作为信用证的组成部分，该做法会给受益人制单以及银行审单带来很大的麻烦，因此 UCP600 加入了 b 款，劝阻开证申请人的此类做法。

案例分析 5-6

我国某公司对伊朗出口瓷土一批，合同规定含量最低为 24%，并规定每增加 1%，应按比例加价 5%，可分批交货。但在对方开来的信用证中，规定允许分批装运分批结汇，却漏列加价条款。公司业务员审证时未注意，没有要求对方修改信用证。在第一批货物装出时，瓷土含量为 24%，该公司开出一张按 24%基价计算的发票。这一批装船的货物已顺利结汇。在第二批货物装出时，其含量超过24%，达到26%，商检机构出具了证书。该公司开出一张按24%基价加10%计算的发票。在向银行交单议付时，开证行以加价做法与信用证不符为由，拒付该批货款。该公司曾多次联系客户要求修改信用证，但对方坚持不修改。在该公司货物到达港口后，只得存放海关仓库。后经该公司再三交涉，前后拖了一年多才收回按24%基价计算的货款，使该公司损失了加价10%的货款及存仓费用和利息等。

分析：UCP600第四条a款阐明了信用证与合同的关系，信用证的开立是以买卖合同作为依据，但信用证一经开出，就成为独立于买卖合同以外的另一种契约，不受买卖合同的约束。信用证与其可能依据的买卖合同或其他合同，是相互独立的交易。即使信用证中提及该合同，银行也与该合同无关，且不受其约束。

在本案中，买方开来的信用证未规定加价条款，开证行拒付是正常的。一些外国商人就是利用信用证是独立于合同的原则，在信用证条款上做手脚，增加"软条款"或单方面修改合同的某些条款，钻我国公司新手的空子，不严格履行合同，等货物已装船出运，为时已晚。因此，业务员在收到对方开来的信用证时，要严格按合同审查，对不符合合同规定且对我方不利的条款，应及时要求对方修改，以免造成意想不到的损失。

第五条　单据与货物、服务或履约行为

银行处理的是单据，而不是单据可能涉及的货物、服务或履约行为。

【对第五条的解释】

(1) 信用证是单据业务，银行有四不管：不管合同、不管商品、不管单据真伪、不管出口商是否全部履约。

(2) 单据分为金融票据(汇票、支票、本票和付款收据等)和商业单据(运输单据、保险单据、发票及其他单证)。

(3) UCP600使用"deal with"明确表示银行不经营货物买卖而只是处理单据。

案例分析 5-7

中国甲公司向比利时乙公司订购货物，合同中约定货物的标准达到M级，并要求对方在出厂时提供甲M级标准合格证书，甲公司在申请开立信用证时未要求对方提供M级合格证书作为议付单据。发货后，甲公司在未付款的情况下先提到货物，发现质量不符合合同规定的M级标准，并请当地检疫部门出具证明，提交给银行，要求银行拒付。银行可否拒付？

分析：银行不可拒付，虽然银行知道对方违约的事实，但根据UCP600第五条，银行只需按单证相符的原则处理，处理的只是单据，只要对方提供的单据与信用证要求相符，就必须付款。本案中，甲公司在开立信用证时未要求提供M级标准合格证书，尽管在合同中有此约定，但银行不审查合同，也不审查对方是否实际违约，只审查对方提交的单据是否与信用证相符。只要单据与信用证相符，银行就应付款。

第六条　兑用方式、截止日和交单地点

a. 信用证必须规定可以兑用信用证的银行，或者信用证是否在任何银行均可兑用。可在指定银行兑用的信用证同时也可以在开证行兑用。

b. 信用证必须规定其是以即期付款、延期付款、承兑还是议付的方式兑用。

c. 信用证不得开成凭以申请人为付款人的汇票兑用。

d. i. 信用证必须规定一个交单的截止日。规定的承付或议付的截止日将被视为交单的截止日。

ii. 可在其处兑用信用证的银行所在地即为交单地点。可在任一银行兑用的信用证其交单地点为任一银行所在地。除规定的交单地点外，开证行所在地也是交单地点。

e. 除如第二十九条 a 款规定的情形，否则受益人或者代表受益人的交单应在截止日当天或之前完成。

【对第六条的解释】

（1）信用证的兑用方式共有四种：即期付款、延期付款、承兑和议付。

（2）UCP600 规定信用证项下汇票的付款人必须是银行。

（3）d(ii)是新增条款，对交单地点做出了规定。此前不少信用证就交单地点的问题存在相互矛盾的做法，比如一份自由议付的信用证却规定交单地点/到期地点为开证行所在地。新增条款首次在 UCP 中明确了交单地点应在指定银行及开证行所在地，而且即使存在指定银行，开证行不得拒绝受益人直接向其提交的单据，也就是受益人（包括交单行）可以自由选择向指定银行还是开证行交单。

案例分析 5-8

我国某公司收到意大利开来的信用证，该信用证限制由意大利银行付款，到期日为 4 月 19 日；到期地点：意大利；交单期：21 天；最迟装船期为 3 月 29 日。我方公司于 2 月 10 日装船，20 天内于 3 月 2 日将单据交我国银行，银行当天将单据寄出，于 3 月 7 日寄到意大利银行。开证行以迟交单为由拒付，原因是到期地点即交单地点。问：开证行拒付是否合理？为什么？

分析：开证行拒付合理。因为既然信用证规定到期地点在意大利，则单据须于交单期内交至开证行处，到期地点就是交单地点。因此，受益人应争取要求到期地点在受益人所在地。

第七条　开证行责任

a. 只要规定的单据提交给指定银行或开证行，并且构成相符交单，则开证行必须承付，如果信用证为以下情形之一：

i. 信用证规定由开证行即期付款，延期付款或承兑；

ii. 信用证规定由指定银行即期付款但其未付款；

iii. 信用证规定由指定银行延期付款但其未承诺延期付款，或虽已承诺延期付款，但未在到期日付款；

iv. 信用证规定由指定银行承兑,但其未承兑以其为付款人的汇票,或虽然承兑了汇票,但未在到期日付款。

v. 信用证规定由指定银行议付但其未议付。

b. 开证行自开立信用证之时起即不可撤销地承担承付责任。

c. 指定银行承付或议付相符交单并将单据转给开证行之后,开证行即承担偿付该指定银行的责任。对承兑或延期付款信用证下相符交单金额的偿付应在到期日办理,无论指定银行是否在到期日之前预付或购买了单据。开证行偿付指定银行的责任独立于开证行对受益人的责任。

第八条　保兑行责任

a. 只要规定的单据提交给保兑行,或提交给其他任何指定银行,并且构成相符交单,保兑行必须:

i. 承付,如果信用证为以下情形之一:

a）信用证规定由保兑行即期付款、延期付款或承兑;

b）信用证规定由另一指定银行即期付款,但其未付款;

c）信用证规定由另一指定银行延期付款,但其未承诺延期付款,或虽已承诺延期付款但未在到期日付款;

d）信用证规定由另一指定银行承兑,但其未承兑以其为付款人的汇票,或虽已承兑汇票未在到期日付款;

e）信用证规定由另一指定银行议付,但其未议付。

ii. 无追索权地议付,如果信用证规定由保兑行议付。

b. 保兑行自对信用证加具保兑之时起即不可撤销地承担承付或议付的责任。

c. 其他指定银行承付或议付相符交单并将单据转往保兑行之后,保兑行即承担偿付该指定银行的责任。对承兑或延期付款信用证下相符交单金额的偿付应在到期日办理,无论指定银行是否在到期日之前预付或购买了单据。保兑行偿付指定银行的责任独立于保兑行对受益人的责任。

d. 如果开证行授权或要求一银行对信用证加具保兑,而其并不准备照办,则其必须毫不延误地通知开证行,并可通知此信用证而不加保兑。

【对第七条和第八条的解释】

(1) 对于不可撤销信用证,只要受益人的交单构成相符交单,开证行和保兑行都应履行付款责任。

(2) 保兑行与开证行不是代理的关系,是两个独立的本人,对受益人均承担第一性付款责任,不必由受益人先向开证行要求付款,不付时再找保兑行。如受益人先向开证行交单,不付时再向保兑行要求付款,若过了信用证有效期,保兑行将不负责任。

(3) 保兑行和开证行的付款都没有追索权。

(4) 保兑行的责任与开证行相比,多出 a(ii)款(说明开证行不参与议付,而保兑行可以参与议付)和 d 款(如果开证行要求某一银行保兑,则该行可以接受保兑也可以不接受保兑,但必须及时通知开证行)。

第九条 信用证及其修改的通知

a. 信用证及其任何修改可以经由通知行通知给受益人。非保兑行的通知行通知信用证及修改时不承担承付或议付的责任。

b. 通知行通知信用证或修改的行为表示其已确信信用证或修改的表面真实性,而且其通知准确地反映了其收到的信用证或修改的条款。

c. 通知行可以通过另一银行(“第二通知行”)向受益人通知信用证及修改。第二通知行通知信用证或修改的行为表明其已确信收到的通知的表面真实性,并且其通知准确地反映了收到的信用证或修改的条款。

d. 经由通知行或第二通知行通知信用证的银行必须经由同一银行通知其后的任何修改。

e. 如一银行被要求通知信用证或修改但其决定不予通知,则应毫不延误地告知自其处收到信用证、修改或通知的银行。

f. 如一银行被要求通知信用证或修改但其不能确信信用证、修改或通知的表面真实性,则应毫不延误地通知看似从其处收到指示的银行。如果通知行或第二通知行决定仍然通知信用证或修改,则应告知受益人或第二通知行其不能确信信用证、修改或通知的表面真实性。

【对第九条的解释】

(1) 通知行的责任义务包括两方面:第一,应合理、谨慎地鉴别信用证的表面真实性;第二,准确通知信用证或信用证修改的内容。

(2) 第九条c款为新增条款,规定通知行可以通过第二通知行向受益人通知信用证及其修改,而且第二通知行承担与第一通知行同样的责任。

第十条 修改

a. 除第三十八条另有规定者外,未经开证行、保兑行(如有的话)及受益人同意,信用证既不得修改,也不得撤销。

b. 开证行自发出修改之时起,即不可撤销地受其约束。保兑行可将其保兑扩展至修改,并自通知该修改时,即不可撤销地受其约束。但是,保兑行可以选择将修改通知受益人而不对其加具保兑。若然如此,其必须毫不延误地将此告知开证行,并在其给受益人的通知中告知受益人。

c. 在受益人告知通知修改的银行其接受该修改之前,原信用证(或含有先前被接受的修改的信用证)的条款对受益人仍然有效。受益人应提供接受或拒绝修改的通知。如果受益人未能给予通知,当交单与信用证以及尚未表示接受的修改的要求一致时,即视为受益人已做出接受修改的通知,并且从此时起,该信用证被修改。

d. 通知修改的银行应将任何接受或拒绝的通知转告发出修改的银行。

e. 对同一修改的内容不允许部分接受,部分接受将被视为拒绝修改的通知。

f. 修改中关于除非受益人在某一时间内拒绝修改否则修改生效的规定应被不予理会。

【对第十条的解释】

(1) 信用证的修改经有关各方同意才能生效,受益人应对修改书发出接受或拒绝通知,接受的方式有两种:向通知行明确表示接受;交单时所提供的单据符合所修改的内容即为接受，如不接受可在交单前表示拒绝。

（2）保兑行有权对修改不加保兑，但应立即通知开证行及受益人。

（3）第十条 d 款为新增条款，说明通知修改的银行也应通知受益人做出的接受修改或拒绝修改的意思表示。

（4）接受部分修改内容是不允许的，部分接受视为拒绝修改。

（5）第十条 f 款为新增条款，明确否定了信用证修改中加入的“除非受益人在指定的时间内拒绝，否则将视其接受修改”或此类默认接受条款的效力，因为这类条款严重损害了信用证不可撤销的性质，而且也违背了基本的合同法原则。

第十一条　电信传输的和预先通知的信用证和修改

a. 以经证实的电信方式发出的信用证或信用证修改即被视为有效的信用证或修改文据，任何后续的邮寄确认书应被不予理会。

如电信声明“详情后告”（或类似用语）或声明以邮寄确认书为有效信用证或修改，则该电信不被视为有效信用证或修改。开证行必须随即不迟延地开立有效信用证或修改，其条款不得与该电信矛盾。

b. 开证行只有在准备开立有效信用证或做出有效修改时，才可以发出关于开立或修改信用证的初步通知（预先通知）。开证行做出该预先通知，即不可撤销地保证不迟延地开立或修改信用证，且其条款不能与预先通知相矛盾。

【对第十一条的解释】

电开信用证目前使用比较多，过去开证行由于某种习惯，先以简单的电文指示通知行通知受益人，然后再邮寄证实书作为核对电文之用。开证行如果准备使用邮寄证实书的做法，一般在电文通知中仅简单地表明开立第××号信用证，及金额、数量、品名等主要几个项目，电文的本身构成不了完整的信用证文件，所以在电文中声明“详情后告”的类似措辞，而且电文不加押。如果在电文中加押了，就表明该电文已证实作为完整有效的信用证，即使再寄证实书也无效。

第十二条　指定

a. 除非指定银行为保兑行，对于承付或议付的授权并不赋予指定银行承付或议付的义务，除非该指定银行明确表示同意并且告知受益人。

b. 开证行指定一银行承兑汇票或做出延期付款承诺，即为授权该指定银行预付或购买其已承兑的汇票或已做出的延期付款承诺。

c. 非保兑行的指定银行收到或审核并转递单据的行为并不使其承担承付或议付的责任，也不构成其承付或议付的行为。

【对第十二条的解释】

（1）开证行指定的银行不等于被指定银行做出了某种允诺，指定银行可以接受照办，也可以拒绝办理。

（2）第十二条 b 款为新增条款，该条款明确了开证行对于指定银行进行承兑、做出延期付款承诺的授权，同时包含允许指定行进行提前买入的授权。这项规定旨在保护指定银行在信用证下对受益人进行融资的行为，将其纳入 UCP 的规则范围。

第十三条　银行之间的偿付安排

a. 如果信用证规定指定银行("索偿行")向另一方("偿付行")获取偿付时,必须同时规定该偿付是否按信用证开立时有效的 ICC 银行间偿付规则进行。

b. 如果信用证没有规定偿付遵守 ICC 银行间偿付规则,则按照以下规定:

i. 开证行必须给予偿付行有关偿付的授权,授权应符合信用证关于兑用方式的规定,且不应设定截止日。

ii. 开证行不应要求索偿行向偿付行提供与信用证条款相符的证明。

iii. 如果偿付行未按信用证条款见索即偿,开证行将承担利息损失以及产生的任何其他费用。

iv. 偿付行的费用应由开证行承担。然而,如果此项费用由受益人承担,开证行有责任在信用证及偿付授权中注明。如果偿付行的费用由受益人承担,该费用应在偿付时从付给索偿行的金额中扣取。如果偿付未发生,偿付行的费用仍由开证行负担。

c. 如果偿付行未能见索即偿,开证行不能免除偿付责任。

【对第十三条的解释】

与 UCP600 相适应,修订后的银行间偿付规则(URR725)于 2008 年 10 月 1 日起实施。开证行应及时发出偿付指示。偿付行与付款行的主要区别在于前者不受单不审单,后者审单付款。开证行对偿付行负有无条件还款责任,并应承担偿付行的利息损失。偿付行费用由开证行承担。

第十四条　单据审核标准

a. 按指定行事的指定银行、保兑行(如果有的话)及开证行须审核交单,并仅基于单据本身确定其是否在表面上构成相符交单。

b. 按指定行事的指定银行、保兑行(如有的话)及开证行各有从交单次日起至多 5 个银行工作日用以确定交单是否相符。这一期限不因在交单日当天或之后信用证截止日或最迟交单日届至而受到缩减或影响。

c. 如果单据中包含一份或多份受第十九、二十、二十一、二十二、二十三、二十四或二十五条规制的正本运输单据,则须由受益人或其代表在不迟于本惯例所指的装运日之后的 21 个日历日内交单,但是在任何情况下都不得迟于信用证的截止日。

d. 单据中的数据,在与信用证、单据本身以及国际标准银行实务参照解读时,无须与该单据本身中的数据、其他要求的单据或信用证中的数据等同一致,但不得矛盾。

e. 除商业发票外,其他单据中的货物、服务或履约行为的描述,如果有的话,可使用与信用证中的描述不矛盾的概括性用语。

f. 如果信用证要求提交运输单据、保险单据或者商业发票之外的单据,却未规定出单人或其数据内容,则只要提交的单据内容看似满足所要求单据的功能,且其他方面符合第十四条 d 款,银行将接受该单据。

g. 提交的非信用证所要求的单据将被不予理会,并可被退还给交单人。

h. 如果信用证含有一项条件,但未规定用以表明该条件得到满足的单据,银行将视为未作规定并不予理会。

i. 单据日期可以早于信用证的开立日期,但不得晚于交单日期。

j. 当受益人和申请人的地址出现在任何规定的单据中时，无须与信用证或其他规定单据中所载相同，但必须与信用证中规定的相应地址同在一国。联络细节（传真、电话、电子邮件及类似细节）作为受益人和申请人地址的一部分时将被不予理会。然而，如果申请人的地址和联络细节为第十九、二十、二十一、二十二、二十三、二十四或二十五条规定的运输单据上的收货人或通知方细节的一部分时，应与信用证规定的相同。

k. 在任何单据中注明的托运人或发货人无须为信用证的受益人。

l. 运输单据可以由任何人出具，无须为承运人、船东、船长或租船人，只要其符合第十九、二十、二十一、二十二、二十三或二十四条的要求。

【对第十四条的解释】

(1) 负责审单的银行只基于单据本身确定其是否在表面上构成相符交单。负责审单的银行包括议付行；开证行、保兑行或付款行。

(2) 第十四条b款与UCP500相比有修订，缩短了银行的审单时限。关于开证行、保兑行和指定银行在收到单据后的处理时间，在UCP500中规定为不超过收单翌日起7个工作日的合理时间，而在UCP600中改为最多为收单翌日起5个工作日内。审单时限的缩短，总体来说对受益人更为有利，加速了贸易进程。

(3) 第十四条d款是新增条款，该条款确立了相符交单的新标准，即除了"单单一致"、"单证一致"之外，也包括"单内一致"；还明确了审核单据的依据是信用证、单据本身以及国际标准银行实务。由于不少银行提出的不符点是单证之间的内容不完全一样，甚至格式的不同也被提出不符，因此，ICC再次通过本条款明确并不要求单据内容与信用证的规定或其他单据完全统一，只要不相矛盾即可。这体现了审单标准的宽松化。

(4) 第十四条f款是新增条款。根据UCP500第二十一条的规定，对于信用证中要求的除运输单据、保险单据和商业发票以外的单据，如果没有具体规定描述详情，只要和其他单据的内容不矛盾，银行就可以接受。这本来是一个比较宽松的规定，但在贸易实践中却造成了受益人对该条款的滥用，导致受益人提交的单据不能满足进口商的需要。如装箱单不表明装箱细节，产地证明不表明生产国别，检验证书没有具体的检验结果和检验日期等。这样的单据虽然符合信用证和UCP的规定，但是并不符合合格单据的标准，客观上使单据失去了其应有的效力，给申请人造成了不应有的不便。为弥补该条款的不足，使规定更符合实际需要，UCP600第十四条f款建立了新的"单据必须满足其功能"的审单标准。

(5) 第十四条g款是新增条款，该款规定，信用证中没有规定的单据，银行不负责审核，并可退给受益人。

(6) 按照h款的规定，银行对非单据条款不予理会，如"载货船舶的船龄不超过15年"、"载货船舶挂巴拿马国旗"等都属于非单据条件。

(7) 第十四条j款是新增条款，该条款是对地址和联系细节的规定，任何单据的受益人及开证申请人地址均无须与信用证及其他单据统一，只要是在同一国家范围内即可，至于地址信息中的联系细节（电话、传真号码、e-mail等）干脆就不予置理，否则很容易因为笔误而遭到拒付。这样的规定是因为此类地址通常处于变动之中。例外情形是运输单据上的收货人及通知人的地址和联系细节应与信用证的规定相符，因为承运人需依赖该信息以便及时通知收货人或通知人有关到货及提货事宜。这一规定大大放宽了对地址严格相符的规定,减少了不重要的细节要求,尤其适用于在同一国家内有不同营业地的贸易公司的制单业务,为出口商制单做到单证相符、有效减少不符点的发生提供了宽松环境,降低了出口商被不当拒收单据带来的风险,保障了出口商的收汇权益。

(8) 第十四条1款是新增条款,是对运输单据签发人的规定。由于国际货运代理协会联合会(FIATA)对不再保留原UCP500中的第三十条(运输行签发的单据)一直持有保留意见,ICC通过新增上述条款表明信用证项下的运输单据可由承运人、船东、船长或租船人以外的任何人(当然也就包括运输行)签发,只要其签署满足第十九条至第二十四条运输单据条款的要求。

案例分析 5-9

某公司向A行提交信用证项下一套单据。信用证要求的单据中第三项要求提交CERTIFICATE OF QUALITY(质量证),第四项要求提交CERTIFICATE OF QUANTITY(数量证),两份单据均要求由国家商检局出具。出于成本和便利考虑,公司要求商检局提交了一份CERTIFICATE OF QUALITY AND QUANTITY(质量和数量证)。由于以往同一客户、同一商品、相同条款的不同信用证项下,客户提交了同样的单据,均及时收汇,A行习以为常,直接对外寄单索汇,结果开证行以两份单据合并出具为由拒绝付款。适逢货物行情下跌,开证申请人无利可图,A行几经交涉,最后以退单退运货物告终,该公司遭受经济损失。

分析:开证行的拒付是有根据的。根据UCP600第十四条a款规定:"按指定行事的指定银行、保兑行(如果有的话)及开证行须审核交单,并仅基于单据本身确定其是否在表面上构成相符交单。"只要单据存在不符点,开证行就有权拒付信用证项下的款项,解除自己在信用证项下的付款责任。同时在本案例中,开证行的拒付是在接到单据之日起算的5个工作日内一次性以快捷方式(SWIFT)提出,根据UCP600第十六条,其拒付行为无瑕疵。

案例分析 5-10

X行开立一不可撤销的即期付款信用证,通过A行通知受益人,X行要求A行对信用证加具保兑。A行把信用证通知给受益人,并加具了保兑。除其他单据外,信用证还要求一份装箱单。受益人发货后将单据提交给A行要求付款。A行审单后确定单据不符,理由如下:装箱单没有采用载有受益人信头的纸张开立,并且受益人没有在上面签字。试问:(1)装箱单必须用载有受益人信头的纸张吗?(2)装箱单必须签字吗?

分析:(1)不是。除非信用证要求由一个特定的机构开立装箱单,装箱单无须表明出单人名称。按照UCP600第十四条d款和f款的规定,当要求提供运输单据、保险单据和商业发票以外的单据时,却未规定该单据的出单人及其措辞或内容,只要所提交单据的内容看似满足所要求单据的功能,且与提交的其他规定单据不矛盾,银行将接受此类单据。(2)除非信用证要求签字或如果装箱单需要某种证明,装箱单无须签字。

第十五条　相符交单

a. 当开证行确定交单相符时,必须承付。

b. 当保兑行确定交单相符时,必须承付或者议付并将单据转递给开证行。

c. 当指定银行确定交单相符并承付或议付时,必须将单据转递给保兑行或开证行。

第十六条　不符单据、放弃及通知

a. 当按照指定行事的指定银行、保兑行(如有的话)或者开证行确定交单不符时,可以拒绝承付或议付。

b. 当开证行确定交单不符时,可以自行决定联系申请人放弃不符点。然而这并不能延长第十四条 b 款所指的期限。

c. 当按照指定行事的指定银行、保兑行(如有的话)或开证行决定拒绝承付或议付时,必须给予交单人一份单独的拒付通知。

该通知必须声明:

i. 银行拒绝承付或议付;

ii. 银行拒绝承付或者议付所依据的每一个不符点;及

iii. a) 银行留存单据听候交单人的进一步指示;或者

b) 开证行留存单据直到其从申请人处接到放弃不符点的通知并同意接受该放弃,或者其同意接受对不符点的放弃之前从交单人处收到其进一步指示;或者

c) 银行将退回单据;或者

d) 银行将按之前从交单人处获得的指示处理。

d. 第十六条 c 款要求的通知必须以电信方式,如不可能,则以其他快捷方式,在不迟于自交单之翌日起第 5 个银行工作日结束前发出。

e. 按照指定行事的指定银行、保兑行(如有的话)或开证行在按照第十六条 c 款 iii 项 a)或 b)发出了通知后,可以在任何时候将单据退还交单人。

f. 如果开证行或保兑行未能按照本条行事,则无权宣称交单不符。

g. 当开证行拒绝承付或保兑行拒绝承付或者议付,并且按照本条发出了拒付通知后,有权要求返还已偿付的款项及利息。

【对第十六条的解释】

(1) 银行审单发现有不符点,应在 5 个工作日内以快捷方式发出拒付通知,拒付通知应包含三项内容。

(2) 如发现单证不符,开证行或保兑行可向寄单行追偿货款及利息。

(3) 第十六条 c 款增加了银行对不符单据的处理方式。UCP500 第十四条规定开证行对于不符单据可以有两种处理方式:一是持单听候处理,二是退还交单人。但是,在银行实务中开证行提出不符点并拒付后,并不必然退单,因为开证申请人并不一定拒付。UCP600 第十六条 c 款 iii 项中增加了"开证行持单直到开证申请人接受不符单据"的处理方式。加入这一条款主要是考虑到受益人提交单据最基本的目的是获得款项,因此可以推定,如果开证申请人同意放弃不符点并支付,对受益人利益不会造成损害。

如果出口商出于各种考虑(比如寻找其他买家)不愿意给予对方这种权利,可以在交单时明确表示此笔交单按照第 4 种方式来处理不符单据,即拒付后"单据按照交单人事先

的指示处理”,或者干脆要求进口商委托开立信用证时直接排除这一选项。对于进口商而言,如果因单据不符准备拒付,也要同样注意向开证行查询对方在交单面函中有无额外指示,以免造成后续处理的不便,甚至因处理不当引发纠纷。

案例分析 5-11

我国外贸公司 A 与某进口公司 B 达成一份 CIF 合同,合同规定:A 公司向 B 公司出口某商品,合同价格为每公吨 315 美元,共计 1 000 公吨,支付方式为不可撤销信用证。按照合同的要求,B 公司开来一张不可撤销即期信用证,表明该信用证受 UCP600 约束。A 公司审核来证确认无误后,开始备货,并且在信用证规定的装运期内完成了装运,备齐信用证要求的全套单据经通知行向开证行交单。由于货物市场行情变化很快,交单后的前两天货物市场价格均维持在每公吨 300 美元的水平,未来还有降价的趋势。A 公司委托寄单行数次询问单据审核情况,开证行一再以“业务量大”为托辞,声称正在审核单据。直到其接到单据以后的第 5 天开证行才来电拒付:装箱单中对货物数量的描述与发票不符,银行拒付,单据听候处理。A 公司经过查对单据复印件,发现银行所称不符点确实存在,寄单行在寄单前也未发现该不符点。银行拒付当天货物的市场行情降至每公吨 290 美元。A 公司在银行拒付后与 B 公司进行协商,B 公司要求降价,否则不接受单据。此时货物已经到港,经过再三考虑,我方同意将货价降至每公吨 280 美元。该笔交易我方共计损失 6 万多美元。

分析:开证行审核单据发现不符点,有权拒付,而且该案例中,开证行行使拒付权利符合了 UCP600 第十六条的规定,拒付无瑕疵。

第十七条 正本单据及副本

a. 信用证规定的每一种单据须至少提交一份正本。

b. 银行应将任何带有看似出单人的原始签名、标记、印戳或标签的单据视为正本单据,除非单据本身表明其非正本。

c. 除非单据本身另有说明,在以下情况下,银行也将其视为正本单据:

i. 单据看似由出单人手写、打字、穿孔或盖章;或者

ii. 单据看似使用出单人的原始信纸出具;或者

iii. 单据声明其为正本单据,除非该声明看似不适用于提交的单据。

d. 如果信用证要求提交单据的副本,提交正本或副本均可。

e. 如果信用证使用诸如“一式两份”(in duplicate)、“两份”(in two fold)、“两套”(in two copies)等用语要求提交多份单据,则提交至少一份正本,其余使用副本即可满足要求,除非单据本身另有说明。

【对第十七条的解释】

(1) 签字可以用手签、传真签字、穿孔签字、签章、符号、任何其他机械的或电子的证实方法等七种,这是为了适应 EDI 日益发展的需要。

(2) 副本单据无须签字。

(3) 如 L/C 要求多份单据,如一式两份、两张等,提交一份正本,其余为副本,但 Full set clean shipped 3/3 original B/L plus Two n/n copies 则必须提供 3 份正本,两份副本提单送银行议付。汇票 in duplicate 不是正副本关系,而是第一张和第二张,因为汇票上有"作废条款"即"付一不付二,付二不付一"。

(4) 如 L/C 要求证实、确认、法律认可、签证、证明等,只要签字、标记、盖章或用签条标明均可。

第十八条　商业发票

a. 商业发票:

i. 必须看似由受益人出具(第三十八条规定的情形除外);

ii. 必须出具成以申请人为抬头(第三十八条 g 款规定的情形除外);

iii. 必须与信用证的货币相同;且

iv. 无须签名。

b. 按指定行事的指定银行、保兑行(如有的话)或开证行可以接受金额大于信用证允许金额的商业发票,其决定对有关各方均有约束力,只要该银行对超过信用证允许金额的部分未做承付或者议付。

c. 商业发票上的货物、服务或履约行为的描述应该与信用证中的描述一致。

【对第十八条的解释】

(1) 发票是整套单据的中心,是卖方对一笔交易的全面说明,包括商品名称、品质、规格、等级、牌名、唛头、单价、总值、包装、运输方式、信用证号或合同号、佣金,如有的话必须写明,其作用是:①是卖方向买方发送货物的清单;②是买卖双方收付货款和记账的凭证;③是买卖双方办理报关、纳税的重要单据;④是卖方缮制其他出口单据的依据。

(2) 除非信用证另有规定,商业发票应由受益人出具,做成申请人抬头。

(3) 商业发票无须签字,但信用证若要求签字发票、证实发票或宣誓发票,则受益人必须签字,并应在发票上注明:"we hereby swear that…"

(4) 按照 b 款的规定,银行可以拒绝接受金额超过信用证金额的商业发票,也可以接受金额超过信用证金额的商业发票。只要该银行对超过信用证允许金额的部分未做承付或者议付,其决定对有关各方均有约束力。比说,一信用证的最高限额是 100 万美元,不允许分批装运,也不许溢短装。假如受益人提交的发票上的金额是 120 万美元,则多出的 20 万美元便是超过信用证所允许之金额的部分。如果被指定的议付行没有议付给受益人这多出的 20 万美元,那么对开证行、受益人和申请人等有关当事人都有约束力,也就是说他们必须认可和接受被指定的议付行所做出的这一决定。

(5) 发票上的描述必须与信用证规定相符,如信用证列明一批工具或一批食品,发票上详列的商品名称不能有不属于工具或食品的商品。

第十九条　涵盖至少两种不同运输方式的运输单据

a. 涵盖至少两种不同运输方式的运输单据(多式或联合运输单据),无论名称如何,必须看似:

i. 表明承运人名称并由以下人员签署:

a) 承运人或其具名代理人,或

b）船长或其具名代理人。

承运人、船长或代理人的任何签字，必须标明其承运人、船长或代理人的身份。

代理人签字必须表明其系代表承运人还是船长签字。

ii. 通过以下方式表明货物已经在信用证规定的地点发送、接管或已装船。

a）事先印就的文字，或者

b）表明货物已经被发送、接管或装船日期的印戳或批注。

运输单据的出具日期将被视为发送、接管或装船的日期，也即装运的日期。然而如单据以印戳或批注的方式表明了发送、接管或装船日期，该日期将被视为装运日期。

iii. 表明信用证规定的发送、接管或装运地点，以及最终目的地，即使：

a）该运输单据另外还载明了一个不同的发送、接管或装运地点或最终目的地，或者，

b）该运输单据载有“预期的”或类似的关于船只、装货港或卸货港的限定语。

iv. 为唯一的正本运输单据，或者，如果出具为多份正本，则为运输单据中表明的全套单据。

v. 载有承运条款和条件，或提示承运条款和条件参见别处（简式/背面空白的运输单据）。银行将不审核承运条款和条件的内容。

vi. 未表明受租船合同约束。

b. 就本条而言，转运指在从信用证规定的发送、接管或者装运地点至最终目的地的运输过程中从某一运输工具上卸下货物并装上另一运输工具的行为（无论其是否为不同的运输方式）。

c. i. 运输单据可以表明货物将要或可能被转运，只要全程运输由同一运输单据涵盖。

ii. 即使信用证禁止转运，注明将要或者可能发生转运的运输单据仍可接受。

【对第十九条的解释】

（1）多式联运单据必须表明承运人名称并由承运人或其具名代理人，或船长或其具名代理人签署。

（2）运输单据的出具日期将被视为发送、接管或装船的日期，也即装运的日期。然而如单据以印戳或批注的方式表明了发送、接管或装船日期，则以印戳或批注日期作为装运日期。

（3）即使信用证禁止转运，银行将接受注明转运将发生或可能发生的运输单据，一般提单背面均有这样的印妥条款。

案例分析 5-12

信用证要求提供“LAND-SEA COMBINED TRANSPORT B/L”，但又规定不可转运，货从内地装火车到香港装船，与不可转运有矛盾。问：以上条款是否需要联系客户修改？

分析：不需要修改。按照 UCP600 第十九条 c(ii) 款规定，即使信用证禁止转运，银行也将接受注明转运将发生或可能发生的多式运输单据。

第二十条　提单

a. 提单，无论名称如何，必须看似：

i. 表明承运人名称，并由下列人员签署：

a）承运人或其具名代理人，或者

b）船长或其具名代理人。

承运人、船长或代理人的任何签字必须标明其承运人、船长或代理人的身份。

代理人的任何签字必须标明其系代表承运人还是船长签字。

ii. 通过以下方式表明货物已在信用证规定的装货港装上具名船只：

a）预先印就的文字，或

b）已装船批注注明货物的装运日期。

提单的出具日期将被视为装运日期，除非提单载有表明装运日期的已装船批注，此时已装船批注中显示的日期将被视为装运日期。

如果提单载有"预期船只"或类似的关于船名的限定语，则需以已装船批注明确装运日期以及实际船名。

iii. 表明货物从信用证规定的装货港装运至卸货港。

如果提单没有表明信用证规定的装货港为装货港，或者其载有"预期的"或类似的关于装货港的限定语，则需以已装船批注表明信用证规定的装货港、装运日期以及实际船名。即使提单以事先印就的文字表明了货物已装载或装运于具名船只，本规定仍适用。

iv. 为唯一的正本提单，或如果以多份正本出具，为提单中表明的全套正本。

v. 载有承运条款和条件，或提示承运条款和条件参见别处（简式/背面空白的提单）。银行将不审核承运条款和条件的内容。

vi. 未表明受租船合同约束。

b. 就本条而言，转运系指在信用证规定的装货港到卸货港之间的运输过程中，将货物从一船卸下并再装上另一船的行为。

c. i. 提单可以表明货物将要或可能被转运，只要全程运输由同一提单涵盖。

ii. 即使信用证禁止转运，注明将要或可能发生转运的提单仍可接受，只要其表明货物由集装箱、拖车或子船运输。

d. 提单中声明承运人保留转运权利的条款将被不予理会。

【对第二十条的解释】

（1）如 L/C 要求港至港提单，银行将接受不论如何命名的提单，如 Marine B/L 或 Ocean B/L 等，但必须是表面上看来注明承运人名称并由承运人或其代理签章，或船长或其代理签章。承运人、船长或代理人的任何签字必须标明其承运人、船长或代理人的身份。代理人的任何签字必须标明其系代表承运人还是船长签字。

（2）货已装船，运输单据签发日即为装船日。如是"备运提单"或预期船名，则要加以已装船批注并加盖印章或小签，注明装船日期及船名。如果收货地或接受监管地不在同一装运港，则还应注明装运港名称。

（3）注明装运港和卸货港，如果最终目的港不同于卸货港，则还应注明。

（4）如以多份正本出具，为提单中表明的全套正本。一份正本也视为全套。如信用证要求:“2/3 B/L,另外 1/3 to be airmailed to the applicant”,表示3份正本提单中两份正本提单送银行议付,一份正本航寄开证申请人。

(5)所有货运条款,即使其中某些条款出自另一来源,银行不审核该条款。

(6)即使信用证禁止转运,注明将要或可能发生转运的提单仍可接受,只要其表明货物由集装箱、拖车或子船运输。

第二十一条　不可转让的海运单

a. 不可转让的海运单,无论名称如何,必须看似:

i. 表明承运人名称并由下列人员签署:

a)承运人或其具名代理人,或者

b)船长或其具名代理人。

承运人、船长或代理人的任何签字必须标明其承运人、船长或代理人的身份。

代理签字必须标明其系代表承运人还是船长签字。

ii. 通过以下方式表明货物已在信用证规定的装货港装上具名船只:

a)预先印就的文字,或者

b)已装船批注表明货物的装运日期。

不可转让海运单的出具日期将被视为装运日期,除非其上带有已装船批注注明装运日期,此时已装船批注注明的日期将被视为装运日期。

如果不可转让海运单载有“预期船只”或类似的关于船名的限定语,则需要以已装船批注表明装运日期和实际船名。

iii. 表明货物从信用证规定的装货港装运至卸货港。

如果不可转让海运单未以信用证规定的装货港为装货港,或者如果其载有“预期的”或类似的关于装货港的限定语,则需要以已装船批注表明信用证规定的装货港、装运日期和船只。即使不可转让海运单以预先印就的文字表明货物已由具名船只装载或装运,本规定也适用。

iv. 为唯一的正本不可转让海运单,或如果以多份正本出具,为海运单上注明的全套正本。

v. 载有承运条款的条件,或提示承运条款和条件参见别处(简式/背面空白的海运单)。银行将不审核承运条款和条件的内容。

vi. 未注明受租船合同约束。

b. 就本条而言,转运系指在信用证规定的装货港到卸货之间的运输过程中,将货物从一船卸下并装上另一船的行为。

c. i. 不可转让海运单可以注明货物将要或可能被转运,只要全程运输由同一海运单涵盖。

ii. 即使信用证禁止转运,注明转运将要或可能发生的不可转让的海运单仍可接受,只要其表明货物装于集装箱、拖船或子船中运输。

d. 不可转让的海运单中声明承运人保留转运权利条款将被不予理会。

【对第二十一条的解释】

(1)UCP600关于不可转让的海运单的规定与提单的规定类似,而这两种运输单据不能混淆。因此，二者的名称要明确，不能随意混用。

（2）不可转让的海运单与提单的区别：①不可转让的海运单只是货物收据和运输合同的证明；而提单还有物权凭证的作用。②使用不可转让的海洋运单，收货人只凭承运人或其代理的到货通知即可提货；而使用提单则必须凭正本提单才能提货，所以对日本的出口贸易常有“stale B/L acceptable”条款，进口人凭保函先提货，等提单寄到后再去换出保函。③不可转让的海运单的收货人一栏，要填写实际收货人，因为这种单据是不可转让的；海运提单的收货人一栏，则经常填写“to order”或“to order of shipper”或“to order of…bank”。

第二十二条　租船合同提单

a. 表明其受租船合同约束的提单（租船合同提单），无论名称如何，必须看似：

i. 由以下人员签署：

a）船长或其具名代理人，或

b）船东或其具名代理人，或

c）租船人或其具名代理人。

船长、船东、租船人或代理人的任何签字必须标明其船长、船东、租船人或代理人身份。

代理人签字必须表明其系代表船长、船东还是租船人签字。

代理人代表船东或租船人签字时必须注明船东或租船人的名称。

ii. 通过以下方式表明货物已在信用证规定的装货港装上具名船只：

a）预先印就的文字，或者

b）已装船批注注明货物的装运日期。

租船合同提单的出具日期将被视为装运日期，除非租船合同提单载有已装船批注注明装运日期，此时已装船批注上注明的日期将被视为装运日期。

iii. 表明货物从信用证规定的装货港装运至卸货港。卸货港也可显示为信用证规定的港口范围或地理区域。

iv. 为唯一的正本租船合同提单，或如以多份正本出具，为租船合同提单注明的全套正本。

b. 银行将不审核租船合同，即使信用证要求提交租船合同。

【对第二十二条的解释】

（1）有权签发租船提单的人包括：船长或其具名代理人，或船东或其具名代理人，或租船人或其具名代理人。与UCP500相比，UCP600规定的签发人可以为“租船人或其具名代理人”。这对出口商而言是利好的消息，出口商如果负责租船订舱，则可以自行签发租船提单，从而保证货权始终掌握在自己手里；而对进口商来说，因为货物所有权始终在出口商手中，在运输过程中出口商有可能将货物转卖给其他买主，所以进口商在开证时要考虑是否接受租船提单。

（2）即使信用证要求提交与提单有关的租船合同，银行也不审核租船合同的内容，而仅是进行传递。

第二十三条　空运单据

a. 空运单据，无论名称如何，必须看似：

i. 表明承运人名称，并由以下人员签署：

a）承运人，或

b）承运人的具名代理人。

承运人或其代理人的任何签字必须标明其承运人或代理人的身份。

代理人签字必须表明其系代表承运人签字。

ii. 表明货物已被收妥待运。

iii. 表明出具日期。该日期将被视为装运日期，除非空运单据载有专门批注注明实际装运日期，此时批注中的日期将被视为装运日期。

空运单据中其他与航班号和航班日期相关的信息将不被用来确定装运日期。

iv. 表明信用证规定的起飞机场和目的地机场。

v. 为开给发货人或托运人的正本，即使信用证规定提交全套正本。

vi. 载有承运条款和条件，或提示条款和条件参见别处。银行将不审核承运条款和条件的内容。

b. 就本条而言，转运是指在信用证规定的起飞机场到目的地机场的运输过程中，将货物从一飞机卸下再装上另一飞机的行为。

c. i. 空运单据可以注明货物将要或可能转运，只要全程运输由同一空运单据涵盖。

ii. 即使信用证禁止转运，注明将要或可能发生转运的空运单据仍可接受。

【对第二十三条的解释】

（1）空运单据的正本一式三份，一份正本由航空公司留底；一份正本随同货物送交收货人，作为到货通知；一份正本交发货人或托运人，作为货物收据。因此，即使信用证要求提交全套正本单据，发货人或托运人也只能交出自己的一份。

（2）空运单据为记名式的，不是指示式，不可转让。当货物到达目的地机场，经证明收货人身份后，货物即可交给收货人，无须交出正本运输单据，所以空运单据不是物权凭证。

（3）即使信用证禁止转运，银行也接受表明转运将发生或可能发生的空运单据，但同一空运单据必须包括运输全程。

第二十四条　公路、铁路或内陆水运单据

a. 公路、铁路或内陆水运单据，无论名称如何，必须看似：

i. 表明承运人名称，并且

a）由承运人或其具名代理人签署，或者

b）由承运人或其具名代理人以签字、印戳或批注表明货物收讫。

承运人或其具名代理人的收货签字、印戳或批注必须标明其承运人或代理人的身份。

代理人的收货签字、印戳或批注必须标明代理人系代理承运人签字或行事。

如果铁路运输单据没有指明承运人，可以接受铁路运输公司的任何签字或印戳作为承运人签署单据的证据。

ii. 表明货物在信用证规定地点的装运日期，或者收讫待运或待发送的日期。运输单据的出具日期将被视为装运日期，除非运输单据上盖有带日期的收货印戳，或注明了收货日期或装运日期。

iii. 表明信用证规定的装运地及目的地。

b. i. 公路运输单据必须看似为开给发货人或托运人的正本，或没有任何标记表明单据开给何人。

ii. 注明“第二联”的铁路运输单据将被作为正本接受。

iii. 无论是否注明正本字样，铁路或内陆水运单据都被作为正本接受。

c. 如运输单据上未注明出具的正本数量，提交的份数即视为全套正本。

d. 就本条而言，转运是指在信用证规定的装运、发送或运送的地点到目的地之间的运输过程中，在同一运输方式中从一运输工具卸下再装上另一运输工具的行为。

e. i. 只要全程运输由同一运输单据涵盖，公路、铁路或内陆水运单据可以注明货物将要或可能被转运。

ii. 即使信用证禁止转运，注明将要或可能发生转运的公路、铁路或内陆水运单据仍可接受。

【对第二十四条的解释】

(1) 除承运人具名签署外，还可以用收妥戳记或其他收妥标记。

(2) 运输单据的出具日期将被视为装运日期，除非运输单据上盖有带日期的收货印戳，或注明了收货日期或装运日期。

(3) 公路运输单据必须看似为开给发货人或托运人的正本；注明“第二联”的铁路运输单据将被作为正本接受，因为第二联其实是副本，而正本随货运到目的地，作为到货通知交给收货人；无论是否注明正本字样，铁路或内陆水运单据都被作为正本接受。

第二十五条　快递收据、邮政收据或投邮证明

a. 证明货物收讫待运的快递收据，无论名称如何，必须看似：

i. 表明快递机构的名称，并在信用证规定的货物装运地点由该具名快递机构盖章或签字；

ii. 表明取件或收件的日期或类似词语，该日期将被视为装运日期。

b. 如果要求显示快递费用付讫或预付，快递机构出具的表明快递费由收货人以外的一方支付的运输单据可以满足该项要求。

c. 证明货物收讫待运的邮政收据或投邮证明，无论名称如何，必须看似在信用证规定的货物装运地点盖章或签署并注明日期。该日期将被视为装运日期。

【对第二十五条的解释】

UCP400 只提及邮局收据或邮寄证明。近年来，随着快递服务的迅速发展，自 UCP500 开始做了新的规定。目前快递业务主要有 EMS 和 DHL 两种。

第二十六条　“货装舱面”、“托运人装载和计数”、“内容据托运人报称”及运费之外的费用

a. 运输单据不得表明货物装于或者将装于舱面。声明货物可能装于舱面的运输单据条款可以接受。

b. 载有诸如“托运人装载和计数”或“内容据托运人报称”条款的运输单据可以接受。

c. 运输单据上可以以印戳或其他方法提及运费之外的费用。

【对第二十六条的解释】

集装箱提单背面均印有自由装载条款,即承运人有权将集装箱装载舱内或舱面,但即使装在舱面,提单也不表明或装舱面,所以银行可以接受。

第二十七条 清洁运输单据

银行只接受清洁运输单据,清洁运输单据指未载有明确宣称货物或包装有缺陷的条款或批注的运输单据。"清洁"一词并不需要在运输单据上出现,即使信用证要求运输单据为"清洁已装船"的。

【对第二十七条的解释】

单据的清洁是指单据上无对货物及或包装的不良批注,如没有类似"若干箱轻微破损"、"有几桶渗漏"、"七捆泡胀或破裂"的批注;但对低值货物批注"旧麻袋"或"旧桶"是可以的,集装箱提单加注"据称内装"也不会使提单变为不清洁。

第二十八条 保险单据及保险范围

a. 保险单据,例如保险单或预约保险项下的保险证明书或者声明书,必须看似由保险公司或承保人或其代理人或代表出具并签署。

b. 如果保险单据表明其以多份正本出具,所有正本均须提交。

c. 暂保单将不被接受。

d. 可以接受保险单代预约保险项下的保险证明书或声明书。

e. 保险单据日期不得晚于装运日期,除非保险单据表明保险责任不迟于装运日生效。

f. i. 保险单据必须表明投保金额并以与信用证相同的货币表示。

ii. 信用证对于投保金额为货物价值、发票金额或类似金额的某一比例的要求,将被视为对最低保额的要求。

如果信用证对投保金额未做规定,投保金额须至少为货物的 CIF 或 CIP 价格的 110%。如果从单据中不能确定 CIF 或者 CIP 价格,投保金额必须基于要求承付或议付的金额,或者基于发票上显示的货物总值来计算,两者之中取金额较高者。

iii. 保险单据须表明承保的风险区间至少涵盖从信用证规定的货物接管地或装运地开始到卸货地或最终目的地为止。

g. 信用证应规定所需投保的险别及附加险(如有的话)。如果信用证使用诸如"通常风险"或"惯常风险"等含义不确切的用语,则无论是否有漏保之风险,保险单据将被照样接受。

h. 当信用证规定投保"一切险"时,如保险单据载有任何"一切险"批注或条款,无论是否有"一切险"标题,均将被接受,即使其声明任何风险除外。

i. 保险单据可以援引任何除外条款。

j. 保险单据可以注明受免赔率或免赔额(减除额)约束。

【对第二十八条的解释】

(1) 与 UCP500 相比,UCP600 规定签署保险单的当事方除了保险公司(insurance company)、承保人(underwriter)或保险代理人(agent)外,还可以是它们的代表(proxies);但是保险经纪人签发的暂保单不被银行接受。

(2) 预约保险项下的投保声明可接受。保险单可以代替保险凭证或投保声明,反之则不能接受。

(3) 除非信用证另有规定,迟于运输单据签发日期的保险单也可接受,但是保险单据必须表明保险责任不迟于装运日生效。

(4) 投保金额高于发票金额 110%的另行说明。

(5) 信用证使用通常险别或惯常险别或海险,银行将接受提交的保险单,不管投保什么险别。

(6) 除非信用证另有规定,银行将接受表明受免赔率或免赔额约束的保险单据。中国人民保险公司采用绝对免赔率,既不超不赔,超过的只赔超出部分的损失,一般以整批货物计算。

(7) 中国人民保险公司对一切险的责任范围是在水渍险的基础上加上由于一般外来原因所致的全部或部分损失的 11 种一般附加险,而不包括战争险及罢工险等特殊附加险,银行对保险单据有无表明一切险标题或漏保任何险别不予负责。

(8) “i. 保险单据可以援引任何除外条款”为新增条款。关于除外条款,UCP500 只是在第三十六条提到当信用证规定投保“all risks”(非特定的保险险别)时,如果保险单据含有任何“all risks”的批注或条款,即使注明了某些除外条款,银行也将予以接受。

“9·11”事件以后,越来越多的保险公司在签发保险单据时会加列一些除外条款,鉴于这种情况,国际商会在其多个意见(R360、TA555、TA576、TA577 等)中反复强调如果信用证明确地规定了某种特定的险别,则保险单据不得对该险别做任何排除。然而,如果除外条款出现在保险单据的其他地方,并不直接与信用证指定的保险条款相关,则该除外条款是可接受的。国际商会还在其意见中进一步认可上述除外条款已经成为保险行业的标准做法,因而保险单据上出现上述除外条款也是可接受的,不被判定为不符点。

为了解决上述纷争,UCP600 第二十八条 i 款明确规定“an insurance document may contain reference to any exclusion clause”,不再区分信用证对投保险别是否有明确规定,以及该除外条款是否与信用证指定的保险险别直接相关。

第二十九条　截止日或最迟交单日的顺延

a. 如果信用证的截止日或最迟交单日适逢接受交单的银行非因第三十六条所述原因而歇业,则截止日或最迟交单日,视何者适用,将顺延至其重新开业的第一个银行工作日。

b. 如果在顺延后的第一个银行工作日交单,指定银行必须在其致开证行或保兑行的面函中声明交单是在根据第二十九条 a 款顺延的期限内提交的。

c. 最迟装运日不因第二十九条 a 款规定的原因而顺延。

【对第二十九条的解释】

如信用证的截止日或最后交单日适逢非因 UCP600 第三十六条规定不可抗力情况下的银行停业日,则可顺延到下一个营业日,但装运日期不得顺延;如果遇到第三十六条规定的不可抗力情况下的银行停业日,则信用证的截止日或最后交单日不得顺延。

第三十条　信用证金额、数量与单价的伸缩度

a. “约”或“大约”用于信用证金额或信用证规定的数量或单价时,应解释为允许有关金额或数量或单价有不超过 10%的增减幅度。

b. 在信用证未以包装单位件数或货物自身件数的方式规定货物数量时,货物数量允许有 5%的增减幅度,只要总支取金额不超过信用证金额。

c. 如果信用证规定了货物数量,而该数量已全部装运,及如果信用证规定了单价,而该单价又未降低,或当第三十条 b 款不适用时,则即使不允许部分装运,也允许支取的金额有 5%的减幅。若信用证规定有特定的增减幅度或使用第三十条 a 款提到的用语限定数量,则该减幅不适用。

【对第三十条的解释】

(1) 若只在数量前有"约",金额前没有"约",则数量只能向下浮动(即可少装),不能向上浮动(即不能多装),因为不能超过信用证规定的最大金额。

(2) 对于散装货,如果不超过信用证金额,数量可增减 5%;但以包装单位件数或货物自身件数的方式规定货物数量时不适用 5%的增减幅度。

案例分析 5-13

汕头某公司出口一批塑料拖鞋到牙买加,向汕头商检局申报价值是按订单上的价值 23 000 美元填报的,但随附信用证上的商品总值是 APPROX USD 28000。问:这样做是否妥当?

分析:按 UCP600 第三十条 a 款的规定,金额前使用了"近似"(approximately)词语,应解释为允许对金额有不超过 10% 的增减幅度,即最高不超过 30 800 美元,最低不少于 25 200 美元。因此,按 23 000 美元的价值核价显然不妥。

第三十一条　部分支款或部分装运

a. 允许部分支款或部分装运。

b. 表明使用同一运输工具并经由同次航程运输的数套运输单据在同一次提交时,只要显示相同目的地,将不视为部分装运,即使运输单据上表明的装运日期不同或装货港、接管地或装运地点不同。如果交单由数套运输单据构成,其中最晚的一个装运日将被视为装运日。

含有一套或数套运输单据的交单,如果表明在同一种运输方式下经由数件运输工具运输,即使运输工具在同一天出发运往同一目的地,仍将被视为部分装运。

c. 含有一份以上快递收据、邮政收据或投邮证明的交单,如果单据看似由同一快递或邮政机构在同一地点和日期加盖印戳或签字并且表明同一目的地,将不视为部分装运。

【对第三十一条的解释】

(1) 信用证不明确可否分批,可理解为允许分批装运。

(2) 同一运输工具、同一航程、目的港(地)相同,即使运输单据注明不同日期或不同地点的装运港、接受监管地或装运地,也不做分批装运论。

(3) 邮件或快递使用多份证明或收据,只要是同一快递或邮政机构在同一地点和日期加盖印戳或签字并且表明同一目的地的,不做分批装运论。

就本章引导案例而言,第一,开证行的拒付理由不成立。因为按照上述 UCP600 第三十一条 b 款的规定,货物装上同一条船,运往同样的目的地,即使显示了不同的装运港和日期，也不能视为分批装运，没有违反信用证关于禁止分批的规定。第二，对于第二问，开证行有权拒付。因为按照上述 UCP600 第三十一条 b 款的规定，如果交单由数套运输单据构成，其中最晚的一个装运日将被视为装运日。如果 4 月 11 日装运，将晚于信用证规定的最迟装运日期 4 月 10 日，构成单证不符。

第三十二条　分期支款或分期装运

如信用证规定在指定的时间段内分期支款或分期装运，任何一期未按信用证规定期限支取或装运时，信用证对该期及以后各期均告失效。

【对第三十二条的解释】

分期装运是指明确规定了每一批装运的时间及数量，这样只要有一批在装运期限或数量上与信用证不符（此时单据肯定存在不符点），信用证对该期及以后各期都告失效。

案例分析 5-14

买卖双方按 CIF 条件和信用证支付方式达成一项买卖粮食交易，合同规定“1—5 月份分批装运，每月装运 1 万公吨”。买方按合同规定开出信用证，卖方在 1—2 月，每月装运 1 万公吨并提交了符合信用证要求的单据。3 月份卖方因故未按时装运，而延至 4 月 20 日才装运出口。问：4 月份的交货能否顺利结汇？

分析：4 月份的交货不能顺利结汇，因为 3 月份未按时交货，信用证对 3 月份及以后的交货都告失效。

第三十三条　交单时间

银行在其营业时间外无接受交单的义务。

第三十四条　关于单据有效性的免责

银行对任何单据的形式、充分性、准确性、内容真实性、虚假性或法律效力，或对单据中规定或添加的一般或特殊条件，概不负责；银行对任何单据所代表的货物、服务或其他履约行为的描述、数量、重量、品质、状况、包装、交付、价值或其存在与否，或对发货人、承运人、货运代理人、收货人、货物的保险人或其他任何人的诚信与否、作为或不作为、清偿能力、履约或资信状况，也概不负责。

【对第三十四条的解释】

银行对单据的有效性不负责，包括形式、完整性、准确性、真实性，伪造或法律效力。凡不属银行所能控制的单据，银行概不负责。商业欺诈并非统一惯例所能处理，银行只为买卖双方资金融通提供便利，不管货物经营情况。

第三十五条　关于信息传递和翻译的免责

当报文、信件或单据按照信用证的要求传输或发送时，或当信用证未做指示，银行自行选择传送服务时，银行对报文传输或信件或单据的递送过程中发生的延误、中途遗失、残缺或其他错误产生的后果，概不负责。

如果指定银行确定交单相符并将单据发往开证行或保兑行，无论指定银行是否已经承付或议付，开证行或保兑行必须承付或议付，或偿付指定银行，即使单据在指定银行送往开证行或保兑行的途中，或保兑行送往开证行的途中丢失。

银行对技术术语的翻译或解释上的错误，不负责任，并可不加翻译地传送信用证条款。

【对第三十五条的解释】

关于遗失单据的风险分担，UCP600 做出了与 UCP500 不同的规定。UCP500 第十六条规定："银行对由于任何文电、信函或单据在传递中发生延误及/或遗失所造成的后果，或对于任何电信在传递过程中发生的延误、残缺或其他差错，概不负责。"在实务中，对于单据丢失，开证行往往援引该条款逃避付款责任。但问题是，根据 UCP500 第九条 a 款"对不可撤销的信用证而言，在信用证规定的单据全部提交指定银行或开证行，并且这些单据又符合信用证条款的规定时，便构成开证行的确定承诺"，那么如果单据在指定银行寄往开证行途中遗失，开证行还能理直气壮地采用第十六条而免责吗？为避免纠纷，UCP600 第三十五条明确规定只要指定银行审单后认为单证相符，无论指定银行是否已经兑付或议付（有时受益人并不要求指定银行兑付或议付），开证行或保兑行必须偿付指定银行，即使单据在从指定银行寄往开证行或保兑行途中或保兑行寄往开证行途中丢失。这样的新规定进一步强化了开证行的责任。

第三十六条 不可抗力

银行对由于天灾、暴动、骚乱、叛乱、战争、恐怖主义行为或任何罢工、停工或其无法控制的任何其他原因导致的营业中断的后果，概不负责。

银行恢复营业时，对于在营业中断期间已逾期的信用证，不再进行承付或议付。

【对第三十六条的解释】

(1) 银行对不可抗力事故而影响营业不负责。

(2) 银行对营业中断期间的信用证，不再据以进行付款、承兑或议付。

案例分析 5-15

一家德国银行于 1944 年向一法国出口商开立了一份信用证，交单后德国开证行被政府管制了。开证行要求依据当时的 UCP82 第十三条（也就是 UCP600 第三十六条）解除其付款义务。德国联邦最高法院拒绝了开证行的请求，并判定只要单据是如期提交的，该银行仍须承担其付款责任。事后（受益人交单后）的银行营业被中断被认为是与适用 UCP 的不可抗力的条款无关，判定在银行恢复营业后仍需兑付该信用证，即使该信用证已经过期。

在理解银行的免责范围时，需要特别指出的是，只有在由于银行营业中断而无法交单的情况下才得以解除银行的付款责任；如果受益人已经如期交单，但由于银行营业中断而使得银行无法及时履行付款义务，则当银行恢复营业后仍然必须承担其付款责任。其原因是，根据信用证支付机制，只要受益人在规定的时间内提交了合格单据，开证行就承担起了付款义务。银行的该付款义务一旦产生，就一直延续存在，不受信用证有效期或其他情况的影响，直到被清偿为止。

第三十七条　关于被指示方行为的免责

a. 为了执行申请人的指示，银行利用其他银行的服务，其费用和风险由申请人承担。

b. 即使银行自行选择了其他银行，如果发出的指示未被执行，开证行或通知行对此亦不负责。

c. 指示另一银行提供服务的银行有责任负担被指示方因执行指示而发生的任何佣金、手续费、成本或开支（“费用”）。

如果信用证规定费用由受益人负担，而该费用未能收取或从信用证款项中扣除，开证行依然承担支付此费用的责任。

信用证或其修改不应规定向受益人的通知以通知行或第二通知行收到其费用为条件。

d. 外国法律和惯例加诸于银行的一切义务和责任，申请人应受其约束，并就此对银行负补偿之责。

【对第三十七条的解释】

(1) 银行按开证申请人的指示而利用另一家银行服务，其费用和风险由申请人承担。

(2) 银行选择另一家银行代办业务，如另一家银行未执行，开证行不负责。

(3) 开证申请人应承担外国法律导致银行所受的损失。

第三十八条　可转让信用证

a. 银行无办理信用证转让的义务，除非其明确同意。

b. 就本条而言：

可转让信用证系指特别注明“可转让”（transferable）字样的信用证。可转让信用证可应受益人（第一受益人）的要求转为全部或部分由另一受益人（第二受益人）兑用。

转让行系指办理信用证转让的指定银行，或当信用证规定可在任何银行兑用时，指开证行特别如此授权并实际办理转让的银行。开证行也可担任转让行。

已转让信用证指已由转让行转为可由第二受益人兑用的信用证。

c. 除非转让时另有约定，有关转让的所有费用（诸如佣金、手续费，成本或开支）须由第一受益人支付。

d. 只要信用证允许部分支款或部分装运，信用证可以分部分地转让给数名第二受益人。

已转让信用证不得应第二受益人的要求转让给任何其后受益人。第一受益人不视为其后受益人。

e. 任何转让要求须说明是否允许及在何条件下允许将修改通知第二受益人。已转让信用证须明确说明该项条件。

f. 如果信用证转让给数名第二受益人，其中一名或多名第二受益人对信用证修改的拒绝并不影响其他第二受益人接受修改。对接受者而言该已转让信用证即被相应修改，而对拒绝修改的第二受益人而言，该信用证未被修改。

g. 已转让信用证须准确转载原证条款，包括保兑（如果有的话），但下列项目除外：信用证金额，规定的任何单价，截止日，交单期限，或最迟装运日或装运期间。以上任何一项或全部均可减少或缩短。

必须投保的保险比例可以增加,以达到原信用证或本惯例规定的保险金额。

可用第一受益人的名称替换原信用证中的开证申请人名称。

如果原证特别要求开证申请人名称应在除发票以外的任何单据出现,则已转让信用证必须反映该项要求。

h. 第一受益人有权以自己的发票和汇票(如有的话)替换第二受益人的发票和汇票,其金额不得超过原信用证的金额。经过替换后,第一受益人可在原信用证项下支取自己发票与第二受益人发票间的差价(如有的话)。

i. 如果第一受益人应提交其自己的发票和汇票(如有的话),但未能在第一次要求时照办,或第一受益人提交的发票导致了第二受益人的交单中本不存在的不符点,而其未能在第一次要求时修正,转让行有权将从第二受益人处收到的单据照交开证行,并不再对第一受益人承担责任。

j. 在要求转让时,第一受益人可以要求在信用证转让后的兑用地点,在原信用证的截止日之前(包括截止日),对第二受益人承付或议付。本规定并不得损害第一受益人在第三十八条 h 款下的权利。

k. 第二受益人或代表第二受益人的交单必须交给转让行。

【对第三十八条的解释】

(1) 只有表明“可转让”字样的信用证,经转让行同意方可转让。

(2) b 款中增加一句话“开证行可以担任转让行”。转让信用证实际上是为了给中间商的交易提供便利,避免其重开信用证的麻烦以及对其资信的要求。但是,被指定的转让行并不必然有转让的义务,若其拒绝办理转让,可能导致第一受益人(即中间商)的交易无法进行。国际商会显然考虑了这个问题,UCP600 中允许开证行作为转让行解决了被指定银行拒绝转让的问题。

(3) 信用证只能转让一次,但第二受益人可以是多数,第二受益人不能再转让给第三受益人,但第二受益人重新转让给第一受益人不被禁止。

(4) 多个第二受益人,一个接受修改书内容,另一个或几个不接受修改,对接受者该证已做修改,对不接受者仍保持原证条款。

(5) 信用证只能按原证条款转让,但金额可以减少,单价可以变更,到期日可以缩短,交单期可以提前,装运期可以提前,投保百分比可以增加,第一受益人名称可以替换申请人名称。

(6) 第一受益人有权以自身的发票及汇票替换第二受益人的发票及汇票,金额不得超过信用证规定的原金额,替换发票时第一受益人可以支取两张发票之间的差额。

(7) i 款是新增条款,规定转让行有权在第一受益人无法或疏于换单(发票及汇票)的情况下,直接将收到的第二受益人的单据提交给开证行,旨在保护没有过错的第二受益人。

(8) k 款是新增条款,明确第二受益人必须向转让行交单,也就是第二受益人不得绕过转让行而直接向开证行交单,实际上是为了保护第一受益人的利益不受侵害。

(9) 可转让信用证与对背信用证的区别:①可转让信用证的开立是申请人的意旨,开证行同意,并在信用证中加列“transferable”字样;对背信用证的开立并非原始信用证申请人和开证行的意旨，而是受益人的意旨，申请人和开证行与背对背信用证无关。②可转让信用证与原证有直接连带关系，仍是同一个信用证；对背信用证和原证是两个独立的信用证，两者同时存在。③可转让信用证如经通知行办理转让，即成为转让行，但不会改变该行的地位或增加其责任；对背信用证如经通知行开立，则地位改变为对背信用证的开证行，改变了原通知行的责任。④可转让信用证的第二受益人可以得到开证行的付款保证；对背信用证的第二受益人得不到原信用证的付款保证。

案例分析 5-16

某年1月30日，中国银行上海分行（以下简称“中国银行”）寄出某可转让信用证下14票单据，金额共1 223 499美元。单寄新加坡某转证行，由新加坡的第一受益人换单后将单转寄德国的原始开证行要求付款。2月14日，中国银行收到新加坡银行转来的德国银行的拒付电。随即，中国银行向新加坡银行发出反拒付电报，新加坡银行在回电中声明已将中国银行电文内容转达德国开证行听候回复，同时声明作为转证行本身对单据的拒付和最终的付款与否不负责任。其后，中国银行通过新加坡银行再次发出反拒付的电文，要求开证行付款，但从新加坡银行得到的回电却说正在与德国开证行联系，开证行坚持不符点成立，拒绝付款。鉴于通过新加坡银行无法解决问题，中国银行曾几次直接给德国开证行发电，催促付款。但德国开证行在回电中声明，其信用证是开给新加坡的转证行的，中国银行无权直接与开证行联系。最终，此业务通过部分退单、部分无单放货的方式解决。作为出口商的我国外贸公司也丧失了信用证项下收款的保障。在上述情况下，中方作为第二受益人既无从与德国交涉也无法从新加坡银行处取得货款，最终丧失了信用证下的收款权。

分析：这一案例反映出第二受益人在可转让信用证运作中所处的不利境地。按照UCP600第三十八条的有关规定，关于第二受益人的法律地位，可以通过以下几方面说明：(1) 第二受益人并不必然参与到信用证关系中。进口商（开证申请人）开立可转让信用证，就表明他同意中间商（第一受益人）的装运交单可以由中间商指定的供货商（第二受益人）完成，但信用证的转让并不意味着买卖合同的同时转让，第二受益人的介入并不使得第一受益人退出买卖合同。第一受益人并没有将所有的基于信用证所产生的权利都转让给第二受益人，第二受益人仅仅受让了部分属于第一受益人的某些权利，所以第二受益人也并不必然参与到信用证关系中。(2) 第二受益人的交单必须交给转让行，第二受益人和开证行无直接法律联系，这样，第二受益人无权直接要求开证行支付信用证款项。(3) 只有在第一受益人无法或疏于换单的情况下，转让行才会把收到的第二受益人的单据提交给开证行，使得第二受益人直接从开证行获得款项成为可能。因此，对于供货商（第二受益人）来说，使用可转让信用证的结汇风险较大，需慎重考虑接受。

第三十九条　款项让渡

信用证未表明可转让，并不影响受益人根据所适用的法律规定，将其在该信用证项下有权获得的款项让渡与他人的权利。本条款所涉及的仅是款项的让渡，而不是信用证项下执行权力的让渡。

【对第三十九条的解释】

信用证未注明可转让,但受益人应得款项可以让渡,但应明确只涉及款项,不涉及信用证执行权利的让渡。信用证的“转让”是转让执行信用证的权利,而信用证的“让渡”仅是对信用证项下的款项所做的安排,并不涉及信用证的执行。

第五节　国际标准银行实务(ISBP745)

《审核跟单信用证项下单据的国际标准银行实务》(*International Standard Banking Practice for the Examination of Documents under Documentary Credits*,简称 ISBP)于 2002 年首次经国际商会银行委员会通过(国际商会第 645 号出版物)。ISBP 是一个供单据审核员在审核跟单信用证项下提交的单据时使用的审查项目(细节)清单,作为国际商会(ICC)制定的应用广泛的关于跟单信用证的规则——跟单信用证统一惯例(UCP)的必不可少的补充,得到了各界的广泛接纳。通过详细规定跟单信用证操作中的细节——比如如何签发海运提单,保险单据的关键特征,如何处理拼写和打印错误等,ISBP 填补了概括性的 UCP 规则与信用证使用者日常操作之间的差距。ISBP 已在信用证单据审核中应用十多年,单据的拒付率不断下降,有效地规范了信用证业务的健康发展。

ISBP645 是适应 UCP500 下的信用证审单,随着 UCP600 的产生,2007 年 4 月,国际商会银行委员会通过了 ISBP681,随同 UCP600 的实施而实施。由于 ISBP681 的调整是与 UCP600 的修订同时展开的,而 UCP600 起草组的工作重心主要放在了 UCP600 的修订上,所以,ISBP681 的调整显得比较粗糙,只是对 ISBP645 进行了简单调整。因此,国际商会在 UCP600 实施一年多后,于 2008 年年底正式发起动议,修订起草新版 ISBP745,以解决不断发展的信用证审单实务中所反映的问题。历经五年几易其稿,最终,国际商会银行委员会于 2013 年 4 月,在葡萄牙里斯本会议上通过了 ISBP745。ISBP745 是对 UCP600 的补充,是对 UCP600 所反映的信用证审单业务的最佳解释。

与 ISBP681 相比,ISBP745 在总体结构上的变化体现在:增加不可转让海运单、装箱单、重量单、受益人证明,以及分析、检验、健康证明等五种单据,加上保留的原有九种单据,ISBP745 共解释了十四种单据。具体内容上也有很多变化,以下将介绍 ISBP745 的具体内容并说明变化之处。

一、先期事项

(一) 适用范围

1. 本出版物应当结合 UCP600 进行解读,不应孤立解读。

2. 本出版物所描述的实务,强调了 UCP600 所适用的条款在信用证或有关的任何修改书没有明确修改或排除的范围内,如何解释和适用。

【有关解读】

增加适用范围的规定,强调了 ISBP745 必须结合 UCP600 进行解读,而 ISBP745 仅仅是描述 UCP600 下没有被信用证明确修改或排除的审单实务。

（二）信用证和修改的申请、信用证开立及修改

1. 信用证和有关的任何修改书的条款与条件独立于基础销售合同或其他合同，即便信用证或修改书明确提及了该销售合同或其他合同。在约定销售合同或其他合同条款时，有关各方应当意识到其对完成开证或修改申请的影响。

2. 如果对开证或修改申请和信用证开立或有关的任何修改的细节予以谨慎注意，审单阶段出现的许多问题都能够得以避免或解决。开证申请人和受益人应当审慎考虑所要求提交的单据、单据由谁出具、单据的数据内容和提交单据的期限。

3. 开证申请人承担其开立或修改信用证的指示模糊不清带来的风险。在申请人没有明确表示相反意见的情况下，开证行可以必要或合适的方式补充或细化那些指示，以便信用证或有关的任何修改书得以使用。开证行应当确保其所开立的任何信用证或修改书的条款与条件没有模糊不清，也没有互相矛盾。

4. 开证申请人和开证行应当充分了解 UCP600 的内容，并认识到其中的诸如第三条、第十四条、第十九条、第二十条、第二十一条、第二十三条、第二十四条、第二十八条 i 款、第三十条和第三十一条等条款的约定方式，可能产生出乎预料的结果。例如，在多数情况下，信用证要求提交提单且禁止转运时必须排除 UCP600 第 20 条 c 款的适用，才能使信用证规定的禁止转运发生效力。

5. 信用证或有关的任何修改书不应要求提交由开证申请人出具、签署或副签的单据。如果开立的信用证或修改书还是含有此类要求，那么受益人应当考虑其合理性，并判断满足该要求的能力，或者寻求适当的修改。

【有关解读】

以上第 1 条和第 5 条中除了原有信用证的说明外，增加信用证修改书的说明。

以上第 3 条澄清了新 ISBP 下开证行应该如何执行申请人的不清晰指示，即必须在申请人没有明确表示相反意见的情况下，补充和细化该指示的内容，从而得以使用；同时，确认了信用证下开证行必须对信用证的不清晰条款和矛盾条款承担责任。

不过上述第 3 条的规定中，按照第三句话的规定，因信用证指示模糊不清带来的风险应该是开证行的责任；而按照第一句话的规定，则应该是申请人的责任。那么，到底是谁的责任呢？ISBP 未给出直接的答案。此时，必须结合 UCP600 进行解读。UCP600 第三十七条 a 款规定：“为了执行申请人的指示，银行利用其他银行的服务，其费用和风险由申请人承担”。信用证条款的模糊不清绝大多数来源于开证申请书的指示。因此，开证申请人作为最终指示方必须承担最后的责任。

二、总则

（一）缩略语

A1：普遍接受的缩略语可以在单据上替代其全称，比如但不限于，用“Int’l”代替“International（国际）”，用“Co.”代替“Company（公司）”，用“kgs”或“kos.”代替“kilograms（千克）”或“kilos（千克、千米）”，用“Ind”代替“Industry（工业）”，用“Ltd.”代替“Limited（有限）”，用“mfr”代替“manufacturer（制造商）”，用“mt”代替“metric tons（公吨）”，反之亦然。

信用证文本中使用缩略语,即允许单据上使用同样的缩略语或具有同一含义的其他缩略语,或使用其全称,反之亦然。

A2: a. 斜线(“/”)可能导致不同的含义,不应用来替代词语。尽管如此,如果还是使用了斜线,且上下文含义不明,那么将允许使用其中的一个或多个选择。例如,信用证规定了“红/黑/蓝”,且没有进一步说明,则表示颜色可以只是红或只是黑或只是蓝,或它们的任何一种组合。

b. 逗号用来表明信用证中的数据范围,如装货港或卸货港或原产地所在国时,可能导致不同的含义,不应用来替代词语。尽管如此,如果还是使用了逗号,且上下文含义不明,那么将允许使用其中的一个或多个选择。例如,当信用证允许部分装运,规定了装货港信息为“汉堡,鹿特丹,安特卫普”,且没有进一步说明时,则表示装货港可以只是汉堡或只是鹿特丹或只是安特卫普,或它们的任何一种组合。

【有关解读】

第 A1 段确认了信用证文本中使用过的缩略语,不管是否普遍接受,单据上均可照抄使用。

第 A2 段对“斜线”(“/”)进行了重新规定,并举例说明,其实只是对实务中“斜线”含义的重新描述,并不改变实务本身;增加了对逗号含义的解释,确认如无上下文解释,意味着前后是多项选择关系。

(二) 证明书和证明、声明书和声明

A3: 当信用证要求提交证明书或证明、声明书或声明时,该单据应当签署。

A4: 证明书或证明、声明书或声明是否需要注明日期取决于所要求的证明书或证明、声明书或声明的类型、所要求的措辞和单据上所显示的措辞。

例如,当信用证要求提交由承运人或其代理人出具的证明书以证实船龄不超过 25 年时,为表明相符,该证明书可以注明:

a. 船舶建造日期或年份,且该日期或年份不早于装运日期或装运所发生年份之前 25 年,此时没有必要显示出具日期;

b. 或者信用证规定的措辞,此时要求显示出具日期,以证实自证明书出具之日船龄不超过 25 年。

A5: 当载有证明或声明的单据已经签署并注明了日期时,只要该证明或声明看似由出具并签署单据的同一实体做出,单据上的证明或声明无须另行签署或加注日期。

【有关解读】

第 A3 段扩展了证明种类至“声明 Statements”,并增加了“签署”的要求;A4 对证明书如何显示日期增加了举例说明。

(三) UCP600 第十九条至第二十五条的运输单据的副本

A6: a. 当信用证要求 UCP600 第十九条至第二十五条所涉及的运输单据的副本时,相关条款并不适用,因为这些条款仅适用于正本运输单据。运输单据的副本将只在信用证明确规定的范围内审核,其他方面将按照 UCP600 第十四条 f 款的规定予以审核。

b. 运输单据的副本上显示的任何数据,在与信用证、单据本身以及国际标准银行实务对照解读时，无须与该单据上的其他数据、任何其他规定单据上的数据或信用证中的数据等同一致，但不得矛盾。

c. 除非信用证明确规定了确定交单期的基础，UCP600 第十九条至第二十五条涉及的运输单据的副本，不适用于 UCP600 第十四条 c 款规定的 21 个日历日的默认交单期，或者信用证规定的任何交单期，在此情况下，单据可以在任何时候提交，但无论如何不得晚于信用证的有效期。

【有关解读】

第 A6 段关于运输单据副本的规定更加细化，规定相关 ISBP 的条款不适用于运输单据副本，并规定了运输单据副本审核的标准，另外交单期的规定也不适用于运输单据副本。

（四）更正与更改（统称“更正”）

A7：a. i. 除汇票外，由受益人出具的单据上数据的任何更正均无须证实。

ii. 当受益人出具的单据已经合法化、签证或证实等时，数据的任何更正应当看似由实施合法化、签证或证实等的至少一个实体进行证实。该证实应当以含有证实人名称的印戳，或以额外加注证实人名称的方式表明实施证实的实体，并包括其签字或小签。

b. i. 除由受益人出具的单据外，单据上数据的任何更正应当看似由单据出具人或作为其代理人或代表的实体进行证实。该证实应当以含有证实人名称的印戳，或以额外加注证实人名称的方式表明实施证实的实体，并包括其签字或小签。代理人或代表证实时，应当注明其作为出具人的代理人或代表行事的身份。

ii. 当由受益人以外一方出具的单据已经合法化、签证或证实等时，数据的任何更正还应当在上述规定外，看似由实施合法化、签证或证实等的至少一个实体额外进行证实。该证实应当以含有证实人名称的印戳，或以额外加注证实人名称的方式表明实施证实的实体，并包括其签字或小签。

c. 副本单据上数据的任何更正无须证实。

A8：当由受益人以外一方出具的单据包含一处以上的更正时，每一处更正都应当单独地进行证实，或者做出一项证实并注明其适用于所有的更正。例如，当由 XXX 出具的单据显示编号为 1、2、3 的三处更正时，一个“编号为 1、2、3 的更正已经由 XXX 证实”的声明或类似措辞，并含有 XXX 的签字或小签，即满足证实要求。

A9：同一份单据内使用多种字体、字号或手写，其本身并不表示更正。

【有关解读】

第 A7 段对受益人出具单据、受益人以外的一方出具单据以及经合法化处理的单据如何更正证实，进行了分门别类的细化规定。

（五）寄送单据、通知等的快递收据、邮政收据或投邮证明

A10：当信用证要求提交快递收据、邮政收据或邮寄证明，以证实寄送单据、通知等给一个具名或规定的实体时，该单据将只在信用证明确规定的范围内审核，其他方面将按照 UCP600 第十四条 f 款的规定予以审核，而不适用 UCP600 第二十五条。

【有关解读】

第 A10 段确认用于证实寄送单据的快递收据，并不是 UCP600 第二十五条下的运输单据，并规定了其审核标准。

（六）日期

A11：a. 即使信用证没有明确要求：

i. 汇票也应当注明出具日期；

ii. 保险单据也应当注明出具日期或第 K10 段 b 款和第 K11 段中所显示的保险生效日期；

iii. 按照 UCP600 第十九至第二十五条审核的正本运输单据，也应当相应地显示出具日期、注明日期的装船批注、装运日期、收妥待运日期、发送或运送日期、接管日期、取件日期或收件日期。

b. 如果信用证要求汇票、保险单据或正本运输单据以外的其他单据注明日期，那么在该单据上注明出具日期，或在单据上援引同一交单下其他单据的日期（例如，由承运人或其代理人出具的证明中显示“日期参见××× 号提单”），或在规定的单据上显示一个事件发生的日期（例如，检验证明显示了检验日期，但没有注明出具日期），即满足要求。

A12：a. 一份单据，比如但不限于分析证明、检验证明或熏蒸证明，注明的出具日期可以晚于装运日期。

b. 当信用证要求单据证实装运前发生的事件（例如，“装运前检验证明”）时，该单据应当通过名称或内容或出具日期来表明该事件（例如，“检验”）发生在装运日之前或装运日当天。

c. 当信用证要求一份单据，比如但不限于“检验证明”时，这不视为要求单据证实一个装运前发生的事件，其注明的日期无须早于装运日期。

A13：单据注明出具日期和随后的签署日期，应视为其在签署之日出具。

A14：a. 当信用证使用短语来表示一个日期或事件的前后时间时，适用如下规则：

i. “不迟于（日期或事件）之后 2 天”，指最迟日期。如果要求通知或单据注明的日期不应早于某个特定日期或事件，那么信用证应如此规定。

ii. “至少在（日期或事件）之前 2 天”，指一个行为或事件不应晚于该日期或事件前两日发生。至于该行为或事件最早何时发生，则没有限制。

b. i. 就计算期间而言，“在……之内”一词与一个日期或事件关联使用时将排除该日期或该事件日期。例如，“在（日期或事件）的 2 天之内”，指 5 天期间，开始于一个日期或事件发生前的 2 天，直至该日期或事件发生后的 2 天。

ii. “在……之内”一词之后跟随一个日期，或跟随援引的一个确定日期或事件日期时，将包括该日期或援引的该确定日期或该事件日期。例如，“在 5 月 14 日之内交单”，或“在信用证有效期或失效日之内交单”且信用证有效期为 5 月 14 日，这表示 5 月 14 日是允许交单的最后一天，只要 5 月 14 日是银行工作日。

A15：“从……起”和“在……之后”这两个词语，当用于确定装运日期、事件发生日期或单据日期之后的到期日或交单期时，将不包括该日期。例如，当装运日期是 5 月 4 日时，装运日之后 10 天或从装运日起 10 天，均指 5 月 14 日。

A16：只要从单据或同一交单的其他单据上能够确定，该单据上试图表明的日期就可以用任何格式表示。例如，2013 年 5 月 14 日表示为 14 May 13，14.05.2013，14.05.13，2013.05.14，05.14.13，130514 等。为避免模糊不清带来的风险，建议使用文字表示月份。

【有关解读】

第 A14 段 b 款明确了信用证中的日期常用短语“在……之内”的含义，并举例说明。

（七）单据中的空格栏

A17：单据上留有填写数据的方框、栏位或空格，并不表示该方框、栏位或空格中应当填写内容。例如，在空运单上经常会看到标明名称为“账户信息”或“处理信息”的方框，这并不要求在该处应当填写数据。也请参看第 A37 段关于方框、栏位或空格中要求显示签字的规定。

【有关解读】

第 A17 段是新增条款，说明单据中的空格栏不表示一定需要填写内容。

（八）UCP600 运输条款不适用的单据

A18：a. 与货物运输有关的一些常用单据，比如但不限于提货通知、提货单、货物收据、运输行收货证明、运输行装运证明、运输行运输证明、运输行货物收据和大副收据，都不是 UCP600 第十九条至第二十五条所规定的运输单据。这些单据将只在信用证明确规定的范围内审核，其他方面将按照 UCP600 第十四条 f 款的规定予以审核。

b. i. 就第 A18 段 a 款中提到的单据而言，信用证中有关单据应当在装运日之后的若干天内提交的规定，将不予理会，该交单可以在任何时候进行，但无论如何不得晚于信用证的有效期。

ii. UCP600 第十四条 c 款规定的 21 个日历日的默认交单期，仅适用于交单中包含 UCP600 第十九条至第二十五条所涉及的一份或多份正本运输单据的情形。

c. 就第 A18 段 a 款中提到的单据的交单期而言，信用证应明确该单据应当在相关单据的出具日期或相关单据上提及的日期之后的若干天内提交（例如，当信用证要求提交名称为货物收据的单据，“单据应不迟于货物收据日期后 10 天提交”）。

【有关解读】

第 A18 段对与货物运输有关的一些常用单据进行了更详细的规定，包括审核标准、不适用于信用证规定的交单期、要明确这类单据的交单期。

（九）UCP600 未定义的用语

A19：“装运单据”、“过期单据可接受”、“第三方单据可接受”、“第三方单据不可接受”、“出口国”、“船公司”及“提交单据即可接受”这些用语，因其在 UCP600 中未加定义，不应使用。尽管如此，如果信用证还是使用了这些用语但没有规定其含义，那么在国际标准银行实务中，这些用语含义如下：

a. “装运单据”指信用证要求的所有单据，不包括汇票、电信传送报告、证实寄送单据的快递收据、邮政收据或邮寄证明。

b. “过期单据可接受”指单据可以晚于装运日后 21 个日历日提交，只要不晚于信用证有效期。这也适用于信用证在明确规定交单期的同时，还规定了“过期单据可接受”的情形。

c."第三方单据可接受"指信用证或 UCP600 未规定出具人的所有单据,除汇票外,都可以由受益人以外的具名个人或实体出具。

d."第三方单据不可接受"没有任何含义,将不予理会。

e."出口国"指以下的一个国家:受益人居住地所在国、货物原产地所在国、承运人货物接收地所在国、货物装运地或发货地所在国。

f."船公司",作为与运输单据有关的证明书或证明、声明书或声明的出具人时指以下任何一方:承运人,船长,或租船提单下的船长、船东或租船人,或表明作为上述任何一方代理人身份的实体,不管其是否出具或签署了该运输单据。

g."提交单据即可接受"指交单可以包括一种或多种规定的单据,只要其在信用证的有效期之内且支款金额在信用证的可兑付范围之内。单据的其他方面,将不会根据信用证或 UCP600 进行审核以确定其是否相符,包括是否提交所要求的正副本份数。

【有关解读】

第 A19 段除了对"出口国"的定义未做调整外,重新定义了"装运单据"、"过期单据可接受","第三方单据可接受",增加定义了什么是"第三方单据不可接受",什么是"船公司",什么是"提交单据可接受"。

(十)单据出具人

A20:当信用证要求单据由具名个人或实体出具时,单据看似由该具名个人或实体使用其函头出具,或者如果没有函头,单据看似已由该具名个人或实体或其代理人完成或签署,即满足要求。

【有关解读】

第 A20 段关于单据出具人的规定未做修改。

(十一)单据语言

A21:a. 当信用证规定了提交的单据所应使用的语言时,信用证或 UCP600 要求的数据应当以该语言显示。

b. 当信用证对提交的单据所应使用的语言未做规定时,单据可以任何语言出具。

c. i. 当信用证允许两种或多种语言时,保兑行或按指定行事的指定银行可以限制可接受语言的数量作为其承担信用证下责任的条件。在此情况下,单据上的数据只能以可接受的语言显示。

ii. 当信用证允许单据中的数据以两种或多种语言显示,且保兑行或按指定行事的指定银行未限制单据的语言或可接受语言的种类和数量作为其承担信用证项下责任的条件时,单据中以所有可接受语言显示的数据都要求审核。

d. 银行不要求审核以信用证要求或允许以外的语言显示的数据。

e. 尽管第 A21 段 a 款和 d 款有所规定,个人或实体的名字、任何印章、合法化、背书或类似数据,以及单据上预先印就的文本,比如但不限于栏位名称,还是可以信用证要求以外的语言显示。

【有关解读】

第A21段明确了单据内容在信用证没有要求语言的情况下，可以使用任何语言显示；同时，明确了单据内容在信用证有要求语言的情况下，必须使用要求的语言显示，但盖章、签字、背书等文字内容可以例外，并确认了银行必须审核所有可接受语言显示的单据内容。

（十二）数学计算

A22：当提交的单据显示数学计算时，银行仅确定如金额、数量、重量或包装件数的总量，与信用证及其他规定的单据不相矛盾。

【有关解读】

第A22段删除了单据上“详细”的数学计算的说法，改为银行对单据上的数学计算只负责总量核对。

（十三）拼写或打字错误

A23：如果拼写或打字错误并不影响单词或其所在句子的含义，则不构成单据不符。例如，在货物描述中的“machine（机器）”显示为“mashine”，“fountain pen（钢笔）”显示为“fountan pen”，或“model（型号）”显示为“modle”，均不视为UCP600第十四条d款下的矛盾数据。但是，“model 321（型号321）”显示为“model 123（型号123）”，将视为该条款下的矛盾数据。

【有关解读】

第A23段关于拼写或打字错误的规定未做修改。

（十四）多页单据和附件或附文

A24：当一份单据包含不止一页时，必须能够确定这些不同页属于同一份单据。除非单据本身另有说明，无论其名称或标题如何，被装订在一起、按序编号或含有内部交叉援引的多页单据即满足要求，将作为一份单据来审核，即便有些页被视为附件或附文。

A25：当要求多页单据载有签字或背书，而信用证或单据自身未规定签字或背书的位置时，签字或背书可以出现在该单据的任何位置。

【有关解读】

第A24段和25段的内容未做修改。

（十五）非单据化条件和数据矛盾

A26：当信用证包含一项条件但未规定表明该条件得以满足的单据（“非单据化条件”）时，无须在任何规定单据上证实以满足该条件。然而，规定单据上所显示的数据不应与非单据化条件相矛盾。例如，当信用证规定“以木箱包装 packing in wooden cases”，而没有要求该内容应当显示在规定单据上时，任何规定单据上显示的不同包装类型将视为数据矛盾。

【有关解读】

第A26段增加了非单据化条件的规定，并举例说明。

（十六）正本和副本

A27：一份单据带有出具人的看似原始的签字、标记、印戳或标签将被视为正本，除非其自身声明为副本。银行无须确定出具人相应的签字、标记、印戳或标签是否采用手写方式或摹样方式,因此,显示了该证实方式的任何单据均满足 UCP600 第十七条的要求。

A28:单据不止一份的正本可以标注为“正本(original)”、“第二联(duplicate)”、“第三联(triplicate)”、“第一正本(first original)”、“第二正本(second original)”等。这些标注都不否定单据为正本。

A29:a. 单据提交的正本数量应当至少为信用证或 UCP600 要求的数量。

b. 当运输单据或保险单据注明已出具的正本数量时,应当提交该单据注明的正本数量,除非 H12 段和 J7 段 c 款另有规定。

c. 当信用证要求提交非全套正本运输单据,如“2/3 正本提单”,但没有指示剩余份数的正本运输单据的处理方式时,交单可以包括 3/3 全套正本提单。

d. 当信用证要求提交单据,例如:

i. “发票”、“一份发票 One Invoice”、“发票一份 Invoice in 1 copy”或“发票——一份 Invoice-1 copy”时,将被理解为要求一份正本发票。

ii. “发票四份 Invoice in 4 copies”或“发票四联 Invoice in 4 folders”时,提交至少一份正本发票,其余为副本即满足要求。

iii. “发票复印件 photocopy of invoice”或“发票副本 copy of invoice”时,提交一份发票复印件,一份副本发票,或在未禁止时,提交一份正本发票即满足要求。

iv. “已签署发票的复印件 photocopy of a signed invoice”时,提交一份看似已签署正本发票的复印件或副本,或在未禁止时,提交一份已签署的正本发票即满足要求。

A30:a. 当信用证禁止提交正本单据,比如“发票复印件——正本单据代替复印件不可接受”或类似措辞时,将只能提交发票复印件或标明副本的发票。

b. 当信用证要求提交一份运输单据的副本,并指示了该运输单据所有正本的处理方式时,交单不应包括该运输单据的任何正本。

A31:a. 当信用证、单据自身(除了第 A37 段另有规定外)或 UCP600 要求时,正本单据应当签署。

b. 单据的副本无须签署,也无须注明日期。

【有关解读】

第 A29 段 d 款明确了什么是经签署发票的复印件。

第 A31 段增加了关于正、副本单据是否签署的规定。

(十七) 唛头

A32:当信用证规定唛头的细节时,载有唛头的单据应当显示该细节。单据唛头中的数据的顺序,无须与信用证或其他规定单据上的一样。

A33:单据上唛头显示的信息,可能超出通常意义的“唛头”或者信用证规定的“唛头”。这些额外信息比如但不限于货物种类、处理易碎货物的警告、货物毛净重等。

A34:a. 在集装箱运输下运输单据经常在“唛头”或类似栏位中,仅仅显示带有或不带有铅封号的集装箱号,而其他单据显示了更加详尽的唛头细节,如此不构成矛盾。

b. 一些单据的唛头显示了第 33 段和第 34 段 a 款中所提及的额外信息而其他单据没有显示,如此不视为 UCP600 第十四条 d 款的数据矛盾。

【有关解读】

第 A32 段明确了单据间唛头信息的顺序可以不一致。

（十八）签字

A35：a. 第 A31 段 a 款提及的签字，无须使用手写。单据签署，可以使用摹样签字（例如，预先印就或扫描的签字）、穿孔签字、印戳、符号（例如，公章）或任何机械或电子的证实方式。

b. 如果要求单据应当“签字并盖章”或类似措辞，那么单据载有第 A35 段 a 款的签字，并以打字、印戳、手写、预先印就或扫描的方式显示了签署实体的名称，即满足要求。

c. 单据上声明“本单据已经电子证实”或“本单据以电子方式缮制且无须签字”或类似措辞，根据 UCP600 第三条款的签字要求，其本身不表示一种电子证实方式。

d. 单据上声明证实可以通过明确提及的网址（URL）核实或获得，根据 UCP600 第三条款的签字要求，这是一种电子证实方式。银行无须访问该网址以核实或获得证实。

A36：a. 除非另有说明，在具名个人或实体的函头纸上的签字，将被视为该个人或实体的签字，在此情况下，在签字旁无须重复该个人或实体的名称。

b. 当单据的签署人表明其代表出具人的分支机构签署时，该签字视同由出具人做出。

A37：单据上留有签字的方框、栏位或空格，其本身不表示该方框、栏位或空格中应当载有签字。例如，在空运单上通常会有标明名称为“托运人或其代理人签字”的空格，在公路运输单据上通常会有标明名称为“托运人签字”的空格，这并不要求在该处载有签字。也请参看第 A17 段关于方框、栏位或空格中要求显示数据的规定。

A38：当单据显示比如“本单据无效，除非由（个人或实体的名称）副签（或签署）”或类似措辞时，相应的方框、栏位或空格中，应当载有副签单据的该个人或实体的签字和名称。

【有关解读】

第 A35 段 c 款和 d 款新增电子签字的规定。

第 A36 段 b 款规定了分支机构签字视同实体签字。

（十九）单据名称及联合单据

A39：单据可以表明信用证要求的名称，或标明相似名称，或没有名称。单据内容必须看似满足所要求单据的功能。例如，信用证要求“装箱单”，提交的单据含有包装细节即满足要求，无论其名称为“装箱单”、“装箱记录”、“装箱和重量单”，或者没有名称。

A40：信用证要求的单据应当单独提交。然而，举个例子，如果信用证要求一份正本装箱单和一份正本重量单，那么提交两份正本装箱及重量联合单据，只要其同时表明了包装和重量细节，也满足要求。

A41：信用证要求单据涵盖不止一项功能，提交看似满足每项功能的单一单据或独立单据均可。例如，信用证要求提交质量和数量证明时，提交单一的质量和数量证明，或提交独立的质量证明和数量证明即满足要求，只要每种单据满足其功能，且提交了信用证所要求的正本与副本份数。

【有关解读】

第A41段是新增条款，规定了信用证要求单据涵盖不止一项功能时，如何提交单据算是满足要求。

三、汇票及到期日计算

（一）基本要求

B1：a. 在信用证要求汇票的情况下，汇票付款人应当为信用证规定的银行。

b. 银行仅在第B2至B17段描述的范围内审核汇票。

【有关解读】

第B1段增加了关于汇票付款人和汇票性质的规定。

（二）付款期限

B2：a. 汇票显示的付款期限应当与信用证条款一致。

b. 当信用证要求汇票的付款期限不是即期或见票后定期付款时，应当能够从汇票自身数据确定付款到期日。

例如，当信用证要求汇票的付款期限为提单日期后60天，且提单日期为2013年5月14日时，汇票的付款期限应当以下面一种方式显示：

i. "提单日期2013年5月14日后60天"；

ii. "2013年5月14日后60天"；

iii. "提单日期后60天"，且在汇票表面的其他位置注明"提单日期2013年5月14日"；

iv. "出票后60天"且出票日期与提单日期相同；

v. 提单日期后60天。

c. 当汇票的付款期限提及，例如，提单日期之后60天时，装船日期将视为提单日期，即便装船日期早于或晚于提单出具日期。

d. 当使用"从……起（from）"和"在……之后（after）"确定付款到期日时，到期日将从单据日期、装运日期或信用证规定的事件日期的次日起计算，例如，从5月4日起10天或5月4日之后10天，均为5月14日。

e. i. 当信用证要求提单，而汇票付款期限做成，例如，提单日期之后60天或从提单日期起60天，且提交的提单显示货物从一条船卸下后再装上另一条船，并显示了不止一个注明日期的装船批注，表明每一装运均从信用证允许的地理区域或港口范围内的港口装运时，其中最早的装船日期将用以计算付款到期日。例如，信用证要求从任何欧洲港口装运，且提单显示货物于5月14日在都柏林装上A船，于5月16日在鹿特丹转运装上B船，汇票应当显示在欧洲港口的最早装船日期，即5月14日后的60天。

ii. 当信用证要求提单，而汇票付款期限做成，例如，提单日期之后60天或从提单日期起60天，且提交的提单显示同一条船上的货物从信用证允许的地理区域或港口范围内的多个港口装运，并显示了不止一个注明日期的装船批注时，其中最迟的装船日期将用以计算付款到期日。例如，信用证要求从任何欧洲港口装运，且提单显示部分货物于5月14日在都柏林装上 A 船，其余部分于 5 月 16 日在鹿特丹装上同一条船，汇票应当显示在欧洲港口的最迟装船日期，即 5 月 16 日后的 60 天。

iii. 当信用证要求提单，而汇票付款期限做成，例如，提单日后 60 天或从提单日起 60 天，而一张汇票下提交了多套提单时，其中的最迟装船日期，将用以计算付款到期日。

B3：尽管第 B2 段 e 款 i-iii 项的例子针对的是提单日期，但是相同原则适用于确定付款到期日的任何基础。

【有关解读】

第 B2 中 e. ii.段内容是新增的，举例说明了在不同港口把货物装到同一条船上时，最迟的装船日期将用以计算付款到期日。

（三）付款到期日

B4：当汇票使用实际日期表明付款到期日时，该日期应当反映信用证条款。

B5：当汇票付款期限做成，例如，“见票后 60 天”时，付款到期日按如下规则确定：

a. 在相符交单的情况下，付款到期日为向汇票的受票银行，即开证行、保兑行或同意按指定行事的指定银行（“付款银行”）交单后的 60 天。

b. 在不符交单的情况下：

i. 当该付款银行未发送拒付通知时，付款到期日为向其交单后的 60 天；

ii. 当该付款银行为开证行且其已发送拒付通知时，付款到期日最迟为开证行同意申请人放弃不符点后的 60 天；

iii. 当该付款银行是开证行以外的一家银行且其已发送拒付通知时，付款到期日最迟为开证行发送的单据接受通知书日期后的 60 天。当该付款银行不同意按照开证行的单据接受通知书行事时，开证行应当在到期日承付。

c. 付款银行应当向交单人通知或确认付款到期日。

B6：上述付款期限和付款到期日的计算方法也适用于延期付款信用证，或某些情形下的议付信用证，即不要求受益人提交汇票时。

【有关解读】

第 B5 中 b 段内容细化了不符交单情况下关于付款到期日的确定方法。

（四）银行工作日、宽限期和付款延迟

B7：款项应于到期日在汇票或单据的付款地以立即能被使用的资金支付，只要该到期日是付款地的银行工作日。当到期日是非银行工作日时，付款将顺延至到期日后的第一个银行工作日。付款不应出现延迟，例如，宽限期、汇划过程所需时间等，不得在汇票或单据所载明或约定的到期日之外。

【有关解读】

第 B7 段内容未做修改。

（五）出具和签署

B8：a. 汇票应当由受益人出具并签署，且应注明出具日期。

b. 当受益人或第二受益人变更了名称，且信用证提到的是以前的名称时，只要汇票注明了该实体“以前的名称为（第一受益人或第二受益人的名称）”或类似措辞，汇票就可以新实体的名称出具。

B9：当信用证仅以银行的 SWIFT 地址表示汇票付款人时，汇票可以相同的 SWIFT 地址或该银行的全称显示付款人。

B10：当信用证规定由指定银行或任何银行议付时，汇票付款人应当做成指定银行以外的一家银行。

B11：当信用证规定由任何银行承兑时，汇票付款人应当做成同意承兑汇票并愿意按指定行事的银行。

B12：当信用证规定：

a. 由指定银行或任何银行承兑，且汇票付款人做成了该指定银行（其不是保兑行），且该指定银行决定不按指定行事时，受益人可以选择：

i. 如有保兑行，以保兑行为汇票付款人，或者要求将单据按照交单原样转递给保兑行；

ii. 将单据交给同意承兑以其为付款人的汇票并按指定行事的另一家银行（只适用于自由兑付信用证）；

iii. 要求将单据按照交单原样转递给开证行，在此情形下，随附或不随附以开证行为付款人的汇票。

b. 由保兑行承兑，且汇票付款人做成了该保兑行，但交单不符，且该保兑行决定不恢复保兑时，受益人可以要求将单据按照交单原样转递给开证行，在此情形下，可以随附或不随附以开证行为付款人的汇票。

【有关解读】

关于汇票的出具和签署，ISBP745 做了非常详细的规定，其中 B8 是对汇票出具人的规定，B9-B12 段是对不同情形下汇票付款人如何填写的规定。

（六）金额

B13：汇票金额应当为交单下要求支款的金额。

B14：如果汇票同时显示大小写金额，那么大写金额应当准确反映小写金额，且应注明信用证规定的币别。当大小写金额矛盾时，大写金额将作为支款金额予以审核。

【有关解读】

修改了第 B14 段关于金额大小写的规定，删除“金额必须与发票一致”的规定，补充规定：“当大小写金额矛盾时，大写金额将作为支款金额予以审核”。

（七）背书

B15：如果需要，汇票应当背书。

【有关解读】

此段内容未做修改。

（八）更正与更改（统称“更正”）

B16：汇票上数据的任何更正，应当看似已由受益人以额外的签字或小签加以证实。

B17：当汇票上不允许数据更正时，开证行应当在信用证中明确规定。

【有关解读】

关于汇票更正的文字叙述有所不同，不过实质内容未做修改。

（九）以开证申请人为付款人的汇票

B18：a. 信用证不得开立成凭以开证申请人为付款人的汇票兑付。

b. 然而，当信用证要求提交以申请人为付款人的汇票，作为一种规定单据时，该汇票应当只在信用证明确规定的范围内予以审核，其他方面将按照 UCP600 第 14 条 f 款的规定审核。

【有关解读】

第 B18 段把原有的一段内容分成两种情况，并规定了第二种情况下的单据审核标准。

四、发票

（一）发票名称

C1：a. 当信用证要求提交“发票”而未做进一步描述时，提交任何类型的发票（如商业发票、海关发票、税务发票、最终发票、领事发票等）即满足要求。但是，发票不得表明“临时”、“预开”或类似名称。

b. 当信用证要求提交“商业发票”时，提交名称为“发票”的单据也满足要求，即便该单据含有供税务使用的声明。

（二）发票出具人

C2：a. 发票应当看似由受益人，或者由已转让信用证项下的第二受益人出具。

b. 当受益人或第二受益人变更了名称，且信用证提及的是以前的名称时，只要发票注明了该实体“以前的名称为（第一受益人或第二受益人的名称）”或类似措辞，发票就可以新实体的名称出具。

【有关解读】

第 C2 段为新增条款，对发票出具人进行了规定。

（三）货物、服务或履约行为的描述及发票的其他一般性事项

C3：发票显示的货物、服务或履约行为的描述应当与信用证中的描述一致，但不要求如镜像一致。例如，货物的细节可以在发票的多处显示，当一并被解读时，其显示的货物描述与信用证中的描述一致即可。

C4：发票上的货物、服务或履约行为的描述应当反映实际装运或交付的货物、提供的服务或履约行为。例如，当信用证的货物描述要求装运“10 辆卡车和 5 辆拖拉机”，且只装运了 4 辆卡车时，只要信用证不禁止部分装运，发票就可以显示只装运了 4 辆卡车。发票注明实际装运货物（4 辆卡车）的同时，还可以包含信用证规定的货物描述，即 10 辆卡车和 5 辆拖拉机。

C5：发票显示与信用证规定一致的货物、服务或履约行为描述的同时，还可以显示与货物、服务或履约行为相关的额外信息，只要这些信息看似不会指向与货物、服务或履约行为所不同的性质、等级或类别。

例如，当信用证要求装运“绒面革鞋子”，但是发票将货物描述为“仿造绒面革鞋子”；或当信用证要求“液压钻机”，但是发票将货物描述为“二手液压钻机”时，这些描述表示货物的性质、等级或类别出现了变化。

C6：发票应当显示：

a. 所装运或交付的货物、或所提供的服务或履约行为的价值。

b. 单价（当信用证有规定时）。

c. 信用证中表明的相同币别。

d. 信用证要求的任何折扣或扣减。

C7：发票可以显示信用证未规定的预付款、折扣等的扣减。

C8：当信用证规定了贸易术语作为货物描述的一部分时，发票应当显示该贸易术语，而当信用证规定了贸易术语的出处时，发票应当显示贸易术语的相同出处。例如，信用证规定贸易术语为"CIF Singapore Incoterms 2010"时，发票不应显示贸易术语为"CIF Singapore"或"CIF Singapore Incoterms"。但是，当信用证规定贸易术语为"CIF Singapore"，或者，"CIF Singapore Incoterms"时，发票则可以显示贸易术语为"CIF Singapore Incoterms 2010"或任何其他版本。

C9：诸如与制单费、运费、保险费相关的额外费用和成本，应当包含在发票上显示的贸易术语所对应的价值之内。

C10：发票无须签署或注明日期。

C11：发票显示的货物的任何总数量和其重量或尺寸，不应与其他单据显示的同一数据相矛盾。

C12：发票不应显示：

a. 超装（UCP600 第三十条 b 款另有规定除外）；

b. 信用证未规定的货物、服务及履约行为。即便发票包含了信用证规定货物、服务或履约行为的额外数量为免费，或者样品和广告材料为免费，但仍然适用。

C13：发票上显示的信用证规定的货物数量可以在 5%的溢短装浮动幅度之内。货物数量最高+5%的变动，但并不允许交单项下所要求的支款金额超过信用证金额。货物数量的 5%溢短装浮动幅度，不适用于下列情形：

a. 信用证规定货物数量不应超过或减少；

b. 信用证以包装单位或商品件数规定货物数量。

C14：当信用证未规定货物数量，且禁止部分装运时，发票金额在少于信用证金额最大 5%的幅度内，将视为发票涵盖全部货物数量，不构成部分装运。

【有关解读】

第 C5 段增加了发票的货物描述额外信息不得改变货物性质、等级和类别的要求；修改了第 C12 段关于未规定货物的规定。

现举例说明关于信用证未规定货物的理解：信用证规定货物为玫瑰，1 000 支，每支 1 美元，允许分批装运。如果发票显示内容如下：玫瑰 900 支，每支 1 美元，共 900 美元。另 100 支玫瑰，每支 1 美元，共 100 美元，免费。按照 C12 中 b 款规定，这构成超装，发票显示的任何免费货物均应视为信用证未规定的货物，尽管免费部分与信用证规定货物相同，而且在信用证规定的数量范围之内。

（四）分期支款或装运

C15：a. i. 当信用证要求在规定期间内分期支款或分期装运，且任何一期未在规定期间内支款或装运时，信用证对该期及后续各期均停止兑付。规定期间，指决定每期开始日期和结束日期的一组日期或时间序列。例如，信用证要求3月份装运100辆汽车和4月份装运100辆汽车，这就是分两期装运的例子，一期开始于3月1日结束于3月31日，另一期开始于4月1日结束于4月30日。

ii. 当信用证允许部分支款或装运时，每期之内允许任意次数的支款或装运。

b. 当信用证仅以一些最迟日期规定了支款或装运的时间表，而不是（第C15段a款i项所涉及的）规定期间时：

i. 这不属于UCP600所设想的分期时间表，UCP600第三十二条款不适用。尽管如此，该交单仍应当符合信用证中有关支款或装运时间表和UCP600第三十一条款的任何要求。

ii. 且当信用证允许部分支款或部分装运时，在每期最迟支款或装运日期当日，或最迟支款或装运日期之前，允许任意次数的支款或装运。

【有关解读】

第C15段关于分期支款或装运是从原有的"货物、服务或履约行为的描述及发票的其他一般性事项"中分离出来单列的一种情况，与原有"如果信用证要求分期装运，则每批装运必须与分期装运计划一致"的规定相比，现在的规定更加详细具体，增加了分期时间表的定义，即这段期间应该既有开始日期，又有结束日期，并举例说明；规定了分期时间表和非分期时间表如何满足；确定了与部分支款/装运的关系。

五、涵盖至少两种不同运输方式的运输单据（"多式或联合运输单据"）

（一）UCP600第十九条的适用

D1：a. 信用证要求提交涵盖至少两种不同运输方式的运输单据，无论其如何命名，这表示该单据的审核应适用UCP600第十九条。

b. i. 多式或联合运输单据不应表明装运或发送只以一种运输方式完成，但就所使用的部分或全部运输方式可以不予说明。

ii. 多式运输单据或联合运输单据不应包含第G2段a款和b款所描述的任何租船合同事项。

c. 当信用证要求提交多式或联合运输单据以外的运输单据，且信用证规定的货物运输路线清楚地表明应使用一种以上的运输方式，例如，信用证显示了内陆收货地或最终目的地，或者信用证的装货港或卸货港栏填写了一个地点，该地点事实上是一个内陆地点而不是港口时，该单据的审核应适用UCP600第十九条。

D2：本出版物所有使用的"多式运输单据"的术语，也适用于"联合运输单据"。提交的运输单据无须表明"多式运输单据"、"联合运输单据"或类似名称，即便信用证如此命名所要求的单据。

【有关解读】

第D1段增加了c款的规定，例如信用证要求提单，而规定的货物运输路线清楚地表明应使用一种以上的运输方式，则仍应适用多式运输单据审核。

（二）多式运输单据的出具、承运人、承运人身份的识别及签署

D3：a. 多式运输单据可以由承运人或船长以外的任何实体出具，只要其满足UCP600

第十九条的要求。

b. 当信用证规定“货运代理人多式运输单据可接受 Freight Forwarder’s Multimodal Transport Document is acceptable”，或“运输行多式运输单据可接受 House Multimodal Transport Document is acceptable”，或类似措辞时，多式运输单据可以由出具人签署，且不必注明其签署身份或承运人名称。

D4：信用证规定“货运代理人多式运输单据不可接受 Freight Forwarder’s Multimodal Transport Documents are not acceptable”，或“运输行多式运输单据不可接受 House Multimodal Transport Documents are not acceptable”，或类似措辞，在多式运输单据的名称、格式、内容或签署方面没有任何含义，除非信用证对其出具和签署规定了明确要求。没有这些要求时，该规定将不予理会，提交的多式运输单据将按照 UCP600 第十九条的要求予以审核。

D5：a. 多式运输单据应当按照 UCP600 第十九条 a 款 i 项规定的方式签署，并注明承运人名称及表明其身份。

b. 当多式运输单据由承运人的具名分支机构签署时，该签字视同由承运人做出。

c. 当多式运输单据由承运人的代理人签署时，该代理人应当具名，此外，应当注明其作为“承运人（承运人名称）代理人”或“代表承运人的代理人”签署或类似措辞。当承运人在单据的其他地方表明“承运人”身份时，该具名代理人可以比如“承运人的代理人”的身份签署，而无须再次提及承运人名称。

d. 当多式运输单据由船长签署时，船长签字应当注明“船长”身份，无须注明船长姓名。

e. 当多式运输单据由船长代理人签署时，该代理人应当具名，此外，应当注明其作为“船长代理人”或“代表船长的代理人”签署或类似措辞，无须注明船长姓名。

【有关解读】

第 D4 段内容是新增条款，说明信用证规定“货运代理人多式运输单据不可接受”或类似措辞时，对其出具和签署如何审核的问题。

第 D5 段中的 b 款内容是新增的，说明承运人的分支机构的签署视同承运人做出。

（三）装船批注、装运日期、收货、发送或接管地、装货港或出发地机场

D6：多式运输单据的出具日期将视为收货、发送或接管、装船或装运日期，除非其载有单独注明日期的批注，表明在信用证规定的地点、港口或机场收货、发送、接管或装船。在后一种情况下，该批注日期将被视为装运日期，不论其早于或晚于多式运输单据的出具日期。一个单独的注明日期的装船批注，也可以显示在指定栏位或方框中。

D7：当信用证要求货物从规定的港口起运，即信用证要求首程为海运时，多式运输单据应当显示注明日期的装船批注。在此情况下，第 E6 段 b 款至 d 款也将适用。

D8：在多式运输单据上，当信用证要求货物从港口起运时，该具名装货港应当显示装货港栏位。然而，只要装船批注表明货物在“收货地”或类似栏位中的港口装上具名船只，装货港就可以显示在“收货地”或类似栏位中。

D9：多式运输单据应当显示信用证规定的收货、发送或接管地、装货港或出发地机场。当信用证规定了收货、发送或接管地、装货港或出发地机场，也表明了该地点、港口或

机场的所在国时，多式运输单据上无须注明该国别名称。

D10：当信用证规定了收货、发送或接管地、装货港或出发地机场的地理区域或地点范围（例如，“任一欧洲国家”或“汉堡、鹿特丹、安特卫普港”）时，多式运输单据应当显示实际的收货、发送或接管地、装货港或出发地机场，且其应当位于该地理区域或地点范围之内。多式运输单据则无须显示该地理区域。

D11：“已装运且表面状况良好”、“已装载船上”、“清洁已装船”，或其他包含“已装运”或“已装船”字样的用语，与“已装船装运”具有相同效力。

【有关解读】

第 D7、D8 和 D9 段内容为新增条款。

（四）最终目的地、卸货港或目的地机场

D12：a. 在多式运输单据上，当信用证要求货物运送至一港口时，该具名卸货港应当显示卸货港栏位。

b. 然而，具名卸货港也可以显示在“最终目的地”或类似栏位中，只要批注表明卸货港为“最终目的地”或类似栏位中的港口即可。例如，当信用证要求货物运送至费利克斯托港，但费利克斯托港显示为最终目的地而非卸货港时，多式运输单据可以通过批注表明“卸货港：费利克斯托”。

D13：多式运输单据应当显示信用证规定的最终目的地、卸货港或目的地机场。当信用证规定了最终目的地、卸货港或目的地机场，也表明了该地点或港口的所在国时，多式运输单据上无须显示该国别名称。

D14：当信用证规定了最终目的地、卸货港或目的地机场的地理区域或地点范围（例如，“任一欧洲国家”或“汉堡、鹿特丹、安特卫普港”）时，多式运输单据应当显示实际的最终目的地、卸货港或目的地机场，且其应当位于信用证规定的地理区域或地点范围之内。多式运输单据无须显示该地理区域。

【有关解读】

与 ISBP681 把“接管地、装运地、装货地和目的地”放到一起进行了笼统规定相比，ISBP745 将出发地和目的地分开，并详细规定了具名卸货港的显示位置，及信用证规定“最终目的地、卸货港或目的地机场”的具体地点或范围时，单据上如何填写的问题。

（五）正本多式运输单据

D15：a. 多式运输单据应当注明所出具的正本份数。

b. 多式运输单据标注“第一正本”、“第二正本”、“第三正本”、或“正本”、“第二联”、“第三联”等类似字样，均为正本。

【有关解读】

第 D15 段的内容未做修改。

（六）收货人、指示方、托运人和背书、被通知人

D16：当信用证要求多式运输单据表明以具名实体为收货人，例如，“收货人：（具名实体）”（即“记名”多式运输单据），而非“收货人：凭指示”或“收货人：凭（具名实体）指示”时，在该具名实体前不应含有“凭指示”或“凭×××指示”等字样，或者不应在该具名实体后

注明“或凭指示”字样，无论该字样是打印还是预先印就。

D17：a. 当多式运输单据的收货人做成“凭指示”或“凭托运人指示”时，该单据应当由托运人背书。只要背书是为托运人或代表托运人做出，该背书就可以由托运人之外的具名实体做出。

b. 当信用证要求多式运输单据表明收货人为“凭（具名实体）指示”时，多式运输单据就不应直接显示收货人为该具名实体。

D18：a. 当信用证规定了一个或多个被通知人的细节时，多式运输单据也可以显示另外一个或多个被通知人的细节。

b. i. 当信用证未规定被通知人的细节时，多式运输单据可以任何方式（除第 D18 段 b（ii）款项表明的情形外）显示任何被通知人的细节。

ii. 当信用证未规定被通知人的细节，而多式运输单据显示了作为被通知人的申请人细节，包括申请人地址和联络细节时，其不应与信用证所规定的申请人细节相矛盾。

D19：当信用证要求多式运输单据表明“收货人：‘开证行’或‘申请人’”，或“收货人：凭‘开证行’或‘申请人’指示”，或“被通知人：申请人或开证行”时，多式运输单据应当相应地显示开证行或申请人的名称，但无须显示信用证可能规定的开证行或申请人的地址或任何联络细节。

D20：当申请人地址和联络细节显示为收货人或被通知人细节的一部分时，其不应与信用证规定的申请人细节相矛盾。

【有关解读】

第 D18 段内容对被通知人进行了细化规定，分成“信用证规定被通知人细节”和“信用证未规定其细节”两种情况，分别规定了在单据上如何显示被通知人细节。

第 D19 段和第 D20 段都是新增条款。

（七）转运、部分装运，以及提交多套多式运输单据时如何确定交单期

D21：在多式运输中转运将会发生。转运是指从信用证规定的收货、发送或接管地、装货港或出发地机场，到最终目的地、卸货港或目的地机场之间的运输过程中，货物从一运输工具卸下并再装上另一运输工具（无论其是否为不同运输方式）。

D22：以一个以上的运输工具（不止一辆卡车、一条船只或一架飞机等）进行的运输是部分装运，即便这些运输工具在同一天出发并前往同一目的地。

D23：a. 当信用证禁止部分装运，而提交了一套以上的正本多式运输单据，涵盖货物从一个或多个地点（信用证特别允许或规定的地理区域或地点范围内）收货、发送、接管或装运时，每套多式运输单据都应当显示其涵盖的货物运输，由同一运输工具经同次行程前往同一目的地。

b. 当信用证禁止部分装运，而按照第 D23 段 a 款提交的一套以上的正本多式运输单据，含有不同的收货、发送、接管或装运日期时，其中最迟的日期将用于计算交单期，且该日期不得晚于信用证规定的最迟收货、发送、接管或装运日期。

c. 信用证允许部分装运，且作为同一面函下单一交单的一部分提交的一套以上的正本多式运输单据，含有装上不同运输工具的不同收货、发送、接管或装运日期时，其中最早的日期将用于计算交单期，且所有这些日期都不得晚于信用证规定的最迟收货、发送、接

管或装运日期。

【有关解读】

第D23中的c款内容是新增的，说明信用证允许部分装运，提交的多套运输单据中显示了不同的装运日期时，最早的日期将用于计算交单期。

（八）清洁多式运输单据

D24：多式运输单据不应含有明确声明货物或包装状况有缺陷的条款。例如：

a. 多式运输单据上载有的“包装无法满足海运航程”或类似措辞的条款，即属于明确声明包装状况有缺陷的例子。

b. 多式运输单据上载有的“包装可能无法满足海运航程”或类似措辞的条款，并没有明确声明包装状况有缺陷。

D25：a. “清洁”字样没有必要在多式运输单据上显示，即便信用证要求多式运输单据标明“清洁已装船”或“清洁”字样。

b. 删除多式运输单据上“清洁”字样，并非明确声明货物或包装状况有缺陷。

【有关解读】

关于多式联运单据如何认定其清洁性的规定基本未做修改。

（九）货物描述

D26：多式运输单据上的货物描述可以使用与信用证所规定的货物描述不相矛盾的统称。

【有关解读】

D26段内容未做修改。

（十）目的地交货代理人的名称与地址

D27：当信用证要求多式运输单据显示最终目的地或卸货港的交货代理人或类似措辞的名称、地址和联络细节时，其地址无须位于最终目的地或卸货港，也无须与最终目的地或卸货港在同一个所在国。

【有关解读】

第D27段是新增条款，对目的地交货代理人的名称和地址进行了宽松的规定。

（十一）更正与更改（统称“更正”）

D28：多式运输单据上数据的任何更正均应当证实。该证实应当看似由承运人或船长，或其任一代理人所为，该代理人可以不同于出具或签署多式运输单据的代理人，只要其表明作为承运人或船长的代理人身份。

D29：对于正本多式运输单据上可能做过的任何更正，其不可转让的副本无须证实。

【有关解读】

以上规定未做修改。

（十二）运费和额外费用

D30：多式运输单据显示的运费支付事项，无须与信用证规定的等同一致，但不应与该单据、任何其他规定的单据或信用证中的数据相矛盾。例如，当信用证要求多式运输单据标注“运费目的地支付 freight payable at destination”时，其可以标明为“运费待收 freight collect”。

D31：a. 当信用证规定运费以外的费用不可接受时，多式运输单据不应显示运费之外的费用已经或将要产生。

b. 多式运输单据显示运费以外的费用时，可以明确提及额外费用，或使用与货物装卸费用相关的贸易术语，比如但不限于，“船方不管装货 Free in（FI）”、“船方不管卸货 Free Out（FO）”、“船方不管装卸货 Free In and Out（FIO）”及“船方不管装卸货及积载 Free In and Out Stowed（FIOS）”。

c. 多式运输单据提及的可能仅仅加收的费用，例如，由于卸货或卸货后的延迟可能加收的费用（滞期费），或由于延迟归还集装箱可能加收的费用（滞箱费），不属于运费以外的额外费用。

【有关解读】

第 D30 段是新增条款，举例说明了“多式运输单据显示的运费支付事项，无须与信用证规定的等同一致”。

（十三）凭多套多式运输单据放货

D32：a. 多式运输单据不应明确规定，货物释放只能基于该单据和其他一套或多套多式运输单据的一并提交，除非所有提及的多式运输单据构成同一信用证项下同次交单的一部分。

b. 例如，“提单号 YYY 和 ZZZ 涵盖集装箱号 XXXX 项下的货物，货物只能释放给同一人且其必须提交该货物的所有多式运输单据”，即视为明确规定在货物释放前，必须一并提交与所提及的集装箱或包装单位相关的其他一套或多套多式运输单据。

【有关解读】

第 D32 中的 b 款规定进行了举例说明。

六、提单

【有关解读】

ISBP745 对提单做出了与多式联运单据类似的 13 种情形的规定，具体修订情况也类似，在此不再赘述，注意几个与 ISBP681 相比实质性不同的条款，包括细化了第 E6 段关于装船批注的规定，明确了装货港无须显示国别；细化了第 E19 段等多套提单的规定；增加了第 E23 段关于卸货港交货代理的规定。

七、不可转让海运单

【有关解读】

与 ISBP681 相比，不可转让海运单是新增的单据，本来在 UCP600 中，就有关于不可转让海运单的规定，ISBP745 增加此单据也是理所应当的。与对多式联运单据的 13 种情形的规定相比，不可转让海运单的规定有前 12 种情形，此处不再一一列出，不同的是没有凭多套单据放货的规定，因为不可转让海运单不是物权凭证，承运人放货不是凭借海运单，而是根据到货通知及收货人的身份证明。

八、租船提单

关于"UCP600 第二十二条的适用"中的规定：

G3：运输单据含有通常与租船提单关联的代码名称或格式名称，例如，"康金提单"或者"油轮提单"，而未显示或援引租船合同，无论其如何命名，这本身并不属于显示或援引了租船合同。

关于"租船提单的签署"的规定：

G4：a. 租船提单应当按 UCP600 第二十二条 a 款 i 项规定的方式签署。

b. 当租船提单由船长、船东或租船人签署时，其签字应当表明"船长"、"船东"或"租船人"身份。

c. 当租船提单由船长、船东或租船人的代理人签署时，该代理人应当具名，此外，应当视情况注明其作为"船长、船东或租船人的代理人"或"代表船长、船东或租船人的代理人"签署。

i. 当租船提单由船长的代理人签署时，无须注明船长姓名。

ii. 当租船提单由船东或租船人的代理人签署时，应当注明船东或租船人名称。

关于"货物描述"中的规定：

G21：通过援引"未隔离"或"被混合"或类似措辞，租船提单可以表明货物只是已装载具名船只上的大宗货物的一部分。

关于"租船合同"的规定：

G27：除非信用证特别排除适用 UCP600 第二十二条 b 款，且明确规定了需要审核的数据和范围，银行将不审核租船合同的内容，即便信用证要求将该租船合同作为规定的单据。

【有关解读】

ISBP745 关于"租船提单"共规定了 13 种情形，与对多式联运单据 13 种情形的规定相比，关于单据签字的规定有所不同，因为租船提单是租船运输下的运输单据；没有"卸货港交货代理人的名称和地址"的规定；没有转运的规定，因为租船运输不涉及转运；多出"租船合同"的规定，说明银行不审核租船合同，体现了信用证独立于合同的特点，也体现了银行只审核信用证中规定单据的特点。

与 ISBP681 相比，增加了第 G3 段关于"康金提单"或者"油轮提单"的规定、第 G21 段关于混合货物的规定和第 G27 段关于租船合同的审核。

九、空运单据

关于"空运单据的出具、承运人、承运人的身份识别及签署"的规定：

H3：a. 空运单据可以由承运人以外的任何实体出具，只要其满足 UCP600 第二十三条的要求。

b. 当信用证规定"货运代理人空运单据可接受 Freight forwarder's air transport document is acceptable"，"运输行空运单据可接受 House air transport document is acceptable"，或类似措辞时，空运单据可以由出具人签署，且不必注明其签署身份或承运人名称。

H4：信用证规定"货运代理人空运单据不可接受 Freight forwarder's air transport documents are not acceptable”,“运输行空运单据不可接受 House air transport documents are not acceptable”,或类似措辞,在空运单据的名称、格式、内容或签署方面没有任何含义,除非信用证对其出具和签署规定了明确要求。没有这些要求时,该规定将不予理会,提交的空运单据将按照 UCP600 第二十三条的要求予以审核。

H5: a. 空运单据应当按 UCP600 第二十三条 a 款 i 项规定的方式签署,并注明承运人名称及表明其身份。

b. 当空运单据由承运人的具名分支机构签署时,该签字将视同由承运人做出。

c. 空运单据的承运人应当表明其名称,而不是其国际航空协会“IATA”的航空公司代码,例如,应当显示英国航空而非“BA”,汉莎航空而非“LH”。

H6: 当空运单据由承运人的代理人签署时,该代理人应当具名;此外,应当注明其作为“承运人(承运人名称)的代理人”或“代表承运人的代理人”签署或类似措辞。当承运人在该单据的其他地方表明“承运人”身份时,该具名代理人可以比如“承运人的代理人”身份签署,而无须再次提及承运人名称。

关于“出发地机场和目的地机场”中的规定:

H10: 出发地机场和目的地机场也可以显示为国际航空协会的“IATA”代码,以代替机场全名(例如,“LAX”代替洛杉矶机场)。

关于“收货人、指示方和被通知人”中的规定:

H13: a. 当信用证要求空运单据表明收货人为“凭(具名实体)指示”时,该空运单据可以显示该实体为收货人,无须注明“凭×××指示”字样。

b. 当信用证要求空运单据表明收货人为“凭指示”而未提及指示方时,该空运单据应当显示开证行或申请人为收货人,无须注明“凭指示”字样。

【有关解读】

ISBP745 关于“空运单据”共规定了 11 种情形,与对多式联运单据 13 种情形的规定相比,关于单据签字的规定有所不同;没有“卸货港交货代理人的名称和地址”的规定;没有凭多套单据放货的规定,因为空运单据不是物权凭证。

与 ISBP681 相比,增加了第 H5 段关于航空公司代码的规定、第 H10 段关于机场代码的规定和第 H13 段关于指示收货人的规定。

十、公路、铁路和内陆水路运输单据

关于“公路、铁路或内陆水路运输单据的出具、承运人、承运人的身份识别及签署”的规定:

J2: a. 公路、铁路或内陆水路运输单据应当按照 UCP600 第二十四条 a 款 i 项规定的方式签署,并注明承运人名称及表明其身份(除第 J4 段 b 款表明的情形外)。

b. 当公路、铁路或内陆水路运输单据由承运人的具名分支机构签署时,该签字视同由承运人做出。

c. “承运人”一词,包括“出单承运人”、“实际承运人”、“后续承运人”和“合同承运人”等用语。

J3: 收货的签字、印戳或批注,应当看似表明由下列人员做出:

a. 承运人，并表明承运人身份；或者

b. 代表承运人行事或签署的具名代理人，并注明其所代表行事或签署的承运人的名称和表明承运人身份；或者

c. 铁路公司或出发地火车站。

J4：a. “承运人”字样无须显示在签字处，只要运输单据看似由承运人或承运人的具名代理人签署，且承运人在运输单据的其他地方表明了“承运人”身份。

b. 铁路运输单据可以由铁路公司或出发地铁车站加盖日期戳，无须显示承运人名称或代表承运人签署的具名代理人名称。

关于“正本和第二联的公路、铁路或内陆水路运输单据”的规定：

J7：a. 铁路或内陆水路运输单据应当看似为正本，无论是否如此标注。

b. 公路运输单据应当看似为出具给发货人或托运人的正本（发送人联），或没有标注出具给何人。

c. 即使信用证要求提交相关的全套运输单据，提交出具给发货人或托运人的公路运输单据正本（发送人联），或铁路运输单据第二联，即满足要求。

d. 铁路运输单据第二联（通常是复写联），由铁路公司或出发地火车站签字或盖戳证实，将视为正本。

【有关解读】

与空运单据相比，关于单据签字的规定有所不同；没有有关装运日期的规定；关于单据正本的规定也有所不同，比如铁路运输单据第二联（副本）将视为正本。

十一、保险单据及承保范围

（一）UCP600 第二十八条的适用

K1：信用证要求提交保险单据，比如保险单、预约保险项下的保险证明或保险声明，这表示该单据的审核将适用 UCP600 第二十八条。

【有关解读】

上述规定未做修改。

（二）保险单据的出具人、签署及正本保险单据

K2：a. 保险单据应当看似由保险公司或保险商或其代理人或代表出具并签署。例如，“AA Insurance Ltd”出具并签署的保险单据即看似已由保险公司出具。

b. 当出具人表明为“保险人”身份时，保险单据无须显示出具人为保险公司或保险商。

K3：只要保险单据已由保险公司或保险商或其代理人或代表签署，保险单据就可以在保险经纪人的信笺上出具。保险经纪人可以作为具名保险公司或具名保险商的代理人或代表签署保险单据。

K4：保险单据由代理人或代表签署时，应当注明其所代理或代表签署的保险公司或保险商的名称，除非保险单据的其他地方已经表明了保险公司或保险商。例如，当“AA Insurance Ltd”已经表明其为保险人时，保险单据可以由“John Doe（作为代表）代表保险人”或“John Doe（作为代表）代表 AA Insurance Ltd”签署。

K5：当保险单据要求由出具人、被保险人或具名实体副签时，保险单据必须副签。

K6：只要保险公司在单据的其他地方表明了保险公司，保险单据在签署栏中就可以仅显示保险公司的商号，例如，当保险单据在签署栏中显示由“AA”出具并签署时，在其他地方显示“AA Insurance Ltd”及其地址和联络细节，则可以接受。

K7：a. 当保险单据表明由一个以上的保险人承保时，该保险单据可以由一个代表所有保险人的代理人或代表签署，或由一个保险人代表所有共同保险人签署。在后一种情况下，例如，保险单据由“AA Insurance Ltd，作为牵头保险人，代表共同保险人”出具并签署。

b. 尽管第 K2、K3 和 K4 段有所规定，当保险单据表明由一个以上的保险人承保时，其无须显示每个保险人的名称或各自的承保比例。

K8：当信用证要求保险单据出具一份以上的正本，或者保险单据显示其已经出具了一份以上的正本时，所有正本都应当提交并看似已经签署。

【有关解读】

第 K6 段增加了关于保险公司商号的规定、第 K7 段增加了关于共同保险人签署的规定。

（三）日期

K9：保险单据不应表明提出索赔的有效期限。

K10：a. 保险单据不应显示保险生效日期晚于装运日期。

b. 当保险单据显示出具日期晚于（UCP600 第十九条至第二十五条所定义的）装运日期时，应当以附注或批注的方式清楚地表明保险生效日期不晚于装运日期；

c. 保险单据显示保险基于“仓至仓”或类似条款已经生效，且出具日期晚于装运日期，并不表示保险生效日期不晚于装运日期。

K11：在保险单据没有出具日期和保险生效日期的情况下，副签日期也将视为证实了保险生效日期。

【有关解读】

ISBP745 修改了第 K10 段“仓至仓”条款用于认定保险生效日期的规定。对于提交的保险单据显示的出具日期晚于运输单据上的装运日期，但保险单据还显示了“仓至仓”条款的情况，根据旧版下的国际商会在 R766/TA709rev 中表示的意见，这是可以接受的，因为“仓至仓”条款具有追溯保险责任生效的效果；然而，ISBP745 规定则完全否定了上述意见，认为这还是不符点，因为事后国际商会保险委员会确认，“仓至仓”条款并没有追溯保险责任生效的效果。

第 K11 段增加了关于副签日期用于认定保险生效日期的规定。

（四）保险金额和比例

K12：当信用证未规定保险金额时，保险单据应当以信用证的币别，至少按 UCP600 第二十八条 f 款 ii 项规定的金额出具。对保险金额的最高比例没有限制。

K13：保险金额不要求保留两位以上的小数。

K14：保险单据可以表明保险受免赔率或免赔额（扣减额）约束。然而，当信用证要求保险不计免赔率(irrespective of percentage)时,保险单据不应含有表明保险受免赔率或免赔额(扣减额)约束的条款。保险单据无须注明“不计免赔率 irrespective of percentage”。

K15：当从信用证或交单清楚得知要求支款的金额仅是货物总价值的一部分(例如,由于折扣、预付款或类似情形,或部分货款延付)时,保险金额的计算必须以发票或信用证所显示的货物总价值为基础,并符合 UCP600 第二十八条 f 款 ii 项的要求。

K16：同一运输的同一险别应当由同一份保险单据所承保,除非提交了承保相关部分保险的一份以上的保险单据,且每份保险单据都以百分比例或其他方式明确地表明：

a. 每一保险人承保的金额；

b. 每一保险人将分别承担各自的保险责任,且不受其他保险人在该次运输下可能已承保的保险责任的影响；

c. 保险单据对应的承保金额的合计总数,至少为信用证要求或者 UCP600 第二十八条 f 款 ii 项规定的保险金额。

【有关解读】

第 K16 段内容是从原有的“承保险别”中调整到“保险金额和比例”中。

（五）承保险别

K17：a. 保险单据应当承保信用证要求的险别。

b. 即使信用证可能明确规定应承保的险别,保险单据也可以援引除外条款。

K18：当信用证要求承保“一切险”时,无论保险单据是否标明“一切险”标题,即使其表明特定险别除外,提交载有任何“一切险”条款或批注的保险单据即满足要求。保险单据表明其承保“伦敦保险协会货物运输保险条款(A)”,或者,在空运项下其承保“伦敦保险协会货物运输保险条款(空运)”,即符合信用证要求“一切险”条款或批注的条件。

【有关解读】

关于承保险别的规定基本未做修改。

（六）被保险人和背书

K19：保险单据应当是信用证要求的形式,如有必要,还应当由要求索赔或有权索赔的实体背书。

K20：a. 信用证不应要求保险单据出具成“凭来人”或“凭指示”。信用证应当显示被保险人的名称。

b. 当信用证要求保险单据出具成“凭(具名实体)指示”时,保险单据无须显示“凭指示”字样,只要保险单据表明该具名实体为被保险人,或者表明将赔付给该具名实体且没有明确禁止背书转让即可。

K21：a. 当信用证对被保险人未做规定时,保险单据不应表明将赔付给信用证的受益人,或开证行和申请人以外的其他实体,或其指示的一方,除非保险单据已经由受益人或该实体做了空白背书,或背书给了开证行或申请人。

b. 保险单据应当出具或背书成,使索赔权利在放单之时或放单之前得以转让。

【有关解读】

第 K20 段的内容与原有“如果信用证要求空白背书式的保险单据,则保险单据也可开立成来人式”的规定相比有所不同，其他规定相同。

（七）保险单据的一般性条款和条件

K22：银行不审核保险单据的一般性条款和条件。

【有关解读】

第K22段是新增条款，说明银行不审核保险单据的一般性条款和条件。

（八）保费

K23：保险单据上任何有关保费支付的事项，银行均不予理会，除非保险单据注明“保险单据无效，除非保费已付”，且显示保费未付。

【有关解读】

第K23段是新增条款，说明银行一般不理会有关保费支付的事项。

十二、原产地证明

（一）基本要求和功能满足

L1：当信用证要求提交原产地证明时，提交看似与所开发票的货物相关且证实货物原产地，并经签署的单据，即满足要求。

L2：当信用证要求提交特定格式的原产地证明，比如GSP Form A格式时，应当仅提交特定格式的单据。

【有关解读】

第L1段删除了对出具日期的要求。

（二）原产地证明的出具人

L3：a. 原产地证明应当由信用证规定的实体出具。

b. 当信用证没有规定出具人名称时，原产地证明可以由任何实体出具。

c. i. 当信用证要求提交由受益人、出口商或制造商出具的原产地证明时，只要原产地证明相应注明受益人、出口商或制造商，提交的原产地证明由商会或类似机构，比如但不限于行会、行业协会、经济协会、海关和贸易部门等类似机构出具也满足要求。

ii. 当信用证要求提交由商会出具的原产地证明时，提交的原产地证明由行会、行业协会、经济协会、海关和贸易部门等类似机构出具也满足要求。

【有关解读】

第L3段c. ii.增加了类似机构视同商会的规定。

（三）原产地证明的内容

L4：原产地证明应当看似与所开发票的货物相关联，例如，通过下列方式：

a. 与信用证规定相符的货物描述，或与信用证所规定的货物描述不相矛盾的统称；

b. 援引其他规定单据或原产地证明不可分割的附件上的货物描述。

L5：当原产地证明显示收货人信息时，其不应与运输单据中的收货人信息相矛盾。但是，当信用证要求运输单据出具成“凭指示”、“凭托运人指示”、“凭开证行指示”、“凭指定银行（或议付行）指示”或“收货人：开证行”时，原产地证明可以显示收货人为信用证中除受益人以外的任何一个具名实体。当信用证已经转让时，收货人可以是第一受益人。

L6：原产地证明可以显示信用证受益人或其他规定单据上所显示的托运人以外的实体为发货人或出口商。

L7：当信用证规定货物原产地而没有要求提交原产地证明时，规定单据上对货物原产地的任何援引不应与规定的原产地相矛盾。例如，当信用证规定“货物原产地：德国”而没有要求提交原产地证明时，任何规定单据显示了不同的货物原产地，将视为数据矛盾。

L8：只要原产地证明显示的出口商或发货人不是受益人，其就可以显示不同于其他一种或多种规定单据上注明的发票号码、发票日期和运输路线。

【有关解读】

第 L7 段是新增条款，对于信用证规定了货物原产地而没有要求提交原产地证明时，原产地如何显示进行了举例说明。

第 L8 段关于发票号码及日期、运输路线的审核是新增条款。

十三、装箱单

（一）基本要求和功能满足

M1：当信用证要求提交装箱单时，提交的单据包含货物包装的任何信息以满足其功能，并表明信用证规定的名称，或标明相似名称，或没有名称，即符合要求。

（二）装箱单的出具人

M2：装箱单应当由信用证规定的实体出具。

M3：当信用证没有规定出具人名称时，装箱单可以由任何实体出具。

（三）装箱单的内容

M4：当信用证规定了明确的包装要求时，且没有规定与其相符的单据，装箱单如有提交，其提及的有关货物包装的任何数据不应与该要求矛盾。

M5：只要装箱单的出具人不是受益人，其就可以显示不同于其他一种或多种规定单据上注明的发票号码、发票日期和运输路线。

M6：银行只审核总量，包括但不限于总数量、总重量、总尺寸或总包装件数，以确保相关的总量与信用证中和任何其他规定单据上显示的总量没有矛盾。

十四、重量单

（一）基本要求和功能满足

N1：当信用证要求提交重量单时，提交的单据包含货物重量的任何信息以满足其功能，并表明信用证规定的名称，或标明相似名称，或没有名称，即符合要求。

（二）重量单的出具人

N2：重量单应当由信用证规定的实体出具。

N3：当信用证没有规定出具人名称时，重量单可以由任何实体出具。

（三）重量单的内容

N4：当信用证规定了明确的重量要求，且没有规定与其相符的单据时，重量单如有提交,其提及的有关货物重量的任何数据不应与该要求矛盾。

N5: 只要重量单的出具人不是受益人,其就可以显示不同于其他一种或多种规定单据上注明的发票号码、发票日期和运输路线。

N6: 银行只审核总量,包括但不限于总数量、总重量、总尺寸或总包装件数,以确保相关的总量与信用证中和任何其他规定单据上显示的总量没有矛盾。

十五、受益人证明

(一) 基本要求和功能满足

P1: 当信用证要求提交受益人证明时,提交经签署的单据包含信用证所要求的数据和证明文句以满足其功能,并表明信用证规定的名称,或标明反映所要求证明类型的名称,或没有名称,即符合要求。

(二) 受益人证明的签署

P2: 受益人证明应当由受益人或受益人代表签署。

(三) 受益人证明的内容

P3: 受益人证明提及的数据,不应与信用证要求相矛盾。

P4: 受益人证明上提及的数据或证明文句:

a. 无须与信用证要求的等同一致,但应当清楚表明信用证规定的要求已经获得满足;

b. 无须包含货物描述,或对信用证或其他规定单据的任何其他援引。

十六、分析、检验、健康、植物检疫、数量、质量和任何其他证明(统称“证明”)

(一) 基本要求和功能满足

Q1: 当信用证要求此类证明时,提交经过签署的单据证实所要求行为的结果,例如分析、检验、健康、植物检疫、数量或质量的评估结果以满足其功能,并表明信用证规定的名称,或标明相似名称,或没有名称,即符合要求。

Q2: 当信用证要求提交的证明与装运当日或装运日之前所要求发生的行为相关时,该证明应当显示:

a. 不晚于装运日期的出具日期;

b. 表明行为发生于装运当日或装运日之前的措辞,在此情况下,当出具日期也显示时,其可以晚于装运日期,但不应晚于该证明的交单日期;

c. 表明事件的单据名称,例如,“装船前检验证明”。

(二) 证明的出具人

Q3: 证明应当由信用证规定的实体出具。

Q4: 当信用证没有规定出具人的名称时,证明可以由任何实体包括信用证受益人出具。

Q5: 当信用证使用了“独立的”、“正式的”、“合格的”或类似词语描述证明出具人时,该证明可以由除受益人以外的任何实体出具。

（三）证明的内容

Q6：此类证明可以显示：

a. 仅测试、分析或检验了所要求货物的样品；

b. 多于信用证中或任何其他规定单据上显示的数量；

c. 多于提单或租船提单上显示的货舱、厢柜或罐桶数目。

Q7：当信用证规定了关于分析、检验、健康、植物检疫、数量或质量的评估或类似方面的明确要求时，无论是否规定与其相符的单据，该证明或任何其他规定单据上提及的有关分析、检验、健康、植物检疫、数量或质量的评估或类似方面的数据不应与该要求矛盾。

Q8：当信用证没有规定证明上显示的明确内容，包括但不限于确定分析、检验或质量的评估结果所依据的任何要求的标准时，该证明可以包含诸如“不适合人类消费”、“化学成分可能无法满足需要”或类似措辞的声明，只要其与信用证、任何其他规定的单据或UCP600不相矛盾。

Q9：当证明显示收货人信息时，其不应与运输单据中的收货人信息相矛盾。但是当信用证要求运输单据收货人出具成“凭指示”、“凭托运人指示”、“凭开证行指示”、“凭指定银行（或议付行）指示”或“收货人：开证行”时，该证明可以显示收货人为信用证中受益人以外的任何一个具名实体。当信用证已经转让时，收货人可以是第一受益人。

Q10：证明可以显示信用证受益人或其他规定单据上所显示的托运人以外的实体为发货人或出口商。

Q11：只要证明显示的出口商或发货人不是受益人，该证明就可以显示不同于其他一种或多种规定单据上注明的发票号码、发票日期和运输路线。

【有关解读】

ISBP745 新增对“装箱单”、“重量单”、“受益人证明”、“分析、检验、健康、植物检疫、数量、质量和任何其他证明”这几种单据的规定。UCP600 未对这几种单据进行规定，只是提到单据要满足其功能的要求，M1、N1、P1、Q1 和 Q2 分别定义了这几种单据的功能性要求，并通过 M2-M6、N2-N6、P2-P4、Q3-Q11 对单据的出具人及其内容进行了详细规定，对UCP600 起到了很好的补充作用，为信用证单据审核业务中对这几种单据的审核提供了很好的依据和指导。

第六节　国际备用证惯例（ISP98）

为了规范国际备用信用证业务，在美国国际金融服务协会、美国国际银行法律与惯例学会和国际商会银行技术与惯例委员会等三个机构共同主持下，历经 5 年时间，并由数百位银行及相关机构人员进行了 15 稿的讨论后，国际商会于 1998 年 4 月 6 日以该会第 590 号出版物公布了《国际备用证惯例》（International Standby Practice，ISP98），并于 1999 年 1 月 1 日起实施。本节对 ISP98 的 10 项规则及 89 款做简要介绍，并将其与《跟单信用证统一惯例》（UCP）做扼要的比较。

一、备用信用证概述

（一）备用信用证起源

作为信用证的一个分支，备用信用证最早产生于19世纪的美国。由于世界各国银行一般均可开立保函，而当时美国法律却禁止其国内商业银行开立保函，为与外国银行竞争，达到为客户担保之目的，美国银行于第二次世界大战后开始广泛开立实际上属于保函性质的支付承诺——备用信用证。作为一个独立的凭单付款的承诺，备用信用证通常仅要求受益人提交汇票和简单的文件，以证明申请人违约。因此在实际业务中，美国银行只给信誉良好的客户开具备用信用证。由于美国银行在开具备用信用证时很谨慎，开出的备用信用证多半是备而不用的，对申请人来说既方便又节省费用，所以很受欢迎。

时至今日，虽然美国限制商业银行开立保函的法律早已取消，但由于备用信用证具有独立性、单据化和见索即付的特点，在处理具体业务时又可根据UCP办理，因此较保函而言，备用信用证较易为银行和进出口商所接受，不仅在美国沿用至今，而且在世界范围内也得到了广泛应用。

（二）备用信用证概念

尽管ISP98是一项专门规范备用信用证业务的国际惯例，但其未对备用信用证做出一般性的定义，只是在其前言部分对履约备用信用证、预付款备用信用证等八种备用信用证分别下了定义。

美国联邦储备委员会曾专门对备用信用证做出如下定义：保证偿付开证申请人的借款、预付款或其债务；保证根据开证申请人未履行债务的任何证明付款；保证根据开证申请人在履行义务方面的任何违约行为而付款。根据上述定义，显而易见，备用信用证名为信用证，其实质却为担保函或担保书。

（三）备用信用证种类

备用信用证在实践中使用的范围很广，因而其种类也较多。ISP98在其前言中，根据在基础交易中备用信用证的不同作用，将备用信用证分成以下八种类型：

（1）履约备用信用证（Performance Standby L/C），用于担保履行责任而非担保付款，包括对申请人在基础交易中违约所造成的损失进行赔偿的保证。在履约备用信用证有效期内如发生申请人违反合同的情况，开证人将根据受益人提交的符合备用信用证的单据（如索款要求书、违约声明等）代申请人赔偿备用信用证规定的金额。

（2）预付款备用信用证（Advance Payment Standby L/C），用于担保申请人对受益人的预付款所应承担的义务和责任，即开证行保证申请人收到受益人预付款后应履行已订立的合约义务。如申请人不履约，开证行负责退还给受益人的预付款和利息。这种备用信用证通常用于国际工程承包项目中业主向承包人支付的合同总价10%—25%的工程预付款，以及进出口贸易中进口商向出口商支付的预付款。

（3）投标备用信用证（Tender Bond Standby L/C），用于担保申请人中标后执行合同的责任和义务。若投标人未能履行合同，开证人须按备用信用证的规定向受益人履行赔款义务。投标备用信用证的金额一般为投标报价的1%—5%（具体比例视招标文件规定而定）。

（4）反担保备用信用证（Counter Standby L/C），又称对开备用信用证，用于对其受益人所开立的另外的备用信用证或其他承诺提供担保。

（5）融资备用信用证（Financial Standby L/C），支持付款义务，包括对借款的偿还义务的任何证明性文件。

（6）直接付款备用信用证（Direct Payment Standby L/C），用于担保到期付款，特别是与融资备用信用证有关的基础付款义务的到期付款，而不论是否涉及违约。直接付款备用信用证主要用于担保企业发行债券或订立债务契约时的到期支付本息义务，它已经突破了备用信用证“备而不用”的传统担保性质。

（7）保险备用信用证（Insurance Standby L/C），支持申请人的保险或再保险义务。

（8）商业备用信用证（Commercial Standby L/C），是指申请人如不能以其他方式付款，开证人为申请人对货物或服务的付款义务进行担保。

（四）备用信用证与跟单信用证的区别

与一般跟单信用证一样，备用信用证也具有不可撤销性、独立性和单据化的特点，但两者仍有以下区别：

（1）作用不同。跟单信用证在多数情况下是作为一种结算工具，它将由开证申请人履行的付款责任转为由开证行来履行，从而使商业信用被银行信用所代替。对于受益人来讲，他获得了在商业信用之外的以银行信用为基础的收款保证。而备用信用证在多数情况下是作为担保的信用工具，它是开证人对申请人履行其义务的保证。即使在货物买卖中使用备用信用证，多数情况下也不是以结算货款为目的，而只是担保货款的偿付，当开证申请人违约时，受益人凭备用信用证规定的单据或索偿书向开证人索偿。

（2）适用范围不同。跟单信用证主要用于国际贸易货款及贸易从属费用的结算，使用范围相对狭窄；而备用信用证则可以用于国际经济贸易的一切领域，包括国际融资、直接投资、国际工程承包、技术转让等各种交易。

（3）要求的单据不同。尽管备用信用证的性质是“跟单的”，属于跟单信用证的范畴，但两者要求的单据不同。跟单信用证通常要求的是货运单据及货物进口或出口所要求的官方文件，包括运输单据、商业发票、装箱单、产地证、检验证等；而备用信用证项下要求的单据通常是索偿书、发生违约或其他支款事件的声明，由政府机构、法庭、仲裁庭或类似机构出具的法律和司法文件，如判决书、裁决书等。

（4）开立信用证的主体不同。跟单信用证的开证主体称为“开证银行”，即应为银行；而备用信用证的开证主体称为“开证人”，并不仅限于银行，也可以是其他非银行的担保机构。

（5）开证银行或开证人的责任不同。跟单信用证的开证银行承担第一性的付款责任，只要受益人提交了相符的单据，开证银行必须履行其付款义务，不论开证申请人的偿付能力如何；而备用信用证的开证人只有在申请人不履约时才负赔偿责任，开证人承担的是担保责任。

二、ISP98 的框架

ISP98 由前言和规则两部分组成，前言主要介绍了制定该惯例的理由，对备用信用证进行了描述性分类，并从整体上描述了 ISP98 与 UCP 及《联合国独立保函与备用信用证公约》的关系。ISP98 规则部分共包含十条规则，内分八十九款。

第一条，总则（general provisions），共十一款，包括“范围、适用、定义和解释”、“一般原则”和“定义”三个部分。

第二条，责任（obligation），共七款，包括“开证人和保兑人的偿付承诺”、“不同的分支、代理及其他机构的义务”、“开证条件”、“指定代理”、“备用信用证或修改的通知”、“授权修改及产生约束力的时间”以及“修改的传递”。

第三条，提示/交单（presentation），共十四款，包括“备用信用证项下的正点交单”、“如何构成交单”、“备用信用证的确认”、“在何处向何人交单相符”、“何为准时交单”、“相符的交单媒体”、“每次交单的独立性”、“部分交单支款和多次交单”等。

第四条，审单（examination），共二十一款，包括“单据相符的审核”、“未要单据不予审核”、“不一致的审核”、“单据的语言”、“单据出具人”、“单据日期及单据上要求的签字”、“备用信用证项下的单据类型”等条款，内容十分详细。

第五条，通知拒付、放弃拒付及单据处理（notice, preclusion, and disposition of documents），共九款，包括“及时通知拒付”、“拒付理由的声明”、“未能及时通知拒付”、“通知过效期”、“开证人未经交单人请求申请人放弃拒付”等。

第六条，转让、让渡及依法转让（transfer, assignment, and transfer by operation of law），共十四款，包括“支款权的转让”、“款项让渡的确认”和“依法转让”三个部分。

第七条，取消（cancellation），共两款，包括“不可撤销备用信用证的取消或终止”和“开证人决定取消的自主权”。

第八条，偿付责任（reimbursement obligations），共四款，包括“获得偿付的权利”、“费用和成本的偿付”、“退还偿付款”和“银行间偿付”，主要对款项和费用的要求和补偿进行规定。

第九条，时间（timing）规定，共五款，包括“备用信用证的有效期间”、“到期日对被指定人的影响”、“时间计算”、“到期日的时间”和“备用信用证的保留”。

第十条，共同开证/参与（syndication/participation），共两款，即包括“共同开证”和“参与”。

三、ISP98 的主要条款解释

（一）ISP98 规则一的主要内容

ISP98 规则一为总则，共十一款。

1. ISP98 的适用范围

根据 ISP98 第 1.01 款规定，ISP98 适用于所有备用信用证（包括履约、融资及直接付款备用信用证等），不论其如何命名或描述，也不论是用在国内或国际，只要在正文中明确表明系根据 ISP98 开立的备用证，均适用此惯例。国际商会制定的《跟单信用证统一惯例》

（即 UCP）也适用于备用信用证，但有一定的限制。UCP400 首次明确规定该惯例适用于备用信用证，UCP500 和 UCP600 都在第一条明确规定，UCP 适用于所有在正文中标明按本惯例办理的跟单信用证（包括本惯例适用范围内的备用信用证）。这说明，UCP 的适用对象是跟单信用证，对备用信用证的适用要受上述第一条的制约，即不能适用非跟单的备用信用证；而且并非 UCP 的所有条文都能适用于备用信用证，多数条文并不适用，比如 UCP 中关于运输单据、保险单据、商业发票等商业单据的条文及有关货物装运的规定，被认为不适用于备用信用证；而 UCP600 中一些有关诸如银行的责任与义务等跟单信用证基本事项的条文则能够适用于备用信用证。

案例分析 5-17

I 银行向受益人开立了一张不可撤销的备用信用证并通过 A 银行通知该证受益人，并要求 A 银行在信用证上加具自己的保兑。A 银行通知了该信用证并加具了自己的保兑。

该备用信用证要求：①一份未按合同履约的证明，内容为：根据 1998 年 1 月 1 日 X 公司和 Y 公司签署的合同号为 123 号的合同，我方已于 1998 年 2 月 2 日装运了 5 000 加仑的石油，并已按上述合同条款的要求，在装运日后 120 天从 Y 公司获得付款，但 Y 公司未能如期支付该款项。因此，Y 公司违反了合同条款，应在此备用信用证项下向我方支付美元……②标明已装运商品明细状况的商业发票一份。③标明装运日期的，用以证明货物已经装运的运输单据一份。受益人（X 公司）根据商业合同的要求装运了货物。按销售条件，X 公司向 Y 公司出具了付款期为 120 天的商业发票。装运后的第 121 天，由于未能从 Y 公司处直接收到该项付款，X 公司按照备用信用证的要求准备了单据，并向保兑行 A 银行提交了单据。A 银行审核了不履约证明、商业发票及运输单据。在确认这些单据与备用信用证条款与条件相符后，A 银行向受益人付款，并通过邮递方式将单据递交开证行 I 银行要求偿付，I 银行收到单据后，以提交单据不符为由拒绝付款，并将此拒付通知 A 银行，指出存在不符点并要求其对如何处理单据做出指示。I 银行主张的不符点是过期交单，根据 UCP500 第四十三条 a 款规定，单据最晚应在装运日后的 21 日内提交。装运发生于 1998 年 2 月 2 日，而单据直到 1998 年 6 月 3 日才提交。A 银行不接受 I 银行的拒付理由，并电传通知 I 银行称：UCP500 第四十三条 a 款适用于商业跟单信用证，而不适用于备用信用证。因此，保兑行 A 银行认为，开证行 I 银行的拒付是无效的，并要求 I 银行立即偿付该行已付金额并加上自付款之日起的利息。

分析：UCP 条款不能完全适用于备用信用证，而且也表明 ISP98 实施的现实意义，它将在规范备用信用证业务上起到 UCP 所不能起到的作用。

ISP98 第 1.02 款强调，本规则只是对适用法律的补充且不应违反法律的强制性规定。因此，若一份备用信用证表明同时适用 UCP 和 ISP98，应以哪个惯例为准？一般的处理原则是，只有在 ISP98 没有规定时，或信用证明确规定表示 ISP98 的某条款不适用时，才根据 UCP 进行解释；否则应以 ISP98 的解释为准，即优先适用 ISP98。另外，当 UCP600 条款不能适用该备用信用证时，也应以 ISP98 条款来解释。

ISP98与其他国际惯例一样,并非法律的必然组成部分,对当事人没有必然的法律约束力。规则明确规定,“适用于本规则的承诺可以明确地变更或排除其条款的适用”,因此,即使开证人明示适用ISP98,也不排除开证人在备用信用证中订入在ISP98条款中没有规定或不提倡规定的条款。一旦备用信用证中订立了与ISP98相冲突的条款,或者明确排除了ISP98的某些条款的适用,那么信用证的有关条款就不受ISP98的约束,或者ISP98被明确排除的条款就不适用于该信用证。反之,备用信用证未对ISP98条款做明示的修改或排除,则ISP98对备用信用证的保兑、指定、修改、转让、开立、申请等业务,以及对所涉及的开证人、通知行、保兑人、被指定人、授权开立备用信用证的申请人等有关各当事方同意的其他事项均有约束力。

2. 关于备用信用证的性质及开证人与受益人之间的关系

关于备用信用证的性质,ISP98第1.06款明确规定:备用信用证开立之后即为一个不可撤销的、独立的、跟单的及有约束力的承诺,但无须如此声明。

ISP98强调,依据其开立的备用信用证无须在信用证的表面上声明,即在备用证中,如无“不可撤销的”、“独立的”等字样,亦为不可撤销的、独立的信用证。所谓“不可撤销的”,是指备用信用证的开证人的义务不能任意撤销和修改。不过在两种情况下,备用信用证是可以撤销的:一是备用信用证另有约定,即在备用信用证的正文中,注明可撤销;二是经对方当事人同意。这里包括的对方当事人为受益人,假如开证人要撤销备用信用证项下的义务,必须经受益人同意。在这一点上,ISP98的此项规定与UCP关于信用证修改的规定是一致的。所谓“独立的”,是指开证人履行备用信用证项下的义务是独立的。开证人义务的履行并不取决于开证人是否从申请人那里获得偿付,也不取决于受益人是否从申请人那里获得付款。同时,开证人履行义务也不受其对任何付款协议或基础交易的履约或违约是否了解的影响。对于备用信用证是“独立的”的规定,体现了长期以来被各界广泛接受的信用证业务的独立抽象原则。可以说,ISP98完全沿袭了UCP的精神。所谓“跟单的”,是指开证人履行其备用信用证项下的义务要取决于单据提示,以及对所要求单据的表面审查。备用信用证与一般的跟单信用证一样,开证人付款与否取决于单据。这些单据必须与备用信用证的规定表面相符,开证人才履行其备用信用证项下的义务。当然,备用信用证下所要求提交的单据,通常只是由受益人出具的关于申请人违约的证明文件,这一点与一般的跟单信用证有所不同。

关于开证人与受益人之间的关系,第1.07款中做了规定:“独立的开证人对受益人的义务不受任何适用的协议、惯例和法律下开证人对申请人的权利与义务的影响。”开证人与申请人之间的权利与义务关系,不影响开证人与受益人之间的关系。开证人不能利用他与申请人之间达成的协议来对抗受益人,受益人也不得利用开证人与申请人之间的合同关系对抗开证人。ISP98的该条规定充分体现了备用信用证的独立抽象原则。在法律性质上,备用信用证如同见索即付保函,是独立的担保文件。

3. 关于开证人的责任限制

在ISP98的总则中,也规定了开证人的责任豁免。第1.08款明确规定,对下列事项,开证人可以免责:①开证人对备用信用证的申请人或受益人的执行或不执行基础交易不负责任。②开证人对备用信用证项下所提交单据的精确性、真实性或有效性不负责任。

③开证人对其他当事人执行或不执行备用信用证不负责任。（这里所谓的其他当事人是指除开证人、申请人和受益人之外的人，这些人可能是由开证人或被指定的人选定的人，如通知人、保兑人、代为付款人、代为交单人、代为收单人、代为开证人等。开证人对这些人的行为或不行为不负责任。）④开证人对于非备用信用证所选择的或开证地所适用的法律或惯例的适用不负责任。

4. 术语的定义

ISP98 规则在总则部分的 1.09 款中大量地、集中地对备用信用证业务中经常使用的术语下定义，这是 ISP98 的一大特色，也算是一项创举，从而大大提高了 ISP98 的可操作性。UCP600 也借鉴了 ISP98 的做法，在第二条对 14 个术语的含义进行了界定。ISP98 采用两种方式对术语进行定义，一是集中规定于第 1.09 款至第 1.11 款，如对申请人、受益人、银行日的定义等。二是散见于各条文中，如"部分支款"，按照第 3.08 款的解释是，凡支取款项少于全部款项的即为部分支款，而非多次提示的多次支取部分提款。此外，为适应电子商务活动的需要，ISP98 还专门对与此有关的"电子记录"（electronic record）、"证实"（authenticate）、"电子签名"（electronic signature）、"接受"（receipt）等下了明确的定义。

（二）ISP98 规则二的主要内容

ISP98 规则二是责任义务条款，主要是规定开证人、保兑人以及开证人指定的其他有关当事人的责任和他们受备用信用证条款约束的时间。现分述如下：

1. 关于开证人和保兑人对受益人支付款项的担保责任

虽然 ISP98 不像 UCP 那样，将备用信用证分为即期付款信用证、承兑信用证、延期付款信用证和议付信用证，并根据上述分类规定开证人的责任，但从 ISP98 规则二条文看，关于备用信用证项下的开证人和保兑人付款责任的规定，与 UCP 大体类似。按照 ISP98 第 2.01 款的规定，开证人承担的责任包括以下几种情况：

当备用信用证没有其他规定时，开证人和保兑人应对受益人或其所指定的人所提交的单据进行审核，在确认其与备用信用证条款相符后，应立即支付索偿金额。

当备用信用证明确规定开证人将承兑受益人出具的以开证人为付款人的远期票据时，开证人应及时承兑汇票，并在承兑的汇票到期时或到期后提示时，立即付款给汇票的持票人。

当备用信用证明确规定受益人出具以开证人为付款人的延期付款索偿书时，开证人应及时确认其延期付款责任并在到期日付款。这里所指的"索偿书"，是指基于备用信用证条款要求偿付备用证的"要求"（demand）或构成一项"要求"的单据。

当备用信用证明确规定其为议付备用信用证时，开证人应无追偿权地即期支付索偿金额。因此，开证人面对一种极大风险，一旦受益人滥用权利，或恶意索偿，开证人也不得不付，所以，在备用信用证业务中，如选择 ISP98 作为适用该笔业务的惯例，开证人应当避免开立自由议付或授权第三者议付的备用信用证。

需要注意的是：因为 ISP98 第 1.11 款规定，保兑人是一个单独的开证人，其保兑视为应开证人要求而开立的独立的备用信用证。一张保兑的备用信用证，如果保兑人允许将单据交给开证人，则保兑人要承担在开证人无理拒付时自己履行付款的担保责任，因为受益人向开证人交单视同向保兑人交单。同样，如一张保兑的备用信用证允许将单据提交给保兑人,则开证人要承担在保兑人无理拒付时履行付款的担保责任。此外,ISP98 还规定,当备用信用证有一个以上的开证人,而且备用信用证未规定向哪一个开证人交单时,受益人可以选择向其中任何一个开证人交单。这里指的一个以上的开证人就包括备用信用证的开证人之外的保兑人。由于 ISP98 的这项规定,无论对开证人或保兑人而言,均面临着未对单据进行审核的情况下可能要承担付款责任的风险。鉴于这种担保付款责任与审核单据的权利相分离的规定,开证人或保兑人必须在备用信用证中明确规定向谁交单的条款。

此外,ISP98 还规定,保兑人应该由开证人指定,但在实际业务中,一旦出现非经开证人指定的保兑人,该保兑人就不受 ISP98 的约束。

2. 开证人的分支机构、代理或其他办事机构的责任

从法律上讲,开证人的分支机构、代理和其他办事机构不能视为一个独立的法律主体,他应该与开证人视为同一个人,但为避免在业务处理上产生混淆与争议,ISP98 第 2.02 款明确规定,就本规则而言,开证人的分支机构、代理或其他办事机构应视为与开证人不同的人。如果他们以开证人以外的身份做出或承诺备用信用证项上的某个行为,均为本人的行为,与开证人无关。因此,不论是否在同一国家、同一城市,开证人的分支机构等应被视为与开证人身份不同及承担不同于开证人的责任。

3. 关于“开证条件”问题

ISP98 第 2.03 款规定,除非备用信用证明确表示尚未开立(issued)或尚未生效(enforceable),备用信用证自其离开开证人的控制之时起视为“开立”,即尚未离开开证人控制之时,不能视为开立。可见,备用信用证的生效采取投邮(发信)原则,并不以受益人的收到为要件。例如,某年 1 月 25 日由开证人以信函方式开出备用信用证,当日交送快递公司投递给保兑人或通知人或受益人等,但翌日,因快递公司误了航班,尚未投递,而开证人又从快递公司撤回了这张备用信用证,此时,应将其视为尚未离开开证人的控制。如果情况是开证人已经无法将该证撤回,即使上述各方尚未收到该证,此时开证人也应受该备用信用证的约束,因为“开立”条件已经成就。

4. 指定和被指定人的责任

实际业务中,“指定”有两种情况,一是由开证人指定,二是由开证人之外的其他当事人指定。规则二明确排除了第二种“指定”。ISP98 第 2.04 款明确规定,所谓“指定”是指开证人在备用信用证中指定一方从事各种行为,而“被指定”人必须是开证人在备用信用证正文或相关的有效电文、信函中明确指定的某一方当事人,而由其他各方当事人指定并代其行事的被指定人均不在本条款的规定之列,也不受 ISP98 条款的约束。如果其他各方当事人指定某一方代其行事,他们之间只能受其所达成的协议或合同的约束。

关于“指定”,ISP98 还规定,开证人的指定仅构成被指定人的权利而并不构成义务,即被指定人可以行为也可以不行为。此外,即使被指定的一方是由开证人所指定,但该被指定人也无权约束开证人。这项规定的意思是,被指定人的行为不能制约开证人。例如,开证人指定 A 为议付人,A 接受了单据,并做了议付,但 A 的这项行为不能约束开证人,一旦开证人发现单据与备用信用证规定不符,仍有权拒付单据。

5. 关于备用信用证修改的通知及修改生效并产生约束力的时间

ISP98 第 2.05 款规定了通知人的责任，即通知人应审查通知内容的表面真实性，并确保通知准确地反映了其所收到的内容。如果通知人决定不通知时，应告知提出要求的一方。UCP600 关于通知行的责任规定更为详细具体。

关于修改生效和产生约束力的时间，ISP98 第 2.06 款做了如下规定：

（1）当备用信用证明确表示其全部金额可以自动增加或减少，有效期可以自动延长时，该证的修改可以在其满足上述条件时自动生效并对各方当事人自动产生约束力，无须另行出具通知或表示同意。因此，这种自动修改也称为"未经修改"即生效的修改。例如，在某些工程项目中，有时很难估计准确完工日期，从而使备用信用证难以确定具体的到期日；或者信用证已注明到期日，但工程因某些原因无法到期完工。开证申请人若不愿申请展期而可能使受益人得不到保障。因此，信用证中往往加注自动展延条款，以约束申请人不致因此而中断履行合同义务。

案例分析 5-18

备用信用证规定有效期为某年 3 月 5 日，且备用信用证载有有效期可自动延长一年的自动修改条款。那么，过了该年 3 月 5 日，即意味着有效期自动延长到次年 3 月 5 日，不需要开证人或受益人另行出具通知或表示同意。

（2）当备用信用证没有自动修改的规定时，修改自其离开开证人控制时起即对开证人有约束力；或者自其离开保兑人控制时起对保兑人产生约束力，保兑人声明不对该修改加具保兑时除外。

（3）当备用信用证没有自动修改的规定时，受益人必须通知其接受该修改后方受其约束；如果受益人所提交的单据与修改后的备用信用证相符，则构成受益人对该修改的接受。对于申请修改的人而言，一份修改无须申请人的同意即可约束开证人、保兑人或受益人。

（4）接受部分修改视为不接受整个修改。这与 UCP 的规定完全一致。关于开证人对其指定进行通知的人所承担的义务和责任，ISP98 第 2.07 款规定，若开证人使用另一人通知备用信用证，必须经由该人通知所有修改；备用信用证的修改或撤销，或者自动展期（更新）的备用证因故未展期，均不影响开证人对被指定人承担的义务。

（三）ISP98 规则三的主要内容

ISP98 规则三主要对交单人交单做了详细规定，包括："如何构成提示交单"、"交单人如何确认其提交的单据系为该备用信用证项下要求的单据"、"交单人应在何处向何人交单"、"何为准时交单"、"何为相符的交单媒体"、"每次交单的独立性"和"部分支款和多次交单"等问题。这些规定，无疑对规范备用信用证的运作程序是至关重要的。尤其对于交单人来讲，更为重要。现分述如下：

1. 提示的构成

依据 ISP98 的定义，提示(presentation)是指交付备用信用证项下的单据以备审核的行为，或者是指交付的单据。因此，提示有两个方面的含义，其一是指提交单据的行为，其二是指所提交的单据。至于由谁来提示，毫无疑问是由交单人。通常人们将交单人理解为备用信用证项下的受益人，这种理解是片面的。实际上交单人可能有三种情况：一是自己向开证人或被指定接受单据人提交单据要求付款的受益人；二是代表受益人提交单据要求付款的人；三是提交单据要求付款的受益人指定人。

依据 ISP98 第 3.02 款规定："收到备用信用证要求的并在该证下提交的单据即构成了提示，应审核它是否与备用信用证的条款相符，即使并非所有要求的单据都已被提示。"交单人提交该备用信用证项下要求的单据即构成了提示，或称构成了交单，但构成提示并不等于"正点交单"，只有当开证人或其指定人对提示的单据进行审核，确认这些单据与备用信用证规定的条件和条款相符，且符合 ISP98 有关交单的规定才算"正点交单"，所以交单人完成提示行为并不能保证开证人或其他指定人一定要履行担保付款的责任。

2. 备用信用证项下单据的确认

ISP98 第 3.03 款表明交单人为正确履行交单义务，在提交单据时必须要鉴定该单据是该备用信用证下所要求提交的，不能错交，同时也便于收单人审核。通常交单人在交单时，可通过注明备用信用证完整号码和开证人名称地址或附上正本或副本备用信用证。为防止出错，交单人在交单面函上最好声明系某地某开证人开立备用信用证项下的单据，在说明开证人的地址时，不能只注明城市，必须是完整详细的地址。当开证人不能从收到的单据表面确定其为备用信用证项下的单据，或不能确认这些单据与该备用信用证相关的，因尚未构成交单，开证人没有必须在 7 个工作日内答复的义务，有可能导致单据过期。因此，受益人在交单函上应明确有关信息，以免备用信用证与单据分离。

3. 相符交单的地点和对象

ISP98 第 3.04 款做了如下规定：①单据必须在备用信用证所述的或本惯例规定的地点提交，以确保相符。②如果备用信用证未规定向开证人交单的地点，单据必须在备用信用证开出的营业地向开证人提交。③如果备用信用证已经被保兑，但保兑时未规定交单地点，单据须在保兑人进行保兑的营业地提交或向开证人提交。④如果未规定交单地点的具体地址(如单元、楼层、房间、邮政信箱或其他地址)，可将单据提交备用信用证上显示的一般邮政地址或指定接收邮件或单据地点的任何一个具体的地址，或者在交单地点实际上或表面上看来被授权接受提示的任何人。从 ISP98 条文中看，收单人的概念包括法人和自然人，但在具体操作上，收单人为自然人时容易产生争议隐患，因为自然人可能随时变动岗位，最好避免规定收单人为某自然人。

4. 及时交单的时间

交单人能不能准时交单，直接关系到他能否向开证人或其指定人主张权利。根据 ISP98 第 3.05 款规定，备用信用证应该规定交单的到期日，如果交单是在开立备用信用证后、到期日之前做出，均为准时交单。若在交单地营业结束后交单，应视为在下一个营业日交单。

案例分析 5-19

备用信用证到期日为某年 10 月 5 日 18:00,而该备用信用证离开开证人控制之日为该年 8 月 20 日,则 8 月 20 日至 10 月 5 日 18:00 之前交单的均视为准时交单,假如交单人在 10 月 5 日 18:01 交单,则被视为过期交单。从日历上看,10 月 5 日 18:01 为 10 月 5 日,为什么要将其视为第二个营业日交单呢？因为 ISP98 规定的到期日是指营业日,18:01 分已经不是营业时间。

另外,在准时交单的问题上,通常还会涉及到期日为非营业日和营业休业的情况。按照 ISP98 第 3.13 款的规定,若交单的最后一天遇到非营业日,则在该交单地点的随后第一个营业日交单应视为准时交单。如果在交单的最后营业日,备用信用证规定的交单地点因某种原因休业,并因此无法及时交单的,按照 ISP98 第 3.14 款的规定,最后的交单日可自动延展到交单地开门营业后第 30 个日历日。

5. 关于相符交单媒体

ISP98 第 3.06 款中对交单媒体做出了非常详细的规定,有利于减少争议。具体有下列几方面的规定:①当备用信用证对交单媒体有明确规定时,交单人除了要符合交单地点和对象的规定外,单据还必须完全使用备用信用证所规定的媒体,以使其与备用信用证相符;②如果备用信用证未对交单媒体做规定,那么所有单据必须以纸质单据形式提交,以使其与备用信用证相符,除非备用信用证仅要求提交一份索偿书,而且交单人为 SWIFT 组织成员,交单人才可以通过 SWIFT、加押电传或其他类似的经确认的形式提交;③如果交单人通过电子媒体传递单据,开证人或被指定的收单人往往可从电子设备的输出口收到一份纸化单据,尽管该单据以纸作为媒体,但此种单据不能称为纸张形式的单据,而只能视为电子单据;④当备用信用证规定以电子媒体交单时,所提交的单据必须是接受单据的开证人或其指定人可以确认的电子记录形式的单据,以使其与备用信用证相符。所以,当交单人不具备电子媒体交单的设备和能力时,必须修改备用信用证,否则交单人不能以此对抗开证人或其指定人。

6. 关于每次交单的独立性及部分支款和多次交单问题

在各种以备用信用证作为担保文件的担保业务中,特别是信贷担保、融资担保等交易中,多次支款和多次交单的场合较多。ISP98 第 3.07 款认为同笔备用信用证业务项下的不同次的交单相互间没有联系,是完全独立的,某一次交单不符并不影响下一次的正点交单,也不剥夺交单人下一次及时重新交单的权利。反之,开证人或其指定人放弃了本次交单中的不符点并付了款,并不意味着对下一次也应放弃不符点并付款。但 UCP600 并不认同同一笔信用证项下的不同交单之间完全独立的原则,其规定与 ISP98 正好相反。UCP600 第三十二条“分期支款或分期发运”规定:“如信用证规定在指定的时间段内分期支款或分期发运,任何一期未按信用证规定期限支取或发运时,信用证对该期及以后各期均告失效。”

为何这两个惯例的规定不同？很关键的一点是:备用信用证下所提交的单据与一般

的商业信用证的单据不同。商业信用证和备用信用证都具有“单据买卖”的特点，不过两种信用证中单据的具体证明作用不同，因而要求受益人提交的具体单据种类也截然不同。商业信用证针对的是履约这一肯定性的事项，故要求受益人提交的是能够证明其履约的单证，包括商业发票、运输单据、保险单、商检证等。备用信用证针对的则是否定性事项即申请人不履约的事实，因而通常只要求受益人提交能证明申请人未能履约的文件，如违约证明、索偿要求、汇票等。只有在申请人未履约时，才会涉及受益人向开立备用信用证的银行交单要求补偿的情况。

在商业信用证下，受益人一次不按期支款就意味着其有一期交货（装运）违约，这使得申请人有理由怀疑受益人在今后各期中是否还会履约。所以，UCP600 第三十二条做出了一次交单不符会影响以后批次结汇的规定，这一条规定对商业信用证是适用的。但是，有些限定分期支款的备用信用证是保证申请人直接向受益人分期付款的，当申请人未能向受益人按期付款时，受益人才能在备用信用证项下向银行交单索取该期款项。如果申请人直接向受益人支付了某一期款项，受益人便不能再向开证人索取该期款项，而如果按照 UCP600 第三十二条的规定，这时备用信用证就失效了。其实备用信用证的受益人对该期款项根本就没有支款权，即使受益人对某一期款项有支款权，他一次不提款并不对申请人造成损失，所以不能以此剥夺受益人以后对备用信用证享有的其他利益。因此，ISP98 认为分期支款下的多次交单之间都是互相独立的，每次交单均依照备用信用证当期的规定有效，并不受以往交单情况的约束和影响。

关于部分支款、多次交单及支款金额的问题，ISP98 第 3.08 款规定：如果备用信用证不禁止部分支款和多次交单，则交单金额可以少于可用的全部金额并提交一次以上的单据。当备用信用证规定“禁止部分支款”或做类似表示时，备用信用证只允许一次性提交单据索偿，并且所提交的单据金额必须是备用信用证的金额，即“全额交单”。“一次性支款”并不排除“部分支款”的可能性，然而在“禁止部分支款”的情况下，如果索偿金额多于或少于信用证金额，均被视为不符点交单。

7. 开证人放弃不符点

按照 ISP98 的规定，若受益人的交单存在不符点，开证人可以放弃拒付的情况有以下三种：

（1）开证人单方面放弃不符点。按照 ISP98 第 3.11 款的规定，开证人有时可以选择对所交单的不符点放弃拒付的权利，无须通知申请人或征得其同意；但是如果备用信用证对相关问题有明确规定，或不符点已对申请人的权利构成侵害，开证人就不能擅自放弃拒付。

（2）开证人自行请求申请人放弃不符点。按照 ISP98 第 5.05 款的规定，若开证人通过审单认为，受益人的交单存在不符点，且交单人没有其他指示时，开证人可自行选择要求申请人接受不符点。这种情况一般适用于不符点属于非实质性问题时。

（3）开证人按照交单人的要求请求申请人放弃不符点。ISP98 第 5.06 款对此做出了详细的规定。

（四）ISP98 规则四的主要内容

规则四涉及单据的审核（examination）问题，共 21 款，包括“单据相符的审核”、“未要单据不予审核”、“不一致的审核”、“单据的语言”、“单据出具人”、“单据日期及单据上要求的签字”、“备用信用证项下的单据类型”等条款，内容十分详细。

1. 备用信用证下单据的种类

（1）付款索偿书。付款索偿书是受益人向开证人提出付款要求的书面文件。按照ISP98第4.16款的规定，付款索偿书无须独立于受益人声明或其他备用信用证要求的单据。如果提交单独的索偿书，那么它必须包含受益人直接向开证人或其指定人要求付款的索偿语句、索偿书出具日期、索偿金额及受益人签字等项内容。索偿书可以是汇票或其他指示、命令或付款要求的形式。如果备用证要求提交“汇票”，则汇票无须做成可转让形式，除非信用证这样要求。

（2）违约声明。在备用信用证业务中，违约声明书因其证明了支款事件的发生而成为备用信用证的核心单据。按照ISP98第4.17款的规定，违约声明需要包含以下内容：因备用信用证所描述的支款事件发生而要求付款的申述、出具日期以及受益人签字等。

（3）可转让单据。按照ISP98第4.18款的规定，若备用信用证要求提交一份通过背书或通过交付进行转让的单据，且未规定单据是否、如何或必须向谁做出背书，则该单据可以不加背书，或者是做出空白背书。无论哪种情况，该单据的开立或转让既可以带有追索权，也可以不带有追索权。

（4）法律或司法文件。按照ISP98第4.19款的规定，若备用信用证要求提交政府出具的文件、法院命令、仲裁裁决书或类似的文件，则一份文件或单据无论是正本或副本均视为相符。只要其由政府机构、法院、仲裁机构或类似机构出具、有适当的名称、经签署、注明日期、经上述机构官员的原始证明或证实。

（5）其他单据。按照ISP98第4.20款的规定，当备用信用证要求提交的是ISP98没有规定的单据，且没有指明其出单人、信息内容或措辞，则当其看起来有适当的名称或起到了该单据应起的作用时，该单据即为相符单据。

（6）受益人的独立担保。按照ISP98第4.21款的规定，有时备用信用证会要求受益人向另一人开立其自身的独立担保，不过该担保及其有关的单据与备用证没有直接关系。

2. 审核备用信用证下单据的主要内容

按照ISP98的规定，备用信用证下单据的审核内容主要包括以下几项：

（1）单据使用的语言。ISP98第4.04款规定，受益人出具的所有单据均应使用备用信用证使用的语言。

（2）单据的出具人。与跟单信用证相比，在备用信用证业务中，通常不需要受益人以外的第三方出具单据，因此单据的出具人一般都是受益人。ISP98第4.05款对此有规定。

（3）单据的出具日期。按照ISP98第4.06款的规定，备用信用证所要求的单据，其出具日期可以早于但不得晚于交单的日期。

（4）单据的签字。按照ISP98第4.07款的规定，除非备用信用证规定或按惯例属于需要签字的单据，否则备用信用证下所要求的单据无须签字，而对于需要签字的单据，该款进行了详细规定。

（5）默示的索偿单据。按照ISP98第4.08款的规定，即使备用信用证没有明确要求提交任何单据，受益人仍须在索偿时提交单据化的索偿书。

（6）同一的措辞与格式。ISP98 第 4.09 款对于单据中的措辞与格式进行了详细规定。

（7）单据的正副本及一式多份的单据。ISP98 第 4.15 款对此有明确规定。

3. 审核单据的其他问题

ISP98 第 4.11 款对非单据条件予以界定，ISP98 首次明确规定，所谓非单据条件是指：未要求提交单据以证明条款内容，并且开证人无法通过自身记录或正常的业务操作判断备用信用证是否得到满足的条款。与 UCP600 一样，开证人对受益人提交的备用信用证没有要求的单据应不予理会，无须审核。

（五）ISP98 规则五的主要内容

规则五主要涉及拒付通知、放弃拒付及单据的处理。开证人发出拒付通知的合理时间（即银行审单时间）是在接受单据的营业日之后的下一个营业日起的 3 个营业日内，超过 7 个营业日被认为是不合理的；拒付通知应以电信方式或以其他快捷方式发出；拒付通知应声明所有不符点。若没有满足以上条件，则开证人不能再对包含该不符点的单据，包括重新提交的同一单据提出不符点。但是这并不影响在不同备用信用证下，或同一备用信用证项下的不同交单提出该不符点。因为多次交单之间是独立的。

一旦受益人提交的单据被拒付，对该单据的处理，ISP98 第 5.07 款规定，被拒付的单据必须退回、保留或按交单人的合理指示进行处理。

（六）ISP98 规则六的主要内容

规则六涉及备用信用证的转让、让渡和法定转让。所谓备用信用证的转让，是指信用证下支取款项权利的转让，即由原受益人以外的其他人享有备用信用证的权益。所谓款项的让渡，是指受益人将其在备用信用证下获得的全部或部分款项转让给第三人，该人除了对该让渡的款项享有权利外，并不享有信用证的其他权利。所谓法定转让，是指受益人在行使支款权之前因死亡、合并或破产等原因，其在备用信用证项下的权利和权益，由其法定的继承人继承的情形。

（七）ISP98 规则七的主要内容

规则七主要涉及备用信用证的撤销。按照 ISP98 第 7.01 款的规定，备用信用证下受益人的权益未经其同意，开证人不可单方面撤销；若受益人同意撤销其权益则可以提交书面文件，也可以通过一些行为表示，如通过归还正本备用信用证表明受益人同意撤销。按照 ISP98 第 7.02 款的规定，若在备用信用证有效期内取消受益人的权益，开证人必须确认受益人已同意取消，并且在此之前没有任何转让或付款的发生；否则，开证人将承担受让的受益人在其后提出索偿或指定人要求偿付的风险。

（八）ISP98 规则八的主要内容

ISP98 第 8.01 款至第 8.04 款对备用信用证下获得偿付的权利、偿付的范围、退还偿付款及银行间偿付的事项做出了明确规定。

（九）ISP98 规则九的主要内容

规则九规定了备用信用证的有效期间。按照 ISP98 第 9.01 款的规定，备用信用证必须包含到期日，即不允许开立永久性备用信用证。允许开证人经合理的提前通知或付款而终止备用信用证。

案例分析 5-20

一备用信用证规定受益人支款时须提交一份申请人未能在某年 9 月到 12 月间交货的违约声明，但该信用证的有效期为该年 10 月 31 日，受益人若于次年 1 月 1 日向银行提交违约声明，则会遭开证行拒付。

分析：上述备用信用证的有关时间规定使得受益人无法在次年 1 月 1 日前向银行提交申请人未能于该年 9 月到 12 月间交货的违约声明。因此，为提交备用信用证所要求的申请人违约声明（或证明），受益人应确保备用信用证的有效期与该备用信用证所担保的基础合同的履约期相衔接，以便受益人能在备用信用证有效期内确知申请人未按约定期限履约（如付款）的事实。

与一般商业信用证不同，备用信用证的到期日可分为自动（voluntary）到期和非自动（involuntary）到期两种。除非受益人先期放弃备用信用证，一份备用信用证将于证内规定的到期日自动到期，该日期通常为一确定的日期。备用信用证的非自动到期是指，备用信用证可规定，如备用信用证到期前，开证申请人已按合同履约（如付款），则受益人应自动向开证行提交一份单据以免除开证人在备用信用证下所须承担的责任；或申请人及开证人可在备用信用证中订立一项特别条款，规定如申请人已在备用信用证外向受益人付款时，受益人得先期放弃备用信用证或相应削减备用信用证可用金额。

受益人向开证行发出的先期放弃备用信用证通知示例如下："我方确认已从申请人处收到你行 101 号备用信用证所担保之全部款项。因此，我方现退还你行所开立的 101 号备用信用证，以便达到撤销该信用证之目的。"

备用信用证先期放弃或自动削减可用金额条款使申请人能更大限度地利用开证行对其的授信额度。开证行对申请人向受益人所开备用信用证的授信额度一般均限定为一最大累计数，如授信额度已全部用完，备用信用证到期日前先期放弃信用证或自动削减可用金额的做法使申请人得以再向开证行申请开出新证。例如，一申请人从开证行得到的最大授信额度为 100 万美金，其申请开出的所有备用信用证金额总和已达 100 万美金，此时，只有在一份或多份备用信用证可用金额自动削减或授信额度进一步增加的情况下，申请人才可向开证行申请再开新证。另外，备用信用证先期放弃或自动削减可用金额的做法可以节省申请人对有效期较长的备用信用证的开证费用。开证行一般根据信用证的有效期长短对证中可用金额征收一定百分比的开证费。例如，一备用信用证有效期为 18 个月，申请人每季度向开证行支付开证费用。如申请人已于 12 个月前按合同履约完毕，此时，受益人对该备用信用证的先期放弃就可节省申请人的开证费用。

（十）ISP98 规则十的主要内容

规则十涉及共同开证/参与。共同开证是指，备用信用证由一个以上的开证人联合开立信用证。参与是指，由开证人将其在备用信用证下的权利部分出售给其他人，而使他人参与到备用信用证业务中。在贸易实践中，大型融资活动中出现的银团开立备用信用证的情况也越来越多,共同开证和参与开证的现象逐渐增加。为适应实践的需要,ISP98 在第十条中对此做出了规定。各共同开证人对受益人承担连带责任,开证人对权益的出售不等于开证人在备用信用证下保证付款责任的转移,对受益人承担第一性付款责任的仍是开证人或保兑人。

第七节　见索即付保函统一规则(URDG758)

随着经济全球化的不断深入,贸易和投资金额越来越大,与之相随的是,风险程度也不断提高。为降低或避免贸易和投资风险,银行开出见索即付保函的担保形式的使用范围不断扩大。我国作为贸易大国和对外劳务承包工程大国,近年来成为对外开立银行保函最多的国家之一。各类投标、预付款、履约保函常常贯穿于货物交付、工程建设全过程。银行担保为我国企业"走出去"提供了强有力的信用支持。为了对国际经贸活动中使用的银行保函提供统一的指导规则,规范保函业务,国际商会于 1978 年制定了《合同保证统一规则》(Uniform Rules for Contract Guarantee,URCG 325),1991 年国际商会又对《合同保证统一规则》进行修订,并于 1992 年 4 月出版发行《见索即付保函统一规则》(Uniform Rules for Demand Guarantee,以下简称 URDG458)。URDG458 在很多业务领域获得了银行和商界的广泛应用,并得到了世界银行、联合国国际贸易法委员会、国际咨询工程师联合会等机构的认可。然而,URDG458 历经十多年的实践,人们发现有些规定过于笼统、缺乏可操作性,需要对其进行调整、修正、扩展,为此,国际商会于 2007 年 4 月决定对 URDG458 进行修订,并最终于 2009 年 11 月通过了《2010 年见索即付保函统一规则》(以下简称 URDG758)。URDG758 已于 2010 年 7 月 1 日起正式生效。

一、见索即付保函概述

(一) 见索即付保函的含义

见索即付保函 (demand guarantee) 是担保人替申请人 (债务人) 向受益人 (债权人) 开出的不可撤销的、独立于合同的凭规定单据赔款的承诺书。由于见索即付保函具有一经"开立"即生效、担保人承担第一性赔款责任以及独立性和单据化的特点,见索即付保函已经成为集担保、融资、支付及相关服务为一体的多功能金融产品,并广泛应用于招投标、国际工程承包、融资借贷、设备租赁等涉外领域。

(二) 见索即付保函的当事人

根据定义可知,见索即付保函最少有申请人、担保人和受益人三个当事人。申请人,主要是合同项下的卖方或承包人,由他发出指示,开立保函以保证其履约行为;担保人,即代申请人开立保函的银行或其他机构;受益人,即合同另一方(如买方、业主等),是接受保函并享有其利益的一方。

这三个当事人之间存在如下三个合同关系:第一,申请人与受益人之间订立的基础合同关系,如货物买卖、工程招投标、工程承包、预付款的支付等合同。这种合同关系是见索即付保函产生的原因和前提,但两者是相互独立的。第二,申请人与担保人之间的委托合同关系。尽管保函是应申请人的要求而开立的，但保函一经开立，则与申请人与担保人之间的委托合同相互独立。第三，担保人与受益人之间的保函合同关系。

见索即付保函是一种独立的付款保证。尽管该保证旨在保障受益人在基础合同项下不受损失，但它一经生效，就独立于上述前两种合同关系，并构成担保人对受益人的第一性承诺，只要受益人提出的索赔要求符合保函的条款与条件，担保人就必须付款。

（三）见索即付保函的种类

根据用途的不同，见索即付保函主要有以下种类：

1. 投标保函

投标保函（tender guarantee）是指在招标投标中，招标人为保证投标人开标前不中途撤销投标文件、中标后不拒绝交付履约保证金或与招标人订立合同等，要求投标人在提交投标文件时一并提交的一般由银行出具的书面担保。当投标人在投标有效期内违反以上约定，则担保银行就需要负责赔偿招标人的损失。若投标人未中标，则招标人应退回该保函，以解除担保人的担保责任。

2. 履约保函

履约保函（performance guarantee）是指担保人应申请人的要求，向受益人开立的保证申请人履行某项合同项下义务的书面保证文件，是在合同履行方面常见的担保形式之一。履约保函的适用范围非常广泛，可适用于各种合同的履行，如国际货物买卖、工程承包、融资租赁等。

3. 预付款保函

预付款保函（advanced payment guarantee）又称还款保函，指担保人（银行）根据申请人（合同中的预收款人，通常是指出口商）的要求向受益人（合同中的预付款人，通常是进口商）开立的，保证一旦申请人未能履约，或者未能全部履约，将在收到受益人提出的索赔后向其返还该预付款的书面保证承诺。预付款保函主要适用于国际工程承包、货物进出口、劳务合作和技术贸易等业务。

4. 借款保函

借款保函（bank guarantee for loan）是担保人（银行）应借款人要求向贷款人开立的保证借款人到期归还贷款本息，否则由担保人进行赔付的书面担保文件。借款保函的担保金额一般为贷款总额及其利息之和，保函自开立之日起生效，至借款人偿清全部本息总和之日失效。

5. 租赁保函

租赁保函（leasing guarantee）是担保人应承租人的要求，向出租人开立的保证，保证承租人按照合同的规定支付租金，否则将由担保人进行赔付的书面保证文件。租赁保函的金额应与租金及相应的利息相等，一般自承租人收到租赁设备并验收合格后生效，至承租人支付完全部的租金或双方协商的时间失效。这种保函适用于租赁合同，如大型成套设备、建筑机械、船舶等的租赁业务。

二、URDG758 的框架

URDG758 致力于使整套规则更加清晰，采用了已为银行界所广泛接受的 UCP600 的起草风格。URDG758 共 35 个条文,并未像 URDG458 那样分节编排,而是按照银行保函实务流程顺序排列。根据保函实务流程,URDG758 条文大致分为以下部分:①URDG 的适用范围(第 1 条);②定义与解释(第 2 条—第 3 条);③保函的性质及其开立条件(第 4 条—第 9 条);④保函的通知与修改(第 10 条—第 11 条);⑤担保人责任范围及金额变动(第 12 条—第 13 条);⑥保函的索赔(第 14 条—第 18 条);⑦保函的审单、赔付(第 19 条—第 24 条);⑧保函的减额与终止(第 25 条);⑨担保人免责(第 26 条—第 30 条);⑩补偿及费用承担(第 31 条—第 32 条);⑪保函转让与款项让渡(第 33 条);⑫适用法律及司法管辖(第 34 条—第 35 条)。由上可见,URDG758 的编排体系非常符合银行保函业务的实际需要,无论保函交易处于哪个阶段,实务人员都可以迅速地锁定 URDG758 相关位置进行参考,避免了 URDG458 体系杂糅所带来的使用困难。

三、URDG758 的条款解析

以下将按照前述的分类情况对相关条款进行解读。

(一) URDG 的适用范围(第 1 条)

第 1 条　URDG 的适用范围

a. 见索即付保函统一规则(简称"URDG")适用于任何明确表明适用本规则的见索即付保函或反担保保函。除非见索即付保函或反担保保函对本规则的内容进行了修改或排除,本规则对见索即付保函或反担保保函的所有当事人均具约束力。

b. 如果应反担保人的请求,开立的见索即付保函适用 URDG,则反担保保函也应适用 URDG,除非该反担保保函明确排除适用 URDG。但是,见索即付保函并不仅因反担保保函适用 URDG 而适用 URDG。

c. 如果应指示方的请求或经其同意,见索即付保函或反担保保函根据 URDG 开立,则视为指示方已经接受了本规则明确规定的归属于指示方的权利和义务。

d. 如果 2010 年 7 月 1 日或该日期之后开立的见索即付保函或反担保保函声明其适用 URDG,但未声明是适用 1992 年本还是 2010 年修订本,亦未表明出版物编号,则该见索即付保函或反担保保函应适用 URDG 2010 年修订本。

【有关解读】

第 1 条明确了 URDG 的适用范围,说明只有"表明适用本规则的见索即付保函或反担保函"才适用 URDG,表明了 URDG 的惯例性质,即不具有强制约束力,当事人可以对 URDG 的内容进行修改或排除;URDG758 对见索即付保函或反担保保函的适用情况并不相互对称;URDG758 的适用范围拓展至指示方,增加了有关版本过渡的新规则。

(二) 定义与解释(第 2 条—第 3 条)

第 2 条　定义

在本规则中:

通知方指应担保人的请求对保函进行通知的一方。

申请人指保函中表明的、保证其承担基础关系项下义务的一方。申请人可以是指示方,也可以不是指示方。

申请指开立保函的请求。

经验证的，当适用于电子单据时，指该单据的接收人能够验证发送人的表面身份以及所收到的信息是否完整且未被更改。

受益人指接受保函并享有其利益的一方。

营业日指为履行受本规则约束的行为的营业地点通常开业的一天。

费用指适用本规则的保函项下应支付给任何一方的佣金、费用、成本或开支。

相符索赔指满足"相符交单"要求的索赔。

相符交单，保函项下的相符交单，指所提交单据及其内容首先与该保函条款和条件相符，其次与该保函条款和条件一致的本规则有关内容相符，最后在保函及本规则均无相关规定的情况下，与见索即付保函国际标准实务相符。

反担保函，无论其如何命名或描述，指由反担保人提供给另一方，以便该另一方开立保函或另一反担保函的任何签署的承诺，反担保人承诺在其开立的反担保函项下，根据该受益人提交的相符索赔进行付款。

反担保人指开立反担保函的一方，可以是以担保人为受益人或是以另一反担保人为受益人，也包括为自己开立反担保函的情况。

索赔指在保函项下受益人签署的要求付款的文件。

见索即付保函或保函，无论其如何命名或描述，指根据提交的相符索赔进行付款的任何签署的承诺。

单据指经签署或未经签署的纸质或电子形式的信息记录，只要能够由接收单据的一方以有形的方式复制。在本规则中，单据包括索赔书和支持声明。

失效指失效日或失效事件，或两者均被约定情况下的较早发生者。

失效日指保函中指明的最迟交单日期。

失效事件指保函条款中约定导致保函失效的事件，无论是在该事件发生之后立即失效，还是此后指明的一段时间内失效。失效事件只有在下列情况下才视为发生：a.保函中指明的表明失效事件发生的单据向担保人提交之时；b.如果保函中没有指明该种单据，则当根据担保人自身记录可以确定失效事件已经发生之时。

保函，参见"见索即付保函"。

担保人指开立保函的一方，包括为自己开立保函的情况。

担保人自身记录指在担保人处所开立账户的借记或贷记记录，这些借记或贷记记录能够让担保人识别其所对应的保函。

指示方指反担保人之外的，发出开立保函或反担保函指示并向担保人（或者反担保函情况下向反担保人）承担赔偿责任的一方。指示方可以是申请人，也可以不是申请人。

交单指根据保函向担保人提交单据的行为或依此交付的单据。交单包括索赔目的之外的交单，例如，为了保函效期或金额变动的交单。

交单人指作为受益人或代表受益人进行交单的人，或在适用情况下，作为申请人或代表申请人进行交单的人。

签署，当适用于单据、保函或反担保函时，指其正本经出具人签署或出具人的代表人签署，既可以用电子签名（只要能被单据、保函或反担保函的接收人验证），也可以用手签、摹样签字、穿孔签字、印戳、符号或其他机械验证的方式签署。

支持声明指第 15 条 a 款或第 15 条 b 款所引述的声明文件。

基础关系指保函开立所基于的申请人与受益人之间的合同、招标条件或其他关系。

第 3 条　解释

就本规则而言，

a. 担保人在不同国家的分支机构视为不同的实体。

b. 除非另有规定，保函包括反担保函以及保函和反担保函的任何修改书，担保人包括反担保人，受益人包括因反担保函开立而受益的一方。

c. 关于提交一份或多份电子单据正本或副本的任何要求在提交一份电子单据时即为满足。

d. 在表明任何期间的起始、结束或持续时，

i. 词语“从……开始（from）”、“至（to）”、“直至（until, till）”及“在……之间（between）”，包括所提及的日期；

ii. 词语“在……之前（before）”以及“在……之后（after）”，不包括所提及的日期。

e. 词语“在……之内（within）”用来描述某个具体日期或事件之后的一段期间时，不包括该日期或该事件的日期，但包括该期间的最后一日。

f. 如用“第一流的”、“著名的”、“合格的”、“独立的”、“正式的”、“有资格的”或“本地的”等词语来描述单据的出具人时，允许除受益人或申请人之外的任何人出具该单据。

【有关解读】

第 2 条和第 3 条都是新增条款，借鉴 UCP600 的结构，在第 2 条中对 26 个术语的含义进行界定，在第 3 条中对有关做法和时间词语进行解释，以减少或避免使用者对术语的误解。

第 2 条中几个术语的解读：

在保函关系中增加了“通知方”这一主体。UCP600 第 2 条中定义了“通知行”。URDG458 中则未有任何关于“通知方”的规定。保函与信用证一样，虽然可以由担保人直接通知受益人，然而保函实务中，担保人委托受益人所在地一家银行负责对保函进行通知也是很常见的。为与实务相切合，URDG758 在第 2 条增订了“通知方”这一定义。

URDG758 下的“申请人”仅指“保函中表明的、保证其承担基础合同项下义务的一方”，不一定是直接向银行申请开立保函的执行者。对于实际指示银行开立保函并承担赔付责任的主体，URDG758 将其称为“指示方”。申请人可以是指示方，也可以不是指示方。

“相符交单”的定义类似于 UCP600 中的“相符交单”，建立了索赔相符性评价的规范层次体系。首先看是否与保函条款和条件一致，其次看是否与 URDG758 的有关内容相符，最后看是否与保函国际标准实务相符。

“失效事件”概念中体现了 URDG758 强调单据化的特征，要求提交相应单据才能构成失效事件。如果没有约定单据，要通过“担保人自身记录”才能确定。比如“通过担保人账户退回预付款”可以作为判断预付款保函失效的依据。

（三）保函的性质及其开立条件（第 4 条—第 9 条）

第 4 条　开立和生效

a. 保函一旦脱离担保人的控制即为开立。

b. 保函一旦开立即不可撤销，即使保函中并未声明其不可撤销。

c. 受益人有权自保函开立之日或保函约定的开立之后的其他日期或事件之日起提交索赔。

第5条　保函和反担保保函的独立性

a. 保函就其性质而言，独立于基础关系和申请，担保人完全不受这些关系的影响或约束。保函中为了指明所对应的基础关系而予以引述，并不改变保函的独立性。担保人在保函项下的付款义务，不受任何关系项下产生的请求或抗辩的影响，但担保人与受益人之间的关系除外。

b. 反担保保函就其性质而言，独立于其所相关的保函、基础关系、申请及其他任何反担保保函，反担保人完全不受这些关系的影响或约束。反担保保函中为了指明所对应的基础关系而予以引述，并不改变反担保保函的独立性。反担保人在反担保保函项下的付款义务，不受任何关系项下产生的请求或抗辩的影响，但反担保人与担保人或该反担保保函向其开立的其他反担保人之间的关系除外。

第6条　单据与货物、服务或履约行为

担保人处理的是单据，而不是单据可能涉及的货物、服务或履约行为。

第7条　非单据条件

除日期条件之外，保函中不应约定一项条件，却未规定表明满足该条件要求的单据。如果保函中未指明这样的单据，并且根据担保人自身记录或者保函中指明的指数也无法确定该条件是否满足，则担保人将视该条件未予要求并不予置理，除非为了确定保函中指明提交的某个单据中可能出现的信息是否与保函中的信息不存在矛盾。

第8条　指示和保函的内容

开立保函的指示以及保函本身都应该清晰、准确，避免加列过多细节。建议保函明确如下内容：

a. 申请人；

b. 受益人；

c. 担保人；

d. 指明基础关系的编号或其他信息；

e. 指明所开立的保函，或者反担保保函情况下所开立的反担保保函的编号或其他信息；

f. 赔付金额或最高赔付金额以及币种；

g. 保函的失效；

h. 索赔条件；

i. 索赔书或其他单据是否应以纸质或电子形式进行提交；

j. 保函中规定的单据所使用的语言；

k. 费用的承担方。

第9条　未被执行的申请

担保人在收到开立保函的申请，而不准备或无法开立保函时，应毫不延迟地通知向其发出指示的一方。

【有关解读】

第 4 条 a 款是新增条款，明确“保函一旦脱离担保人的控制即为开立”，这实际是对保函要约的生效采取“发信主义”，即保函要约一旦发出就生效，不存在“要约撤回”的问题，从而确保受益人收到的保函要约不可能撤回，也不得撤销（b 款），增强受益人对 URDG 的信赖。因为在实务中，受益人更关心的是保函的不可撤销性，以及在有效期内有权获得赔付。

第 5 条对担保人独立性地位进行进一步的强化和明确，即见索即付保函独立于所有基础关系，但担保人与受益人之间的关系除外。保函与跟单信用证一样，是一种建立在基础合同关系之上，但又独立于基础合同的抽象付款责任。第 5 条与第 6、7、12 条构成呼应。

第 6 条是新增条款，其规定与 UCP600 精神相同，强调了保函业务的单据化特征和独立抽象性原则。担保人是否履行保函项下赔付责任，完全取决于受益人提交的单据是否符合保函之规定，而不管与单据有关的货物、服务及其履约行为是否违反基础合同。只要受益人提交的单据构成相符索赔，担保人就应该付款。银行在国际贸易中仅提供信用与支付的中介服务，并不具备从事具体商事活动的专门知识。如果要求银行介入它们并不熟悉的商事交易中去，既不符合它们的职能，也超越了它们的能力。

第 7 条是新增条款，借鉴 UCP600 的规定，规定了非单据条件的处理：保函不应包含非单据条件（日期条件除外），否则担保人将认为未列明此条件，并对此不予置理。但如果受益人提交的保函规定的单据中有与该非单据条件相矛盾的内容，则将构成不符交单，担保人有权拒付。非单据化条件的补救措施，可以通过担保人的自身记录或保函规定的指数来判断条件是否满足。如果保函条件既未规定单据也无法通过担保人的自身记录或保函规定的指数来判断条件是否满足，则该担保人会视为未规定而不予理会。另外，URDG758 对担保人自身记录的范围进行了明确，即担保人在其开立账户发生收付款项的记录，且该记录能够使担保人识别与之相关联的保函。比如，如果一份预付款保函规定：“提及××号保函的××金额的预付款到达申请人在担保人的账户时起保函生效”，该生效条款应视为有效，因为这是担保人可以通过“自身记录”来判断是否得到满足的条件，不属于非单据条件。

第 7 条对非单据条件的处理不仅充分体现了 URDG758 对单据化的严格要求，更规范了开立保函的内容，即为保证担保人的独立性地位，申请人和担保人应该避免在开立的保函中列入此类非单据条件。

第 8 条列出了保函应明确的有关内容，包括当事人的基本信息、赔付金额、保函的失效、索赔条件、费用的负担方等。

第 9 条说明了担保人不准备或无法开立保函的情况，约束担保人应毫不延迟地通知指示方，这样指示方可以及时选择另一家银行作为担保人。保函自开立至失效全程中的关键阶段，指示方有被告知的权利。除了第 9 条的规定外，类似的规定还有第 10 条如果一方被请求对保函或修改书进行通知但其不准备、无法通知或无法确信表面真实性时，应毫不延迟地向指示方发出通知；第 11 条担保人不准备或无法按指示做修改时，对指示方毫不延迟地通知；第 16 条的索赔通知；第 23 条展期或付款情形下对指示方的通知；第 24 条联系指示方放弃不符点的通知；第 25 条保函终止时对指示方的通知；第 26 条不可抗力发生时对指示方的通知等。

案例分析 5-21

A 和 B 签订了一份金额为 10 亿美元的建筑合同,合同规定预付款金额为 1 亿美元,保函规定“保函金额随着申请人第一特定履约阶段的完工,按规定金额递减”。

分析:除非“完工”这一行为在保函中被要求提交证明完工的合理单据(如建筑师证明),否则依据 URDG758 第 7 条的规定,“保函金额随着申请人第一特定履约阶段的完工,按规定金额递减”就构成非单据条件。这是因为,这一条件既未要求提交单据以证明其内容,担保人也无法通过“自身记录”或保函中规定的“指数”来判断其是否得到满足。因此,担保人应认为该条件未列明,并对此不予置理。

(四) 保函的通知与修改(第 10 条—第 11 条)

第 10 条 保函或保函修改书的通知

a. 保函可由通知方通知给受益人。无论是对保函直接进行通知,还是利用其他人(第二通知方)的服务进行通知,通知方都向受益人(以及适用情况下的第二通知方)表明,其确信保函的表面真实性,并且该通知准确反映了其所收到的保函条款。

b. 当第二通知方对保函进行通知时,应向受益人表明,其确信所收到的通知的表面真实性,并且该通知准确反映了其所收到的保函条款。

c. 通知方或第二通知方通知保函,不对受益人承担任何额外的责任或义务。

d. 如果一方被请求对保函或保函修改书进行通知但其不准备或无法进行通知时,则应毫不延迟地通知向其发送保函、保函修改书或通知的一方。

e. 如果一方被请求对保函进行通知并同意予以通知,但无法确信该保函或通知的表面真实性,则其应毫不延迟地就此通知向其发出该指示的一方。如果通知方或第二通知方仍然选择通知该保函,则其应通知受益人或第二通知方其无法确信该保函或通知的表面真实性。

f. 担保人利用通知方或第二通知方的服务对保函进行通知,以及通知方利用第二通知方的服务对保函进行通知的,在尽可能的情况下,应经由同一人对该保函的任何修改书进行通知。

第 11 条 修改

a. 当收到保函修改的指示后,担保人不论因何原因,不准备或无法做出该修改时,应毫不延迟地通知向其发出指示的一方。

b. 保函修改未经受益人同意,对受益人不具有约束力。但是,除非受益人拒绝该修改,担保人自修改书出具之时起即不可撤销地受其约束。

c. 根据保函条款做出的修改外,在受益人表示接受该修改或者做出仅符合修改后保函的交单之前,受益人可以在任何时候拒绝保函修改。

d. 通知方应将受益人接受或拒绝保函修改书的通知毫不延迟地通知给向其发送修改书的一方。

e. 对同一修改书的内容不允许部分接受，部分接受将视为拒绝该修改的通知。

f. 修改书中约定“除非在指定时间内拒绝否则该修改将生效”的条款应不予置理。

【有关解读】

第 10 条和第 11 条都是新增条款。

第 10 条借鉴 UCP600 的规定，对保函的通知做了明确规范，和信用证的通知规定非常类似。该条明确规定了通知方和第二通知方的两种责任，即向受益人表明其已确信保函的表面真实性，而且通知准确地反映了其所收到的条款。

第 11 条也是基本照搬 UCP600 有关修订的规定，补充了保函修改方面的规定，弥补了 URDG458 的空白。URDG758 实施后，保函修改有了明确界定，修改对担保人的效力、对受益人的效力，以及通知方的义务都得到了明确，这些规范是符合保函实务操作特点的。与 UCP600 的修订规定相比，仅有一处稍有不同，即 11 条 c 款中规定“根据保函条款做出的修改外，在受益人表示接受该修改或者做出仅(only)符合修改后保函的交单之前，受益人可以在任何时候拒绝保函修改”。需要注意的是，UCP600 的相关条款中并没有“仅”字。也就是说，如果受益人的交单既符合修改前的保函，也符合修改后的保函，那么，此时应视为受益人是否接受了修改？UCP600 对此没有明确规定。而按照 URDG758 的规定，此时应视为受益人拒绝了修改，原保函对受益人仍然有效。

案例分析 5-22

申请人要求担保人将保函的有效期从 9 月 30 日缩短至 8 月 10 日，其他条款未变。担保人修改保函后，受益人未明确表示接收修改。8 月 1 日，受益人提交了部分赔款要求，并得到了担保人的付款。如果受益人在 8 月 12 日再次提交保函余额的相符索赔要求，担保人是否应予以付款呢？

分析：修改前的保函有效期为 9 月 30 日，而修改后的保函有效期缩短至 8 月 10 日。受益人于 8 月 1 日提交的部分赔款要求的相符交单同时符合修改前和修改后的保函要求。按照 URDG758 第 11 条 c 款的规定，此情况下原保函对受益人仍然有效，即保函的有效期仍为 9 月 30 日，如果受益人于 8 月 1 日至 9 月 30 日之间再次提交保函余额的相符索赔要求，担保人应予以付款。

这说明 URDG758 规定对不可撤销保函所做“修改”的接受与否的主动权仍然掌握在受益人手中。因此，为减少被动，担保人及申请人在开立保函前应周密考虑保函条款，尽量减少日后不必要的修改。如欲修改保函，则应提前征得受益人的同意。

(五) 担保人责任范围及金额变动(第 12 条—第 13 条)

第 12 条　保函项下担保人的责任范围

担保人对受益人仅根据保函条款以及与保函条款相一致的本规则有关内容，承担不超过保函金额的责任。

第 13 条　保函金额的变动

保函可以约定在特定日期或发生特定事件时，保函金额根据保函有关条款减少或增加。只有在下列情况下该特定事件才视为已经发生：

a. 当保函中规定的表明该事件发生的单据向担保人提交之时；

b. 如果保函中没有规定该单据，则根据担保人自身记录或保函中指明的指数可以确定该事件发生之时。

【有关解读】

这两条的规定与 URDG458 的规定基本类似，其中第 12 条明确了担保人的责任范围，体现了保函的独立性和单据化特点；第 13 条说明了保函金额的变动。有所不同的是，URDG458 只规定了金额减少的情况，而 URDG758 还补充说明了金额可以增加。

（六）保函的索赔（第 14 条—第 18 条）

第 14 条　交单

a. 向担保人交单应：

i. 在保函开立地点或保函中指明的其他地点；

ii. 在保函失效当日或之前。

b. 交单时单据必须完整，除非明确表明此后将补充其他单据。在后一种情况下，全部单据应在保函失效当日或之前提交。

c. 如果保函表明交单应采用电子形式，则保函中应指明交单的文件格式、信息提交的系统以及电子地址。如果保函中没有指明，则单据的提交可采用能够验证的任何电子格式或者纸质形式。不能验证的电子单据视为未被提交。

d. 如果保函表明交单应采用纸质形式并以特定方式交付，但并未明确排除使用其他交付方式，则交单人使用其他交付方式也应有效，只要所交单据在本条 a 款规定的地点和时间被收到。

e. 如果保函没有表明交单是采用纸质形式还是电子形式，则应采用纸质形式交单。

f. 每次交单都应指明其所对应的保函，例如标明担保人的保函编号。否则，第 20 条中规定的审单时间应自该事项明确之日起开始计算。本款规定不应导致保函的展期，也不对第 15 条 a 款或第 15 条 b 款关于任何单独提交的单据也要指明所对应的索赔书的要求构成限制。

g. 除非保函另有约定，受益人或申请人出具的，或代表其出具的单据，包括任何索赔书及支持声明，使用的语言都应与该保函的语言一致。其他人出具的单据可使用任何语言。

第 15 条　索赔要求

a. 保函项下的索赔，应由保函所指明的其他单据所支持，并且在任何情况下均应辅之以一份受益人声明，表明申请人在哪些方面违反了基础关系项下的义务。该声明可以在索赔书中做出，也可以在一份单独签署的随附于该索赔书的单据中做出，或在一份单独签署的指明该索赔书的单据中做出。

b. 反担保函项下的索赔在任何情况下均应辅之以一份反担保函向其开立的一方的声明，表明在其开立的保函或反担保函项下收到了相符索赔。该声明可以在索赔书中做出，也可以在一份单独签署的随附于该索赔书的单据中做出，或在一份单独签署的指明该索赔书的单据中做出。

c. 本条 a 款或 b 款中有关支持声明的要求应予适用,除非保函或反担保函明确排除该要求。“第 15 条 a、b 款中的支持声明不予适用”等类似表述即满足本款要求。

d. 索赔书或支持声明的出单日期不能早于受益人有权提交索赔的日期。其他单据的出单日期可以早于该日期。索赔书或支持声明或其他单据的出单日期均不得迟于其提交日期。

第 16 条 索赔通知

担保人应毫不延迟地将保函项下的任何索赔和作为替代选择的任何展期请求通知指示方,或者适用情况下的反担保人。反担保人应毫不延迟地将反担保函项下的任何索赔和作为替代选择的任何展期请求通知指示方。

第 17 条 部分索赔和多次索赔;索赔的金额

a. 一项索赔可以少于可用的全部金额(“部分索赔”)。

b. 可以提交一次以上的索赔(“多次索赔”)。

c. “禁止多次索赔”的用语或类似表述,表示只能就可用的全部或部分金额索赔一次。

d. 如果保函约定只能进行一次索赔,而该索赔被拒绝,则可以在保函失效当日或之前再次索赔。

e. 一项索赔是不相符的索赔,如果:

i. 索赔超过了保函项下可用的金额;

ii. 保函要求的任何支持声明或其他单据所表明的金额合计少于索赔的金额。

与此相反,任何支持声明或其他单据表明的金额多于索赔的金额并不能使索赔成为不相符的索赔。

第 18 条 索赔的相互独立性

a. 提出一项不相符索赔或者撤回一项索赔并不放弃或损害及时提出另一项索赔的权利,无论保函是否禁止部分或多次索赔。

b. 对一项不相符索赔的付款,并不放弃对其他索赔必须是相符索赔的要求。

【有关解读】

URDG758 借鉴了《国际备用证惯例》(ISP98)的有关条款,对交单、索赔、赔付做了具体的规定,而大部分该类规则都是 URDG458 所没有的。此类规则使得交单和索赔在 URDG758 下有了具体规范,可操作性大大增强。

第 14 条交单的规定包括交单的地点和时间、完整性、格式、交单形式、交单与对应保函之间的关联、单据使用的语言。

第 14 条 a 款是对交单地点和交单时间的规定。

第 14 条 b 款规定交单时单据必须完整,同时对不完整交单做了规定:如果交单本身表明其将随后补齐,则不能因交单不完整而拒付。在此情况下,单据应在保函到期前补齐。该规定赋予受益人或担保人在保函或反担保项下逐步提交单据的灵活性,可以节省担保人或反担保人审单的工作量。

第 14 条 c、d、e 款是对交单形式的规定。URDG758 区分了电子形式与纸质形式,说明保函中对交单的形式可以规定采用电子形式,也可以规定采用纸质形式。不过,按照 URDG758 的规定,在保函没有表明须以电子形式或是纸质形式交单的情况下,只能以纸质形式交单；而按照URDG458的规定，此时以纸质或电子形式交单均可。

第14条f款借鉴ISP98的规定，对交单时对保函的识别做出了明确要求。根据该条规定，每次交单必须标明在哪个保函项下交单，例如通过标明保函号码的方式。如果没有标明，则20条所规定的审单时间从能够识别之日起开始起算。

第14条g款是对单据使用语言的规定。

第15条对索款要求的规定与URDG458的规定类似。在保函业务中，违约声明书因其证明了违约事件的发生而成为保函的核心单据。因此，URDG758第15条a款规定违约声明书是默示要求，即除非保函明确排除，否则受益人必须提交违约声明，并简单表明申请人在哪些方面违反了基础关系项下的义务。例如，“本保函所担保的基础合同的货物质量有问题”等，无须描述具体细节，除非保函另有规定。另外，第15条还对反担保函下的索赔和索赔书的出单日期等做了明确规定。

第16条是对索赔通知的规定，突出三点：毫不延迟、通知指示方及任何索赔。如因担保人未能及时通知索赔，而使指示方蒙受损失，指示方可以向担保人提出赔偿金。

第17条是新增条款，借鉴ISP98的规定，允许部分索赔（a款）和多次索赔（b款）。部分索赔（partial demand），是指索赔金额可以少于可使用的全部金额。部分索赔通常发生于基础合同已经被部分履行后而发生申请人违约的情形，此时受益人可能仅就违约的具体损害而提起低于保函金额的索赔。此时并未加重担保人的责任，若担保人以索赔不相符来拒付，则是明显不公平的。多次索赔（multiple demands），是指可以做出一次以上的索赔提示，适用于所担保的基础合同规定分期交货或分期提供服务的情况。另外，基础合同项下申请人可能多次部分违约，此时应当允许受益人根据违约情况多次提起索赔，只要不超过保函金额。

第17条c款规定“禁止多次索赔”或类似语句，表示只能就可用的全部或部分金额索赔一次。这样规定的原因可能是担保人担心受益人滥用索赔权利多次索赔。如果多次索赔和部分索赔被禁止，在允许分批装运的合同项下发生部分违约的情形，受益人只好选择全额索赔。

第17条d款规定，若保函规定只能进行一次索赔，而该索赔被拒绝，不代表受益人不能再索赔，也不代表担保人在保函项下责任的解除，受益人可以在保函失效当日或之前再次索赔，这与信用证项下受益人遭开证行拒付后有权在到期前替换单据再次交单的原理相同。

第17条e款规定了不相符索赔的情形，主要是就索赔金额进行约束。如果索赔金额超过了保函可使用的总金额，该项索赔要求将构成不符，受益人过高的索赔要求加重了担保人责任；但与此相反，在索赔不超过保函项下可用金额时，即使其他支持声明或单据表明的金额多于索赔的金额，这种“不一致”并不存在实质上的矛盾，受益人自愿放弃权利的同时亦未增加担保人责任，故不构成不相符索赔，从而降低了不当拒付的可能性。

第18条是新增条款，明确了索赔之间的相互独立性。为最大限度保护受益人利益，实际上可将不相符索赔或者撤回索赔视为未索赔，那么当然不影响后来在有效期内提起的其他索赔的权利，即使保函禁止“部分索赔”或“多次索赔”也不受影响（第18条a款）。担保人即使对一项不相符索赔付款，也不表示担保人放弃对其他索赔必须是相符索赔的要求(第 18 条 b 款)。URDG758 的上述规定保障了受益人在保函到期前做出相符索赔的权利,在不符索赔、撤回索赔或索赔被拒付的情况下,可以再次做出及时索赔,最大限度地保护了受益人索赔的权利。

(七) 保函的审单、赔付(第 19 条—第 24 条)

第 19 条　审单

a. 担保人应仅基于交单本身确定其是否表面上构成相符交单。

b. 保函所要求的单据的内容应结合该单据本身、保函和本规则进行审核。单据的内容无须与该单据的其他内容、其他要求的单据或保函中的内容等同一致,但不得矛盾。

c. 如果保函要求提交一项单据,但没有约定该单据是否需要签署、由谁出具或签署以及其内容,则:

i. 担保人将接受所提交的该单据,只要其内容看上去满足保函所要求单据的功能并在其他方面与第 19 条 b 款相符;

ii. 如果该单据已经签署,则任何签字都是可接受的,也没有必要表明签字人的名字或者职位。

d. 如果提交了保函并未要求或者本规则并未提及的单据,则该单据将不予置理,并可退还交单人。

e. 担保人无须对受益人根据保函中列明或引用的公式进行的计算进行重新计算。

f. 保函对单据有需履行法定手续、签证、认证或其他类似要求的,则表面上满足该要求的任何签字、标记、印戳或标签等应被担保人视为已满足。

第 20 条　索赔的审核时间;付款

a. 如果提交索赔时没有表明此后将补充其他单据,则担保人应从交单翌日起五个营业日内审核该索赔并确定该索赔是否相符。这一期限不因保函在交单日当日或之后失效而缩短或受影响。但是,如果提交索赔时表明此后将补充其他单据,则可以到单据补充完毕之后再进行审核。

b. 一旦担保人确定索赔是相符的,就应当付款。

c. 付款应在开立保函的担保人或开立反担保函的反担保人的分支机构或营业场所的所在地点,或者保函或反担保函中表明的其他地点(“付款地”)进行。

第 21 条　付款的货币

a. 担保人应按照保函中指明的货币对相符索赔进行付款。

b. 如果在保函项下的任何付款日,

i. 由于无法控制的障碍,担保人不能以保函中指明的货币进行付款,或者

ii. 根据付款地的法律规定使用该指明的货币付款是不合法的,

则担保人应以付款地的货币进行付款,即使保函表明只能以保函中指明的货币进行付款。以该种货币付款对指示方,或者反担保函情况下的反担保人具有约束力。担保人或者反担保人,可以选择以该付款的货币,或者以保函中指明的货币获得偿付,或者在反担保函的情况下,以反担保函中指明的货币获得偿付。

c. 根据 b 款规定以付款地的货币付款或偿付时,应以应付日该地点可适用的通行汇率进行兑付。但是,如果担保人未在应付日进行付款,则受益人可以要求按照应付日或者

实际付款日该地点可适用的通行汇率进行兑付。

第 22 条　相符索赔文件副本的传递

担保人应将相符索赔书及其他任何有关单据的副本毫不延迟地传递给指示方，或者在适用的情况下，传递给反担保人以转交给指示方。但是，反担保人，或在适用情况下的指示方，都不应在此传递过程中制止付款或偿付。

第 23 条　展期或付款

a. 当一项相符索赔中包含作为替代选择的展期请求时，担保人有权在收到索赔翌日起不超过 30 个日历日的期间内中止付款。

b. 当中止付款之后，担保人在反担保函项下提出一项相符索赔，其中包含作为替代选择的展期请求时，反担保人有权中止付款，该中止付款期间不超过保函项下的中止付款期间减 4 个日历日。

c. 担保人应毫不延迟地将保函项下的中止付款期间通知指示方，或者反担保函情况下的反担保人。反担保人即应将保函项下的该中止付款和反担保函项下的任何中止付款通知指示方。按本条规定行事即尽到了第 16 条规定的通知义务。

d. 在本条 a 款或 b 款规定的期限内，如果索赔中请求的展期期间或者索赔方同意的其他展期期间已获满足，则该索赔视为已被撤回。如果该展期期间未获满足，则应对该相符索赔予以付款，而无须再次索赔。

e. 即使得到展期指示，担保人或反担保人仍可拒绝展期，并应当付款。

f. 担保人或反担保人应将其在 d 款项下进行展期或付款的决定，毫不延迟地通知给予其指示的一方。

g. 担保人和反担保人对根据本条中止付款均不承担任何责任。

第 24 条　不相符索赔，不符点的放弃及通知

a. 当担保人确定一项索赔不是相符索赔时，其可以拒绝该索赔，或者自行决定联系指示方，或者反担保函情况下的反担保人，放弃不符点。

b. 当反担保人确定反担保函项下的一项索赔不是相符索赔时，可以拒绝该索赔，或者自行决定联系指示方，放弃不符点。

c. 本条 a 款或 b 款的规定都不延长第 20 条中规定的期限，也不免除第 16 条中的要求。获得反担保人或指示方对不符点的放弃，并不意味着担保人或反担保人有义务放弃不符点。

d. 当担保人拒绝赔付时，应就此向索赔提交人发出一次性的拒付通知。该通知应说明：

i. 担保人拒绝赔付；

ii. 担保人拒绝赔付的每个不符点。

e. 本条 d 款所要求的通知应毫不延迟地发出，最晚不得迟于交单日翌日起第五个营业日结束之前。

f. 如果担保人未能按照本条 d 款或 e 款的规定行事，则其将无权宣称索赔书以及任何相关单据不构成相符索赔。

g. 担保人在提交了本条 d 款中要求的通知之后，可以在任何时候将任何纸质的单据退还交单人,并以自认为适当的任何方式处置有关电子记录而不承担任何责任。

h. 就本条 d 款、f 款和 g 款而言,"担保人"包括"反担保人"。

【有关解读】

第 19 条规定了审单标准。URDG458 第 9 条规定:"担保人对单据的审核责任仅限于表面相符,担保人审单时要合理谨慎,且单据之间表面上不得互不一致。"该标准过于原则,缺乏可操作性。为此,URDG758 借鉴 UCP600 的相关规定,在 URDG458 第 9 条规定基础上,通过 b 款规定,"保函所要求的单据的内容应结合该单据本身、保函和本规则进行审核。单据的内容无须与该单据的其他内容、其他要求的单据或保函中的内容等同一致,但不得矛盾。"该款规定同 UCP600 一样,旨在去除索赔单据之间、单据与保函之间完全等同一致的镜像标准。这样,担保人就不会因单单之间或单据中的日期、缩略语、拼写与打印等微小不符点而拒付,体现了审单标准更加明确且宽松化。

第 20 条规定了审核索赔要求的时限。URDG458 在第 10 条仅规定:"担保人应享有合理时间审核索赔要求,以决定是否接受该索赔要求。"对"合理时间"究竟有多长并无具体规定,需要具体案例具体分析,主要取决于各国法律和每一保函的具体要求,其中包括所要求提交的单据的种类、数量及复杂程度等。由于 URDG458 有关"合理时间"审单的规定具有很大的不稳定性,从而极易引发争议,为此 URDG758 第 20 条借鉴 UCP600 的规定,将担保人审核索赔要求的时间具体规定为交单翌日起 5 个营业日,担保人在此时间内确定索赔要求相符时,即应当付款。上述规定强化了担保人对受益人迅速提供资金补偿的义务,从而顺应了买方市场的现实,对此通常作为保函申请人的承包商应予以充分注意。

和信用证一样,保函本身也会规定失效日或有效期(expiry/expiry date)。根据 URDG758 规定,"失效日"指最迟交单日期。因此,保函效期的到来既不影响担保人对相符索赔的审核,也不能影响对交单索赔的审核付款。因此,URDG758 第 20 条 a 款相应规定:5 个营业日的审单时间不因保函失效日在交单当日或该日之后到来而缩短或受影响。

第 21 条是新增条款,明确了付款的币种,体现了 URDG 的前瞻性,充分考虑到保函实务中不断出现的新问题,该条创新性地规定,如果因担保人无法控制的阻碍,担保人不能以保函规定货币付款,或依据保函付款地法律以保函规定货币付款是不合法的,则担保人可以用付款地货币付款。第 21 条 c 款进一步规定了付款或偿付适用的汇率。

第 22 条规定了相符索赔文件副本的传递,要求担保人应将相符索赔书及其他任何有关单据的副本毫不延迟地传递给指示方。

第 23 条是对展期或付款的规定。"展期或付款"主要适用于以下两种情况:一是承包商等债务人作为保函的申请人没有按计划完成所担保的基础合同,而保函又临近到期,此时受益人就可以提出"展期或付款"要求;二是为向承包商提供纠正违约的机会,受益人也可以提出"展期或付款"要求。此时,如果保函能够展期,业主等债权人作为受益人即自动承诺不在保函下立即提出索赔要求。可见,在受益人的索赔要求相符的前提下,上述两种情况下的"展期或付款"要求对承包商是有利的。因此,承包商应该相应合理延展保函的有效期,以避免保函下的立即赔款。但出于对申请人财务状况可能会恶化的担心,担保人和反担保人有是否展期的最终决定权。

第 23 条继承了 URDG458 第 26 条的基本原则,主要变化有两点:一是明确了担保人在收到此类要求时可以推迟付款的时限，即不超过自收到索赔起30个日历日，反担保人推迟付款的时间可以比担保人推迟付款的时间少4个日历日，以使担保人推迟付款期间届满前有充足的时间办理延期。对比URDG458第26条“担保人应在合理的时间内暂停赔付，以便申请人和受益人就是否同意此项延期而达成协议，并安排开立延期文件”的措辞而言，URDG758对推迟付款的时间规定更加明确具体。二是对指示方的通知义务方面，URDG758强调了对推迟付款期间的通知，反映了指示方对推迟付款信息的关切，毕竟这和指示方的利益以及基础合同双方的磋商密切相关。URDG758第23条还规定了担保人对延期或赔付决定通知指示方的义务。这些通知义务保障了指示方对担保人在收到“展期或付款”要求情形下所做的决定和采取措施的知情权，一方面维护了保函的独立性，另一方面便于指示方在基础合同项下与对方展开磋商或采取应对措施，对实务处理比较有利。

第24条制定了处理不相符索赔的具体规则，实质性修改了URDG458第9条规定（如这些单据在表面上与保函不符或相互间表面上不一致，则将被拒绝），并将第10条b款内容扩充（担保人如决定拒绝索赔，应立即就此以电信，如不能则以其他快捷的方式通知受益人。该保函项下提交的任何单据应代为保管等候受益人处理），同时引入了之前未曾提及的丧失提出拒付理由原则。URDG758第24条借鉴UCP600的规定，对拒付通知提出了严格要求：当担保人决定拒付时，必须于交单后5个营业日内毫不延迟地向交单人发出一份单独的拒付通知，该拒付通知必须声明担保人拒绝付款以及指明凭以拒付的每一不符点。未能按此行事的担保人将丧失主张该次索赔不符的权利。该规定的目的是使受益人可以据此改正单据，以便在保函有效期内再次提交相符的索赔单据。

案例分析5-23

A银行开立了以B为受益人的保函，随后B提出索赔要求，A银行由于不能确定该索赔要求是否与保函相符，于是在付款前征询保函申请人C的意见。C正在国外度假，两星期后A银行才与C取得联系。C通知A银行拒绝付款，因为他认为索赔要求与保函不符。问：受益人B最终能否得到赔偿？

分析：受益人B应有权得到赔偿。因为付款或拒付的决定应由担保人A银行做出，而不是其客户C决定，且任何拒付必须在收到单据后的5个营业日内由担保行A通知受益人。

案例分析5-24

A银行凭C银行的反担保函开立了以B为受益人的保函，申请人为D，保函规定见索即付，并明确规定于某年9月20日失效。B于该年9月10日提交了含有违约声明的书面要求书和一份要求将保函有效期延长至该年12月20日以代替付款的声明。A银行将该要求书和声明通知C银行，随后C银行通知了申请人D，申请人D同意展期。A银行将保函延期后，索赔要求书当即失效。

分析：URDG458并未就担保人暂停付款的“合理时间”做出明确规定，为此URDG758第23条明确规定：担保人在收到“展期或付款”的要求时，可以在不超过自收到相符索赔要求后的30个日历日内暂停付款；反担保人暂停付款的时间不得超过担保人暂停付款的期限减4个日历日，以便担保人能够在保函暂停付款期间届满前有充足的时间办理保函的展期。

（八）保函的减额与终止（第25条）

第25条　减额与终止

a. 保函的可付金额应根据下列情况而相应减少：

i. 保函项下已经支付的金额；

ii. 根据第13条所减少的金额；

iii. 受益人签署的部分解除保函责任的文件所表明的金额。

b. 无论保函文件是否退还担保人，在下列情况下保函均应终止：

i. 保函失效；

ii. 保函项下已没有可付金额；

iii. 受益人签署的解除保函责任的文件提交给担保人。

c. 如果保函或反担保函既没有规定失效日，也没有规定失效事件，则保函应自开立之日起三年之后终止，反担保函应自保函终止后30个日历日之后终止。

d. 如果保函的失效日不是索赔提交地点的营业日，则失效日将顺延到该地点的下一个营业日。

e. 如果担保人知悉保函由于上述b款规定的任一原因而终止，则除非因失效日届至，担保人应将该情况毫不延迟地通知指示方，或者适用情况下的反担保人，在后一种情况下，反担保人也应将该情况毫不延迟地通知指示方。

【有关解读】

URDG458有关保函金额的减少与终止的规定零散且不全面，URDG758对此加以整合并修改为第25条"金额的减少与终止"，其中a款规定保函下可支付的金额应当相应扣减金额的三种情形，b款在有关保函的终止方面的规定与URDG458第23条相比，一个重要变化就是退回保函这一行为本身并不能导致保函责任的终止，规定："无论保函文件是否退还担保人，在下列情况下保函均应终止：保函到期、保函已无余额可付、向担保人提交受益人签署的解除保函责任的文件"。

第25条c款是创新性规定。对于既未载明到期日也未规定到期事件的"敞口"保函或反担保的终止问题，URDG458没有做出明确规定。c款规定：若保函既没有规定失效日期，也没有规定失效事件，则保函应在自开立之日起3年之后强制终止，反担保函自保函终止后30日后强制终止。这一规定旨在降低严重损害申请人利益的"敞口保函"的数量，减轻银行因资金占有而导致流动性不强的压力。

（九）担保人免责（第26条—第30条）

第26条　不可抗力

a. 在本条中，"不可抗力"指由于天灾、暴动、骚乱、叛乱、战争、恐怖主义行为或担保人或反担保人无法控制的任何原因而导致担保人或反担保人与本规则有关的营业中断的情况。

b. 如果由于不可抗力导致保函项下的交单或付款无法履行，在此期间保函失效，则：

i. 保函及反担保函均应自其本应失效之日起展期30个日历日，担保人在可行的情况下应立即通知指示方，或者反担保函情况下的反担保人，有关不可抗力及展期的情况，反担保人也应同样通知指示方；

ii. 不可抗力发生之前已经交单但尚未审核的，第20条规定的审核时间的计算应予中止，直至担保人恢复营业；

iii. 保函项下的相符索赔在不可抗力发生之前已经提交但由于不可抗力尚未付款的，则不可抗力结束之后应予付款，即使该保函已经失效，在此情况下担保人有权在不可抗力结束之后30个日历日之内在反担保函项下提交索赔，即使该反担保函已经失效。

c. 如果由于不可抗力导致反担保函项下的交单或付款无法履行，在此期间反担保函失效，则：

i. 反担保函应自反担保人通知担保人不可抗力结束之日起展期30个日历日，同时反担保人应将不可抗力及展期的情况通知指示方；

ii. 不可抗力发生之前已经交单但尚未审核的，第20条规定的审核时间的计算应予中止，直至反担保人恢复营业；

iii. 反担保函项下的相符索赔在不可抗力发生之前已经提交但由于不可抗力尚未付款的，则不可抗力结束之后应予付款，即使该反担保函已经失效。

d. 根据本条规定进行的任何展期、中止或付款均对指示方有约束力。

e. 担保人和反担保人对于不可抗力的后果不承担进一步的责任。

第27条　关于单据有效性的免责

担保人不予承担的责任和义务：

a. 向其提交的任何签字或单据的形式、充分性、准确性、真实性、是否伪造或法律效力；

b. 所接收到的单据中所做或添加的一般或特别声明；

c. 向其提交的任何单据所代表的或引述的货物、服务或其他履约行为或信息的描述、数量、重量、品质、状况、包装、交付、价值或其存在与否；

d. 向其提交的任何单据的出具人或所引述的其他任何身份的人的诚信、作为与否、清偿能力、履约或资信状况。

第28条　关于信息传递和翻译的免责

a. 当单据按照保函的要求传递或发送时，或当保函未做指示，担保人自行选择传送服务时，担保人对单据传送过程中发生的延误、中途遗失、残缺或其他错误产生的后果，不予负责。

b. 担保人对于技术术语的翻译或解释上的错误，不予负责，并可不加翻译地传递保函整个文本或其任何部分。

第29条　关于使用其他方服务的免责

为了执行指示方或反担保人的指示，担保人利用其他方的服务，有关费用和风险均由指示方或反担保人承担。

第 30 条　免责的限制

担保人未依诚信原则行事的情况下，第 27 条到 29 条免责条款不适用。

【有关解读】

第 26—30 条是对担保人免责事项的规定。

第 26 条是关于不可抗力的规定，按照 URDG458 的规定，担保人对于不可抗力的后果概不负责。营业中断期间，保函可能面临失效，受益人即使想交单也无可能，或者已经交单了银行尚未审核或者审核后尚未来得及付款。因此，这种不加区分的笼统规定，导致无论哪种情形的受益人索赔权皆因不可抗力而归于消灭，对受益人而言非常不合理。URDG758 对此做出了重大修改，第 26 条 b 款将营业中断期间保函失效的具体法律后果分为三个层次：①如担保人遭受不可抗力而无法接收单据或付款，且在此期间保函逾期，保函的有效期自原到期日起顺延 30 个日历日，但担保人须将此情况尽快通知开立保函的指示人。②对于在不可抗力事件发生前已经提交但尚未完成审核的单据，则 5 个营业日的审核时间应予中止，在不可抗力结束、担保人恢复营业后，该审核时间继续计算。③对于已经提交且审核合格的索赔单据，如因不可抗力尚未付款，则无论保函是否已经在此期间过期，担保人应在不可抗力结束时付款。新规定兼顾了三种不同情形，合理分配了不可抗力情形下的风险，维护了当事人之间的利益平衡。

第 27 条关于单据有效性的免责、第 28 条关于信息传递和翻译的免责、第 29 条关于使用其他方服务的免责的规定与 URDG458 的规定类似，也与 UCP600 关于银行免责事项的规定类似。

按照第 30 条的规定，虽然担保人可以享有一些免责的权利，但是如果没有按照诚信原则行事，则以上免责条款不适用。

案例分析 5-25

B 银行开立的保函规定某年 10 月 1 日到期。但由于紧急状态政府要求所有银行必须于 9 月 15 日起停业。10 月 10 日，紧急状态令取消，银行重新开业。

分析：按照 URDG458 的规定，B 银行对在此期间有效期已过的保函不再承担责任，保函已经失效。而按照 URDG758 第 26 条的规定，如果截至 9 月 15 日受益人没有交单，则保函有效期顺延 30 个日历日；如果截至 9 月 15 日，担保人已经收到单据尚未审核，则 5 个营业日的审核时间应予中止，在 10 月 10 日后，该审核时间继续计算；如果截至 9 月 15 日，担保人已经收到单据并审核合格，则担保人应在 10 月 10 日后继续付款。

（十）补偿及费用承担（第 31 条—第 32 条）

第 31 条　有关外国法律和惯例的补偿

指示方，或反担保函情况下的反担保人，应就外国法律和惯例加诸担保人的一切义务和责任对担保人进行补偿，包括外国法律和惯例的有关内容取代了保函或反担保函有关条款的情况。反担保人依据本条款补偿了担保人之后，指示方应对反担保人予以补偿。

第 32 条　费用的承担

a. 指示其他方在本规则下提供服务的一方有责任负担被指示方因执行指示而产生的费用。

b. 如果保函表明费用由受益人负担，但该费用未能收取，则指示方仍有责任支付该费用。如果反担保函表明保函有关的费用由受益人负担，但该费用未能收取，则反担保人仍有责任向担保人支付该费用，而指示方有责任向反担保人支付该费用。

c. 担保人或任何通知方都不得要求保函或对保函的任何通知或修改以担保人或通知方收到其费用为条件。

【有关解读】

第 31 条是新增条款，这里提到的外国法律和惯例是必须加诸担保人的责任和义务，而且是强制性的（如证券交易法、外汇管制等），这些责任和义务已对担保人开立的保函条款做了变更，并导致担保人的付款或执行无法按照原指示的要求行事，这样的损失才能援引本条款获得指示方的补偿。

第 32 条是对费用的规定，URDG458 对费用的承担没有严格的要求，而 URDG758 则较详细地做出了规定。

（十一）保函转让与款项让渡（第 33 条）

第 33 条　保函转让与款项让渡

a. 保函只有特别声明“可转让”方可转让，在此情况下，保函可以就转让时可用的全部金额多次转让。反担保函不可转让。

b. 即使保函特别声明是可转让的，保函开立之后担保人没有义务必须执行转让保函的要求，除非是按担保人明确同意的范围和方式进行的转让。

c. 可转让的保函是指可以根据现受益人（“转让人”）的请求而使担保人向新受益人（“受让人”）承担义务的保函。

d. 下列规定适用于保函的转让：

i. 被转让的保函应包括截至转让之日，转让人与担保人已经达成一致的所有保函修改书；

ii. 除了上述 a 款、b 款和 d 款项下 i 节规定的条件之外，可转让保函只有在转让人向担保人提供了经签署的声明，表明受让人已经获得转让人在基础关系项下权利和义务的情况下，才能被转让。

e. 除非转让时另有约定，转让过程中发生的所有费用，都应由转让人支付。

f. 在被转让的保函项下，索赔书以及任何支持声明都应由受让人签署。除非保函另有约定，在其他任何单据上可以用受让人的名字和签字取代转让人的名字和签字。

g. 无论保函是否声明其可转让，根据可适用法律的规定：

i. 受益人可以将其在保函项下可能有权或可能将要有权获得的任何款项让渡给他人；

ii. 但是，除非担保人同意，否则担保人没有义务向被让渡人支付该款项。

【有关解读】

第 33 条制定了保函转让和款项让渡的规则，把 UCP600 第三十八条关于信用证的转让和第三十九条关于款项让渡的两条规定合并到一条中。

关于保函转让规则，URDG458 第 4 条规定得非常简单，"除非保函或者其修改中有明确规定，保函项下受益人要求付款的权利不得转让。但是本条规定并不影响受益人将保函项下其有权获得之款项转让给他人的权利"。然而，保函是否可以部分转让，反担保函是否可转让，转让如何进行，转让费用由谁承担，转让后由谁提出索赔等等，这些问题并未有相关规定。URDG758 借鉴 UCP600 第三十八条"可转让信用证"的规定对以上问题做出相应规定：

（1）根据第 33 条 a 款，保函只有特别声明"可转让"方可转让，即使是使用近义词"可让渡的"或"可分割的"也不可被接受。保函可以就转让时可用的全部金额多次转让，但却不可以部分转让，因为部分转让会引起多个受益人共存的复杂局面，这将使担保人面临更大的不确定性与风险。a 款还规定反担保函不可转让。反担保函是由反担保人提供给担保人，以便担保人借此开立保函的承诺。反担保函项下的赔付条件与保函直接关联，且并不是为担保基础合同而设立。反担保函若转让，其受让人权利的实现将取决于基础合同的受益人是否提出相符索赔，因此是不完整的权利，没有实际意义，并将导致法律关系异常复杂，故 URDG758 禁止反担保函转让。

（2）关于转让方式与条件，b 款规定保函转让须按担保人明确同意的范围和方式进行，否则担保人没有义务必须执行转让保函的要求。根据保函独立性原则，保函转让无须取得指示方同意。但担保人作为指示方的受托人，如果未征求指示方意见而擅自同意转让，则有可能丧失对指示方的追偿权。因此，在实务中，担保人通常都会征求指示方意见。

（3）c 款是对可转让保函含义的界定。

（4）d 款 i 项规定保函转让的范围，即被转让的保函应包括截至转让之日，转让人与担保人已经达成一致的所有保函修改书。在满足前述条件的基础上，d 款 ii 项还要求转让人向担保人提供经签署的声明——"表明受让人已经获得转让人在基础关系项下权利和义务"作为转让的形式要件。

（5）关于转让的费用，e 款规定"除非转让另有约定，转让过程中发生的所有费用，都应由转让人支付"。

（6）由于保函只能全部转让，因此保函转让后，应当由受让人行使保函项下所有权利。对此，f 款明确规定"在被转让的保函项下，索赔书以及任何支持声明都应由受让人签署"。

（7）g 款是关于款项让渡的规定。款项让渡并非保函转让，让渡人作为保函项下受益人的地位没有变化，让渡人只是允诺将未来可能取得的收益转让给他人，这完全是对自己财产的处分，法律一般不予禁止。被让渡人并非保函合同当事人，因此担保人没有义务必须对被让渡人付款。

（十二）适用法律与司法管辖

第 34 条　适用法律

a. 除非保函另有约定，保函的适用法律应为担保人开立保函的分支机构或营业场所所在地的法律。

b. 除非反担保函另有约定，反担保函的适用法律应为反担保人开立反担保函的分支机构或营业场所所在地的法律。

第 35 条　司法管辖

a. 除非保函另有约定,担保人与受益人之间有关保函的任何争议应由担保人开立保函的分支机构或营业场所所在地有管辖权的法院专属管辖。

b. 除非反担保函另有约定,反担保人与担保人之间有关反担保函的任何争议应由反担保人开立反担保函的分支机构或营业场所所在地有管辖权的法院专属管辖。

【有关解读】

第 34 条关于适用法律的规定和第 35 条关于司法管辖的规定与 URDG458 第 27 条和 28 条的规定基本类似,只不过 URDG758 的规定更加明确。

思考题

1. 解释下列名词:汇票、托收、D/P、D/A、信用证。
2. 比较汇票、本票和支票的异同。
3. 简述汇票的使用过程。
4. 简述汇付的几种方式及其优缺点。
5. D/A 与 D/P、T/R 有何异同?
6. 列举信用证诈骗行为类型。
7. 出口商采用托收时应注意哪些问题?

案例分析

我国 A 公司向加拿大 B 公司以 CIF 术语出口一批货物,合同规定 4 月份装运。B 公司于 4 月 10 日开来不可撤销信用证。此证按 UCP600 规定办理。证内规定:装运期不得晚于 4 月 15 日。此时我方已来不及办理租船订舱,立即要求 B 公司将装运期延至 5 月 15 日。随后 B 公司来电称:同意展延船期,有效期也顺延一个月。我国 A 公司于 5 月 10 日装船,提单签发日 5 月 10 日,并于 5 月 14 日将全套符合信用证规定的单据交银行办理议付。问:我国 A 公司能否顺利结汇? 为什么?

第六章

国际商事仲裁惯例规则

【教学目的】

1. 熟悉国际商事仲裁的分类、构成要素、特点。
2. 掌握国际商事仲裁协议的形式、基本内容及法律效力。
3. 正确使用国际重要商事仲裁规则。

【重点难点】

国际商事仲裁的特点，国际商事仲裁协议的形式及法律效力，仲裁裁决的效力

【关键术语】

商事仲裁，管辖权，仲裁规则，仲裁，仲裁协议

【引导案例】

中国内地一家玩具制造厂与日本某株式会社签订了玩具加工制作合同,后因产品规格等问题,双方发生争议。根据合同规定,双方发生争议将提交仲裁解决。玩具厂向某仲裁委员会申请仲裁。仲裁委员会受理后,为节省时间该委员会直接指定了3名颇具威望的仲裁员组成合议仲裁庭,考虑案件的典型性和较大的影响力公开审理了本案,事后有关新闻媒体做了详细报道。问:该仲裁委员会在仲裁程序上有哪些不符合法律规定的地方?为什么?

第一节　国际商事仲裁概述

何谓国际商事仲裁?因各国立法和实践差异,其含义有所不同。概括而言,国际商事仲裁是指参加国际商事交往的双方当事人通过书面协议,把他们之间的争议自愿地提交给由一名或数名仲裁员组成的仲裁庭进行审理,由其依据法律或公平原则做出对双方当事人有拘束力的一种争议解决制度。

一、国际商事仲裁的分类

根据不同的分类方法,国际商事仲裁分类如下:

1. 临时仲裁和机构仲裁

临时仲裁,即特别仲裁,是指根据双方当事人的仲裁协议,在争议发生后由双方当事人指定的仲裁员临时组成仲裁庭进行仲裁,并在裁决做出后即行解散仲裁庭。我国没有规定临时仲裁。

机构仲裁,是指交由常设仲裁机构进行的仲裁。常设仲裁机构是依据国际条约或一国的国内法所成立的,有固定的名称、地址、组织形式、组织章程、仲裁规则和仲裁员名单,并具有完整的办事机构和健全的行政管理制度,用以处理国际商事法律争议的仲裁机构。

2. 依法仲裁和友好仲裁

依法仲裁,是指仲裁员或仲裁庭依法律做出裁决。

友好仲裁,是指不适用任何法律,而允许仲裁员或仲裁庭根据公平和善意原则或公平交易和诚实信用原则对争议实质问题做出裁决。

3. 私人间仲裁和非私人间仲裁

私人间仲裁,是指双方当事人均是自然人或法人的仲裁。

非私人间仲裁,是指一方当事人为私人,另一方当事人为国家的仲裁。

二、国际商事仲裁的构成要素

1. 仲裁协议

仲裁协议是国际商事仲裁的基础,它是指争议发生前或发生后,双方当事人订立的同意将争议交付仲裁的书面文件。根据其表现形式不同,仲裁协议可以分为三种:仲裁条款、仲裁协议书和其他有关书面文件中包含的仲裁协议,具体解释见第二节内容。

2. 仲裁的主体

仲裁有三方主体:双方当事人、仲裁庭和仲裁员。

双方当事人是指将其争议提交仲裁的双方，申请仲裁的一方为申请人，另一方为被申请人。仲裁庭是指审理某一具体仲裁案件的仲裁组织。仲裁庭又可分为独任仲裁庭和合议仲裁庭。独任仲裁庭由一名仲裁员组成，独任仲裁员一般由双方当事人共同选定，也可由双方当事人所提出的仲裁机构代为指定或其他方式产生。合议仲裁庭一般由三名仲裁员组成，申请人指定一名，被申请人指定一名，然后由这二人共同指定第三人或由双方当事人共同委托某一机构或个人指定第三人为首席仲裁员。

3. 仲裁的客体

国际商事仲裁的客体是指当事人间发生的有关国际商事的争议。

4. 仲裁机构

国际商事仲裁机构是指国际商事法律关系的双方当事人共同选定的就他们之间业已发生或将来可能发生的争议进行仲裁的民间性组织。在国际商事仲裁实践中，基于组织形式的不同，国际商事仲裁机构分为临时仲裁机构和常设仲裁机构。

临时仲裁机构又称特别仲裁机构，它是根据双方当事人的仲裁协议，在争议发生后由当事人选出的仲裁员临时组成的审理当事人之间有关争议并做出裁决的仲裁机构。临时仲裁机构是根据当事人的约定为审理某一具体案件而组成的，审理终结做出裁决后，临时仲裁机构即行解散。临时仲裁机构具有极大的灵活性，有关临时仲裁机构的组成及其活动规则、仲裁程序、法律适用、仲裁地点、裁决方式乃至仲裁费用等都可以由有关双方协商确定。

常设仲裁机构是指依据国际条约或一国国内立法所成立的制定有自己的章程、仲裁规则、有供仲裁当事人选择的仲裁员名单，并且有自己的办事机构和健全的行政管理体制的处理有关国际商事争议的固定性仲裁机构。常设仲裁机构是民间性机构，一般附设于得到工商贸易机构及其他各界信任的、有影响的、有权威的商会组织及某些非政府间的国际组织或专业协会之下。常设仲裁机构自己并不直接审理仲裁案件，而是以其另行组成仲裁庭审理具体的仲裁案件。常设仲裁机构又分为世界性常设仲裁机构、区域性常设仲裁机构和各国常设仲裁机构。

影响较大的常设商事仲裁机构主要有国际商会仲裁院、瑞典斯德哥尔摩商事仲裁院、英国伦敦仲裁院、美国仲裁协会、瑞士苏黎世商会仲裁院、日本国际商事仲裁协会、香港国际仲裁中心等。国际商会仲裁院（International Chamber of Commerce International Court of Arbitration，简称 ICC 国际仲裁院）成立于 1923 年，是国际性民间组织，总部设在巴黎，现已经发展成为世界上最重要的和最著名的国际商事仲裁机构。其附设于国际商会，主要职责是根据其仲裁规则（《国际商会仲裁规则》），通过仲裁的方式解决国际性的商事争议，促进国际商业活动的正常进行。与国际上其他隶属于某个国家的仲裁机构不同，ICC 国际仲裁院独立于任何国家，而审理的案件所涉及的当事人及审理案件的仲裁员却可能来自任何一个国家，它是典型的国际性商事仲裁机构。ICC 国际仲裁院由主席、副主席及委员和候补委员组成，工作由秘书处协助。

5. 仲裁程序

仲裁程序一般包括以下步骤：

（1）提出仲裁申请，这是仲裁程序开始的首要手续。各国法律对申请书的规定不一致。在我国,《中国国际经济贸易仲裁委员会仲裁规则》(2015 年 1 月 1 日起施行 2015 年版仲裁规则)规定:当事人依据本规则申请仲裁时,应提交由申请人或申请人授权的代理人签名或盖章的仲裁申请书。仲裁申请书应写明:①申请人和被申请人的名称和住所,包括邮政编码、电话、传真、电子邮箱或其他电子通讯方式;②申请仲裁所依据的仲裁协议;③案情和争议要点;④申请人的仲裁请求;⑤仲裁请求所依据的事实和理由。在提交仲裁申请书时,附具申请人请求所依据的证据材料以及其他证明文件。

(2) 组织仲裁庭。根据我国仲裁规则规定,仲裁庭由一名或三名仲裁员组成。申请人和被申请人应各自在收到仲裁通知后 15 天内选定或委托仲裁委员会主任指定一名仲裁员,第三名仲裁员由双方当事人共同选定或共同委托仲裁委员会主任指定,第三名仲裁员为仲裁庭的首席仲裁员,三名仲裁员共同组成仲裁庭审理案件;双方当事人亦可在仲裁委员名册共同指定或委托仲裁委员会主席指定一名仲裁员为独任仲裁员,成立仲裁庭,单独审理案件。

就本章引导案例而言,仲裁委员会直接指定 3 名颇具威望的仲裁员组成合议仲裁庭的做法不符合以上仲裁庭的组成规则。

(3) 审理案件。仲裁庭审理案件的形式有两种:一是不开庭审理,这种审理一般是经当事人申请,或由仲裁庭征得双方当事人同意,只依据书面文件进行审理并做出裁决;二是开庭审理。根据我国仲裁规则规定,仲裁庭应开庭审理案件,但双方当事人约定并经仲裁庭同意或仲裁庭认为不必开庭审理并征得双方当事人同意的,可以只依据书面文件进行审理。另外,仲裁庭审理案件不公开进行。双方当事人要求公开审理的,由仲裁庭决定是否公开审理,这体现了仲裁审理的保密性特点。

就本章引导案例而言,仲裁委员会未经当事人同意就进行公开审理不符合保密性规定。

(4) 做出裁决。裁决是仲裁程序的最后一个环节。裁决做出后,审理案件的程序即告终结。根据我国仲裁规则的规定,仲裁庭应在组庭后 6 个月内做出裁决书。仲裁庭在裁决书中应写明仲裁请求、争议事实、裁决理由、裁决结果、仲裁费用的承担、裁决的日期和地点。裁决是终局的,对双方当事人均有约束力。任何一方当事人均不得向法院起诉,也不得向其他任何机构提出变更仲裁裁决的请求。

6. 仲裁裁决的承认与执行

在国际商事仲裁实践中,承认和执行外国仲裁裁决是国际商事争议得到最终解决的关键的一步。从各国的立法和实践来看,国际上承认和执行外国仲裁裁决有以下三种做法:

(1) 将外国仲裁裁决视为外国法院的判决。采取这种做法的国家一般按照承认和执行外国法院判决的同样方式来承认和执行外国仲裁裁决,而且倾向于将承认和执行外国判决所确定的原则适用于仲裁裁决。德国、奥地利、意大利、罗马尼亚等国属于此类做法的国家。

(2) 将外国仲裁裁决视为合同之债。采取这种做法的国家一般把仲裁裁决确认的双方当事人之间的权利义务关系视为一种合同法律关系。仲裁裁决按照解决合同债务纠纷的程序加以承认和执行。这类国家有英国、法国、西班牙、葡萄牙等。

(3) 将外国仲裁裁决视为本国仲裁裁决。采取这种做法的国家的法院可以将执行本国仲裁裁决的规则适用于外国仲裁裁决。日本、希腊、比利时等国采取的就是此种做法。

三、国际商事仲裁的特点

国际商事仲裁是双方当事人合意通过第三者来解决他们之间争议的一种行之有效的方式，它既不同于国际公法上的仲裁，也不同于协商、调解和国际民事诉讼。与这些解决争端的方式相比，国际商事仲裁特点如下：

（1）国际商事仲裁是通过第三者解决争议的一种方式。

（2）民间司法性。国际商事仲裁是通过民间机构而不是国家法院来解决争议。这种民间机构一般是国际性的仲裁机构、区域性的仲裁机构、国家性的仲裁机构或专业性的仲裁机构。

（3）管辖权的非强制性。仲裁庭的管辖权是双方当事人通过仲裁协议授予的，而不像法院的管辖权是法律规定的。如果当事人不选择仲裁的话，仲裁庭对商事争议案件不享有管辖权。特别重要的是，合法有效的仲裁协议可以排斥法院的司法管辖权。《中华人民共和国仲裁法》第五条规定："当事人达成仲裁协议，一方向人民法院起诉的，人民法院不予受理，但仲裁协议无效的除外。"

（4）当事人意思自治。仲裁的意思自治是从国际私法解决法律冲突的意思自治原则发展而来的。意思自治原则的核心是允许当事人选择适用于他们之间法律关系的法律。20 世纪初，该原则获得了很大发展，进而允许当事人选择解决契约争议的方法，即当事人可以从诉讼、仲裁、调解诸多方式中任选一种。在国际商事仲裁方面，意思自治原则体现为：双方当事人可以通过仲裁协议选择仲裁机构、仲裁事项、仲裁地点、仲裁员、仲裁适用的程序法和实体法。

（5）专家审理。从事国际商事仲裁的常设仲裁机构所聘用的仲裁员都是各方面的专家，当事人可以从这些专家中选择他们认为合适的人解决争议。此外，当事人还可以选择有关方面的专家组成临时仲裁庭审理案件。在某种意义上，这些专家比法院专门研究法律而相对缺少行业知识的法官审理案件更具有权威性和说服力。

（6）仲裁的保密性。由于仲裁以不公开审理为原则，同时仲裁程序中任何一方当事人或仲裁员或仲裁机构案件管理人都负有保密的责任，因此当事人不愿对外公开的商业秘密可以得到保守，也不会影响其商业信誉。

（7）仲裁裁决的强制执行效力。仲裁裁决虽然是由民间性仲裁机构做出的，但各国法律一般明确赋予其法律上的强制性效力。如果义务方不履行裁决书义务，权利方可以申请人民法院依法强制执行。

（8）解决纠纷速度快、花费少。国际商事仲裁实行一次性仲裁制度，仲裁裁决是终局性的，这比诉讼上的二审或三审终审制审理案件的程序要简单，耗时要短得多，自然当事人支出的费用要少得多。

四、国际商事仲裁的国际立法

随着国际贸易的迅速发展，商事纠纷日渐增多，但是各国仲裁立法的差异，特别是各国仲裁法对承认和执行外国仲裁裁决程序和条件的规定不同，使得有关商事纠纷难以得到妥善解决，影响了国际贸易的正常运转。为促进国际商事关系顺利进行，从 19 世纪末起，国际社会首先从统一仲裁裁决的承认和执行方面的制度着手，制定了一系列国际公约。这些公约有区域性的、国际性的，也有双边的。

1. 区域性公约

1889 年《蒙得维的亚民事诉讼公约》（由阿根廷、玻利维亚、巴拉圭、秘鲁和乌拉圭签署，1940 年通过该公约的修正案），1928 年《巴斯塔曼特法典》（美洲国家间制定），1961 年《关于国际商事仲裁的欧洲公约》（由联合国经济委员会主持制定），1966 年《斯特拉斯堡公约》（全称是《规定统一仲裁法的欧洲公约》），1975 年《美洲国家间国际商事仲裁公约》，1979 年《蒙得维的亚公约》（全称是《美洲国家间关于外国判决和仲裁裁决域外效力的公约》）等均属区域性公约。

2. 国际性公约

（1）1923 年《仲裁条款日内瓦议定书》，于 1923 年 9 月 24 日由国际联盟主持制定，是第一个重要的国际商事仲裁公约。

（2）1927 年《日内瓦公约》，全称是《关于执行外国仲裁裁决公约》，于 1927 年 9 月 26 日由国际联盟主持制定，是 1923 年日内瓦议定书的补充。

（3）1958 年《纽约公约》，全称是《承认及执行外国仲裁裁决公约》，1923 年《日内瓦议定书》及 1927 年《日内瓦公约》的主要缺点在于将证明执行条件已经满足的责任置于寻求执行方当事人。在这种情况下，为使国际商事仲裁成为更为有效的争议解决方式，1958 年联合国主持制定了《承认及执行外国仲裁裁决公约》。该公约已经事实上取代了 1923 年的《日内瓦议定书》及 1927 年的《日内瓦公约》，其要求缔约国执行有效仲裁协议，并引入裁决得以承认和执行的更为直接明确的方式，并将证明裁决不应被承认与执行的责任主要置于拒绝承认与执行方当事人，而这正好推翻了《日内瓦议定书》与《日内瓦公约》的规定。《纽约公约》是迄今为止关于承认和执行外国仲裁裁决方面影响最大的国际公约。

（4）1965 年《华盛顿公约》，全称是《关于解决国家和他国国民间投资争端的公约》，1966 年 10 月 14 日生效，由世界银行主持制定。该公约创设了解决投资争端国际中心，主要处理缔约国国民在其他缔约国投资引起的争议。它处理的仲裁案件为数不多却非常重要。

第二节 国际商事仲裁协议

仲裁协议是指双方当事人愿意把将来可能发生或者已经发生的争议交付仲裁的协议。国际商事仲裁协议是指含有涉外因素的商事仲裁协议。中国某公司与外国公司签订的买卖合同规定："凡因本合同产生的一切争议，经协商不能解决时，应提交中国的涉外仲裁机构在北京仲裁解决。仲裁是终局的，对双方均有拘束力。"这便是一个典型的国际商事仲裁协议。

一、国际商事仲裁协议的形式及类型

国际商事交往的惯例并不要求一般的合同具有书面形式。但对于仲裁协议而言，各国仲裁法关于仲裁协议的形式要求虽然规定不尽一致，但绝大多数国家仲裁立法都规定

仲裁协议必须用书面形式做成。

在国际商事实践中，常见的仲裁协议有三种。

（一）仲裁协议书

双方当事人可以在争议发生前订立一个与主合同形式上独立的仲裁协议书，但实践中这种协议书往往是争议已经发生后，由双方平等协商、共同签署的将有关争议提交仲裁解决的专门性文件；然而争议发生后，再就现有争议订立仲裁协议书，往往因立场不同于利益冲突，争议双方不易达成一致意见。因此，事后订立仲裁协议书在国际上并不多见。

（二）仲裁条款

它是指双方当事人在签订有关条约或合同时，在该条约或合同中订立的约定将可能发生的争议提交仲裁解决条款。仲裁条款是仲裁协议的一种最常见和最重要形式。各种格式合同甚至国际条约中大都定有仲裁条款。

（三）其他有关书面文件中包含的仲裁协议

此类书面文件通常指双方当事人针对有关合同关系或其他没有签订合同的国际商事关系而相互往来的信函、电传、电报以及其他书面材料。通过这些书面材料交换或接受，双方当事人共同约定将他们之间已经发生或将来可能发生的争议提交仲裁解决。这种类型仲裁协议与前两种仲裁协议的形式差别在于，他们提交仲裁的意思表示不是集中表现于某一合同的有关条款或某一单独协议之中，而是分散在有关当事人双方往来的函件里。

以上三类仲裁协议是根据仲裁协议的表现形式不同而做的区分。此外，还可以就仲裁协议中指定的仲裁方式是临时仲裁还是机构仲裁，将仲裁协议区分为临时仲裁协议和机构仲裁协议。无论如何，各种仲裁协议的法律效力是等同的。

二、国际商事仲裁协议的基本内容

一个有效的仲裁协议一般包括仲裁地点、仲裁机构、仲裁程序规则、仲裁效力和仲裁事项五方面内容。

（一）仲裁地点

仲裁地点的选择至关重要，它对仲裁协议效力乃至整个仲裁有着不可忽视的影响。首先，在当事人没有明确仲裁应以特定规则进行或者当事人在协议中没有拟定仲裁程序时，仲裁地的法律可能适用于仲裁程序。此外，仲裁应遵守仲裁进行国的某些强行性程度规则。

其次，仲裁地法能支配和影响解决争议适用的实体法。当事人一般都就争议所适用的法律做出了选择，但仲裁地法可能根本不允许当事人做出此种选择。如果当事人没有选择解决争议所适用的法律，国际惯例往往会要求仲裁员适用仲裁地的冲突规则确定要适用的实体法或直接就适用仲裁地的实体法律。

最后，仲裁地的选择影响仲裁裁决的承认和执行。仲裁地点在很大程度上决定了仲裁裁决的国度。仲裁地国法在很大程度上决定着裁决的可执行性。

我国仲裁规则规定：当事人对仲裁地有约定的，从其约定。当事人对仲裁地未做约定或约定不明的，以管理案件的仲裁委员会或其分会或仲裁中心所在地为仲裁地；仲裁委员会也可视案件的具体情形确定其他地点为仲裁地。

（二）仲裁机构

在常设仲裁机构进行仲裁是国际商事仲裁中普遍采用的方式。在国际贸易中，近95%的仲裁案件是在常设仲裁机构主持下审理的。提交临时仲裁庭的仲裁案件往往都是争议标的较大，或一方当事人是国家，或当事人不能就仲裁机构达成协议的情况。相比之下，常设机构仲裁的优越性是明显的。仲裁机构受理案件后对仲裁协议的初步审查可以保障仲裁的合法性，一旦出现仲裁协议无拘束力的情况，常设仲裁机构可以终止仲裁程序，减少当事人的无谓支出。仲裁机构在仲裁案件的审理方面都有一系列的补充程序，如帮助当事人指定仲裁员或依据仲裁规则自行指定仲裁员，帮助当事人制订一项有效的仲裁计划，并为申诉请求、反诉请求做好陈述准备，使仲裁得以顺利进行。因此，最好选择常设仲裁机构进行仲裁。

当事人选择某个仲裁机构，如果没有其他规定，仲裁地也就是仲裁机构所在地。所以选择仲裁机构时应考虑到仲裁地选择的诸因素。仲裁机构选择必须明确，不能模棱两可。

案例分析 6-1

广东某公司与香港某公司的合同中订有仲裁条款："凡因执行本合同所发生的或与本合同有关的一切争议，如双方协商解决不成，或者提交中国国际经济贸易仲裁委员会仲裁，或者提交瑞典斯德哥尔摩仲裁院仲裁。"

不难发现，这样的仲裁条款很容易引起争议。后因合同纠纷，广东公司到中国涉外仲裁机构申请仲裁，由于另一方当事人香港公司对此有异议，仲裁机构拒绝受理此案。

（三）仲裁程序规则

仲裁程序规则是指双方当事人和仲裁法庭在仲裁整个过程中应遵循的程序和规则。它包括仲裁申请提出、答辩方式、仲裁员选定、仲裁庭组成、仲裁审理、仲裁裁决的做出以及裁决效力等内容。程序问题往往会影响实体问题，运用不同的仲裁规则会产生不同的仲裁裁决。所以，双方当事人在订立仲裁协议时，应明确约定有关仲裁应适用的仲裁规则，以便当事人和仲裁员在仲裁时有可依循的行为准则，使仲裁程序顺利进行。

一般说来，仲裁条款规定在哪个仲裁机构仲裁，就要按该机构制定的仲裁规则仲裁。但有些仲裁机构允许双方当事人自由选择他们认为合适的仲裁规则，即仲裁机构与仲裁规则可以分开。我国仲裁规则对于规则的适用有以下规定：①当事人约定将争议提交仲裁委员会仲裁的，视为同意按照本规则进行仲裁。②当事人约定将争议提交仲裁委员会仲裁但对本规则有关内容进行变更或约定适用其他仲裁规则的，从其约定，但其约定无法实施或与仲裁程序适用法强制性规定相抵触者除外。当事人约定适用其他仲裁规则的，由仲裁委员会履行相应的管理职责。③当事人约定按照本规则进行仲裁但未约定仲裁机构的，视为同意将争议提交仲裁委员会仲裁。④当事人约定适用仲裁委员会专业仲裁规则的，从其约定，但其争议不属于该专业仲裁规则适用范围的，适用本规则。

如果采用临时仲裁庭进行仲裁，则双方当事人可以选用仲裁举行地国家的仲裁规则或者授权仲裁员选择，也可以从国际性的仲裁规则中任选一种加以修改、补充。

（四）仲裁裁决的效力

仲裁裁决的效力涉及裁决是否具有终局性，对双方当事人有无拘束力，能否再向法院或其他机构提起上诉等问题。

大多数国家的常设仲裁机构程序规则以及国际组织颁布的仲裁规则规定，仲裁裁决具有终局效力，对双方当事人均有法律拘束力，任何一方都不得向法院提出上诉。然而，在仲裁协议中对仲裁裁决的终局性做出明确规定，仍是必要的，这样可避免或减少引起复杂上诉程序的可能性。此外，也有助于在一方当事人不予合作的情况下，使仲裁庭得以组成，并使仲裁庭具有更充分的权力，以便在一方当事人不到庭时进行仲裁，并做出有约束力的仲裁裁决。

（五）提交仲裁的事项

仲裁协议中应写明把何种争议提交仲裁，如写明“因本合同产生的争议，应提交仲裁”，其中的“因本合同所发生的争议”就是提交仲裁的事项。

大多数国家仲裁立法都承认关于将来争议的仲裁协议的有效性，但有一项限制性要求，即该协议不得是一种泛泛而言的协议，必须与协议当事人之间的特定法律关系相关联。同时，一方当事人实际提请仲裁的争议以及仲裁机构受理的争议，都不得超越仲裁协议所规定的仲裁事项。如果超越了该事项，则依各国仲裁法规定，仲裁庭所做出的裁决是无效的，可以申请法院撤销。

另外，仲裁条款写明“因本合同产生的所有争议”字样是必要的。一般认为，唯有如此，仲裁员才不仅可以裁决有关合同履行的争议，也可以裁决关于合同的存在、有效性、违约和终止的争议。

（六）其他内容

上述五项内容是仲裁协议应该具备的基本内容，缺少任何一项都可能会产生各种问题。此外，根据合同特点，双方当事人还可以在仲裁协议中拟定其他内容。如果一方当事人为国家，就应对国家管辖豁免问题做出明确约定。如果涉及外汇及其利息，则最好就货币支付时间、利率做出明确规定。

指定仲裁程序应适用的法律即仲裁实体法、仲裁员的任命方式、仲裁费用的承担、仲裁使用语言也是可以的。但这几项内容并不是一般国际商事仲裁协议必须具备的内容，缺失一二并不影响仲裁协议的有效性。

案例分析 6-2

中国国际经济贸易仲裁委员会根据申诉人中国某公司和被诉人意大利某公司签订的买卖塑料薄膜生产合同的仲裁条款和申诉人的申请，受理了前述合同项下的塑料薄膜生产线质量争议案。被诉人在答辩中指出仲裁条款无效，理由是该仲裁条款没有规定指定仲裁员的方式、仲裁规则和仲裁程序、裁决书的保存及仲裁的形式。

仲裁委员会认为仲裁条款有效，因为在指定仲裁员的方式、仲裁规则等方面在《中国国际经济贸易仲裁委员会仲裁规则》中均已有所规定。申诉人与被诉人在仲裁条款中规定在中国国际经济贸易委员会仲裁，就必须服从该仲裁规则的有关规定。

三、国际商事仲裁协议的法律效力

仲裁协议就其本身性质而言，只不过是争议双方当事人相互约定将其间可能发生的或已经发生的争议提交仲裁解决的意思表示。它之所以具有法律效力，最根本的依据是各国通过国内立法和缔结国际条约赋予仲裁协议以法律效力。根据有关仲裁的国际条约和大多数国家的仲裁立法规定，仲裁协议效力有如下几方面。

（一）对当事人的法律效力

仲裁协议一旦成立，就对当事人直接产生了法律效力，即当事人因此丧失了就特定争议事项向法院提起诉讼的权利，除非双方当事人另外达成协议变更原仲裁协议。如果一方当事人违背了这一义务而就协议规定范围内的事项向法院提起诉讼，另一方当事人有权依据仲裁协议要求法院中止司法程序诉讼。

（二）对仲裁员和仲裁机构的法律效力

有效的仲裁协议是仲裁员或仲裁机构受理争议案件的依据。如无仲裁协议，或者仲裁协议无效，则当事人不得将该争议提交仲裁，仲裁机构也无权受理该项争议。任何一方当事人都可以基于不存在一个有效的仲裁协议的理由对仲裁机构或仲裁员的管辖权提出抗辩。另一方面，仲裁员或仲裁机构的管辖权受到仲裁协议的严格限制：它只能受理仲裁协议规定的争议，只能就当事人按仲裁协议约定所提交的争议进行仲裁审理，并做出裁决。

案例分析 6-3

青岛公司与美国公司签订国际货物销售合同，约定美国公司购买青岛公司生产加工的某钢结构产品，货值 30 万美元。合同约定的仲裁条款为：合同争议应提交中国国际经济贸易仲裁委员会或者美国纽约贸易仲裁委员会仲裁。

后来，双方因履行上述合同发生纠纷，美国公司向中国国际经济贸易仲裁委员会提起仲裁，青岛公司由某律师事务所刘某律师代理，研究了合同条款后，赶在仲裁开庭前，向青岛某法院提起确认仲裁条款无效的诉讼，并及时向中国国际经济贸易仲裁委员会书面通报了这一情况，要求中止仲裁程序，理由是按照最高人民法院《关于适用仲裁法若干问题的解释》中的规定，在合同双方没有就仲裁机构的唯一性达成补充协议的情况下，前述合同中的仲裁条款是无效的。最终法院经审理裁定：确认合同中的仲裁条款无效。随后中国国际经济贸易仲裁委员会也对美国公司的仲裁申请做了撤案处理。

分析：本案是一起颇为典型的涉外商事纠纷中确认仲裁条款或协议效力的特别诉讼类型，对我国进出口企业处理类似涉外争议，提供了非常准确清晰的诉讼路径，具有很强的实用性和针对性。本案合同载明的仲裁条款约定了两个仲裁机构，争议发生后，双方当事人并未就仲裁机构的选择达成补充协议，因此，法院依照上述司法解释第五条“仲裁协议约定两个以上仲裁机构的，当事人可以协议选择其中的一个仲裁机构申请仲裁；当事人不能就仲裁机构选择达成一致的，仲裁协议无效”的规定，确认青岛公司与美国公司所签合同仲裁条款无效，是正确的。

（三）对法院的法律效力

有效的仲裁协议排除了法院的管辖权。如选择了仲裁，即排除了法院管辖。关于仲裁协议可排除法院管辖权的效力为大多数国家所承认。但是亦有少数国家规定：仲裁协议不能完全排除法院对争议案件的管辖权，或者规定当事人对仲裁裁决不服时可向法院提起上诉。但在我国，仲裁裁决被撤销或被拒绝执行时，当事人如不能重新达成仲裁协议，则只能向法院起诉。

仲裁协议对法院的制约力还表现在，对仲裁机构基于有效仲裁协议所做出的有效裁决，法院负有执行职责。这体现了法院对仲裁的支持。

有效的仲裁协议是申请执行仲裁裁决时必须提供的文件。根据联合国关于《承认及执行外国仲裁裁决公约》（即《纽约公约》）的规定，为了使裁决能在另一国得到承认和执行，胜诉的一方应在申请时提交仲裁裁决的正本或正式副本，以及仲裁协议的正本或正式副本。在执行外国仲裁裁决时，仲裁协议是否有效是法院审查的重要内容之一。

第三节 《联合国国际贸易法委员会仲裁规则》

《联合国国际贸易法委员会仲裁规则》（以下简称《贸易法委员会仲裁规则》）于1976年4月28日由联合国国际贸易法委员会通过，同年12月15日联合国第31届大会通过。该仲裁规则广泛适用于临时仲裁、投资仲裁、国家仲裁、商事仲裁等多种纠纷类型的解决，被公认为国际仲裁领域最成功的契约性纠纷解决方式之一。

为适应仲裁实务发展的需要，联合国国际贸易法委员会在2010年6月通过了修订后的《贸易法委员会仲裁规则》，自2010年8月15日起生效，此次修订紧密结合《联合国国际贸易法委员会国际商事仲裁示范法》（以下简称《示范法》）和现代国际仲裁实践，涉及的事项比较广泛，如简化了仲裁协议的形式要件，明确了仲裁中的通知形式和多方当事人下的仲裁庭组庭方式，确立了仲裁的目标，扩大了仲裁第三人加入仲裁庭，完善了仲裁庭采取临时措施的权力范围，规定了仲裁机构及仲裁院的免责，加强了对开庭方式，仲裁费用的控制，设置了仲裁保密性的突破例外，等等。

2013年通过《贸易法委员会投资人与国家间基于条约仲裁透明度规则》之后，在2010年版《贸易法委员会仲裁规则》的基础上新增了第1条第4款。除此之外，在其他所有方面，2013年版《贸易法委员会仲裁规则》与2010年版保持不变。

所以，《贸易法委员会仲裁规则》有三个不同版本：（1）1976年版；（2）2010年版；（3）2013年版。

联合国国际贸易法委员会并未设立常设仲裁机构实施该规则，它是一种示范性规则，供当事人自愿选择适用，尤其是供临时仲裁适用。如果双方当事人自愿采用该规则，即可在其合同中订如下仲裁条款："由于本合同所发生的或与本合同有关的任何争议、争端或请求，或有关本合同的违约、终止或失效，应按照目前有效的《联合国国际贸易法委员会仲裁规则》予以解决。"

2013年版《贸易法委员会仲裁规则》分为四章（第一章绪则、第二章仲裁庭的组成、第三章仲裁程序和第四章裁决），共43条，以下逐条介绍并进行解读。

第一章　绪则

第1条　适用范围

1. 凡各方当事人同意，一项确定的法律关系不论是合同性还是非合同性的，彼此之间与此有关的争议应根据《联合国国际贸易法委员会仲裁规则》提交仲裁的，此类争议均应按照本《规则》进行解决，但须服从各方当事人可能协议对本《规则》做出的修改。

2. 除非各方当事人约定适用本《规则》某一版本，否则应推定双方当事人于2010年8月15日之后订立的仲裁协议适用仲裁程序开始之日现行有效的本《规则》。在2010年8月15日之后通过接受该日之前所做要约而订立仲裁协议的，此推定不适用。

3. 仲裁应按照本《规则》进行，但本《规则》任一条款与仲裁所适用的某项法律规定相抵触，且各方当事人又不得背离该法律规定的，以该法律规定为准。

4. 对于依照为投资或投资人提供保护的条约提起的投资人与国家间的仲裁，本规则包括《贸易法委员会投资人与国家间基于条约仲裁透明度规则》(《透明度规则》)，但以《透明度规则》第1条的规定为限。

【有关解读】

2010年版《规则》第1条第1款删去了1976年版《规则》中的"书面"要求，并将"与合同有关的争议"改为"与一项确定的法律关系有关的争议"。这样对形式要件做宽泛自由的理解，目的在于扩张仲裁协议的有效性，符合当前仲裁发展的趋势；同时，将解决争议的范围扩大至非合同关系如投资条约纠纷等，扩大了《规则》的适用范围。

第2款是新增条款，对新版本的适用进行了说明。由于规则的修改，导致一些案件的仲裁协议在规则修改前订立，而仲裁程序则在规则生效后即2010年8月15日后开始，对于这类案件仲裁规则的适用，该条款体现了两个原则：尊重当事人意愿和法不溯及既往原则。

第4款是2013年版仲裁规则与2010年版相比唯一增加的一个条款，因为2013年通过了《贸易法委员会投资人与国家间基于条约仲裁透明度规则》，通过增加该条款以便对根据2014年4月1日或此后订立的投资条约启动的仲裁纳入《透明度规则》。

第2条　通知和期间计算

1. 通知包括通知书、函件或建议，可通过任何能够提供或容许传输记录的通信手段进行传输。

2. 凡一方当事人已为此目的专门指定某一地址，或者仲裁庭已为此目的同意指定某一地址的，均应按照该地址将任何通知送达该当事人；照此方式递送的，视为收到通知。使用传真或电子邮件等电子方式的，只能将通知递送到按上述方式指定或同意指定的地址。

3. 没有指定地址或没有同意指定地址的：(a) 通知直接交给收件人，即为收到；或者 (b) 通知递送到收件人的营业地、惯常住所或通讯地址，即视为收到。

4. 经合理努力仍无法根据第 2 款或第 3 款递送通知的，用挂号信或以能够提供递送记录或试图递送记录的方式，将通知递送到收件人最后一个为人所知的营业地、惯常住所或通讯地址，即应视为已收到通知。

5. 根据第 2 款、第 3 款或第 4 款送达通知的日期或者根据第 4 款试图递送通知的日期，应视为已收到通知的日期。以电子方式传递通知的，通知发出的日期视为已收到通知的日期，但以电子方式传递的仲裁通知除外，仲裁通知视为已收到的日期，只能是其抵达收件人电子地址的日期。

6. 本《规则》规定的期间，应自收到通知之日的次日起算。期间的最后一天是收件人住所或营业地法定假日或非营业日的，期间顺延至其后第一个营业日。期间持续阶段的法定假日或非营业日应计入期间。

【有关解读】

仲裁实践中，经常会出现当事人之间或仲裁庭对当事人的通知无法递送的情况，而对当事人的通知又直接关系到仲裁裁决的承认和执行问题。随着各种通信手段的广泛使用，委员会认为有必要突破传统的送达方式，因此在第 2 条第 1 款中规定："通知（包括通知书、函件或建议）可以能够提供所传送信息内容的任何通信手段递送"。第 2 款特别提到了电子传真以及电子邮件的通信方式。第 5 款中强调收件人收到通知的日期："通知根据第 2、3、4 款递送的日期，或者根据第 4 款试图递送通知的日期，应视为通知已经收到的日期。以电子手段传送的通知发送日即为收到的日期，除非有相反规定"。可见，修改后的第 2 条对可以采用的通信手段，以及何时可以将通知视为已经收到进行了规范，尤其认可了电子传真和电子邮件这两种最常用的现代通信方式。

第 3 条　仲裁通知

1. 提起仲裁的一方或多方当事人（以下称"申请人"）应给予另一方或多方当事人（以下称"被申请人"）一项仲裁通知。

2. 仲裁程序应视为自被申请人收到仲裁通知之日起开始。

3. 仲裁通知应包括下列各项：

(a) 将争议提交仲裁的要求；

(b) 各方当事人的名称和联系方式；

(c) 指明所援引的仲裁协议；

(d) 指明引起争议的或与争议有关的任何合同或其他法律文书，无此类合同或文书的，简单说明相关关系；

(e) 对仲裁请求做简单说明，涉及金额的，指明其数额；

(f) 寻求的救济或损害赔偿；

(g) 各方当事人事先未就仲裁员人数、仲裁语言和仲裁地达成协议的，提出这方面的建议。

4. 仲裁通知还可包括：

(a) 第 6 条第 1 款中述及的关于指派指定机构的建议；

(b) 第 8 条第 1 款中述及的关于指定一名独任仲裁员的建议；

(c) 第 9 条或第 10 条中述及的指定一名仲裁员的通知书。

5. 任何关于仲裁通知充分性的争议不得妨碍仲裁庭的组成，最终应由仲裁庭解决。

【有关解读】

新规则对第 3 条第 3 款(g)的内容有所补充，除了仲裁员人数之外，如果当事人事先未就仲裁语言和仲裁地达成协议的，仲裁通知中应提出相关建议，以使仲裁程序能及时有效地开始。

第 4 款并不像 1976 年规则那样建议当事人在仲裁通知中纳入申请书，仲裁通知和申请书是彼此独立的文书，申请书可以与仲裁通知一并提交，也可以在仲裁通知之后提交，体现了仲裁程序的灵活性。

第 5 款是新增条款，该款将决定权赋予仲裁庭，扩大了仲裁庭的权力，以便于仲裁程序的顺利进行。

第 4 条　对仲裁通知的答复

1. 被申请人应在收到仲裁通知 30 天内向申请人递送对仲裁通知的答复，其中应包括：

(a) 每一被申请人的名称和联系方式；

(b) 对仲裁通知中根据第 3 条第 3 款(c)项至(g)项所载信息内容的答复。

2. 对仲裁通知的答复还可包括：

(a) 任何关于根据本《规则》组成的仲裁庭缺乏管辖权的抗辩；

(b) 第 6 条第 1 款中述及的关于指派指定机构的建议；

(c) 第 8 条第 1 款中述及的关于指定一名独任仲裁员的建议；

(d) 第 9 条或第 10 条中述及的指定一名仲裁员的通知书；

(e) 提出反请求或为抵消目的提出请求的，对其做简单说明，包括在有关情况下指明所涉金额以及所寻求的救济或损害赔偿；

(f) 被申请人对不是申请人的仲裁协议当事人提出仲裁请求的，第 3 条规定的仲裁通知。

3. 任何关于被申请人未递送对仲裁通知的答复或者关于对仲裁通知的不完整答复或迟延答复的争议，均不得妨碍仲裁庭的组成，最终均应由仲裁庭解决。

【有关解读】

整个第 4 条为新增条款，规定了被申请人对仲裁通知做出答复的时间、内容、效果等，作为与第 3 条的呼应。被申请人在仲裁庭组成以前应有表明其立场的机会，即由其对仲裁通知做出答复，然后再由申请人提交申请书，增加该程序可以使争议引起的主要问题在仲裁程序的初期阶段得以澄清。同时，赋予被申请人对仲裁通知进行答复的权利，也将实现申请人和被申请人之间的适当均衡。

第 5 条　代表和协助

每一方当事人可由其选定的人员出任代表或给予协助。此类人员的姓名和地址必须通知各方当事人和仲裁庭。此种通知必须说明所做指定是为了代表，目的还是为了协助目的。一人担任一方当事人代表的仲裁庭可自行或应任何一方当事人的请求，随时要求按照仲裁庭决定的方式提供关于赋予该代表权限的证据。

【有关解读】

第5条在原来第4条的基础上增加最后一句规定，理由是虽然证明代表权限的方式由仲裁庭决定，但该规定的目的不是剥夺当事人选择代表人的权利，而是向另一方当事人证明代表人的真实性。

第6条　指派和指定机构

1. 除非各方当事人已就选择指定机构达成约定，否则一方当事人可随时提名一个或数个机构或个人包括海牙常设仲裁法院（以下称“常设仲裁院”）秘书长，由其中之一担任指定机构。

2. 在其他各方当事人收到根据第1款的提名后30天内，如果各方当事人未能就选择指定机构达成约定，任何一方当事人均可请求常设仲裁院秘书长指派指定机构。

3. 本《规则》规定一方当事人必须在一期限内将某一事项提交指定机构处理而指定机构尚未约定或指派的，该期限自一方当事人启动对指定机构的约定或指派程序之日起暂停计算，直至达成此种约定或指派之日。

4. 指定机构拒不作为，或者指定机构收到一方当事人请求指定仲裁员的申请后30天内未指定一名仲裁员、在本《规则》规定的其他任何期限内不作为，或者在收到一方当事人要求一名仲裁员回避的申请后的合理时间内未就该申请做出决定的，任何一方当事人均可请求常设仲裁院秘书长指派替代指定机构，但第41条第4款述及的情形除外。

5. 指定机构和常设仲裁院秘书长行使本《规则》对其规定的职责，可要求任何一方当事人和仲裁员向指定机构和常设仲裁院秘书长提供其认为必需的信息，并以其认为适当的方式给予各方当事人以及在可能情况下给予仲裁员陈述意见的机会。与指定机构和常设仲裁院秘书长的所有此种往来函件也应由发件人提供给其他各方当事人。

6. 请求指定机构依照第8条、第9条、第10条或第14条指定一名仲裁员的，提出请求的当事人应向指定机构发送仲裁通知副本，对仲裁通知已做答复的还应发送该答复副本。

7. 指定机构应注意到任何有可能保证指定独立、公正仲裁员的考虑，并应考虑到指定一名与各方当事人国籍不同的仲裁员的可取性。

【有关解读】

2010年版《规则》新增的第6条对1976年版《规则》的第6条和第8条进行了整合和修改，其中体现的原则是，当事人在仲裁期间可以随时指定机构，而不仅仅限于1976年版《规则》中列举的几种情况。该条还试图向《规则》的使用者说明指定机构的重要作用，特别是在非常设机构仲裁的情况下。

第二章　仲裁庭的组成

第7条　仲裁员人数

1. 各方当事人未事先约定仲裁员人数，并且在被申请人收到仲裁通知后30天内各方当事人未就只应指定一名仲裁员达成约定的，应指定三名仲裁员。

2. 虽有第1款规定，一方当事人提出指定独任仲裁员的提议而其他各方当事人未在第1款规定的时限内对此做出答复，并且有关的一方或多方当事人未根据第9条或第10条指定第二名仲裁员的，指定机构可根据第8条第2款规定的程序，经一方当事人请求，指定独任仲裁员,但指定机构须根据案情确定这样做更适当。

【有关解读】

第7条第1款保持了1976年版《规则》的第5条;此外,增加第2款规定了一种纠正机制:当被申请人对申请人指派独任仲裁员的建议未做回应,或者被申请人未指派第二名仲裁员时,如果指派当局根据具体案情判定,由一名独任仲裁员审案更为合适,则指派当局可根据申请人提出的请求,指派一名独任仲裁员。

第8条至第10条　仲裁员的指定

第8条

1. 各方当事人已约定将指定独任仲裁员,而在其他各方当事人收到指定独任仲裁员的建议后30天内各方当事人未就选择独任仲裁员达成约定的,经一方当事人请求,应由指定机构指定独任仲裁员。

2. 指定机构应尽速指定独任仲裁员。在进行指定时除非当事人约定不使用名单法,或指定机构依其裁量权决定该案件不宜使用名单法,否则指定机构应使用下述名单法:

(a) 指定机构应将至少列有三个人名的相同名单分送每一方当事人;

(b) 收到名单后15天内,每一方当事人可删除其反对的一个或数个人名并将名单上剩余的人名按其选择顺序排列之后,将名单送还指定机构;

(c) 上述期限届满后,指定机构应从送还名单上经认可的人名中,按各方当事人所标明的选择顺序指定一人为独任仲裁员;

(d) 由于任何原因,无法按这一程序进行指定的,指定机构可行使其裁量权,指定独任仲裁员。

第9条

1. 指定三名仲裁员的,每一方当事人应各指定一名仲裁员。第三名仲裁员应由已被指定的两名仲裁员选定,担任仲裁员首席仲裁员。

2. 一方当事人收到另一方当事人指定一名仲裁员的通知书后,未在30天内将其所指定的仲裁员通知另一方当事人的,该另一方当事人可请求指定机构指定第二名仲裁员。

3. 指定第二名仲裁员后30天内,两名仲裁员未就首席仲裁员人选达成约定的,应由指定机构按照第8条规定的指定独任仲裁员的方式,指定首席仲裁员。

第10条

1. 为第9条第1款之目的,在须指定三名仲裁员且申请人或被申请人为多方当事人的情况下,除非各方当事人约定采用其他方法指定仲裁员,否则多方当事人应分别作为共同申请人或共同被申请人,各指定一名仲裁员。

2. 各方当事人约定组成仲裁庭的仲裁员人数不是一名或三名的,应按照各方当事人约定的方法指定仲裁员。

3. 未能根据本《规则》组成仲裁庭的,经任何一方当事人请求,指定机构应组成仲裁庭,并可为此撤销任何已做出的指定,然后指定或重新指定每一名仲裁员,并指定其中一人担任首席仲裁员。

【有关解读】

1976年版《规则》中没有规定多方当事人指定仲裁员的问题,2010年版《规则》新增的

第 10 条第 1 款对此做出了明确规定。第 3 款规定的原因：当事人无论是一方还是多方，其指定仲裁员的权利都应得到尊重，包括撤销未依正当程序指定的仲裁员的权利。

第 11 条至 13 条　仲裁员披露情况和回避

第 11 条

可能被指定为仲裁员的人，应在与此指定有关的洽谈中披露可能对其公正性和独立性产生有正当理由怀疑的任何情况。仲裁员应自其被指定之时起，并在整个仲裁程序期间，毫无延迟地向各方当事人以及其他仲裁员披露任何此种情况，除非此种情况已由其告知各方当事人。

第 12 条

1. 如果存在可能对任何仲裁员的公正性或独立性产生有正当理由怀疑的情况，均可要求该仲裁员回避。

2. 一方当事人只能根据其指定仲裁员之后才得知的理由，对其所指定的仲裁员要求回避。

3. 仲裁员不作为，或者仲裁员因法律上或事实上的原因无法履行其职责的，应适用第 13 条中规定的程序申请仲裁员回避。

第 13 条

1. 一方当事人意图对一名仲裁员提出回避，应在被要求回避的仲裁员的任命通知书发给该当事人后 15 天内，或在该当事人得知第 11 条和第 12 条所提及的情况后 15 天内，发出其回避通知。

2. 回避通知应发给其他所有当事人、被要求回避的仲裁员以及其他仲裁员。回避通知应说明提出回避的理由。

3. 一方当事人对一名仲裁员提出回避，其他所有当事人可以附议。该仲裁员也可在回避提出后辞职。无论是其中哪一种情况，均不表示提出回避的理由成立。

4. 自回避通知发出之日起 15 天内，如果其他当事人不同意该回避，或者被要求回避的仲裁员不辞职，提出回避的当事人可以坚持要求回避。在这种情况下，该当事人应自回避通知发出之日起 30 天内，请求指定机构就回避申请做出决定。

【有关解读】

第 11 条对应原来的第 9 条，是对仲裁员披露义务的规定。

第 12 条对应原来的第 10 条，说明当事人有要求仲裁员回避的权利。

第 13 条第 2 款中删除了对异议通知的书面要求；考虑到在多方当事人的仲裁中，当事一方对一名仲裁员提出异议需要得到所有当事方的同意，第 3 款第一句将“另一方当事人(the other party)”改为“其他当事人(all parties)”；第 4 款是新增条款，对当事人在指定机构之前采取行动的期限做了规定。

第 14 条　替换仲裁员

1. 在不违反第 2 款的情况下，如果仲裁程序进行期间有必要替换仲裁员，应适用第 8 条至第 11 条规定的指定或选定被替换仲裁员的程序，指定或选定一名替代仲裁员。在指定拟被替换仲裁员的过程中，即使一方当事人未行使其指定或参与指定的权利，该程序仍应适用。

2. 经一方当事人请求，如果指定机构确定，鉴于案情特殊，有理由取消一方当事人指定替代仲裁员的权利，在给予各方当事人和其余仲裁员发表意见的机会之后，指定机构可以：(a)指定替代仲裁员；或(b)在审理终结后，授权其他仲裁员继续进行仲裁并做出决定或裁决。

【有关解读】

第14条第1款确立了替换仲裁员的一般原则，只要"有必要替换仲裁员"即可，而不需考虑此种替换是何种原因。第2款针对的是当事人在特殊情况下被取消指派替代仲裁员的权利的情形。这两款赋予了指派当局广泛的酌定权，由其决定是否更换仲裁员。但是由于这两款的后果都是剥夺当事人指定仲裁员的根本权利，因此需要慎重。

第15条　在替换仲裁员的情况下继续进行审理

如果一名仲裁员被替换，应从被替换的仲裁员停止履行职责时所处的阶段继续进行程序，除非仲裁庭另有决定。

【有关解读】

第15条删除了对"独任仲裁员或首席仲裁员"被替换情况的单独说明，统一说明替换"仲裁员"的情况，并且对重新进行庭审程序的要求也放宽了很多，规定原则上应继续进行仲裁程序，另有规定时才重新进行，在兼顾程序公正的同时，更体现了对仲裁效率的追求。

第16条　免责

除蓄意不当行为外，在适用法律允许的最大限度内各方当事人放弃以与本仲裁有关的作为或不作为为由，向仲裁员、指定机构以及仲裁庭指定的任何人提出任何索赔。

【有关解读】

第16条是新增条款，规定除蓄意不当行为外，原则上仲裁员、指定机构、常设仲裁院秘书长以及仲裁庭指定的任何人对其与仲裁有关的作为或不作为均可以免责。仲裁员虽然行使的是准司法职责，却不能享有法官的豁免和特权或者与某些专业人员的保险机制相类似的任何保护，这样不利于其权力的正当行使。在《规则》中载列免除仲裁员责任的条文的目的是增强仲裁员的独立性及其不受约束地按照程序专注处理案件的能力。

第三章　仲裁程序

第17条　通则

1. 在不违反本《规则》的情况下，仲裁庭可以其认为适当的方式进行仲裁，但须平等对待各方当事人，并在仲裁程序适当阶段给予每一方当事人陈述案情的合理机会。仲裁庭行使裁量权时，程序的进行应避免不必要延迟和费用，并为解决当事人争议提供公平有效的程序。

2. 仲裁庭一经组成，在请各方当事人发表意见后，仲裁庭即应根据实际情况尽快确定仲裁临时时间表。任何期间，不论是本《规则》规定的还是当事人约定的，仲裁庭均可在请各方当事人发表意见后随时予以延长或缩短。

3. 如有任何一方当事人在仲裁程序的适当阶段请求开庭审理，仲裁庭应开庭审理，由证人包括专家证人出示证据或进行口头辩论。未提出此种请求的，仲裁庭应决定是进行开庭审理，还是根据书面文件和其他资料进行程序。

4. 一方当事人应将其提交仲裁庭的所有函件发送其他各方当事人。除仲裁庭可以根据适用法另外允许的情形外，所有此类函件应同时发送。

5. 仲裁庭可根据任何一方当事人的请求，允许将一个或多个第三人作为一方当事人并入仲裁程序，前提是此种人是仲裁协议的一方当事人，除非仲裁庭在给予各方当事人，包括拟被并入仲裁程序的一人或多人陈述意见的机会后认定，由于并入仲裁程序会对其中任何一方当事人造成损害而不应准许此种并入。对于仲裁程序如此涉及的所有当事人，仲裁庭可做出单项裁决，也可做出若干项裁决。

【有关解读】

第 17 条第 1 款最后一句话是新增的，此款借鉴了 1996 年《英国仲裁法》，指明了仲裁所追求的价值。

第 2 款是新增条款，赋予仲裁庭掌握仲裁程序进程的权力，即可以视情况延长或缩短某些期限，即便是当事人约定的期限，仲裁庭也只是在做出决定前应给予其表达意见的机会，而不是必须遵从。

第 5 款是新增条款，涉及处理仲裁第三人的问题，即仲裁庭可根据任何一方仲裁协议当事人的请求，允许将一个或多个第三人作为一方当事人并入仲裁程序。该款对于解决相同当事方因关联合同而产生的系列纠纷比较有利，可以避免当事人出于策略上的考虑将某些纠纷单独提起仲裁。合并仲裁还可以促进纠纷的高效解决，以及避免同类仲裁裁决结果的不一致。

第 18 条　仲裁地

1. 各方当事人未事先约定仲裁地的，仲裁庭应根据案情确定仲裁地。裁决应视为在仲裁地做出。

2. 仲裁庭可在其认为适当的任何地点进行合议。除非各方当事人另有约定，仲裁庭还可在其认为适当的任何地点为其他任何目的举行会议，包括进行开庭审理。

【有关解读】

关于仲裁地点，由原来的四款合并为现在的两款。

第 19 条　语言

1. 在不违反各方当事人约定的情况下，仲裁庭应在其被指定后迅速确定仲裁程序中所使用的一种或数种语言。此决定应适用于仲裁申请书、答辩书和任何进一步书面陈述；进行开庭审理的，亦适用于开庭审理中将使用的一种或数种语言。

2. 仲裁庭可下达指令，任何附于仲裁申请书或答辩书的文件，以及任何在仲裁程序进行过程中提交的补充文件或物证，凡是用其原语文提交的均应附具各方当事人所约定的或仲裁庭所确定的一种或数种语言的译文。

【有关解读】

第 19 条关于使用语言的规定未做修改。

第 20 条　仲裁申请书

1. 申请人应在仲裁庭确定的期间内，以书面形式将仲裁申请书传递给被申请人和每一名仲裁员。申请人可选择将第 3 条述及的仲裁通知当作仲裁申请书对待，只要该仲裁通知同样符合本条第 2 款至第 4 款的要求。

2. 申请书应包括以下各项：

(a) 各方当事人名称和联系方式；

(b) 支持本仲裁请求的事实陈述；

(c) 争议点；

(d) 寻求的救济或损害赔偿；

(e) 支持本仲裁请求的法律依据或观点。

3. 引起争议或与争议有关的任何合同或其他法律文书副本，以及仲裁协议副本，应附于申请书之后。

4. 申请书应尽可能附具申请人所依据的所有文件和其他证据，或注明这些文件和证据的来源出处。

【有关解读】

第 20 条关于仲裁申请书的规定基本未做修改。

第 21 条　答辩书

1. 被申请人应在仲裁庭确定的期间内，以书面形式将答辩书传递给申请人和每一名仲裁员。被申请人可选择将其对第 4 条述及的仲裁通知的答复当作答辩书对待，只要对该仲裁通知的答复同样符合本条第 2 款的要求。

2. 答辩书应对仲裁申请书中(b)项至(e)项(第 20 条第 2 款规定)的特定内容做出答复。答辩书应尽可能附具被申请人所依据的所有文件和其他证据，或注明这些文件和证据的来源出处。

3. 被申请人可在其答辩书中提出反请求或基于一项仲裁请求而提出抵消要求，仲裁庭根据情况决定延迟是正当的，被申请人还可在仲裁程序的稍后阶段提出反请求或基于一项仲裁请求而提出抵消要求，只要仲裁庭对此拥有管辖权。

4. 第 20 条第 2 款至第 4 款的规定应适用于反请求、根据第 4 条第 2 款(f)项提出的仲裁请求，以及为抵消目的而提出的请求。

【有关解读】

第 21 条第 3 款不再要求被申请人提出的反请求或抵消必须由同一合同所引起，只要仲裁庭拥有管辖权即可。仲裁庭考虑反申请或抵消的权限在某些条件下应扩展至超出引起主要申请的合同的范围并适用于更多的情形，因此删除“由同一合同所引起”的限制，这与第 1 条相呼应，也便于第 17 条第 5 款合并仲裁的顺利进行。

第 22 条　对仲裁请求或答辩的变更

在仲裁程序进行过程中，当事人可更改或补充其仲裁请求或答辩，包括更改或补充反请求或为抵消目的而提出的请求，除非仲裁庭考虑到所提出的更改或补充过迟或对其他当事人造成损害，或者考虑到其他任何情况而认为不宜允许此种更改或补充。但是对仲裁请求或答辩提出更改或补充，包括对反请求或为抵消目的而提出的请求提出更改或补充，不得使更改后或补充后的仲裁请求或答辩超出仲裁庭的管辖权。

【有关解读】

第 22 条的规定基本同于原来的规定，只不过对于仲裁请求或答辩的变更，包括了“对反请求或为抵消目的而提出的请求提出更改或补充”。

第 23 条　对仲裁庭管辖权的抗辩

1. 仲裁庭有权力对其自身管辖权做出裁定，包括对与仲裁协议的存在或效力有关的任何异议做出裁定。为此目的，构成合同一部分的仲裁条款，应视为独立于合同中其他条款的一项协议。仲裁庭做出合同无效的裁定，不应自动造成仲裁条款无效。

2. 对仲裁庭无管辖权的抗辩，至迟应在答辩书中提出，涉及反请求或为抵消目的而提出的请求的，至迟应在对反请求或对为抵消目的而提出的请求的答复中提出。一方当事人已指定或参与指定一名仲裁员，不妨碍其提出此种抗辩。对仲裁庭超出其职权范围的抗辩，应在所指称的超出仲裁庭职权范围的事项在仲裁程序期间出现后尽快提出。仲裁庭认为延迟是正当的，可在上述任一情形中准许延迟提出抗辩。

3. 对于第 2 款述及的抗辩，仲裁庭既可作为先决问题做出裁定，也可在实体裁决书中做出裁定。即使法院审理对其仲裁庭管辖权的任何异议待决，仲裁庭仍可继续进行仲裁程序并做出仲裁裁决。

【有关解读】

第 23 条第 2 款中增加一句“一方当事人已指定或参与指定一名仲裁员……仲裁庭认为延迟是正当的，可在上述任一情形中准许延迟提出抗辩”。

第 24 条　进一步书面陈述

仲裁庭应决定，除仲裁申请书和答辩书之外，还应要求各方当事人提交何种进一步书面陈述，或者各方当事人可提交何种进一步书面陈述，并应确定传递这些书面陈述的期间。

第 25 条　期间

仲裁庭确定的传递书面陈述（包括仲裁申请书和答辩书）的期间不得超过 45 天。但是，仲裁庭认为延长期间正当的，可以延长该期间。

【有关解读】

第 24 条和第 25 条的规定与原有规定相同。

第 26 条　临时措施

1. 经一方当事人请求，仲裁庭可准予临时措施。

2. 临时措施是仲裁庭在下达决定争议的终局裁决之前的任何时候下令一方当事人采取的任何临时性措施，比如且不限于：

(a) 争议未决之前维持或恢复现状；

(b) 采取行动防止，或者避免采取行动造成：(i) 当前或即将发生的损害，或(ii) 对仲裁过程本身的妨碍；

(c) 为其后使用资产执行仲裁裁决提供一种资产保全手段；

(d) 保全与解决争议可能有关的实质性证据。

3. 当事人请求采取根据第 2 款(a)项至(c)项采取临时措施，应使仲裁庭确信：

(a) 如果不下令采取此种措施，所造成的损害可能无法通过损害赔偿裁决加以充分补偿，而且此种损害大大超出如果准予采取此种措施可能给该措施所针对的一方当事人造成的损害；

(b) 请求方当事人有在仲裁请求实体上获胜的合理可能性。对此种可能性的判定，不得影响仲裁庭以后做出任何裁定的裁量权。

4. 对于根据第 2 款(d)项请求采取的临时措施,第 3 款(a)项和(b)项的要求只应在仲裁庭认为适当的范围内适用。

5. 经任何一方当事人申请,仲裁庭可修改、中止或终结其准予的临时措施,或者在特殊情况下经事先通知各方当事人,仲裁庭可自行主动修改、中止或终结其准予的临时措施。

6. 一方当事人提出临时措施请求,仲裁庭可要求其为该措施提供适当担保。

7. 请求或准予临时措施所依据的情况发生任何重大变化的,仲裁庭可要求任何一方当事人迅速披露此种情况。

8. 如果仲裁庭事后确定,在当时的情况下本不应准予临时措施,则提出临时措施请求的一方当事人可能须对此种措施给任何当事人造成的任何费用和损失承担赔偿责任。仲裁庭可在程序进行期间随时就此种费用和损失做出裁决。

9. 任何一方当事人向司法当局提出临时措施请求不得视为与仲裁协议不符,或视为放弃仲裁协议。

【有关解读】

第 26 条参照《示范法》关于临时措施的规定,在原来的基础上对临时措施进行了详细的补充,内容多达 9 款,包括仲裁庭准予临时措施的权力、可能采取的临时措施、采取措施应满足的条件、仲裁庭变更临时措施的权力、担保的提供、情况变化的披露、不必要临时措施造成损失的赔偿、向司法当局请求临时措施的效力等,其意在向仲裁员和各方当事人提供必要的指导和法律确定性。

第 27 条　证据

1. 每一方当事人应对其仲裁请求或答辩所依据的事实负举证责任。

2. 当事人提出的就任何事实问题或专业问题向仲裁庭作证的证人,包括专家证人,可以是任何个人,无论其是否为仲裁的一方当事人或是否与一方当事人有任何关系。除非仲裁庭另有指示,证人的陈述包括专家证人的陈述,可以书面形式呈递,并由其本人签署。

3. 在仲裁程序进行期间的任何时候,仲裁庭均可要求各方当事人在应由仲裁庭决定的期限内出示文件、证物或其他证据。

4. 仲裁庭应就所出示证据的可采性、关联性、实质性和重要性做出决定。

【有关解读】

第 27 条第 2 款增加了关于证人的规定。

第 28 条　开庭审理

1. 进行开庭审理的,仲裁庭应将开庭日期、时间和地点充分提前通知各方当事人。

2. 对证人包括对专家证人的听讯,可按照仲裁庭确定的条件和方式进行。

3. 各方当事人未另外约定的,审理不公开进行。仲裁庭可在任何证人包括专家证人作证时,要求其他证人包括其他专家证人退庭,但证人包括专家证人为仲裁一方当事人的,原则上不应要求其退庭。

4. 对证人包括对专家证人的讯问,仲裁庭可指示采用电信方式(例如视频会议)进行,不要求其亲自到庭。

【有关解读】

1976年版《规则》的第25条第2款（倘需要证人作证，当事人各方至少应在开庭15天前将其要邀请出庭的证人姓名和地址以及该证人提供证词所涉及的问题和使用的文字通知仲裁庭及他方当事人）和第3款（如仲裁庭根据案情认为有必要，或当事人双方就此已达成协议，并至少于开庭15天前已将该协议通知仲裁庭，仲裁庭应就开庭时口头陈述的翻译及庭审记录做出安排）的规定过于详细，使规则过于累赘，削弱其灵活性，较好的办法是规定一个总的框架，让仲裁庭有自由裁量权，根据案件的具体情形以适当的方式组织开庭。因此，2010年版《规则》第28条删除了这两款规定。

第3款对于退庭的证人范围，在原有规定基础上，增加一条规定"但证人包括专家证人身为仲裁一方当事人的，原则上不应要求其退庭"。

第4款是新增条款，规定对证人包括对专家证人的讯问，仲裁庭可指示采用不要求其亲自到庭的电信方式（例如视频会议）。

第29条　仲裁庭指定的专家

1. 经与各方当事人协商后，仲裁庭可指定独立专家一人或数人以书面形式就仲裁庭需决定的特定问题向仲裁庭提出报告。仲裁庭确定的专家职责范围应分送各方当事人。

2. 原则上，专家应在接受任命之前向仲裁庭和各方当事人提交一份本人资质说明以及本人公正性和独立性声明。各方当事人应在仲裁庭规定的时间内，向仲裁庭说明其对专家资质、公正性或独立性是否持有任何反对意见。仲裁庭应迅速决定是否接受任何此种反对意见。专家任命之后，一方当事人对专家的资质公正性或独立性提出反对意见，只能依据该当事人在专家任命做出之后才意识到的原因。仲裁庭应迅速决定将采取何种可能的行动。

3. 各方当事人应向专家提供任何有关资料，或出示专家可能要求其出示的任何有关文件或物件供专家检查。一方当事人与专家之间关于提供所要求的资料和出示文件或物件的必要性的任何争议，应交由仲裁庭决定。

4. 仲裁庭应在收到专家报告时将报告副本分送各方当事人，并应给予各方当事人以书面形式提出其对该报告的意见的机会。当事人应有权查阅专家在其报告中引以为据的任何文件。

5. 专家报告提交后，经任何一方当事人请求，专家可在开庭时听询，各方当事人应有机会出庭并质询专家。任何一方当事人均可在此次开庭时委派专家证人出庭，就争议点作证。本程序应适用第28条的规定。

【有关解读】

第29条的标题由"专家"改为"仲裁庭指定的专家"，澄清了本条的侧重点。第2款为新增，参照了《律师协会规则》第6条，认为专家相对于各方当事人和仲裁庭应当具有公正性和独立性；并且必须在"接受任命之前"提交独立性和公正性声明，否则不允许仲裁庭任命专家。但是为了增加一定程度的灵活性，加上了"原则上"一词，以表明该程序也有例外情况。

第30条　缺席审理

1. 在本《规则》或仲裁庭确定的期间内：

(a) 申请人未递交仲裁申请书，不表明充分理由的，仲裁庭应下令终止仲裁程序，除非尚有未决事项可能需做出决定，且仲裁庭认为就未决事项做出决定是适当的。

（b）被申请人未递交对仲裁通知的答复或答辩书，不表明充分理由的，仲裁庭应下令继续进行仲裁程序，不递交答复或答辩书之事本身不应视为承认申请人的主张；申请人未就反请求或为抵消目的提出的请求提交答辩书的，也适用本项规定。

2. 一方当事人经根据本《规则》适当通知后仍未出庭，不就此表明充分理由的，仲裁庭可继续进行仲裁程序。

3. 一方当事人经仲裁庭适当请求仍未在规定期限内出示文件、证物或其他证据，不就此表明充分理由的仲裁庭可依据已提交给仲裁庭的证据做出裁决。

第 31 条　开庭终结

1. 仲裁庭可询问各方当事人是否有任何进一步证据要提出、是否有其他证人要听讯或者是否有其他材料要提交，没有的，仲裁庭即可宣布开庭终结。

2. 仲裁庭认为因特殊情形有必要的，可自行决定或经一方当事人申请后决定，在做出裁决之前的任何时候重新进行开庭审理。

【有关解读】

第 30 条和第 31 条的规定未做修改。

第 32 条　放弃异议权

任何一方当事人未能迅速对不遵守本《规则》或仲裁协议任何要求的任何情形提出异议，应视为该当事人放弃提出此种异议的权利，除非该当事人能够证明，其在当时情况下未提出异议有正当理由。

【有关解读】

第 32 条的标题由“规则的放弃”改为“放弃异议权”，与《示范法》第 4 条保持一致，也更明确地反映了本条的内容。另外，增加“除非该当事人能够证明……”这一句规定，这样就为被判放弃反对权的当事人提供了获得救济的机会。

第四章　裁决

第 33 条　决定

1. 仲裁员不止一名的，仲裁庭的任何裁决或其他决定均应以仲裁员的多数做出。

2. 出现程序问题时，达不到多数的，或者经仲裁庭授权，首席仲裁员可单独做出决定，但仲裁庭可做出任何必要修订。

【有关解读】

第 33 条的规定未做修改。

第 34 条　裁决的形式和效力

1. 仲裁庭可在不同时间对不同问题分别做出裁决。

2. 所有仲裁裁决均应以书面形式做出，仲裁裁决是终局的，对各方当事人均具有拘束力。各方当事人应毫不延迟地履行所有仲裁裁决。

3. 仲裁庭应说明裁决所依据的理由，除非各方当事人约定无须说明理由。

4. 裁决书应由仲裁员签名，并应载明做出裁决的日期和指明仲裁地。仲裁员不止一名而其中有任何一名仲裁员未签名的，裁决书应说明未签名的理由。

5. 裁决可经各方当事人同意之后予以公布，为了保护或实施一项法定权利，或者涉及法院或其他主管机关法律程序的，也可在法定义务要求一方当事人披露的情况下和限度内予以公布。

6. 仲裁庭应将经仲裁员签名的裁决书发送各方当事人。

【有关解读】

第34条的规定基本类似于原有规定，不同的是第5款关于裁决的公布，除了原有经当事人同意的条件外，增加了其他三种公布裁决的条件，其用意是允许为合法目的向特定的公众披露裁决。

第35条　适用法律，友好和解人

1. 仲裁庭应适用各方当事人指定适用于实体争议的法律规则。各方当事人未做此项指定的，仲裁庭应适用其认为适当的法律。

2. 只有在各方当事人明确授权仲裁庭的情况下，仲裁庭才应作为友好和解人或按照公平合理原则做出裁决。

3. 所有案件中，仲裁庭均应按照所订立的合同条款做出裁决，并应考虑到适用于有关交易的任何商业惯例。

【有关解读】

第35条第1款删掉了仲裁庭根据法律冲突规则选择适用法律的规定（“当事人未有约定时，仲裁庭应按照其认为可适用的冲突法规则决定应适用的法律”），改为“仲裁庭应适用其认为适当的法律”。这样仲裁庭在决定适用的法律方面享有了更广泛的自由裁量权。

第36条　和解或其他终止程序的理由

1. 裁决做出之前，各方当事人就争议达成和解协议的，仲裁庭应下令终止仲裁程序，或者经各方当事人请求并经仲裁庭接受，应记录此项和解协议并按照和解协议条款做出仲裁裁决。仲裁庭无须对此项裁决说明理由。

2. 裁决做出之前，仲裁程序不是由于第1款提及的原因而不必继续或不可能继续的，仲裁庭应将其下达程序终止令的意图通知各方当事人。仲裁庭有权力下达此项命令，除非尚有未决事项可能需做出决定，且仲裁庭认为就未决事项做出决定是适当的。

3. 仲裁程序终止令或按照和解协议条款做出的仲裁裁决书，经仲裁员签名后，应由仲裁庭发送各方当事人。按照和解协议条款做出仲裁裁决书的，应适用第34条第2款、第4款和第5款的规定。

第37条　裁决书的解释

1. 一方当事人可在收到裁决书后30天内，在通知其他各方当事人后，请求仲裁庭对裁决书做出解释。

2. 裁决书解释应在收到请求后45天内以书面形式做出。裁决书解释应构成裁决书的一部分，并应适用第34条第2款至第6款的规定。

【有关解读】

第36条和37条的解释与原有规定相同。

第38条　裁决书的更正

1. 一方当事人可在收到裁决书后30天内，在通知其他各方当事人后，请求仲裁庭更正裁决书中的任何计算错误、任何笔误或排印错误，或任何类似性质的错误或遗漏。仲裁庭认为此项请求有正当理由的，应在收到请求后 45 天内做出更正。

2. 仲裁庭可在发送裁决书后 30 天内，自行主动做出此种更正。

3. 此种更正应以书面形式做出，并应构成裁决书的一部分，应适用第 34 条第 2 款至第 6 款的规定。

【有关解读】

第 38 条新增了仲裁庭被要求改正裁决书的期限："仲裁庭认为此项请求有正当理由的，应在收到请求后 45 天内做出更正"，该规定防止仲裁庭无故拖沓时间，便于将仲裁裁决快速付诸执行。

第 39 条　补充裁决

1. 一方当事人可在收到终止令或裁决书后 30 天内在通知其他各方当事人后，请求仲裁庭就仲裁程序中提出而仲裁庭未做决定的请求做出裁决或补充裁决。

2. 仲裁庭认为裁决或补充裁决请求有正当理由的，应在收到请求后 60 天内做出裁决或补充完成裁决。如有必要，仲裁庭可延长其做出裁决的期限。

3. 做出此种裁决或补充裁决时，应适用第 34 条第 2 款至第 6 款的规定

【有关解读】

第 39 条的规定未做修改。

第 40 条　费用定义

1. 仲裁庭应在最终裁决书中并在其认为适当的其他任何决定中确定仲裁费用。

2. "费用"一词仅包括：

(a) 按每一仲裁员分别开列并由仲裁庭根据第 41 条自行确定的仲裁庭收费；

(b) 仲裁员所花费的合理旅费和其他开支；

(c) 仲裁庭征询专家意见的合理费用和所需其他协助的合理费用；

(d) 证人的合理旅费和其他开支，以仲裁庭核准的开支额度为限；

(e) 各方当事人与仲裁有关的法律费用和其他费用，以仲裁庭确定的此种费用的合理数额为限；

(f) 指定机构的任何收费和开支，以及常设仲裁院秘书长的收费和开支。

3. 对于第 37 条至第 39 条述及的任何裁决书的解释更正或补充完成，仲裁庭可收取第 2 款(b)项至(f)项述及的费用，但不得额外收费。

【有关解读】

第 40 条第 1 款新增了仲裁费用的确定原则："仲裁庭应在终局裁决书中并在其认为适当的其他任何裁定中确定仲裁费用。"

调整第 2 款：对(b)—(d)项中仲裁员的旅费、仲裁庭征询专家意见的费用、证人的旅费等都加上"合理"的限制，且"以仲裁庭核准的费用为限"。

新增第 3 款：对于第 37 条至第 39 条下任何仲裁书的解释、更正或补充完成，仲裁庭可收取第 2 款(b)项至(f)项述及的费用，但不得额外收取其他费用。

第 41 条　仲裁员的收费和开支

1. 仲裁员的收费和开支数额应合理，需考虑到争议金额、案件复杂程度、仲裁员花费的时间以及案件的其他任何有关情况。

2. 有指定机构，且该指定机构对确定国际案件仲裁员收费适用或已声明将适用某一收费表或特定方法的仲裁庭确定其收费时，应在仲裁庭认为适合案件情况的额度内，考虑到该收费表或方法。

3. 仲裁庭组成后，仲裁庭应将其如何确定收费和开支的提议，包括仲裁庭打算适用的任何费率，迅速通知各方当事人。收到该提议后 15 天内，任何一方当事人均可将该提议提请指定机构审查。收到审查请求后 45 天内，如果指定机构认为仲裁庭的提议与第 1 款不一致，指定机构应对该提议做出任何必要调整，该调整对仲裁庭具有约束力。

4. (a) 向各方当事人通知根据第 40 条第 2 款(a)项和(b)项确定的仲裁员收费和开支时，仲裁庭还应解释相应金额的计算方式。

(b) 收到仲裁庭收费和开支确定方法后 15 天内任何一方当事人均可将此种确定方法提请指定机构审查。未约定或未指派指定机构的或者指定机构在本《规则》列明的期限内不作为的，应由常设仲裁院秘书长审查。

(c) 如果指定机构或常设仲裁院秘书长认为仲裁庭确定的费用和开支与仲裁庭根据第 3 款提议的费用和开支(及其任何调整)不一致，或者明显过高，指定机构或常设仲裁院秘书长应在收到审查请求后 45 天内，对仲裁庭的确定方法做出任何必要调整，使之符合第 1 款的标准。任何此种调整对仲裁庭具有约束力。

(d) 仲裁庭应将任何此种调整写入裁决书，裁决书已下达的，应适用第 38 条第 3 款规定的程序对裁决书做出更正，完成此种调整。

5. 在根据第 3 款或第 4 款进行的整个程序中，仲裁庭应根据第 17 条第 1 款继续进行仲裁程序。

6. 根据第 4 款提请的审查，不得影响裁决书中除仲裁庭收费和开支之外的其他任何事项的裁决，也不得延迟除收费和开支的确定之外裁决书中所有部分的承认和执行。

【有关解读】

第 41 条的原则是，为从一开始确定仲裁庭收费和开支提供一个更透明的程序，以保证收费的合理性。根据第 3 款，仲裁庭组成后，各方当事人有可能在仲裁程序一开始就请求确定仲裁庭的收费或开支提议是否符合第 1 款规定的合理要求，如果指定机构未在 45 天期限内答复当事人，当事人可以认为这构成了不作为。根据第 4 款，到了程序的较晚阶段，当仲裁庭将其收费和开支及确定方式告知各方当事人时，任何一方当事人都可以提请指定机构审查此种计费方法。如果程序到了这个阶段还没有约定或指派任何指定机构，或者此种指定机构未能、拒绝或无法履行其职责，则此事将交给常设仲裁院秘书长裁决。

第 42 条　费用分担

1. 仲裁费用原则上应由败诉一方或败诉各方负担。但是，仲裁庭考虑到案件具体情况，认为分摊费用合理的，仲裁庭可裁决在当事人之间分摊每一项此种费用。

2. 仲裁庭应在最终裁决书中，或者在其认为适当的其他任何裁决中，裁决一方当事人须根据费用分摊决定向另一方当事人支付的任何数额。

【有关解读】

第 42 条第 1 款将原来第 40 条第 1、2 款进行了合并，将法律代表和法律协助费用一并归入仲裁费用，以适用同样的分配原则。

删除了1976年《规则》中第40条的第4款（"仲裁庭依第35条至第37条的规定对裁决做出解释、更正或补充时，不得再行收费"），因为该款有一个默示前提，即仲裁员改正或补充其裁决是因为其本人的过失所致，因此不应收取额外费用。但是该前提过于严苛，没有考虑到仲裁员在处理改正或补充裁决的无理请求上所做的合理工作。

第43条　费用交存

1. 仲裁庭可在其成立时要求各方当事人交存相等数额款项，以此作为第40条第2款(a)项至(c)项述及费用的预付金。

2. 仲裁程序进行期间，仲裁庭可要求各方当事人交存补充费用预付金。

3. 已约定或指派指定机构的，在一方当事人请求且指定机构也同意履行职责时，仲裁庭应同指定机构协商后方能确定任何交存款或补充交存款的数额，指定机构可就此项交存款或补充交存款的数额向仲裁庭提出其认为适当的任何意见。

4. 要求交存的款项未在接到付款要求后30天内缴齐的，仲裁庭应将此事通知各方当事人，以便一方或多方当事人可缴付要求交付的款项。不缴付此款项的，仲裁庭可下令暂停或终止仲裁程序。

5. 仲裁庭应在下达终止令或做出最终裁决后，将所收缴存款账单送交各方当事人，并将任何未用余额退还各方当事人。

【有关解读】

第43条关于预付金的交存规定基本未做修改。

总之，《联合国国际贸易法仲裁委员会仲裁规则》的修改借鉴了一些国际现行规则和实践经验，赋予了仲裁庭更广泛的自由裁量权，体现了对提高仲裁效率和仲裁灵活性的追求。

第四节　中国的仲裁机构及其仲裁规则

一、中国国际经济贸易仲裁委员会及其仲裁规则

（一）中国国际经济贸易仲裁委员会简介

1. 机构设置情况

中国国际经济贸易仲裁委员会（China International Economic and Trade Arbitration Commission，CIETAC）是以仲裁的方式，独立、公正地解决契约性或非契约性的经济贸易等争议的常设商事仲裁机构，是中国国际贸易促进委员会根据中央人民政府政务院1954年5月6日的决定，于1956年4月设立的，当时名称为"对外贸易仲裁委员会"。对外开放以后，为适应国际经济贸易关系不断发展的需要，对外贸易仲裁委员会于1980年改名为"对外经济贸易仲裁委员会"，又于1988年改名为"中国国际经济贸易仲裁委员会"（简称"贸仲委"），自2000年10月1日起同时启用"中国国际商会仲裁院"名称。

中国国际经济贸易仲裁委员会的总会设在北京，并在深圳、上海、天津、重庆、杭州、武汉和福州分别设有华南分会、上海分会、天津国际经济金融仲裁中心（天津分会）、西南分会、浙江分会、湖北分会和福建分会。贸仲委在香港特别行政区设立贸仲委香港仲裁中

心。总会和分会使用相同的《仲裁规则》和《仲裁员名册》，在整体上享有一个仲裁管辖权。

根据仲裁业务发展的需要，以及就近为当事人提供仲裁咨询和程序便利的需要，贸仲委先后设立了 29 个地方和行业办事处。为满足当事人的行业仲裁需要，贸仲委在国内首家推出独具特色的行业争议解决服务，为不同行业的当事人提供适合其行业需要的仲裁法律服务，如粮食行业争议、商业行业争议、工程建设争议、金融争议以及羊毛争议解决服务等。此外，贸仲委还为当事人提供域名争议解决服务，积极探索电子商务的网上争议解决。针对快速解决电子商务纠纷及其他经济贸易争议的需要，于 2009 年 5 月 1 日推出《中国国际经济贸易仲裁委员会网上仲裁规则》。该规则在“普通程序”之外根据案件争议金额大小分别规定了“简易程序”和“快速程序”，以真正适应在网上快速解决经济纠纷的需要。

仲裁委员会在组织机构上实行委员会制度，设主任一人，副主任若干人，委员若干人；主任履行仲裁规则赋予的职责，副主任受主任的委托可以履行主任的职责。仲裁委员会总会和分会设立秘书局与秘书处，各有秘书长一人，副秘书长若干人。总会秘书局和分会秘书处分别在总会秘书长和分会秘书长的领导下负责处理仲裁委员会总会和分会的日常事务。

2. 中国国际经济贸易仲裁委员会仲裁的特点

（1）受案范围宽，程序国际化。自 1956 年成立以来，贸仲委共受理了近三万件国内外仲裁案件。贸仲委既可受理涉外案件，也可受理国内案件；同时，其受理案件的范围也不受当事人行业和国籍的限制。近年来，贸仲委平均每年的受案数量近千件，始终位居世界知名仲裁机构前列。

从仲裁规则和仲裁员的角度而言，贸仲委也实现了国际化。贸仲委第一套仲裁规则制定于 1956 年，之后八次进行了修改，其现行有效的仲裁规则自 2015 年 1 月 1 日起施行。贸仲委现行的仲裁规则与国际上主要仲裁机构的仲裁规则基本相同，在现行《仲裁法》允许的范围内最大限度地尊重当事人意思自治。此外，贸仲委的《仲裁员名册》中有近千名仲裁员，均为国内外仲裁或其他行业的知名专家。其中，外籍及港澳台仲裁员 300 多名，分别来自 41 个国家或地区。

（2）独立公正。作为国际上主要的仲裁机构，贸仲委独立于行政机关，其办案不受任何行政机关的干涉。贸仲委的仲裁员，包括当事人选定的仲裁员，均不代表任何当事人，必须保持独立和公正。在仲裁程序中，各方当事人均有平等的机会陈述自己的意见。在过去几十年中，贸仲委的独立、公正、廉洁以及裁决的质量得到了国内外当事人的广泛赞誉。

（3）仲裁程序快捷高效。在贸仲委的仲裁中，当事人可以约定仲裁程序如何进行。对于当事人提交的证据和陈述，贸仲委将以书面形式在当事人之间进行充分的交换，贸仲委的开庭审理一般只需 1—3 天。因此，贸仲委的仲裁程序具有快捷高效的特点，其受理的仲裁案件绝大多数均在仲裁庭组成之后 6 个月内结案。

（4）仲裁费用相对低廉。作为国际仲裁机构，贸仲委的仲裁收费标准在世界主要仲裁机构中相对较为低廉。与国内其他仲裁机构相比，同等条件下收费基本相同。与诉讼相比，由于仲裁一裁终局、程序快捷等特点，采用仲裁对当事人而言更为经济。

(5)仲裁与调解相结合。仲裁与调解相结合是贸仲委仲裁的显著特点。该做法将仲裁和调解各自的优点紧密结合起来,不仅有助于解决当事人之间的争议,而且有助于保持当事人的友好合作关系。

(二)《中国国际经济贸易仲裁委员会仲裁规则》

1956年设立仲裁委员会时,公布过仲裁规则,后来历经数次修改,现行《中国国际经济贸易仲裁委员会仲裁规则》(以下简称"贸仲委仲裁规则")于2015年1月1日起施行。

为公正、快速地解决当事人之间的金融交易争议,中国国际贸易促进委员会于2005年3月17日修订并通过《中国国际经济贸易仲裁委员会金融争议仲裁规则》,该规则于2005年5月1日起施行。

为以在线方式独立公正、高效经济地仲裁契约性或非契约性的经济贸易等争议,中国国际贸易促进委员会于2009年1月8日通过了《中国国际经济贸易仲裁委员会网上仲裁规则》,该规则于2009年5月1日起施行,该规则既适用于电子商务争议,也适用于解决当事人约定适用本规则的其他经济贸易争议。

2015年版《中国国际经济贸易仲裁委员会仲裁规则》共七章八十四条:第一章,总则;第二章,仲裁程序;第三章,裁决;第四章,简易程序;第五章,国内仲裁的特别规定;第六章,香港仲裁的特别规定;第七章,附则。其与国际上主要仲裁机构的仲裁规则基本相同,与前述的《贸易法委员会仲裁规则》相比,实质性不同的章节是,多出"简易程序"、"国内仲裁的特别规定""香港仲裁的特别规定"。

现将其主要内容简介如下:

1. 受案范围

规则规定,仲裁委员会根据当事人的约定受理契约性或非契约性的经济贸易等争议案件,具体包括三方面:①国际的或涉外的争议案件;②涉及香港特别行政区、澳门特别行政区或台湾地区的争议案件;③国内争议案件。

如果一方当事人对仲裁委员会的管辖权提出异议,仲裁委员会有权对仲裁协议的存在、有效性以及仲裁案件的管辖权做出决定。

2. 仲裁申请、答辩、反请求

申请人必须向仲裁委员会提交仲裁申请书,写明申请人和被申请人的名称和地址,申请人所依据的仲裁协议,案情和争议的要点,申请人的请求及所依据的事实和证据;仲裁申请书应有申请人或申请人授权的代理人签名或盖章。提交仲裁申请书时,应当附具申请人请求所依据的事实的证明文件。按照仲裁委员会制定的仲裁费用表的规定预交仲裁费。

仲裁委员会收到申请人的仲裁申请书及其附件后,经过审查,认为申请仲裁的手续不完备的,可以要求申请人予以完备;认为申请仲裁的手续已完备的,应立即向被申请人发出通知,并将申请人的仲裁申请书及其附件,连同仲裁委员会的仲裁规则、仲裁员名册和仲裁费用表各一份,发送给被申请人。

申请人就多份合同项下的争议可在同一仲裁案件中合并提出仲裁申请,但应同时符合下列条件:①多份合同系主从合同关系;或多份合同所涉当事人相同且法律关系性质相同;②争议源于同一交易或同一系列交易;③多份合同中的仲裁协议内容相同或相容。

被申请人在收到仲裁申请书之日起45天内向仲裁委员会秘书局提交答辩书及有关证明文件。

被申请人如有反请求，最迟应在收到仲裁通知之日起45天内以书面提交仲裁委员会秘书局。在提出反请求时，被申请人应在其书面反请求中写明具体的反请求请求、反请求原由以及所依据的事实和证据，并附具有关证据文件。被申请人提出反请求应当按仲裁委员会制定的仲裁费用表的规定预交仲裁费。

3. 保全及临时措施

当事人依据中国法律申请保全的，仲裁委员会应当依法将当事人的保全申请转交当事人指明的有管辖权的法院。根据所适用的法律或当事人的约定，当事人可以向仲裁委员会仲裁院申请紧急性临时救济。经一方当事人请求，仲裁庭依据所适用的法律或当事人的约定可以决定采取其认为必要或适当的临时措施，并有权决定由请求临时措施的一方当事人提供适当的担保。

4. 仲裁庭的组成

申请人和被申请人应当各自在收到仲裁通知之日起15天内选定一名仲裁员或者委托仲裁委员会主任指定，首席仲裁员由双方当事人在被申请人收到仲裁通知之日起15天内共同选定或者共同委托仲裁委员会主任指定。这样组成仲裁庭共同审理案件。

双方当事人可以在仲裁委员会仲裁员名册中共同指定或者共同委托仲裁委员会主席指定一名仲裁员作为独任仲裁员，成立仲裁庭单独审理案件。

仲裁案件有两个或两个以上申请人或被申请人时，申请人之间或被申请人之间应当经过协商，在仲裁委员会名册中各自共同指定一名仲裁员。如果申请人之间未能在提交仲裁申请书时共同指定一名仲裁员或被申请人之间未能在最后一个被申请人收到仲裁通知之日起15天内共同指定一名仲裁员，则由仲裁委员会主席指定。

被指定的仲裁员如果与案件有利害关系，应当自行向仲裁委员会披露并请求回避；当事人对被指定的仲裁员的公正性和独立性产生具有正当理由的怀疑时，有权向仲裁委员会提出书面申请，要求该仲裁员回避。仲裁员是否回避，由仲裁委员会主席做出决定。

5. 审理

仲裁庭应当开庭审理案件，但经双方当事人申请或者征得双方当事人同意，仲裁庭也认为不必开庭审理的，仲裁庭可以只根据书面文件进行审理并做出裁决。

第一次开庭审理的日期，经仲裁庭商仲裁委员会秘书局决定后，由秘书局于开庭前20天通知双方当事人。当事人有正当理由的，可以请求延期，但必须在收到开庭通知后5天内以书面形式向仲裁庭提出；是否延期，由仲裁庭决定。

双方当事人书面约定开庭地点的，从其约定。如果当事人对仲裁地未做约定，仲裁委员会或其分会所在地为开庭地点。

仲裁庭开庭审理案件，不公开进行，如果双方当事人要求公开审理，由仲裁庭做出是否公开审理的决定。仲裁庭开庭时，如果一方当事人不出席，仲裁庭可以进行缺席审理并做出缺席裁决。

如果双方当事人有调解愿望，或一方当事人有调解愿望并经仲裁庭征得另一方当事人同意的，仲裁庭可以在仲裁程序进行过程中对其审理的案件进行调解。无论双方当事人在仲裁庭上达成和解还是在仲裁庭之外达成和解，均为在仲裁庭调解下达成和解。经仲裁庭调解达成和解的，双方当事人应当签订书面和解协议；当事人可以约定不将和解协议由仲裁庭做出裁决书，如当事人无此约定，仲裁庭则应根据书面和解协议做出裁决书。调解过程中，任何一方当事人提出终止调解或仲裁庭认为已无调解成功的可能时，应停止调解，继续进行仲裁。任何一方当事人均不得在其后的仲裁程序、司法程序和其他任何程序中援引对方当事人或仲裁庭在调解过程中发表过的、提出过的、建议过的、承认过的以及愿意接受过的或否定过的任何陈述、意见、观点或建议作为其申请、答辩或反请求的依据。

6. 裁决

仲裁庭应当在组庭后6个月内做出仲裁裁决书。在仲裁庭的要求下，仲裁委员会认为确有必要和确有正当理由的，可以延长该期限。由三名仲裁员组成的仲裁庭的裁决依多数仲裁员的意见决定，少数仲裁员的意见可以做成记录附卷。仲裁庭不能形成多数意见时，仲裁裁决依首席仲裁员的意见做出。做出裁决书的日期，即为仲裁裁决生效的日期。仲裁裁决是终局的，对双方当事人有约束力。任何一方当事人均不得向法院起诉，也不得向其他任何机构提出变更仲裁裁决的请求。

仲裁庭认为必要或当事人提出请求并经仲裁庭同意的，仲裁庭可以在做出最终裁决之前，就当事人的某些请求事项先行做出部分裁决。部分裁决是终局的，对双方当事人均有约束力。

当事人应当依照仲裁裁决书写明的期限自动履行裁决；裁决书未写明期限的，应当立即履行。一方当事人不履行裁决的，另一方当事人可以依法向有管辖权的法院申请执行。

7. 简易程序

适用简易程序的争议案件主要有两种：一是除非当事人另有约定，凡争议金额不超过人民币500万元，或争议金额超过人民币500万元但经一方当事人书面申请并征得另一方当事人书面同意的，或双方当事人约定适用简易程序的，适用简易程序。二是没有争议金额或争议金额不明确的，由仲裁委员会根据案件的复杂程度、涉及利益的大小以及其他有关因素综合考虑决定是否适用简易程序。

简易程序的仲裁庭由独任仲裁员组成。一方当事人向仲裁委员会提出仲裁申请，经审查可以受理的，除非双方当事人已从仲裁委员会仲裁员名册中共同指定了一名独任仲裁员，仲裁委员会主席应立即从仲裁委员会仲裁员名册中指定一名独任仲裁员成立仲裁庭审理案件。仲裁委员会秘书局应立即向另一方当事人发出仲裁通知。被申请人答辩期和反请求期均为其收到仲裁通知之日起20天。开庭日期应在开庭前15天通知双方当事人。仲裁庭可以在征求当事人意见后决定只依据当事人提交的书面材料和证据进行书面审理，也可以决定开庭审理。简易程序一般只开庭一次。开庭审理的案件仲裁裁决在开庭之日起20天内做出；书面审理的案件，在仲裁庭成立之日起3个月内做出裁决。

经变更的仲裁请求或反请求所涉争议金额分别超过人民币500万元的案件，除非当事人约定或仲裁庭认为有必要变更为普通程序，继续适用简易程序。

8. 国内仲裁的规定

仲裁委员会受理的国内仲裁案件，符合前述简易程序情形的适用简易程序的规定。

关于仲裁庭的组成同于前述3名或1名仲裁员组成的方式。被申请人应在收到仲裁通知后20天内提交答辩书及所依据的证据材料以及其他证明文件；如有反请求，也应在此期限内提交反请求书及所依据的证据材料以及其他证明文件。申请人应在收到反请求书及其附件后20天内针对被申请人的反请求提交答辩。对于开庭审理的案件，仲裁庭确定第一次开庭日期后，应不晚于开庭前15天将开庭日期通知双方当事人。仲裁庭应在组庭后4个月内做出裁决书。

9. 香港仲裁的特别规定

仲裁委员会在香港特别行政区设立仲裁委员会香港仲裁中心。除非当事人另有约定，仲裁委员会香港仲裁中心管理的案件的仲裁地为香港，仲裁程序适用法为香港仲裁法，仲裁裁决为香港裁决。当事人对仲裁协议或仲裁案件管辖权的异议，应不晚于第一次实体答辩前提出。仲裁委员会现行仲裁员名册在仲裁委员会香港仲裁中心管理的案件中推荐使用，当事人可以在仲裁委员会仲裁员名册外选定仲裁员。被选定的仲裁员应经仲裁委员会主任确认。除非当事人另有约定，应一方当事人申请，仲裁庭有权决定采取适当的临时措施。

10. 附则

附则对于仲裁语言、仲裁费用及实际费用、规则的解释和施行进行了规定。

二、中国海事仲裁委员会及其仲裁规则

（一）中国海事仲裁委员会简介

中国海事仲裁委员会(China Marine Arbitration Commission,CMAC)成立于1959年，当时名为“中国国际贸易促进委员会海事仲裁委员会”，1988年改为现在的名称。中国海事仲裁委员会由中国国际商会组织设立，由主任一人、副主任若干人和委员若干人组成。主任履行仲裁委员会的有关职责，副主任受主任的委托可以履行主任的职责，委员由中国国际贸易促进委员会(中国国际商会)聘请中国立法、司法、航运、保险等有关部门的专家、学者和知名人士担任。

中国海事贸易仲裁委员会总会设在北京，在上海、天津、重庆设有分会，为适应企业对海事仲裁的需求，又先后在广州、大连、天津、宁波、青岛设立了办事处。中国海事仲裁委员会主要解决海事、海商、物流争议以及其他契约性或非契约性海事争议，以保护当事人的合法权益，促进国际国内经济贸易和物流的发展。随着中国航运业的快速发展，航运纠纷也日益增多。在这种情况下，海事仲裁以其快速高效的独特优势，成为替代诉讼的一种又好又快的争议解决方式。近年来，中国海事仲裁委员会受案数量逐年攀升，仲裁人员专业素质水平、仲裁裁决质量和公信力不断提升，越来越受到国际上的重视和关注。

（二）《中国海事仲裁委员会仲裁规则》

1959年中国国际贸易促进委员会海事仲裁委员会成立当年，公布过一个仲裁程序暂行规则。1988年国务院批准“中国国际贸易促进委员会海事仲裁委员会”改名为“中国海事仲裁委员会”，同年9月20日中国国际贸易促进委员会第一届第三次委员会会议通过《中国海事仲裁委员会仲裁规则》。之后该规则历经数次修订，最新版的仲裁规则分为总

则、仲裁程序、裁决、简易程序、香港仲裁的特别规定、附则六章 80 条，自 2015 年 1 月 1 日起施行，与贸仲委仲裁规则不同的是，没有“国内仲裁的特别规定”。

现将主要条款介绍如下：

1. 受案范围

仲裁委员会受理下列争议案件：

（1）租船合同、多式联运合同或者提单、运单等运输单证所涉及的海上货物运输、水上货物运输、旅客运输争议；

（2）船舶、其他海上移动式装置的买卖、建造、修理、租赁、融资、拖带、碰撞、救助、打捞，或集装箱的买卖、建造、租赁、融资等业务所发生的争议；

（3）海上保险、共同海损及船舶保赔业务所发生的争议；

（4）船上物料及燃油供应、担保争议，船舶代理、船员劳务、港口作业所发生的争议；

（5）海洋资源开发利用、海洋环境污染所发生的争议；

（6）货运代理，无船承运，公路、铁路、航空运输，集装箱的运输、拼箱和拆箱，快递，仓储，加工，配送，仓储分拨，物流信息管理，运输工具、搬运装卸工具、仓储设施、物流中心、配送中心的建造、买卖或租赁，物流方案设计与咨询，与物流有关的保险，与物流有关的侵权争议，以及其他与物流有关的争议；

（7）渔业生产、捕捞等所发生的争议；

（8）双方当事人协议仲裁的其他争议。

2. 仲裁申请、答辩、反请求

基本程序和要求同于贸仲委仲裁规则，不同之处是关于被申请人提交答辩书的时间，此处要求：被申请人应在收到仲裁通知之日起 30 天内，向秘书处提交答辩书。被申请人如有反请求，最迟应在收到仲裁通知之日起 30 天内，以书面形式提交仲裁委员会。

3. 保全及临时措施

关于保全，与贸仲委仲裁规则不同的是，海事仲裁委员会的仲裁规则分别规定了财产保全、证据保全和海事强制令、设立海事赔偿责任限制基金四种情况，当事人提出四种情形申请的，仲裁委员会应当将当事人的申请提交有关法院做出裁定。

关于临时措施的规定，同于贸仲委仲裁规则。

4. 仲裁庭的组成

关于仲裁庭的组成方式，同于贸仲委仲裁规则的规定，既可以由三人组成仲裁庭，也可以成立独任仲裁庭；规定了多方当事人仲裁庭的组成要求；被指定的仲裁员如果与案件有利害关系，应当自行向仲裁委员会披露并请求回避。

5. 审理

关于审理的规定基本同于贸仲委仲裁规则。

6. 裁决

关于裁决的规定基本同于贸仲委仲裁规则。

7. 简易程序

与贸仲委仲裁规则不同的是，此处简易程序适用的情形是：除非当事人另有约定，争议金额不超过人民币 200 万元，或争议金额超过人民币 200 万元但经一方当事人书面申请并征得另一方当事人书面同意的,或双方当事人约定适用简易程序的。

8. 香港仲裁的特别规定

基本同于贸仲委仲裁规则中的规定。

9. 附则

基本同于贸仲委仲裁规则中的规定。

思考题

1. 解释下列名词:仲裁、仲裁协议。
2. 一项有效的仲裁协议一般包括哪些内容?
3. 如何理解仲裁协议的法律效力?

案例分析

我国某公司(甲方)与新加坡客商(乙方)签订一份出口货物合同,合同中的仲裁条款规定:"凡因执行本合同发生的一切争议,双方同意提交仲裁,仲裁在被诉方国家进行。仲裁裁决是终局的,对双方都有约束力。"合同履行过程中,双方因品质问题发生争议,于是将争议提交中国经济贸易仲裁委员会仲裁。经仲裁庭调查审理,认为乙方的举证不实,裁决乙方败诉。新加坡客商不服,拒不执行裁决,并向本国法院提起上诉。问:新加坡客商可否向本国法院提请上诉?为什么?

第七章

国际货物买卖合同订立和履行惯例规则

【教学目的】

1. 熟悉国际货物买卖合同的主要条款及订立程序。

2. 掌握《联合国国际货物销售合同公约》和《国际商事合同通则》的适用范围、买卖双方的权利和义务、风险转移、违约的补救办法。

3. 理解《国际商事合同通则》与《联合国国际货物销售合同公约》的关系。

【重点难点】

《联合国国际货物销售合同公约》的适用范围、买卖双方的权利和义务、风险转移,《国际商事合同通则》与《联合国国际货物销售合同公约》的关系

【关键术语】

要约,承诺,质量担保,权利担保,交付单据,风险转移,根本性违约,非根本性违约,损害赔偿,实际履行,解除合同

【引导案例】

法商于9月5日向我某外贸公司发出要约,供售某商品一批,有效期到9月10日,我公司于9月6日收到该项要约,法商在发出要约后,发现该项商品行情趋涨,遂于9月7日以传真致电我公司要求撤销其要约。我公司于9月7日收到其撤销通知,认为不能同意其撤销要约的要求,2小时后,我公司给法商发出传真,完全同意其9月5日要约内容,问:法商要约能否撤销?买卖双方之间是否存在合同关系?

第一节 《联合国国际货物买卖合同公约》

一、1980年《联合国国际货物销售合同公约》适用范围

《联合国国际货物销售合同公约》(以下简称《公约》)(United Nations Convention on Contracts for the International Sale of Goods,CISG)是由联合国国际贸易法委员会根据1964年海牙会议上通过的两个统一法,即《国际货物买卖统一法》和《国际货物买卖合同成立统一法》制定的,1980年在由62个国家代表参加的维也纳外交会议上通过,1988年1月1日起生效。

(一)适用《公约》的货物销售合同

依《公约》第一条的规定:“本《公约》适用于营业地在不同国家的当事人订立的货物销售合同;(a)如果这些国家是缔约国;或(b)如果国际私法规则导致适用某一缔约国的法律。”此条包含下列几点:①《公约》只适用于国际货物销售合同,国际因素以当事人的营业地位于不同国家为标准,而不考虑当事人的国籍。如果当事人有两个以上营业地时,依《公约》第十条的规定,应以与合同及合同的履行关系最密切的营业地为其营业地,但要考虑到双方当事人在订立合同前或订立合同时所知道或所设想的情况。如果当事人没有营业地,则以其惯常居住地为准。②依国际私法规则的扩大适用,依(a)款的规定,本来《公约》只适用于双方营业地所在国均为缔约国的情况,双方均不位于缔约国或只有一方位于缔约国均不适用《公约》。而依(b)款的规定,即使双方或一方位于缔约国,但只要依国际私法规则应适用缔约国的法律,则适用《公约》。考虑各国加入《公约》的态度,《公约》允许对此项扩大适用进行保留。我国加入该《公约》时对(b)款进行了保留,即对中国企业来说,《公约》仅适用于公约缔约国的当事人之间订立的合同。

(二)不适用《公约》的合同

并非所有的国际货物销售合同都适用《公约》,《公约》在第二条和第三条对不适用《公约》的合同分别进行了规定,《公约》第二条是从合同的种类上排除了六种不适用《公约》的合同:①供私人、家人或家庭使用的货物销售;②以拍卖的方式进行的销售;③依法律执行令状或其他令状的销售;④公债、股票、投资证券、流通票据或货币的销售;⑤船舶、船只、气垫船或飞机的销售;⑥电力的销售。

《公约》第三条还排除了对提供货物与提供服务相结合的合同的适用,依《公约》的规定,下列两种合同排除适用:其一,通过劳务合作方式进行的购买,如补偿贸易;其二,通过

货物买卖方式进行的劳务合作，如技贸结合。

（三）公约未涉及的法律问题

有关销售合同的效力或惯例的效力问题；所售出的货物的所有权问题；卖方对货物引起的人身伤亡的责任问题。

二、国际货物买卖合同概述

（一）国际货物买卖合同的主要条款

主要条款包括：①品名品质条款；②包装条款；③数量条款；④价格条款；⑤商检条款；⑥装运条款；⑦保险条款；⑧支付条款；⑨不可抗力条款；⑩仲裁条款；⑪法律适用条款。

（二）国际货物买卖合同的成立

1. 要约

要约是一方当事人以订立合同为目的向对方所做的意思表示。要约可以书面提出，也可以口头提出。

（1）构成要约的条件。依《公约》第十四条的规定，符合下列三个条件，就构成要约：①向一个或一个以上特定的人提出订立合同的建议；②要约的内容应十分确定，依第十四条的规定，如果要约中定明了货物并且明示或暗示地规定数量和价格或规定如何确定数量和价格，即为十分确定；③表明要约人在得到接受时承受约束的意旨。

（2）要约的生效。依《公约》第十五条的规定，要约送达受要约人时生效。

（3）要约的撤回与撤销。①要约的撤回，要约人在要约未送达受要约人时，取消要约的行为称为要约的撤回。只要撤回要约的通知先于要约到达受要约人或同时到达即可撤回要约。②要约的撤销，要约人在要约送达受要约人后取消要约的行为称为要约的撤销。要约分为可撤销的要约和不可撤销的要约，对于不可撤销的要约，只有撤回的问题。依《公约》第十六条的规定，在未设立合同之前，要约可以撤销，如撤销通知于受要约人发出接受通知之前送达受要约人。但在下列情况下，要约不得撤销：①要约写明接受要约的期限或以其他方式表示要约是不可撤销的；②受要约人有理由信赖该项要约是不可撤销的，而且受要约人已本着对该要约的依赖行事。

就本章引导案例而言，法商无法撤销其要约，法律依据是《公约》第十六条关于要约不得撤销的第一种情形，即规定了有效期的要约不能撤销。我国外贸公司表示接受的通知是在法商规定的发盘有效期内到达法商的，所以双方的买卖合同关系成立。

（4）要约的失效。要约失效的原因主要有以下几种情况：①要约因期间已过而失效，即要约因受要约人没有在要约规定的期间内做出有效的承诺而失去效力；②要约因要约人的撤销而失效；③要约因受要约人的拒绝或反要约而失效；④发出要约后发生不可抗力事件。

2. 承诺

承诺是受要约人按照要约所规定的方式，对要约的内容表示同意的一种意思表示。要约一经承诺，合同即成立。

有效的承诺须具备的条件：①承诺须由受要约人做出。②承诺的做出可以声明或行为表示，但缄默或不行为本身不等于承诺。③承诺须在要约规定的有效期间内做出。《公约》第二十一条并没有一概地否定逾期承诺的效力，依该条规定：a.对于逾期的承诺，如果要约人毫不迟延地用口头或书面将接受承诺的意思通知受要约人，则该逾期的承诺仍为有效的承诺；b.如果载有逾期承诺的信件或其他书面文件表明，它是在传递正常、能及时送达要约人的情况下寄发的，则该项逾期承诺具有承诺的效力，除非要约人毫不迟延地用口头或书面通知受要约人，他认为其要约已经失效。④承诺须与要约的内容一致。如果受要约人所表示的对要约的内容有变更即是反要约，或称为还价，反要约是对要约的拒绝，不能发生承诺的效力，它必须经原要约人承诺后才能成立合同。《公约》第十九条对附条件的承诺进行了规定：a.反要约的定义：对要约表示承诺但载有添加、限制或其他更改的答复，即为拒绝该项要约，并构成反要约。b.含有非实质性的更改要约的答复，除非要约人在不过分迟延的期间内以口头或书面通知反对其间的差异外，仍构成承诺。如果要约人不做出此种反对，则合同的条件就以该项要约的条件以及承诺通知内所载的更改为准。c.依《公约》第十九条规定，有关货物价格、付款、货物质量和数量、交货地点和时间、一方当事人对另一方当事人的赔偿责任或解决争端等的添加或不同条件，均为在实质上变更要约的条件。

案例分析 7-1

中国某公司于某年7月16日收到法国某公司要约："马口铁500公吨，每吨545美元CFR中国口岸，8月份装运，即期信用证支付，限20日复到有效。"我方于17日复电："若单价为500美元CFR中国口岸可接受500公吨马口铁，履约中如有争议在中国仲裁。"法国公司18日复电："市场坚挺，价格不能减，仲裁条件可接受，速复。"此时马口铁价格确实趋涨。我方于19日复电："接受你16日要约，信用证已由中国银行开出，请确认。"但法商未确认并退回信用证。问：(1)合同是否成立？(2)我方有无失误？

分析：(1) 我方17日的复电对价格进行了更改，并增加了解决争议的方式，构成反要约，所以法商16日的要约失效。我方接受已失效的要约无效，所以合同并未成立。我国公司不应接受法国公司16日的要约，而应接受其18日复电的要约。

(2) 承诺生效的时间。依《公约》第十八条(2)款的规定，对要约所做的承诺，应于表示同意的通知送达要约人时生效。如果表示同意的通知在要约人所规定的时间内没送达要约人，在要约没有规定期间的情况下，则在合理时间内未送达要约人，承诺无效。

(3) 承诺的撤回。依《公约》第二十二条的规定，承诺可以撤回，只要撤回的通知能在承诺生效之前或与其同时送达要约人。

案例分析 7-2

济南A公司某年5月8日于北京时间上午9点，通过电子邮件向美国纽约B公司发盘，欲出售一批手工艺品；纽约时间5月8日上午8点，B公司打开电脑发现A公司的发盘。B公司随派业务员Tom进行市场调查，5月12日上午8点B公司通知正在出发去加拿大途中的Tom，可以接受中方的发盘。Tom于当日10点用手提电脑给济南的A公司在信息港的电子信箱中发出了接受通知，济南A公司发现接受通知的时间是5月13日上午8点30分，电脑显示的接收时间是早晨6点22分。问：在此情况下合同于何时、何地成立？

分析思路如下：

（1）各国法律对承诺生效问题的分歧。

（2）就电子商务合同生效时间和地点，可通过对收到数据电文的时间地点来确定。

（3）1996年联合国国际贸易法委员会《电子商业示范法》第十五条规定："发出和收到数据电文的时间和地点。除非发端人与收件人另有协议，数据电文的收到时间按下述办法确定：(a)如收件人接收数据电文而指定了某一信息系统，以数据电文进入该指定信息系统时间为收到时间；或数据电文发给收件人的一个信息系统但不是指定的信息系统，则以收件人检索到数据电文的时间为准；(b)如收件人未指定某一信息系统，则以数据电文进入收件人的任一信息系统的时间为收到时间。"

第四条规定："除非发端人与收件人另有协议，数据电文应以发端人设有营业地的地点视为其发出地点，而以收件人设有营业地的地点视为收到地点，就本款而言：(a)如发端人或收件人没有营业地，应以对基础交易具有最密切关系的营业地为准，又如果并无任何基础交易，则以其主要营业地为准；(b)或以其惯常居住地为准。"

（4）据此，我们可确定接受生效时间是北京时间5月13日上午6点22分，生效地点是济南。

（三）国际货物买卖合同双方当事人的权利和义务

1. 卖方的义务

（1）交付货物。交付货物既是卖方的主要义务，也是其行使收取货款的权利的前提条件。交付货物既包括实际交货，由卖方将货物置于买方的实际占有下；也包括象征性交货，即由卖方将控制货物的单据交给买方，由买方在指定地点凭单据向承运人提货。依《公约》的规定，卖方应依合同规定的地点、时间及方式完成其交货义务。

关于交付货物的地点，《公约》第三十一条分下列情况对交付货物的地点进行了规定：①当国际货物买卖合同涉及货物的运输时，交货地点即为货交第一承运人的地点；②如果合同指的是特定货物从特定存货中提取的或还在生产中未经特定化，而双方当事人在订立合同时已知道这些货物的特定地点，则卖方应在该地点交货；③其他情况下，卖方应在他于订立合同时的营业地交货。

关于交货的时间，依《公约》第三十三条的规定：①如果合同规定有交货的日期，或从合同可以确定交货的日期，应在该日期交货；②如果合同规定有一段时间，或从合同可以确定一段时间，除非情况表明应由买方选定一个日期外，应在该段时间内任何时候交货；③在其他情况下，应在订立合同后一段合理时间内交货。

（2）质量担保。货物的质量担保义务指卖方必须保证其交付的货物与合同的规定相符。依《公约》第三十五条第一款的规定，卖方交付的货物必须与合同规定的数量、质量和规格相符，并须按照合同所规定的方式装箱或包装。在合同没有对数量、质量、规格和包装做出明确的规定的情况下，则应依《公约》第三十五条(2)款的规定：①适用于通常使用目的,即货物适用于同一规格货物通常使用的目的。②适用于特定目的,即货物适用订立合同时明示或默示地通知卖方的任何特定目的。③与样品或样式相符,即货物的质量与卖方向买方提供的货物样品或样式相同。④在包装上的要求,即应按照同类货物通用的方式装箱或包装,如果没有此种通用方式,则按照足以保全和保护货物的方式装箱或包装。

公约除了规定卖方对货物质量的担保责任外,还规定了卖方对质量责任的免除。依第三十五条第三款的规定:如果买方在订立合同时知道或者不可能不知道货物不符合合同,卖方就无须按上述四项负不符合合同的责任。

(3) 权利担保。

《公约》第四十一条规定了卖方的一般权利担保义务,即卖方保证对其出售的货物享有完全的所有权,必须是第三方不能提出任何权利或要求的货物,如不存在任何未向买方透露的担保物权等。

《公约》第四十二条规定了卖方的知识产权担保义务,即卖方保证其出售的货物没有侵犯任何第三人的工业产权和知识产权,但以卖方在订立合同时已经知道或不可能不知道的权利为限。

对知识产权担保义务的限制如下:①这种权利或要求根据以下国家的法律规定是以工业产权或其他知识产权为基础:a.依货物销售目的国的法律,即第三人的请示必须是依货物使用地或转售地国家的法律提出的。如果双方在订立合同时,没有规定货物的最终使用地或转卖地,则卖方对买方不承担知识产权的担保义务。b.依买方营业地所在国法律,即第三人的请示必须是依买方营业地所在国的法律提出的。也就是说,如果双方没有确定货物的最终使用地或转卖地,则卖方只对那些依买方营业地所在国的法律提出的请示向买方负责。②买方的原因:依《公约》第四十二条(2)款的规定,卖方在下列两种情况下,免除其知识产权担保的义务:a.买方在订立合同时已知道或不可能不知道此项权利或要求;b.此项权利或要求的发生,是由于卖方要遵照买方所提供的技术图样、图案、款式或其他规格。

《公约》第四十三条规定了关于权利担保中的买方及时通知义务,即当买方已知道或理应知道第三方的权利或要求后的一段合理时间内,应将此项权利或要求的性质通知卖方,否则就丧失了买方依公约本来可以得到的权利。

(4) 交付单据。《公约》第三十四条规定,如果卖方有义务移交与货物有关的单据,他必须按照合同规定的时间、地点和方式移交这些单据。如果卖方在约定的时间以前已移交这些单据,则可在时间届满前纠正单据中任何不符合合同规定的情形,但是此项权利的行使不得使买方遭受不合理的不便或承担不合理的开支。

2. 买方的义务

(1) 支付货款。

关于准备步骤,依《公约》第五十四条的规定,买方支付货款的义务包括遵守合同或任何有关法律和规章规定的步骤和手续。

关于支付的地点,依《公约》第五十七条的规定,支付的地点首先应以当事人在合同中的约定为准,在合同对此没有规定的情况下:①卖方营业地为支付地,在卖方有一个以上营业地的情况下,买方的支付地点为卖方合同及合同的履行关系最密切的营业地;②如凭移交货物或单据支付货款，则移交货物或单据的地点为支付地。

关于支付的时间，依《公约》第五十八条的规定，如果双方当事人未在合同中具体约定付款的时间，则买方应按下列时间支付货款：①在卖方将货物或单据置于买方控制下时付款。依《公约》的规定，卖方买方支付货款作为移交货物或单据的条件，不付款则不交货或不交单据。②在买卖合同涉及运输时，卖方在支付价款后方可把货物或控制货物处置权的单据移交给买方作为发运货物的条件。③在买方没有机会检验货物前，无义务支付货款。但是，如果买方这种检验货物的机会与双方约定的交货或付款程序相抵触，则买方丧失其在付款前检验货物的权利。

（2）接收货物。《公约》第六十条规定，买方应采取一切理应采取的行动，以期卖方交付货物。如果买方在提取货物上不配合，即违反了接收货物的义务。

（四）风险转移

依《公约》第六十六条的规定，货物在风险转移给买方承担后遗失或损坏的，买方支付货款的义务并不因此解除。除非这种损坏或损失是由于卖方的行为或不行为造成的。

1. 公约确定的风险转移的时间

（1）合同中有运输条款的货物买卖的风险转移：①如该运输条款规定卖方有义务在某一特定地点把货物交给承运人运输，则卖方履行义务以后，货物的风险就随之转移给了买方；②如合同中没有指明交货地点，卖方只要按合同规定把货物交给第一承运人，货物的风险就转移给买方了。

（2）对于在运输中销售的货物的风险转移：依《公约》第六十八条的规定，从订立合同时起，风险就转移给买方承担，但是，如果情况表明有此需要，从货物交付给签发运输合同单据的承运人时起，风险就由买方承担，即路货买卖的风险转移，以订立合同时转移为一般原则，以“货物交付”时转移为例外。

（3）其他情况下货物的风险转移：依《公约》第六十九条(1)款的规定，如果买方在合同规定的时间内接收货物，则从买方接收货物时起转移风险；如果买方不在适当时间内接收货物，则从货物交给买方处置时起转移风险。

2. 关于风险转移注意的两点事项

第一，无论何种情况下的风险转移必须首先满足一个前提条件，即卖方必须将合同货物特定化。《公约》第六十七条(2)款规定：“在货物以货物上加标记、以装运单据、向买方发出通知或其他方式清楚地注明有关合同以前，风险不转移到买方承担”。此条款既规定了要满足特定化的前提条件，又指出了对货物进行特定化的几种方式。

第二，风险转移与卖方违约的关系。如果货物的损坏或灭失是由于卖方违反合同所致，则依《公约》第七十条的规定，买方仍然有权向卖方提出索赔，采取因此种违反合同而可以采取的各种补救办法。

案例分析 7-3

香港某公司与我国某公司于某年10月2日签订进口服装合同。11月2日货物出运，11月4日香港公司与瑞士公司签订合同，将该批货物转卖，此时货物仍在运输途中。问：

货物风险何时由香港公司转移到瑞士公司？

分析：对于在运输途中销售的货物，从订立合同时起，风险就转移到买方承担。但是，如果情况表明由此需要，从货物交付给签发载有运输合同单据的承运人起时，风险就由买方承担。尽管如此，如果卖方在订立合同时已知道或理应知道货物已经遗失或损坏，而他不将这一事实告知买方，则这种遗失或损坏应由卖方负责。此案中，货物装运后，香港公司于 11 月 4 日和瑞士公司签订合同，将货物转卖，因此，货物风险从 11 月 4 日转移给瑞士公司承担。

（五）违反合同的补救办法

违约补救办法是指在一方当事人违反合同时，其中一方当事人依法获得补偿的办法，也称救济方法。

1. 卖方违反合同时适用于买方的补救办法

（1）要求实际履行。《公约》第四十六条（1）款规定了卖方违反合同时，买方可以采取要求实际履行的补救办法，除非买方已采取与此要求相抵触的某种补救办法。《公约》第四十七条还规定了一个合理的履约宽限期，即买方可以规定一个合理时间的额外时间，让卖方履行其义务。

（2）交付替代物。依《公约》第四十六条（2）款的规定，买方只有在货物与合同不符构成根本违反合同时（根本违反合同是指因一方当事人违反合同而使合同另一方人遭受损害，实际上剥夺了其依合同规定期待取得的东西），才可以要求交付替代货物，而且关于替代货物的要求与说明货物与合同不符的通知同时提出，或者在该项通知发出后一段合理时间内提出。

（3）修理。依《公约》第四十六条（3）款的规定，买方请示修理的要求须与发出的货物不符的通知同时提出，或在该通知发出后一段合理时间内提出。

（4）减价。依《公约》第五十条的规定，如货物与合同不符，不论货款是否已付，买方都可以减低价格。

（5）宣告合同无效。依《公约》第五十一条的规定，当卖方在完全不交付货物或不依合同规定交付货物等于根本违反合同时，买方可以宣告合同无效。

2. 买方违反合同时适用于卖方的补救办法

（1）要求履行义务。依《公约》第六十一条至第六十三条的规定，如果买方不履行其在合同中和公约中规定的任何义务，卖方可以要求其履行义务，卖方可以要求买方支付货款、收取货物以及其他应履行的义务，只要卖方没有采取与此要求相抵触的某种补救办法。卖方可以规定一段合理时限的额外时间，让买方履行义务。

（2）宣告合同无效。依《公约》第六十四条的规定，卖方在下列情况下可以宣告合同无效：①当买方没有履行合同或公约规定的义务等于根本违反合同时；②买方不在卖方规定的额外时间内履行支付价款的义务或收取货物，或买方声明他将不在所规定的时限内履行。

3. 适用于买卖双方的一般规定

（1）预期违反合同和分批交货合同。预期违反合同是指在合同订立后，履行期到来前，一方明示拒绝履行合同的意图，或通过其行为推断其将不履行。当一方出现预期违反合同的情况时，依《公约》的规定，另一方可以采取中止履行义务的措施。《公约》第七十一条对中止履行义务的内容进行了规定。

第一，中止履行义务的适用条件：①必须是被中止方当事人在履行合同的能力或信用方面存在严重缺陷；②被中止方当事人必须在准备履行或履行合同的行为方面表明他将不能履行合同中的大部分重要义务。

第二，中止履行义务的结束：依《公约》第七十一条(3)款的规定，中止可因被中止方当事人提供了履行合同义务的充分保证而结束，公约规定中止履行的一方当事人不论是在货物装运前还是装运后，都必须通知另一方当事人，如经另一方当事人对履行义务提供了充分保证，则中止履行的一方必须继续履行义务。

第三，预期违反合同与宣告合同无效：依《公约》第七十二条(1)款的规定，如果在履行合同日期之前，明显看出一方当事人将根本违反合同，另一方当事人可以宣告合同无效。

第四，分批交付的货物无效的处理：依《公约》第七十三条的规定：①在一方当事人不履行任何一批货物的义务构成对该批货物的根本违约时，只能宣告合同对该批货物无效；②如有充分理由断定对今后各批货物将会发生根本违反合同，则可在一段合理时间内宣告合同今后无效；③当买方宣告合同对任何一批货物的交付为无效，而各批货物又是相互依存的情况下，可宣告对已交付的或今后交付的各批货物均无效。

案例分析 7-4

意大利某公司与我国公司签订了出口加工生产大理石的成套机械设备合同，合同规定分四批交货。在交付的前两批货物中都存在不同程度的质量问题。在第三批货物交付时，买方发现货物品质仍然不符合合同要求，故推定第四批货物的质量也难以保证，所以向卖方意大利公司提出解除全部合同。问：我国公司的要求是否合理？

分析：我国公司所购的货物是加工生产大理石的成套机械设备，任何一批货物存在质量问题，都会导致该套设备的无法使用，也就是说，各批货物是相互依存的，因此，按照《公约》第七十三条(3)款的规定，意大利公司的行为已构成根本违反合同，买方可以宣告撤销整个合同。除非前三批货物是该套设备的零配件，第四批货物是该套设备的关键设备且第四批货物的质量不存在问题，我国公司才无权解除合同。

(2) 损害赔偿。损害赔偿是公约违约补救制度中运用最广泛的一种补救办法，买方或卖方所进行的其他补救，并不妨碍其同时提出损害赔偿。《公约》第七十四条至第七十七条对损害赔偿进行了规定。

依公约的规定，损害赔偿是指对由于一方当事人违反合同，而给另一方当事人造成的损害或损失，给予金钱上的补偿。赔偿金额的计算原则是：一方当事人违反合同应负的损害赔偿额，应与另一方当事人因他违反合同遭受的包括利润在内的损失额相等。依《公约》第七十七条的规定，声称另一方违约的当事人，必须按情况采取合理措施，以减轻由于另一方违约而引起的损失，如果他不采取这种措施，违约的一方可以要求从损害赔偿中扣除原可以减轻的损失数额。

(3) 支付利息。《公约》第七十八条是关于支付利息的补救办法的规定,支付利息是指拖欠价款或其他金额的一方当事人应向另一方当事人支付上述款项的利息。

(4) 免责。《公约》第七十九条至第八十条对免责的情况进行了规定。

免责的条件:①不履行必须是由于当事人不能控制的障碍所致,例如,战争、禁运、风暴、洪水等;②这种障碍是不履行一方在订立合同时不能预见的;③这种障碍是当事人不能避免或不能克服或不能克服它的后果的。

免责的通知:依《公约》第七十九条(4)款的规定,不履行义务的一方必须将障碍及其对他履行义务能力的影响通知另一方。如果对方在不履行义务的一方已知道或理应知道此一障碍后一段合理时间仍未收到通知,则不履行义务的一方对由于对方未收到通知而造成的损害应负赔偿责任。

免责的后果:依《公约》第七十九条(5)款的规定,免责一方所免的是对另一方损害赔偿的责任,但受损方依公约采取其他补救措施的权利不受影响。

(5) 宣告合同无效的效果。《公约》第八十一条至第八十四条是关于宣告合同无效的效果的规定。依公约的规定,宣告合同无效的效果主要有三个:①合同一经被宣告无效,便解除了买卖双方在合同中的义务。但它并不解除违约一方损害赔偿的责任,以及合同中有关解决争议和合同中有关双方在合同无效后的权利义务的规定。②宣告合同无效,要求买方必须按实际收到货物的原状归还货物。③合同宣告无效后,买卖双方必须归还因接受履行所获得的收益。

(6) 保全货物。《公约》第八十五条至第八十八条是关于保全货物的规定。

保全货物的概念:保全货物是指在一方当事人违约,另一方当事人仍持有货物或控制货物的处置权时,该当事人有义务对他所持有的或控制的货物进行保全。

履行保全货物义务的条件:买卖双方都有保全货物的义务,但条件不同:卖方保全货物的条件是,买方没有支付货款或接受货物,而卖方仍拥有货物或控制着货物的处置权;买方保全货物的条件是,买方已接受了货物,但打算退货。

保全货物的方式:①将货物寄放于仓库;②将易坏货物出售。

第二节 《国际商事合同通则》

一、《国际商事合同通则》的修订过程

《国际商事合同通则》(Principles of International Commercial Contracts,PICC,以下简称《通则》)是国际统一私法协会于 1994 年组织众多国家的合同法和国际贸易法专家、学者、律师共同研究和制定的一部关于国际商事合同的重要规则。它是一部具有现代性、广泛代表性、权威性与实用性的商事合同统一法。

2004 年,国际统一私法协会对《通则》进行了修订,2004 年版《通则》从 1994 年版的七章 120 条及相关注释增加至十章 185 条及相关注释,增加了代理、第三人利益合同、抵消等新的内容。

2011 年 5 月 10 日，国际统一私法协会理事会在其第 90 次会议上正式通过了《国际商事合同通则》的第三次修订本——2010 年版《国际商事合同通则》，该版本通则不局限于各个国家的法律原则与观点，充分吸收和接纳现代合同法的最新成果，体现了国际商事合同立法的最新动向。

与 2004 年、1994 年两个版本相比，2010 年版《通则》变化较大。第一，条文数量从 2004 年的 185 条增加到 211 条；第二，在具体的制度上，为了适应国际商事实践的发展，增加了恢复原状、违法、合同条件、多数债务人和债权人四部分内容。

2010 年版《国际商事合同通则》分为以下十一章内容，其中第十一章为新增：第一章，总则；第二章，合同的订立与代理人的权限；第三章，合同的效力；第四章，合同的解释；第五章，合同的内容、第三方权利与条件；第六章，合同的履行；第七章，不履行；第八章，抵消；第九章，权利的转让、债务的转移与合同的转让；第十章，时效期间；第十一章，多个债务人与多个债权人。

相较于 1994 年版和 2004 年版《通则》，2010 年版《通则》的适用范围更加广泛，内容体系更加完备，更好地实现了法律的可预见性。作为国际商事合同立法的最新成果，2010 年版《通则》对国际商事合同立法的统一化乃至整个国际商法的统一化具有非常重大的理论意义，对进一步完善国际商事交易中的合同法体系也至关重要。

二、《通则》的性质

对于《通则》的性质，不同学者有不同观点，概括起来主要有以下几种观点：

1.《通则》是一种国际商事惯例

惯例是各国、各行业、各地区的商人们在长期的国际商事交往过程中形成的一套习惯做法，《通则》的条文内容就源于国际商事实践中的一些原则、惯例和习惯。不过构成国际贸易惯例的条件之一是经过“长期使用”。2010 年版《通则》是《通则》的第三个版本，距离其第一个版本通过也不过二十几年，这二十几年对于长达几个世纪的国际商事实践不过是沧海一粟，不足以称之为“长期使用”。

2.《通则》是关于国际商事合同的一般法律原则

《通则》序言中明确指出：“通则旨在为国际商事合同制定一般规则。当事人约定其合同受法律的一般原则……管辖时，可适用通则。”所以有学者认为，《通则》具有一般法律原则的性质。然而，纵观《通则》的具体内容可知，《通则》关于国际商事合同各个方面的规定非常详尽，它不是笼统的法律原则，并不能完全代表所有国家关于国际商事合同的一般法律原则。

3.《通则》是一部国际商事合同示范法

示范法是指由学者、专家或由他们组成的职业团体、学术团体或其他专门机构草拟的法律文本，用以推荐给各法域在立法时予以借鉴或采纳。示范法本身不具有约束力，当事人可以全部采用或是部分采用，也可以不采用。《通则》的起草专家来自不同国家、不同法系，在起草和修订的过程中，这些专家协调和平衡了不同法域对于特定法律概念的不同看法，尽可能地兼顾到各个法域的利益，这样编纂出来的《通则》就吸收了各国合同法的精髓理论，因而对各国合同法的立法和实践必然会起到示范的作用。

4.《通则》是一部国际法律重述

《通则》起草工作组主席波乃尔教授在2010年版《通则》的官方评介中称2010年版《通则》"是对国际合同法总体的非官方的编撰或重述"。南开大学左海聪教授也认为《通则》"是可以作为国际商事合同适用法的、部分内容可以视为国际商事惯例之成文编纂的、法典化的国际商事合同法重述"。

法律重述是美国法学界为简化普通法而创立的一种法律编撰方式,其本身没有法律约束力,既不是制定法也不是法官造法。美国法学会(American Law Institute,ALI)定义的法律重述是指向法院和其他适用既有法律的主体的法律文件。法律重述的目的在于澄清普通法,为法院判案提供指导,为法律适用者提供参考。

《通则》不是正式立法性文件,不具有法律约束力,并且《通则》的起草和修订专家都是在国际私法乃至国际商事合同领域最具权威性的学者、法官和律师,因此《通则》同样具有很强的权威性和说服力。

三、通则的功能

2010年版《通则》分为序言和正文两大部分,其中序言用于阐述《通则》的目的,而序言本身又由黑体条文和注释两部分组成。《通则》在序言的黑体条文部分写明了它的六种功能:①当事人约定其合同受通则管辖时,应适用通则;②当事人约定其合同受法律的一般原则、商人习惯法或类似规范管辖时,可适用通则;③当事人未选择任何法律管辖其合同时,可适用通则;④通则可用于解释或补充国际统一法文件;⑤通则可用于解释或补充国内法;⑥通则也可用作国内和国际立法的范本。这六种功能的核心内容可以归纳为三大功能:准据法功能、解释法功能和示范法功能。

(一)准据法功能

1. 当事人明示选择适用《通则》

《通则》序言注释第四段认为:"《通则》代表了一套合同法原则和规则体系,这些原则和规则是现存各国法律体系中共通的部分,或者是最能适应国际商事交易的特殊需要,所以当事人将有充分的理由明确选择《通则》作为管辖其合同的法律规则。当事人可以选择排他地适用《通则》,或与某一特定国内法一起结合适用,以该国内法补充调整《通则》未涵盖的事项。"只要当事人依据意思自治做出的选择不违反强制性的国内法规则,《通则》就可以作为合同准据法加以适用。

2. 当事人同意受一般法律原则、商人法管辖时,可以适用《通则》

当事人不能就是否选择某一国内法作为合同准据法的意见达成一致,因而借助"一般法律原则"或"商人习惯法"来管辖合同。

3. 当事人未选择合同准据法时,可以适用《通则》

若当事人将争议提交国内法院,就只能根据国际私法规则确定合同准据法;但是,若当事人将争议提交仲裁庭,那么,仲裁庭一般可以依据仲裁规则(如1998年《国际商会仲裁院仲裁规则》第17条第(1)款规定:"当事人应自由约定由仲裁庭适用于争议实体的法律规则。在无此约定时,仲裁庭应适用其认为适当的法律规则。")选择其认为适当的法律规则,这种规则可以是超国家的,比如《国际商事合同通则》。

（二）解释法功能

1.《通则》可以解释或补充国际统一法律文件

在实践中，最常见的做法是用《通则》解释和补充1980年《公约》。总体上《通则》和《公约》是秉承同一理念发展而来的合同法规则，1994年版《通则》的起草就借鉴了《公约》，二者都立足于国际商事实践，旨在为当事人之间的国际商事交往提供参考；而且《通则》的适用范围更广泛、内容更详尽，可以用来补充、解释《公约》。

2.《通则》可以解释或补充国内法

在国际商事交往中当事人往往选择某一特定国内法来管辖合同，然而在适用该特定国内法时，要么解决方案不确定，要么解决方案缺失，这不利于法院或仲裁庭解决争议，所以有必要适用《通则》来解释或补充该国内法。在国际商事实践中，适用《通则》解释和补充国内法主要表现在以下几个方面：诚实信用和公平交易、艰难情形、不可抗力、损害赔偿等。

（三）示范法功能

《通则》的示范法功能主要包括两个方面：第一，《通则》可以作为国内立法的范本；第二，《通则》可以作为国际立法的范本。

就国内立法而言，《通则》对有些国家可能更为有用，这些国家缺乏完善的合同法规则体系，但又力图使其法律达到现代国际水平，至少有关对外经济关系方面的法律更符合国际趋势。有些国家虽已有完善的法律体系，但刚刚经历了剧烈的社会政治结构的变化，更新法律特别是有关经济和商业行为的法律迫在眉睫，在这种情况下《通则》的作用也是明显的。

就国际立法而言，《通则》会成为起草公约和示范法的重要参考资料。目前，在众多国际法律文件中，用于表述同一概念的术语各不相同，存在着被误解和被错误解释的风险。如果《通则》中的术语能被采纳为国际统一的术语，则术语的不一致问题就可以避免。

四、《国际商事合同通则》与《联合国国际货物销售合同公约》的关系

《通则》是国际统一合同法领域继《公约》以来的又一重要成果，并在很大程度上弥补了《公约》的不足。作为国际私法统一化运动的一项重要成果，对于国际商事合同法律制度的统一与协调产生了重要的影响。

（一）《通则》与《公约》的性质是不同的

《公约》称为国际公约，而《通则》不是公约，可以说是“示范法”，也可以说“国际惯例”，很难将其归为国际法律文件传统分类的任何一种。在《公约》缔约国，《公约》优先于《通则》；《通则》更主要是为各国合同立法提供可供参考借鉴的范本，而不是在国际商务活动中得到直接的适用。与《公约》相比，《通则》适用范围更广泛，适用方式更灵活，内容更完整，具体规定更科学，在很多方面进行了发展与创新，因而可以视为国际社会关于商事合同立法的新发展。

（二）《公约》的适用范围比《通则》小

一些很重要的交易类型被排除在公约之外。《公约》的适用反映了国际贸易中的有形贸易内容，而服务贸易被明显排除于适用范围之外，对于知识产权则更无涉及，甚至一些

易于引起争议的货物也被排除于《公约》适用范围之外。如《公约》明示,关于契约的有效性、契约可能对所售货物所有权的影响、货物造成买主及其他人死亡或人身伤害时出卖人的责任,不适用该《公约》。《通则》补充了《公约》未涉及而实践中迫切需要解决的问题,它反映的国际贸易中的内容不仅包括有形贸易还包括无形贸易;它所适用的国际商事合同类型,既有国际货物销售合同,又有国际服务贸易合同和国际知识产权转让合同,即适用于国际商事合同的全部。

(三)《公约》与《通则》的适用关系

鉴于《公约》与《通则》二者的性质、内容、适用的对象与范围不完全相同,在适用上不存在真正的竞争关系。《通则》能起到填补《公约》适用范围的作用。第一,在非《公约》缔约国当事人订立国际货物买卖合同的情况下,为《通则》作为国际统一法律原则的适用提供了机会。第二,《公约》对缔约国来说虽然具有拘束力,但它的适用不是强制性的,而是具有一定的任意性。《公约》规定:"双方当事人可以不适用本公约,或在第十二条规定的条件下,减损本公约的任何规定或改变其效力。"而《通则》主张对"国际"合同的概念做最为宽泛的解释,仅排除那些根本不含国际因素的合同,即合同的主体、客体和内容仅与一国有关。即使是这样的合同,如果当事人的本国法没有强制性的相反规定,它们仍然可以约定适用《通则》;另外,只要双方当事人约定其合同由本通则管辖,则应当适用本通则;或者双方当事人约定其合同由"法律的一般原则"、"商人法"或类似法律管辖;或双方当事人未选择任何法律管辖其合同时,该《通则》也可适用。

(四)《通则》能起到补充解释《公约》条款内容的作用

首先,《通则》可以使《公约》的解释明确化。《公约》规定:"在解释本公约时,应考虑到本公约的国际性质和促进其适用的统一以及在国际贸易上遵守诚信的需要。"在国际货物买卖合同以《公约》作为准据的场合,《通则》可以用于解释《公约》。《通则》规定:"本通则可用于解释或补充国际统一法的文件。"其次,《通则》能起到补充《公约》条款内容的作用。《公约》规定:"凡本公约未明确解决的属于本公约范围的问题,应按照本公约所依据的一般原则来解决。在没有一般原则的情况下,则应按照国际私法规定适用的法律来解决。"由于《通则》包含的内容比《公约》广,在《公约》未涉及的领域内(如欠款计息的利率、期限和确定方法),可以起到补充的作用。《通则》规定:"当适用法对发生的问题不能提供解决问题的有关规则时,本通则可以提供解决问题的方法。"

综上所述,《公约》与《通则》是相互补充而不是互相取代的。《通则》对《公约》未涉足的许多问题进行了有益的尝试,建立了一些新的制度,体现了《通则》在《公约》基础上的创新,主要有:有关合同的效力问题;公共许可问题;非诚信进行谈判问题;条款待定的合同问题;格式条款问题;关于代理人的权限问题;关于第三方权利问题;关于抵消问题;关于权利的转让、债务的转移和合同的转让问题;时效期间问题。《通则》是继《公约》之后的一项重要法律文件,它继承和发展了后者所取得的成果,拓展了适用统一规范的空间,有利于进一步消除国际经济交往中的法律障碍,促进国际商事活动的顺利进行。随着《通则》被越来越多的人所认识和接受,并在国际商事实践中得到越来越广泛的采用,其作用将日益重要,需要认真研究和借鉴。

五、2010年版《通则》新增内容分析

与2004年版《通则》相比，2010年版《通则》增加了四部分内容，分别是：恢复原状、违法、合同条件、多数债务人和债权人。

（一）恢复原状

“恢复原状”条款体现了合同对价原则及公平理念。2010年版《通则》涉及“恢复原状”的条文有六个：第3.2.15条（合同宣告无效情形下“恢复原状”），第3.3.2条（不合法情形下的“恢复原状”），第5.3.5条（合同解除条件实现时的“恢复原状”），第7.3.6条（依合同一次履行情形下的“恢复原状”），第7.3.7条（依合同已履行一段时间的“恢复原状”），第10.11条（时效期间届满情形下的“恢复原状”）。其中，第3.2.15条的规定较全面，可看作是“恢复原状”的一般规则，其他几条是在该条基础之上结合特定情形予以规定的。

第3.2.15条对当事人要求恢复原状的权利、不能恢复原状情形的处理及补偿豁免情形以及合理费用赔偿情形均予以规定。一方当事人主张“恢复原状”需满足以下条件：①合同被宣告无效或者部分宣告无效；②恢复原状需要在性质上是可能的或是合理的，否则在合理情形下以现金进行补偿，且恢复原状之不可能须不归咎于合同的另一方。

在合同宣告无效情形下，任一方当事人都有权主张恢复原状，若恢复原状在性质上是不可能或者是不合理的，则须以金钱进行合理补偿。此种条款设计是基于现实考虑，如依合同所提供的物品已完全毁灭，且其不可替代，这时一味要求恢复原状是不现实的。若恢复原状不能情形可归因于另一方当事人，则合同履行的接受方并不必须以金钱补偿，这是公平理念的充分体现和落实。另外，在恢复原状之外，对合同履行的接受者附加的合理费用赔偿义务，也体现了公平原则。

（二）违法

2010年版《通则》在第三章增加“Illegality（违法）”作为第三部分，下设两个条文（第3.3.1条和第3.3.2条），其实是3.19条（强制性规定）的后续，是对违法合同后果的规定，使得整个体系更加完整。

合同违法仅指合同违反强制性规则。合同可能违反强制性规定的情形包括合同条款违法、合同的履行违法、合同的成立或者目的违法等。强制性规定本身若规定合同违法的后果，依其规定；如未规定，双方当事人可以依合理情形寻求救济；确定“合理”情形应考虑如下七个因素：①被违反规则的目的；②规则所保护的主体的类别；③可能被所违反规则强加的任何制裁；④违反情形的严重程度；⑤一方或双方的当事人是否知道或应当知道违反情形；⑥合同的履行是否使违反成为必要；⑦当事人的合理预期。这种规定具有很大的弹性，充分尊重当事人的意愿，从而增强了《通则》的可预见性和可操作性。

（三）合同条件

附条件合同是指，当事人在合同中特别规定一定的条件，以条件成就与否决定合同生效或失效的合同。2010年版《通则》第五章增加第三部分“合同条件”的规定，内设五条，规定了合同条件的类型、效果、条件被不当阻止的后果、权利维持、恢复原状等内容。

合同中所附的条件必须是“将来的不确定的事件”和“当事人之间约定的”。所附条件

可以分为延缓条件和解除条件两类。前者指所附条件发生时合同或合同义务发生效力，后者则指所附条件发生时合同或合同义务终止。

在附条件合同中，条件具有限制合同效力的作用，所附延缓条件成就时，合同或合同义务生效；如所附条件不成熟，则合同不发生效力。所附解除条件成就时，原来的权利或义务即行解除；所附条件不成熟，则合同继续有效。需注意的是，依照本通则，附条件的实现生效仅具有前瞻效力，不能溯及既往，除非当事人有其他规定，所以，在实务中应鼓励当事人明确表明附条件是溯及生效还是往后生效。

2010年版《通则》还规定，当事人为自己的利益违反善意和公平交易的义务或合作义务阻止条件成就的，则其不能主张条件未实现，视为条件已成就；反之，则视为条件不成熟。任何一方均不得以违反诚实信用原则的方法恶意地促成条件的成就或者阻止条件的成就，这是善意和公平交易原则、当事人间合作原则具体适用的体现。

（四）多数债务人和债权人

2010年版《通则》新增第十一章"Plurality of obligors and obligees（多数债务人和多数债务人）"，这是本次修订最明显也是最大的一个变动，是在体系上的大调整，其重要性和全面性显而易见。该章具体分为两大部分"Plurality of obligors（多数债务人）"和"Plurality of obligees（多数债权人）"。第一部分下设十三条，分别规定了连带债务和按份债务的定义、连带责任的推定、债务人的权利、抗辩权和抵消权、履行或抵消的效果、免除或结算的效果、债务到期或者中止的效果、判决的效果、债务份额、债务人的追索权、债权人的权利、债务分摊中的抗辩权等。第二部分"多数债权人"内有四条，分别规定了连带债权和按份债权的定义、效果、抗辩权、内部关系。

1. 多数债务人

多数债务人是指向一个债权人的相同债务的约束，这是对多数债务人的界定，其义务可分两种：①当每个债务人都受全部债务的约束时构成连带债务；②当每个债务人仅以其份额受约束时构成按份债务。这两种类型是最普遍情形，还有其他情形如共同义务，即所有债务人需共同履行义务且债权人亦可要求全部债务人共同履行，如一个乐队的演奏表演即是如此。

连带债务的多数债务人共同负担义务，相互间有连带关系，在债务履行前，各债务人承担的债务份额是不确定的，对某一个债务人发生效力的事项，对其他债务人同样有效。按份债务的多数债务人各自按确定的份额分担义务，各个债务人只就自己负担的债务份额向债权人负履行债务的责任，对某一债务人发生效力的事项对其他债务人不发生影响。

在合同未明确规定或指向其他情形时，多数债务人的债务被推定为连带债务，显然，这是出于对债权人保护的考量，因为相对于按份债务，连带债务对债权人债权的实现更有保障。

2. 多数债权人

多数债权人，是指多个债权人向同一债务人主张同一债务的履行，第11.2.1条将多个债权人就同一债务对同一债务人的请求权分为三种类型：连带债权、按份债权和共同债权。其余三条都是对连带债权的规范，第11.2.2条规定债务人可以自主选择向任何一个债权人履行，一旦其对任一债权人进行全额清偿之后，其即被解除了对其他债权人的债务。第 11.2.3 条在第(1)款中规定了债务人可对连带债权人主张的抗辩,并在第(2)款中提出第 11.1.5 条至第 11.1.8 条经调整后可适用于多个债权人的情形。第 11.2.4 条规范连带债权人之间的债权分配,如无相反的明确约定,推定连带债权人对债权享有均等份额。同时,若债权人超出其份额获得清偿,则必须在其他债权人的份额范围内将超出部分予以归还。

总之,2010 年版《通则》中的新章节和新条款在内容上极大地丰富了 2004 年版《通则》,在条文上的一些调整使整个体系的逻辑更为明晰,基本上涵盖了国际商事合同所有方面的问题,特别是新增条款的规定使得国际商事合同的规范更加完善。由于《通则》的科学性、合理性、实用性及其规范的全面性,在国际商事实践中,将为越来越多的人所认识和接受,其具体规定和法律原则也必将越来越多地为各国的商事立法所采纳。

思考题

1. 解释下列名词:要约、承诺、根本性违约、预期违反合同。
2. 构成一项法律上有效的要约需要具备哪些要件?
3. 构成一项法律上有效的承诺需要具备哪些要件?
4.《联合国国际货物销售合同公约》对逾期承诺的法律后果是如何规定的?
5.《联合国国际货物销售合同公约》对分批装运是如何规定的?

案例分析

A 国商人将从别国进口的初级产品转卖给 B 国,向 B 国商人发盘,B 国商人复电接受发盘,同时要求提供产地证。两周后,A 国商人收到 B 国商人开来的信用证,正准备按信用证装运货物,获商检机构通知,因该货物非本国产品,不能签发产地证,随电请 B 国商人取消了信用证中要求提供产地证的条件,遭拒绝。于是,双方发生争议。A 认为,其对提供产地证的要求从未表示同意,因此无此义务,而 B 坚持认为 A 有此义务。问:根据《公约》的规定,对此案将如何裁决?

参 考 文 献

1. 国际商会.国际贸易术语解释通则 2010[M].中国国际商会,译.北京:中国民主法制出版社,2011.

2. 国际商会.ICC 跟单信用证统一惯例[M].中国国际商会,译.北京:中国民主法制出版社,2006.

3. 国际商会.见索即付保函统一规则(URDG758)[M].中国国际商会,译.北京:中国民主法制出版社,2010.

4. 国际商会.关于审核跟单信用证项下单据的国际标准银行实务(ISBP745)[M].中国国际商会,译.北京:中国民主法制出版社,2013.

5. 黎孝先.进出口合同条款与案例分析[M].北京:对外经济贸易大学出版社,2003.

6. 黎孝先,王健.国际贸易实务(第五版)[M].北京:对外经济贸易大学出版社,2011.

7. 张伟,吕鹏,徐荣丽.国际贸易实务[M].北京:人民邮电出版社,2012.

8. 徐进亮.国际结算惯例与案例[M].北京:对外经济贸易大学出版社,2007.

9. 姚新超.国际贸易惯例与规则(第三版)[M].北京:对外经济贸易大学出版社,2012.

10. 杨良宜,汪鹏南.英国海上保险条款详论(第二版)[M].大连:大连海事大学出版社,2009.

11. 袁其刚.从一起纠纷案谈"口头承诺效力"[J].对外经贸实务,1998(6):27—28.

12. 袁其刚,李淑俊.国际托收指示书中代理法律问题[J].对外经贸实务,2004(12):20—22.

13. 袁其刚.最新国际贸易惯例规则案例详解[M].北京:中国财政经济出版社,2008.

14. 袁其刚,张伟,文兰兰.借助网络科技,打造国际贸易新形态——以美国金融供应链服务平台提供商 Trade Card 业务为例[J]. 对外经贸实务,2009(11):86—88.

15. 汪鹏南.现代海上保险法的理论与实践[M].大连:大连海事大学出版社,2004.

16. 吴百福.进出口贸易实务教程(第六版)[M].上海:上海人民出版社,2011.

17. 吴宗祥.国际商会 eUCP 条文逐条解读[J].对外经贸实务,2004(3):44—45.

18. 严思忆,丛晓明.国际备用证惯例(ISP98)[J].国际贸易问题,2001(7).

19. 张照玉. 信用证中到期日、交单期及交单地点的相关分析[J].对外经贸实务,2007(4):45—47.

20. 张照玉. 分批装运时各批次交货与分期支款之间是否有关联的探讨[J].对外经贸实务,2009(12):56—58.

21. 张照玉. 国际贸易术语解释通则 2010 版与 2000 版的比较分析[J].黑龙江对外经贸, 2011(5):65—58.

22. 林建煌. 新版 ISBP745 修订精髓[J].中国外汇,2013(10):30—33.

23. 阎之大.信用证实务解困[J].中国外汇,2013(10):34—37.

24. 侯捷,徐进亮,常亮.《2010 年见索即付保函统一规则》的主要变化与案例解析[J]. 铁路采购与物,2014(10):30—33.

25. 余小伟.国际商会《见索即付保函统一规则》之修订及其评析[J]. 西部法学评论,2012(1):125—132.

26. 刘俊霞. 2010 年《联合国国际贸易法委员会仲裁规则》评析[J]. 时代法学,2010(12).

27. 中国国际贸易促进委员会网站.联合国国际贸易法委员会仲裁规则(2013 年修订). http://www.ccpit.org/

28. 吕娇娇.《国际商事合同通则》2010 新增条款之一般分析[J].时代金融,2012(5):45—45.

29. 谢晓晓,陈继海.《国际商事合同通则》2010 修订版评述[J].湖南科技学院学报,2013,34(2):153—156.

30. 赵晶莹.《国际商事合同通则 2010》研究[D].大连海事大学,2014(6).

31. Yao-Hua Tan and Walter Thoen, Electronic Contract Drafting Based on Risk and Trust Assessment [J]. *International Journal of Electronic Commerce*, Volume 7, Number 4/Summer 2003: 55-71.

32. Ronald J. Mann, The Role of Letters of Credit in Payment Transactions [J]. *Michigan Law Review*, Vol.98, No.8, Symposium: Empirical Research in Commercial Transactions (Aug., 2000), 2494-2536.

北京大学出版社教师反馈及教辅申请表

北京大学出版社本着“教材优先、学术为本”的出版宗旨，竭诚为广大高等院校师生服务。为更有针对性地提供服务，请您认真填写以下表格并经系主任签字盖章后反馈给我们，我们将按照您填写的联系方式免费向您提供相应教辅资料，以及在本书内容更新后及时与您联系邮寄样书等事宜。

<table>
<tr><td>书名</td><td></td><td>书号</td><td>978-7-301-</td><td>作者</td><td></td></tr>
<tr><td colspan="2">您的姓名</td><td colspan="2"></td><td>职称职务</td><td></td></tr>
<tr><td colspan="2">校/院/系</td><td colspan="4"></td></tr>
<tr><td colspan="2">您所讲授的课程名称</td><td colspan="4"></td></tr>
<tr><td colspan="2">每学期学生人数</td><td colspan="2">______人　______年级</td><td>学时</td><td></td></tr>
<tr><td colspan="2">您准备何时用此书授课</td><td colspan="4"></td></tr>
<tr><td colspan="2">您的联系地址</td><td colspan="4"></td></tr>
<tr><td colspan="2">邮政编码</td><td></td><td>联系电话
（必填）</td><td colspan="2"></td></tr>
<tr><td colspan="2">E-mail（必填）</td><td></td><td>QQ</td><td colspan="2"></td></tr>
<tr><td colspan="4">您对本书的建议：</td><td colspan="2">系主任签字

盖章</td></tr>
</table>

我们的联系方式：

北京大学出版社经济与管理图书事业部

北京市海淀区成府路 205 号，100871

联 系 人：徐　冰

电　　话：010-62767312/62757146

传　　真：010-62556201

电子邮件：em@ pup. cn　　em_pup@ 126. com

Q　　Q：5520 63295

微　　信：北大经管书苑（pupembook）

新浪微博：@ 北京大学出版社经管图书

网　　址：http://www. pup. cn